新中国70年

当代中国研究所 著

当代中国出版社
Contemporary China Publishing House
2019 年 · 北京

图书在版编目(CIP)数据

新中国 70 年 / 当代中国研究所著 . -- 北京 : 当代中国出版社 , 2019.12
ISBN 978-7-5154-0990-0

Ⅰ . ①新… Ⅱ . ①当… Ⅲ . ①社会主义建设成就—中国②中国历史—现代史 Ⅳ . ① D619 ② K27

中国版本图书馆 CIP 数据核字（2019）第 264006 号

出 版 人　曹宏举
责任编辑　聂文聪　王　敏
特约编辑　陈立旭
责任校对　康　莹
印刷监制　郭晓亮
图片来源　新华社
装帧设计　胡椒设计　观止堂_未　氓　孔舒琴
出版发行　当代中国出版社
地　　址　北京市地安门西大街旌勇里 8 号
网　　址　http: //www. ddzg. net　邮箱：ddzgcbs@sina. com
邮政编码　100009
编 辑 部　（010）66572264　66572154　66572132　66572180
市 场 部　（010）66572281　66572161　66572157　83221785
印　　刷　北京中科印刷有限公司
开　　本　710 毫米 × 1000 毫米　1/16
印　　张　32.75 印张　7 插页　插图 57 幅　470 千字
版　　次　2019 年 12 月第 1 版
印　　次　2019 年 12 月第 1 次印刷
定　　价　139.00 元

1949年10月1日，毛泽东在天安门城楼上庄严宣告中华人民共和国中央人民政府成立。

1984年10月1日，邓小平在中华人民共和国成立35周年庆祝典礼上发表重要讲话。

1999年10月1日，江泽民在庆祝中华人民共和国成立50周年大会上发表重要讲话。

2009年10月1日，胡锦涛在庆祝中华人民共和国成立60周年大会上发表重要讲话。

2019年10月1日，习近平在庆祝中华人民共和国成立70周年大会上发表重要讲话。

目录

改革篇（1978—2012）

强国篇（2012—2019）

绪论

2019 年是中华人民共和国成立 70 周年。要全面了解一个国家、民族、人民、政党乃至一个人的历史，只有知其然并知其所以然，才能认识其发展脉络和规律。要理解和把握新中国 70 年的历史，只有从中华民族 5000 多年文明史、世界社会主义 500 多年发展史、中国 100 多年近现代史、中国共产党 98 年奋斗史的视角来观察，才能真正知道新中国今天的一切成就都不是从天上掉下来的，也才真正懂得《没有共产党就没有新中国》这首歌的深刻含义。

中国是一个具有悠久历史的世界文明古国，5000 多年没有中断过的中华文明对人类文明做出了杰出贡献。1840 年鸦片战争以后，西方列强的入侵和封建王朝的腐朽，使近代中国积贫积弱、民族内忧外患、人民生灵涂炭，于是孙中山喊出了“振兴中华”的口号。1921 年中国共产党成立后，国家和民族的出路才真正找到，中国人民的命运才开始转变。从 1949 年新中国成立到中国特色社会主义进入新时代，新中国 70 年的历史，概括起来说，就是中华民族从站起来、富起来到强起来的历史。新中国成立、改革开放、新时代，是在中华大地耸立的三座历史丰碑。

习近平指出：“历史是最好的教科书。学习党史、国史，是坚持和发展中国特色社会主义、把党和国家各项事业继续推向前进的必修课。”① 回望新中国 70 年的历史，每个时期都有自己的历史高度。这是一部中国人民当家作主以后建立、巩固和探索社会主义制度史，是一部在改革开放中找到中国特色社会主义

---

① 习近平：《在对历史的深入思考中更好走向未来 交出发展中国特色社会主义合格答卷》，《人民日报》，2013 年 6 月 27 日。

正确道路史，是一部中华民族在中国特色社会主义新时代实现伟大梦想的奋进史，是一部把马克思主义基本原理与中国社会主义建设实际相结合，推进马克思主义中国化、时代化、大众化的发展史。这样一部历史，在中华大地和全世界面前足够精彩和辉煌！

一、新中国成立和社会主义基本制度确立，是中华民族伟大复兴的历史转折点

毛泽东指出："我们中华民族有同自己的敌人血战到底的气概，有在自力更生的基础上光复旧物的决心，有自立于世界民族之林的能力。"① 今天，中华民族能够在消除内忧外患之后屹立于世界民族之林，中国人民能够在水深火热之后过上小康生活，中国能够在满目疮痍之后走近世界舞台中央，这一切伟大转折，都是从中华人民共和国成立后开始的，也是从确立社会主义基本制度后开始的。

鸦片战争以后的旧中国，是中华民族近代历史上不堪回首的一页。那时的中国，面对帝国主义列强的反复侵略和掠夺，腐朽没落的封建王朝无能为力，只有中国人民和无数仁人志士进行不屈不挠、可歌可泣的抗争。中华民族为了救亡图存付出了沉重代价。从太平天国运动到抗击列强入侵的义和团运动，从戊戌变法到推翻封建王朝的辛亥革命，从建立民国到军阀混战，各种救国主张五花八门，各种政治势力轮番表演，都没有改变旧中国半殖民地半封建社会的性质，无数革命先驱壮志未酬、抱憾终生。

1949 年中华人民共和国成立，标志着中国共产党领导的新民主主义革命的胜利，标志着旧中国半殖民地半封建社会历史的终结，标志着人民当家作主新型国家政权的建立。新中国成立时，不仅中国大地经历百年战乱后千疮百孔，而且面对帝国主义的军事威胁和经济封锁等严峻考验。中国人民在中国共产党领导下经过镇压反革命、土地改革、抗美援朝三大斗争，相继采取没收官僚资本、稳定物价、统一财经、取缔旧社会丑恶现象、"三反"、"五反"等一系列

① 《毛泽东选集》第一卷，人民出版社 1991 年版，第 161 页。

重大举措，巩固了新生的人民政权，恢复了国民经济，为紧接着确立社会主义基本制度并绘制社会主义建设蓝图进行了必要准备。

从1953年中国共产党提出“一化三改”过渡时期总路线，到1956年提前完成对农业、手工业和资本主义工商业的社会主义改造，中国确立了社会主义基本制度，中国人民走上了社会主义道路。这是中国历史上从未有过的最深刻、最伟大的社会变革，是后来中国一切发展成就的政治前提和根本制度基础。随着“三大改造”和“一五”计划的完成，新中国进行了波澜壮阔而又艰难曲折的10年社会主义建设探索，在取得巨大成就的同时，也犯了反右扩大化、“大跃进”等错误。更不幸的是，后来发生了从1966年到1976年的10年“文化大革命”内乱。应该说，在中国如何进行前无古人的社会主义建设，必然有一个艰难的探索过程，前进中出现错误和挫折在所难免。正反两方面的经验，都是新中国后来找到正确道路的财富，毛泽东思想始终是中国共产党和中国人民的思想武器。

“吃水不忘挖井人。”新中国成立以后，建立和巩固了新生的人民政权，创造性地实现了新民主主义向社会主义的转变，建立起了独立、完整的工业体系和国民经济体系，积累了在生产力水平十分落后的国家进行社会主义建设的重要经验。历史已经证明了毛泽东在新中国成立前夕的断言：“中国人民将会看见，中国的命运一经操在人民自己的手里，中国就将如太阳升起在东方那样，以自己的辉煌的光焰普照大地，迅速地荡涤反动政府留下来的污泥浊水，治好战争的创伤，建设起一个崭新的强盛的名副其实的人民共和国。”①

二、实行改革开放和建设中国特色社会主义，是中华民族伟大复兴新的里程碑

历史的精彩和厚重，往往在于它的复杂性。1978年召开的党的十一届三中全会，结束了粉碎“四人帮”以后的两年徘徊，开启了我国改革开放和社会主义现代化建设新时期。这是新中国历史上的一次伟大转折，正如邓小平指出

① 《毛泽东选集》第四卷，人民出版社1991年版，第1467页。

的："改革是中国的第二次革命。"①

古人说："世易时移，变法宜矣。"②从"文化大革命"困境和两年徘徊中走出来的中国，最鲜明的时代特征是改革开放，最突出的标志是开创中国特色社会主义，最显著的成就是经济快速增长和人民总体上实现小康。这是继辛亥革命、新中国成立之后，中华民族伟大复兴历程中新的里程碑。

1981年中共十一届六中全会通过《中国共产党中央委员会关于建国以来党的若干历史问题的决议》，标志着拨乱反正任务基本完成。1982年中共十二大提出"建设有中国特色的社会主义"以后，改革开放浪潮在全国兴起，给中国经济、政治、文化、社会和人民生活带来了空前深刻的变化。改革首先从农村实行家庭联产承包责任制开始，逐步向城市经济体制综合改革推进，先后出台了一系列经济体制改革、对外开放和加快经济发展的重要举措。按照1987年中共十三大提出的社会主义初级阶段理论和"三步走"发展战略，以及1992年中共十四大确立的社会主义市场经济改革目标，经济建设从"七五"计划到"十二五"规划如期完成；同时兴办经济特区，开放东南沿海城市，加入世界贸易组织，"走出去"和"请进来"战略相结合，对外开放取得重大突破；香港、澳门按照"一国两制"方针顺利回归祖国。1992年邓小平在南方发表重要谈话，阐述了一系列重大理论问题。邓小平理论是继毛泽东思想之后中国共产党的第二次理论飞跃。

从1979年到2018年，我国国内生产总值年均增长9.4%，远高于同期世界经济年均2.9%左右的增速，对世界经济增长的年均贡献率为18%左右，仅次于美国，居世界第二。中国国内生产总值从1978年的3679亿元，增长为2018年的90.03万亿元，占世界经济的比重由1.8%到接近16%，经济规模由1978年的第11位，跃居到2010年的世界第2位。2018年，中国的经济总量超过世界第3至第5位经济体的总和。中国人民不仅从温饱迈向全面小康，而且已成为拥有联合国产业分类中全部工业门类的国家，200多种工业品产量居世界第一，制造业增加值自2010年起稳居世界首位。中国用短短几十年的时

① 《邓小平文选》第三卷，人民出版社1993年版，第113页。

② 《吕氏春秋·察今》，《吕氏春秋集释》，中华书局2016年版，第340页。

间，走完了发达国家几百年走过的工业化路程，实现了中国人民近代以来梦寐以求的夙愿。

邓小平指出："改革不只是看三年五年，而是要看二十年，要看下世纪的前五十年。这件事必须坚决干下去。"[①] 改革开放找到了中国特色社会主义建设道路，建立起了符合中国国情的社会主义市场经济体制，实现了公有制为主体的多种经济成分共同发展，人民得到了改革带来的实惠，从而使中国在1989年政治风波中避免了苏东剧变的厄运，社会主义旗帜在中国高高飘扬，挽救了世界社会主义。改革开放创造了中国奇迹，改变了中国的面貌、中华民族的面貌、中国人民的面貌、中国共产党的面貌，是中国人民富起来的法宝，是坚持和发展中国特色社会主义的必由之路。

三、开创中国特色社会主义新时代，是实现中华民族伟大复兴中国梦的决胜时期

历史是对过去的记忆，也是对未来的指引。中共十九大宣布："经过长期努力，中国特色社会主义进入了新时代，这是我国发展新的历史方位。"[②] 这意味着中华民族迎来了从站起来、富起来到强起来的伟大飞跃，意味着21世纪中国特色社会主义旗帜将在世界高高举起，意味着中国前所未有地接近实现中华民族伟大复兴的目标。

中国特色社会主义新时代，是在新的历史条件下继续夺取中国特色社会主义伟大胜利的时代，是决胜全面建成小康社会、进而全面建设社会主义现代化强国的时代，是全国人民创造美好生活、逐步实现共同富裕的时代，是全体中华儿女勠力同心、奋力实现中华民族伟大复兴的时代，是中国日益走近世界舞台中央、不断为人类做出更大贡献的时代。一句话，新时代是实现中国梦的决胜时代。

习近平指出："时代是出卷人，我们是答卷人，人民是阅卷人。"[③] 中共十八

---

① 《邓小平文选》第三卷，人民出版社1993年版，第131页。
② 《中国共产党第十九次全国代表大会文件汇编》，人民出版社2017年版，第8页。
③ 《习近平新时代中国特色社会主义思想学习纲要》，学习出版社、人民出版社2019年版，第43页。

大以来，中国人民在以习近平同志为核心的党中央坚强领导下，统筹推进“五位一体”总体布局，协调推进“四个全面”战略布局，推动各项事业取得历史性成就、发生历史性变革。中国按照创新、协调、绿色、开放、共享的新发展理念，经济发展质量和效益不断提升；蹄疾步稳地进行全面深化改革，各项改革举措全面发力、重点突破、纵深推进；贯彻以人民为中心的发展思想，人民获得感显著增强；大力推进生态文明建设，生态环境治理明显加强；国防建设和军队改革取得历史性突破，强军兴军开创新局面；坚持反腐败无禁区、全覆盖、零容忍，全面从严治党取得显著成效；倡导构建人类命运共同体，实施共建“一带一路”倡议，形成全方位、多层次、立体化外交布局等。这些历史性成就和变革，都是新时代的显著标志。

新时代孕育新思想，新思想指导新时代。中共十八大以来中国各项事业之所以取得全方位、开创性的历史成就，解决了许多长期想解决而没有解决的难题，办成了许多过去想办而没有办成的大事，根本原因就在于有习近平新时代中国特色社会主义思想的科学指导。为人民谋幸福、为民族谋复兴、为世界谋大同，是深刻理解和把握习近平新时代中国特色社会主义思想的金钥匙。在当代中国，坚持和发展习近平新时代中国特色社会主义思想，就是坚持和发展马克思主义，就是坚持和发展科学社会主义。

时代不会停步，历史没有终点。中国特色社会主义进入新时代，是新中国成立以来特别是改革开放以来国家和人民各项事业发展进步的必然结果，是当代中国社会主要矛盾发生变化的必然结果，是中国人民在中国共产党领导下承前启后、继往开来的必然结果。新时代，在中华人民共和国发展史上，在中华民族发展史上，在世界社会主义发展史上，在人类社会发展史上，都具有重大意义。

四、新中国 70 年积累的宝贵经验，是对中华文明和人类历史发展的重大贡献

历史是一面镜子，它伴随我们从过去走来，也引导我们向未来走去。新中国 70 年的历史，归根结底是中国人民在中国共产党领导下为实现中华民族伟

大复兴取得丰功伟绩的历史。习近平指出："人事有代谢，往来成古今。历史研究是一切社会科学的基础"；"重视历史、研究历史、借鉴历史，可以给人类带来很多了解昨天、把握今天、开创明天的智慧。"①我们要认真总结新中国70年的历史经验，传承好历史遗产，从中汲取营养，珍惜和守护自己的精神家园。

第一，坚持中国道路，坚定伟大成就基础上的中国特色社会主义道路自信。方向决定道路，道路决定命运。中国特色社会主义道路，是中国人民在中国共产党领导下经过几代人千辛万苦、付出巨大代价换来的。历史证明，只有社会主义才能救中国，只有中国特色社会主义才能发展中国，只有在习近平新时代中国特色社会主义思想指导下才能实现中华民族伟大复兴。这是历史的结论、人民的选择。

习近平指出："中国特色社会主义，既坚持了科学社会主义基本原则，又根据时代条件赋予其鲜明的中国特色。这就是说，中国特色社会主义是社会主义，不是别的什么主义。"②找到一条好道路不容易，走好这条道路更不容易。建立在伟大成就基础上的中国特色社会主义道路，中国人民看准了、走定了。今后无论国际风云如何变幻，中国人民都将坚定不移地沿着这条道路走下去。

第二，弘扬中国精神，即弘扬以爱国主义为核心的民族精神和以改革开放为核心的时代精神。这种中国精神，是中华民族5000多年文明薪火相传的历史文脉，是近现代以来中国人民自强不息、百折不挠的精神支柱，也是新中国70年革命、建设、改革积累的重要经验。习近平强调："没有高度的文化自信，没有文化的繁荣兴盛，就没有中华民族伟大复兴。"③当代中国，弘扬中国精神，本质上就是要以文化自信筑牢民族之根，坚守强国之魂。

伟大梦想需要伟大精神，伟大精神支撑伟大梦想。实现中华民族伟大复兴的中国梦，需要中国不仅在物质上强大起来，而且在精神上也必须强大起来。当前，尤其需要加强社会主义精神文明建设，在全社会大力倡导以爱国主义为核

---

① 《习近平致第二十二届国际历史科学大会的贺信》，《人民日报》，2015年8月24日。

② 《习近平新时代中国特色社会主义思想学习纲要》，学习出版社、人民出版社2019年版，第25—26页。

③ 《习近平新时代中国特色社会主义思想学习纲要》，学习出版社、人民出版社2019年版，第138页。

心的民族精神和以改革开放为核心的时代精神，激发全体中国人民干事创业的极大热情，为实现“两个一百年”奋斗目标打下坚实的思想、文化、道德基础。

第三，凝聚中国力量，为建设中国特色社会主义强国、实现中华民族伟大复兴不懈奋斗。历史是人民书写的，人民是历史的创造者。一部生生不息、波澜壮阔的中华民族发展史是中国人民书写的，一部连绵不断、博大精深的中华文明史是中国人民创造的，新中国70年从站起来、富起来到强起来的历史性飞跃是中国人民奋斗出来的。老百姓是天，老百姓是地，这是颠扑不破的真理。

新中国70年，中国共产党无论是干革命、建政权，还是搞建设、抓改革，归根结底都是为了使中国人民过上好日子。必须坚持以人民为中心的发展思想，坚持人民的主体地位，最大限度地凝聚中国力量，把人民的根本利益实现好、维护好、发展好，把人民群众蕴含的智慧和力量保护好、调动好、发挥好，紧紧依靠人民群众创造历史伟业。

第四，做出中国贡献，为构建人类命运共同体提供中国方案、奉献中国智慧。中国是世界文明古国，现在更是中国特色社会主义大国。早在20世纪50年代，毛泽东就提出“中国应当对于人类有较大的贡献”①。中国过去坚定支持和大量援助亚非拉国家，与广大第三世界国家和人民结下了深厚友谊。现在中国秉持正确的义利观，依然是广大发展中国家最可靠的朋友。中国正在日益走近世界舞台中央，积极参与引领全球治理体系改革和建设，树立起负责任的大国形象。

习近平指出：“中国特色社会主义是不是好，要看事实，要看中国人民的判断，而不是看那些戴着有色眼镜的人的主观臆断。中国共产党人和中国人民完全有信心为人类对更好社会制度的探索提供中国方案。”② 中国奇迹、中国经验日益得到国际社会广泛认同，向全世界充分证明了国家发展模式和现代化道路是多种多样的。中国特色社会主义发展道路，不仅使目前处在低潮的世界社会

① 《毛泽东文集》第七卷，人民出版社1999年版，第157页。
② 《习近平谈治国理政》第二卷，人民出版社2017年版，第37页。

主义增强了信心，而且为广大发展中国家走向现代化拓展了途径，为解决人类问题提供了中国方案、贡献了中国智慧。

中国共产党紧系国家安危和人民福祉，担当着坚持和发展中国特色社会主义、实现中华民族伟大复兴领导核心的重任。未来中华人民共和国历史怎么写，关键在中国共产党的领导。新中国 70 年的奇迹是在中国共产党领导下取得的，未来同样要在中国共产党领导下创造新的奇迹。“行百里者半九十”，实现中华民族伟大复兴依然任重道远。在前进的道路上，任何艰难险阻都挡不住中国人民的前进步伐，中华民族伟大复兴的中国梦一定能够实现！

探索篇

（1949—1978）

1949年10月1日，中华人民共和国成立，结束了一百多年来中国半殖民地半封建社会悲惨屈辱的历史，中华民族从此走上独立、民主、富强的光明大道。新中国在完成民主革命、恢复国民经济任务后，如何尽快实现从落后农业国向先进工业国转变，成为首要的艰巨任务。在国家安全受到威胁、积累能力非常低的条件下，中国为了尽快增强综合国力，选择了社会主义工业化道路，并通过社会主义改造，建立起计划经济体系。1956年底中国基本完成社会主义改造后，中国共产党从苏联的教训和自己的实践中发现了单一公有制和计划经济的弊病，开始探索如何克服这些弊病，在经济落后、发展不平衡的中国走出一条建设社会主义的独特道路。艰辛的探索在取得重大进展的同时也走过弯路，以致经历了"大跃进""文化大革命"的严重挫折，但是总的来说，中国在这一时期的建设和发展与世界上其他发展中国家相比，仍然取得了巨大成就：中国形成了维护国家安全的强大能力，建立起独立的工业体系、经济体系；兴修了大量水利设施，基本解决了长期困扰中华民族的江河水患；大大改善了人民的健康状况，提高了人民的教育水平，基本建立起覆盖全社会的医疗和教育体系。20世纪70年代，中国打开了与以美国为首的西方国家交往的大门，为1978年以后实行对外开放创造了条件。

第一章

新中国成立和社会主义基本制度的确立

从 1949 年中华人民共和国成立到 1956 年基本完成社会主义改造，是新中国历史的第一个时期。在这一时期，站起来的中国各族人民在中国共产党领导下，承接新民主主义革命胜利成果，巩固新生的人民政权，创造性地实现了从半殖民地半封建的旧社会到民族独立、人民当家作主的新社会，从新民主主义到社会主义的两个历史性转变，建立起社会主义基本制度，完成了中国历史上最深刻、最伟大的社会变革。新民主主义革命的胜利和社会主义基本制度的确立，为当代中国一切发展进步奠定了根本政治前提和制度基础。

第一节　新中国成立初期的形势和任务

1949 年 9 月召开的中国人民政治协商会议第一届全体会议，通过了具有临时宪法作用的《中国人民政治协商会议共同纲领》，选举产生了中央人民政府委员会，宣告新中国诞生。新中国成立后，面临的主要任务是继续完成国家统一，建立各级人民政权，完成民主革命遗留任务，废除封建土地制度，建立国营经济，统一全国财经，制定全新的外交方针，树立崭新的国家形象。

一、新中国的诞生

1948年4月30日，中共中央在《“五一”劳动节口号》中发出各民主党派、人民团体、社会贤达迅速召开政治协商会议，成立民主联合政府的号召，随即得到社会各界的积极响应。从1948年9月至1949年3月，在中国共产党的帮助下，各民主党派和无党派民主人士先后从香港等地，分批秘密到达哈尔滨和河北平山县李家庄等解放区。

1949年6月15日至19日，新政治协商会议筹备会第一次全体会议在北平（今北京）中南海勤政殿召开。毛泽东在开幕典礼上指出，因为新政协已经具备人民代表会议的性质，这个筹备会的任务就是完成各项必要的准备工作，以迅速召开新的政治协商会议，成立民主联合政府。会议选举21人组成新政协筹备会常务委员会，设立6个小组，分别承担起草共同纲领、大会宣言和中华人民共和国中央人民政府组织法，拟定国旗、国徽、国歌方案等项工作。

经过三个月的紧张工作，各项筹备工作于9月上旬陆续完成。9月17日，新政协筹备会举行第二次全体会议，决定将新政治协商会议定名为“中国人民政治协商会议”。

1949年9月21日，中国人民政治协商会议第一届全体会议在北平中南海怀仁堂隆重开幕。出席会议的代表分别来自党派、区域、军队、团体以及特邀五类界别共46个单位662人，具有广泛的代表性和民主性。

毛泽东在开幕词中说：“现在的中国人民政治协商会议是在完全新的基础之上召开的，它具有代表全国人民的性质，它获得全国人民的信任和拥护。因此，中国人民政治协商会议宣布自己执行全国人民代表大会的职权。”毛泽东庄严宣告：“占人类总数四分之一的中国人从此站立起来了！”

大会共举行8次全体会议，85位代表在大会上发言。经过充分讨论，大会一致通过了《中国人民政治协商会议共同纲领》《中国人民政治协商会议组织法》《中华人民共和国中央人民政府组织法》等重要文件。

《中国人民政治协商会议共同纲领》（以下简称《共同纲领》）是新中国的建国纲领，在全国人民代表大会召开和制定宪法以前，具有临时宪法的作用。它包括序言和总纲、政权机关、军事制度、经济政策、文化教育政策、民族政策、外交政策，共 7 章 60 条。

《共同纲领》规定了新中国政权的性质：“中国人民政治协商会议一致同意以新民主主义即人民民主主义为中华人民共和国建国的政治基础。”关

▲ 1949 年 9 月 21 日至 30 日，中国人民政治协商会议第一届全体会议举行。

于国体，总纲规定："中华人民共和国为新民主主义即人民民主主义的国家，实行工人阶级领导的、以工农联盟为基础的、团结各民主阶级和国内各民族的人民民主专政，反对帝国主义、封建主义和官僚资本主义，为中国的独立、民主、和平、统一和富强而奋斗。"

9月27日，大会通过的《关于中华人民共和国国都、纪年、国歌、国旗的决议》规定：中华人民共和国的国都定于北平，自即日起，改名北平为北京；中华人民共和国的纪年采用公元，今年为1949年；在中华人民共和国的国歌未正式制定前，以《义勇军进行曲》为国歌；中华人民共和国的国旗为红地五星旗，象征中国革命人民大团结。

9月30日，大会举行最后一次全体会议，选举产生中国人民政治协商会议第一届全国委员会委员180人；选举毛泽东为中华人民共和国中央人民政府主席，朱德、刘少奇、宋庆龄、李济深、张澜、高岗为副主席，陈毅等56人为政府委员。当日下午6时，全体代表齐集天安门广场，举行人民英雄纪念碑奠基典礼，以缅怀和纪念在长期斗争中为民族独立和人民解放而英勇献身的革命先烈。

10月1日，在首都北京隆重举行有30万人民群众参加的开国盛典。当天，天安门广场红旗如海，歌声如潮，千年古都焕发出无限生机。下午3时整，中央人民政府秘书长林伯渠宣布典礼开始。中央人民政府主席、副主席、政府委员在天安门城楼上就位。在群众的欢呼声中，毛泽东主席庄严宣告："中华人民共和国中央人民政府今天成立了！"并在宣读《中华人民共和国中央人民政府公告》中指出，"本政府为代表中华人民共和国全国人民的唯一合法政府。凡愿遵守平等、互利及互相尊重领土主权等项原则的任何外国政府，本政府均愿与之建立外交关系"。随后，他亲手启动电钮，升起中华人民共和国国旗，奏《义勇军进行曲》，54门礼炮齐鸣28响。接着，举行盛大阅兵式。中国人民解放军总司令朱德检阅了陆海空三军及各兵种部队，然后宣读《中国人民解放军总部命令》，命令中国人民解放军全体指战员，迅速肃清国民党反动军队的残余，解放一切尚未解放的国土，同时肃清土匪和其他一切反革命匪徒，镇压他们的一切反抗和捣乱行为。

命令宣读完毕，受阅部队按分列式在《中国人民解放军进行曲》等乐曲声中由东向西依次经过天安门，军容威武，步伐整齐。阅兵式结束后，群众满怀豪情举行庆祝游行。同一天，已经解放的各大城市也举行了热烈隆重的庆祝活动。

新中国的诞生，从根本上结束了帝国主义、封建主义、官僚资本主义统治的历史，劳动人民第一次成为国家的主人，中华民族一洗百多年来蒙受的屈辱，开始以崭新的姿态立于世界民族之林。新中国的诞生，为实现由新民主主义向社会主义的过渡创造了前提条件，从根本上改变了中国社会的发展方向，为实现国家富强、民族复兴展示了美好前景和现实道路，中国历史从此开辟了一个新纪元。新中国的诞生，改变了世界格局，大大加强了世界和平民主和社会主义阵营的力量，对世界历史产生了广泛而深远的影响。

二、祖国大陆的统一和各级人民政权的建立

新中国成立时，西南和中南地区及沿海岛屿，尚为国民党军队所盘踞。

从 1949 年 9 月中旬至 1950 年 6 月，人民解放军进行了肃清国民党残余军队的后期作战，共歼敌 130 万，收编改造 170 余万起义投诚的国民党军队，解放了除西藏以外的全部中国大陆和海南岛。

原计划解放台湾的任务，由于朝鲜战争的爆发而被迫推迟。香港和澳门自古以来就是中国的领土。香港、澳门问题是殖民主义侵略中国而造成的历史遗留问题，情况复杂。限于当时的历史条件，中共中央对香港、澳门采取“暂时维持现状”和“长期打算，充分利用”的方针，利用两地尤其是香港原有的地位、海外关系和对外贸易条件，以促进新中国的经济恢复与工业化建设。

西藏地处祖国西南边陲，面积 120 多万平方公里，约占全国陆地总面积的 1/8。在这块广袤土地上繁衍生息的民族中，人数最多的是藏族，此外还有汉族、回族、门巴族、珞巴族、蒙古族、纳西族等民族。

▲ 1950年4月，参加解放海南岛战役的中国人民解放军第四野战军与孤岛坚持“二十三年红旗不倒”的琼崖纵队胜利会师。

19世纪末20世纪初，西方帝国主义势力掀起瓜分中国的狂潮，觊觎西藏，在西藏上层培植和扶持分裂势力。全中国即将解放时，西藏当局少数分裂分子在美、英等帝国主义势力策动下加紧分裂活动，制造了“驱汉事件”，并派出“亲善使团”，分赴英国、美国、印度、尼泊尔进行寻求“西藏独立”活动。

对此，中央人民政府先后通过新华社、《人民日报》明确宣告反对“西藏独立”，号召西藏人民团结起来，迎接解放。为了避免战争可能带来的动荡与破坏，加剧民族之间的隔阂，经过深思熟虑和权衡利弊，中央政府决定力争以和平方式解决西藏问题。1950年5月29日，中央批准了中共西南局第一书记邓小平主持起草的同西藏当局和平谈判的十项条件。

然而，西藏地方政府在分裂分子把持和帝国主义支持下，拒绝与中央人民政府谈判。他们扣留劝和团人员，杀害前往拉萨规劝西藏地方政府接受谈判的格达活佛，同时扩充藏军，并在阿里、黑河、昌都一带加紧布防，妄图阻挠人民解放军进军西藏。

为了打击帝国主义和西藏地方政府中分裂势力的嚣张气焰，促使谈判早日进行，1950 年 10 月，人民解放军发起昌都战役。经过 19 天大小 20 余次战斗，人民解放军歼灭藏军 5700 人，解放了藏东重镇昌都，基本上摧垮了藏军主力，打开了进军西藏的门户，为和平解放西藏铺平了道路。

经中央人民政府再三敦促和西藏上层爱国力量的推动，1951 年 2 月，十四世达赖喇嘛终于同意派阿沛·阿旺晋美为西藏地方政府首席全权代表，组成代表团赴北京进行和平谈判。为合理解决西藏问题，中央人民政府还邀请当时在青海的十世班禅赴京。

从 4 月 29 日起，中央人民政府全权代表与西藏地方政府代表围绕三个主要问题进行了 22 天的谈判，具体为：第一，西藏是中华人民共和国领土的一部分，人民解放军进藏保卫国防理所应当，不能改变。第二，在西藏实行民族区域自治和成立军政委员会。何时在西藏实行民族区域自治，可由西藏人民自己决定。军政委员会是中央人民政府的代表机关，不是用军政委员会代替西藏地方政府。第三，十世班禅返藏。班禅离藏是历史遗留问题，只有班禅返回西藏，西藏各民族才能真正实现团结，西藏问题才能完满解决。

经过反复协商，特别是经过中央人民政府代表的耐心解释和说服，双方终于在和平解放西藏的一些重大问题上达成共识。1951 年 5 月 23 日，中央人民政府代表与西藏地方政府代表举行《关于和平解放西藏办法的协议》签字仪式。协议除前言外共十七条，又称《十七条协议》。5 月 24 日晚，毛泽东主席举行盛大宴会，庆祝协议签订。协议的主要内容是：驱逐帝国主义势力出西藏，西藏人民回到中华人民共和国祖国大家庭中来；西藏人民有实行民族区域自治的权利；西藏的现行政治制度不变；尊重西藏人民的宗教信仰和风俗习惯等。十四世达赖喇嘛和十世班禅额尔德尼分别致电毛泽东，表示拥护《十七条协议》。

1951 年 10 月，人民解放军主力部队抵达拉萨，受到拉萨市两万多各族群众的热烈欢迎。西藏和平解放，中国大陆实现了一百多年来人们梦寐以

▲ 1951 年 5 月 23 日，中央人民政府代表和西藏地方政府全权代表在《关于和平解放西藏办法的协议》上签字。

求的统一。

在统一中国大陆的过程中，各级人民政权逐步建立起来。1949 年 10 月 1 日下午 2 时，中央人民政府委员会第一次会议在中南海勤政殿召开，中央人民政府主席毛泽东率全体政府委员宣誓就职。会议一致通过决议：接受《中国人民政治协商会议共同纲领》为政府的施政方针，任命周恩来为政务院总理兼外交部部长，沈钧儒为最高人民法院院长，罗荣桓为最高人民检察署检察长。10 月 19 日，中央人民政府委员会举行第三次会议，任命毛泽东为中国人民革命军事委员会主席，朱德、刘少奇、周恩来、彭德怀、程潜为副主席；任命董必武、陈云、郭沫若、黄炎培为政务院副总理，谭平山等 15 人[①] 为政务委员，李维汉为政务院秘书长；任命董必武为政务院政

① 即谭平山、谢觉哉、罗瑞卿、薄一波、曾山、滕代远、章伯钧、李立三、马叙伦、陈劭先、王昆仑、罗隆基、章乃器、邵力子、黄绍竑。

治法律委员会主任，陈云为政务院财政经济委员会主任，郭沫若为政务院文化教育委员会主任，谭平山为政务院人民监察委员会主任。同时，还任命了政务院所属各委、部、会、院、署、行的正职。中央人民政府各机构开始履行职能。

新中国成立时，约占全国总面积 1/3 的老解放区已经建立起人民政权。随着中央人民政府的建立，新解放区地方各级政权的建立也迅速提上日程。由于当时还不具备召开人民代表大会选举人民政府的条件，地方各级人民政府的产生采取逐步过渡的办法。第一步，在新解放区实行军管，维持正常的社会秩序，恢复生产。第二步，在条件许可时，召开各界人民代表会议，作为人民参政议政的初期形式和地方人民代表大会的过渡形式。第三步，各界人民代表会议代行人民代表大会职权，用民主选举的方式产生地方人民政府。这种逐步过渡的民主建政方式，既适应当时的特定环境，又按照民主集中制原则妥善解决了建立人民政府所必须遵循的民主程序问题。

1950 年 1 月，政务院公布省、市、县人民政府组织通则，规定了地方各级人民政府的隶属关系、机构、组成和职权，使地方各级政权的建立有了初步的法规依据。各省（市）均由各界人民代表会议协商推举人民政府主席、副主席、委员，经政务院报请中央人民政府正式任命。同年 12 月，政务院公布区乡（行政村）人民政府组织通则，人民政权建设延伸到最基层。

到新中国成立 1 周年时，全国设有 1 个大行政区人民政府，1 个中央直辖的自治区人民政府，4 个大行政区军政委员会，28 个省人民政府，9 个相当于省的人民行政公署，12 个中央和大行政区直辖的市人民政府，67 个省辖的市人民政府，2087 个县人民政府。[①] 至此，新中国的政权建设工作，形成了从中央到地方一整套政权机构，为新中国成立初期各项工作迅速打开局面提供了有力的组织保障。

---

① 中共中央文献研究室编：《周恩来传》下，中央文献出版社 1998 年版，第 968 页。

三、没收官僚资本，建立国营经济

在国民党统治的22年里，特别是抗战胜利以后，官僚资本迅速膨胀，控制了全国银行总数的70%和产业资本的80%，以及全部的铁路、公路、航空运输和44%的轮船吨位。官僚资本是半殖民地半封建的旧中国地主买办资产阶级凭借政权的力量对人民残酷剥削和压榨发展起来的国家垄断资本，严重阻碍中国社会经济的发展。因此，没收官僚资本为人民的国家所有，是新民主主义革命任务所要求的，也是新中国掌握国家经济命脉、恢复国民经济和发展国营经济的重要前提。

没收官僚资本的主要方式，是依据中国共产党1948年11月解放沈阳时创造的“各按系统，自上而下，原封不动，先接后分”经验确定的。① 这个经验被推广到各地。总的原则是“原封不动”，但严格区分开国民党凭借官僚资本进行统治的政治机构和企业的管理机构、生产机构。对于前者必须彻底打碎；对于后者，考虑到迅速恢复生产、稳定企业秩序和保障职工生活的需要，保持企业原职、原薪、原制度。对一时来不及接管或尚无能力接管的企业，暂时委托原管理人负责管理，照常经营。如果原管理人已离开，企业处于停业状态，则由工人和技师选出代表，组织管理委员会进行管理，由人民政府委任经理或厂长，同工人一起进行管理。这个做法，既做到了快（一般在两三个月内即完成），又防止了乱，有条不紊地进行，基本上没有发生生产停顿或破坏设备的现象。到1949年底，全国共计接收官僚资本的金融企业2400余家，工矿企业2858家；工矿企业职工总数为129万，其中产业工人75万。截至1952年，全国国营企业固定资产原值为240.6亿元②，其中大部分为没收官僚资本企业的资产（不包括其土地价

① 中国社会科学院、中央档案馆编：《1949—1952中华人民共和国经济档案资料选编·工商体制卷》，中国社会科学出版社1993年版，第115页。《当代中国》丛书编辑委员会：《当代中国的金融事业》，中国社会科学出版社1989年版，第39页。

② 人民币旧币。1955年3月，中国人民银行发行新人民币，1元折合旧币1万元。

值），除去已用年限折旧后净值为 167.1 亿元。[①] 这一巨大价值的财富收归人民的国家所有，构成了新中国成立初期国营经济物质技术基础的主要部分。社会主义性质的国营经济的建立，决定着中国经济的性质和发展方向，为人民民主专政的国家政权奠定了经济基础，也为中国进行大规模经济建设和社会主义改造提供了重要物质前提。

由于企业执行“不打烂旧机构”和保存原职、原薪、原制度的政策，或多或少地将企业中那些不合理、不民主甚至侵犯职工人身权利的制度遗留下来，无法确立工人在企业中的主人翁地位，因此，在国营（当时也叫公营）企业中进行民主改革，是在企业建立新型生产关系和经营管理方式的重要一步。从 1950 年起，各国营厂矿在建立党、团、工会组织的基础上，陆续开始民主改革。首先是彻底废除封建把头等旧制度。封建把头过去依靠帝国主义和国民党反动势力，采取超经济手段，野蛮地盘剥和压迫工人。只有彻底废除封建把头制度，工人阶级才能从封建残余势力的压迫下解放出来，也才能发挥生产积极性。在人民政府领导下，各厂矿发动群众，对大把头、大恶霸依法严惩，对一般把头进行教育，待其认清罪行后，安排适当工作，但不再担任生产领导职务。此外，还废除了纺织行业的搜身制度。同时，普遍进行管理制度的改革：发动和依靠工人对企业中不合理的规章制度进行改革；建立生产责任制、交接班制、质量检验制等生产管理制度和经济核算制；建立工厂管理委员会和职工代表会议制度，推行企业管理民主化。1950 年 6 月，《中华人民共和国工会法》颁布，要求根据劳资两利和民主原则，用协商的方法解决企业中有关劳资双方利益的一切问题，由工会代表工人与资方协商建立新的管理制度。对于劳动条件、工资福利等有关问题，由劳资双方协商或人民政府有关部门仲裁解决，新型劳资关系逐步形成。

人民政府还废除了帝国主义利用各种不平等条约在中国攫取的经济特权，收回了长期被帝国主义盘踞的中国海关。通过管制、代管、征购、征

① 中共中央党史研究室：《中国共产党的九十年》，中共党史出版社、党建读物出版社 2016 年版，第 369—370 页。

用等多种形式，把帝国主义在华企业逐步变为国有。通过实行对外贸易的管制和对外汇的管理，维护了国家独立、主权和经济等方面的利益。

四、稳定物价，统一全国财经

新中国成立之初面临严重的财经困难，主要原因如下：一是解放战争还在进行，支援战争开支浩大；二是为了维护社会稳定，人民政府对旧政府留下来的几百万军政公教人员，一律采取包下来的政策，成为国家很重的负担；三是经济尚未恢复，财政收入有限。此外，由于各地解放时间不一，各解放区基本上实行自收自支，而中央政府暂时还只能靠增发人民币来弥补财政赤字。在人民政权面临前进过程中的困难时，旧社会留下来的投机资本家趁机在新解放的城市中兴风作浪，加剧了物价飞速上涨和经济秩序混乱。为了打击投机，控制市场，稳定物价，党和政府依靠国营经济力量，采取有力的经济措施和必要的行政、法律等手段，同投机资本家进行了“两大战役”。

先是“银元之战”。旧中国国民党政府滥发货币，造成持续12年的恶性通货膨胀，使纸币信用完全丧失，老百姓担心货币贬值，大肆抢购商品，或纷纷将手头纸币换成金银、美钞。农村则干脆回到最原始的物物交换状态。金融市场秩序紊乱，流通的货币五花八门，既有银元、双毫、铜元，又有国民党政府发行的金圆券、银圆券、大洋券等，还有美元等外币。1948年底人民币发行后，在占领市场方面遇到了重重困难。投机分子用银元与人民币对抗，而城市资产阶级一部分人也或明或暗地抵制人民币的流通，甚至有人叫嚣说，要让解放军进得了上海，人民币进不了上海。

为了保障人民币占领市场，整顿金融秩序，针对当时猖獗的银元投机，人民政府明令禁止黄金、银元以及外币在市场上自由流通，要求一律由人民银行挂牌收兑。投机商对此置若罔闻，于是各级政府断然采取严厉措施。1949年6月10日，华东区公布金银管理暂行办法，商店也与人民政府合作，拒收银元。同日，上海市公安局奉命突击检查并查封了金融投机大本营——上海证券交易所的证券大楼，逮捕了正在进行非法交易的投机巨头及银贩，沉重打击了破坏金融的非法活动。

由于多年通货膨胀，解放初期地下钱庄在大城市势力很大。以全国金融中心上海为例，估计其存放款额平时为私营行庄的 30% 至 40%。物价波动时，地下钱庄更是投机资金的调度枢纽。因此，各城市对违法经营高利贷的地下钱庄严加取缔。1949 年 11 月下旬，上海一次查获地下钱庄 26 家。广州在 12 月间查获地下钱庄 170 家。[①] 这对于打击金融投机、巩固人民币的市场地位起了重要作用。同时，人民政府还采取了一系列经济措施，比如明令铁路交通部门（包括市政公用事业）一律收人民币，税收一律征收人民币，等等。这样，政治和经济两种手段双管齐下，不到一个月，猖狂的银元风波即被平息，人民币在上海开始站稳脚跟。武汉、广州也采取相应行动，并取得成效。在此基础上，中央人民政府又采取得力措施稳定人民币币值，进一步巩固人民币的地位，为恢复和发展国民经济打下了坚实基础。

然而投机资本势力依然强大。“银元之战”后，投机资本家很快将投机活动从金融领域转向商品流通领域，开始囤积粮食、煤炭、棉纱等，继续兴风作浪。从 1949 年 7 月底开始到 10 月中旬，几个大城市物价猛涨一倍半。10 月 15 日，物价风潮再起，先从津、沪开始，继而波及华中、西北，到 11 月下旬，物价上涨了 3.26 倍。这次较量的主战场仍然在上海，国民党特务分子甚至公然叫嚣：只要控制了两“白”（米、棉）一“黑”（煤），就能置上海于死地。

为击败投机分子的猖狂挑战，人民政府针锋相对，又精心组织了一场“米棉之战”。以陈云为主任的中央财政经济委员会（简称中财委）在全国范围内组织了粮食、棉花、棉布、煤炭的大规模调运和集中，物价上涨最厉害的时候，全国各大城市按照中央统一部署，一致行动，国营商业机构凭借雄厚的经济实力，连续 10 天大量抛售，物价逐渐下跌，仅粮价就下跌了 30% 至 40%。同时，又收缩银根，使投机商资金周转失灵，纷纷破产。这样就刹住了哄抬物价之风，各地市场从 11 月 25 日起趋向稳定，至 12 月上旬，物价风潮告一段落。人民政府经过这次斗争，完全掌握了市场主动权。“米棉

---

① 《当代中国》丛书编辑委员会:《当代中国的金融事业》，中国社会科学出版社 1989 年版，第 51 页。

之战”的胜利，用事实教育了资产阶级，使他们不得不承认人民政府管理经济的能力。经过“银元之战”和“米棉之战”，人民政府基本上稳定了金融市场和主要物资市场。此后，物价虽然仍有起伏，但是再没有出现大的波动。

物价获得初步稳定，只是治标的办法。要从根本上稳定市场和物价，必须恢复和发展生产，解决国家财政收支平衡和市场物资供求平衡问题。为此，就要改变新中国成立前各解放区分散管理的办法，实行全国财政经济工作的统一领导和统一管理。

1950 年 4 月 1 日，政务院发布《关于统一管理一九五〇年度财政收支的决定》，基本内容为：第一，统一全国财政收支管理。重点是统一收入，保证中央财政的需要。第二，统一全国物资管理。在对国有资产清仓查库的基础上，由中财委统一调拨所有库存资产，以提高物资利用效率，减少财政支出与向国外的订货。第三，统一全国现金管理，成立国家金库。主要是把所有属于国家而又分散在各企业、机关、部队、合作社的现金，由国家银行统一管理，集中调度。

统一管理财经工作的决定，虽然涉及范围很广，统一程度较高，但也留有相当余地，如按规定比例征收的地方附加粮和地方税等，以二八分成的比例大部留给地方。

国家实行财政经济统一管理，在很短时间就取得了显著成效。从 1950 年 4 月开始，国家的财经状况出现好转，收支接近平衡。到当年底，国家财政赤字由原概算的 18.7%减少为 4.4%。1952 年，国家财政收入总额超过支出，达到收支平衡并略有结余。与此同时，为避免通货膨胀，中央人民政府还采取发行公债的方式来减少财政赤字。1950 年 1 月，国家正式发行人民胜利折实公债。1950 年 2 月 14 日，中苏签订了苏联贷款给中国 3 亿美元的协定，中国开始利用外债。

建立集中统一程度较高的财经管理体制，是当时国家社会经济发展极不平衡历史条件下的正确选择。这一措施结束了旧中国几十年财政收支不平衡的历史，对于克服财政赤字、稳定市场和发展经济是成功的，并为调整工商业和实现财政经济状况的根本好转创造了条件。

五、废除封建土地制度

新中国成立时，全国有约占总数 2/3 的农民还被束缚在封建土地制度之下。在大约有 2.9 亿人口的华东、中南、西南、西北的新解放区，封建土地所有制仍然严重地束缚着社会生产力发展。这表明，在新民主主义革命取得全国胜利后，仍要继续完成民主革命的遗留任务，使新民主主义经济纲领得到实现。

1950 年 6 月 6 日至 9 日，中共中央召开七届三中全会。毛泽东在讲话中指出，完成土地改革是争取国家财政经济状况基本好转、开始有计划经济建设的重要条件之一。全会要求，在 3 年内有计划、有秩序地完成新解放区的土地改革。在 6 月 14 日至 23 日全国政协一届二次会议上，刘少奇代表中共中央作了《关于土地改革问题的报告》，阐明了土地改革的重大意义和党的方针政策。接着，中央人民政府委员会第八次会议通过了指导土

1950 年 6 月 28 日，中央人民政府通过了指导全国土地改革的纲领性文件《中华人民共和国土地改革法》。图为河南省偃师县农民在阅读该法。

地改革的纲领性文件《中华人民共和国土地改革法》(以下简称《土地改革法》),并于6月30日公布实施。

基于新中国成立初期的社会环境和阶级力量发生的根本改变,与1947年中共中央制定的《中国土地法大纲》及其后的有关文件比较,《土地改革法》有几个新的变化:第一,将征收富农多余土地财产的政策改变为保存富农经济的政策。第二,将对中农的土地由彻底平分改为完全不动。小土地出租者出租的土地,只要不超过当地人均占地的两倍,也保留不动。第三,对地主,除没收土地、耕畜、农具、多余粮食及其在乡村多余的房屋外,其他财产不予没收。这些政策有利于保护中农和团结民族资产阶级,减少土地改革的阻力,有利于社会的稳定和工商业的发展。

为了正确实施《土地改革法》,政务院又于1950年8月4日通过《关于划分农村阶级成分的决定》。这个决定是将1933年中华苏维埃共和国临时中央政府颁布的《怎样分析农村阶级》和《关于土地改革中一些问题的决定》两个文件加以综合、补充和说明而形成的。1951年3月7日,中共中央又下达《关于划分农村阶级成分的补充规定(草案)》,进一步明确了划分阶级的具体界限,其中将特别容易混淆的小土地出租者与地主、地主兼其他成分或其他成分兼地主、富农以及地主、富农与富裕中农的界限作了规定。对小手工业者、手工业资本家、手工业工人、自由职业者、小土地出租者、小商和小贩、商业资本家或商人、开明绅士等社会成分,也作出相应的规定。

在中国共产党的统一领导下,从1950年秋季开始,全国新解放区根据解放的先后和条件成熟的程度,中央及地方各级均设立土地改革委员会,指导开展土地改革运动。在土地改革过程中,除了当地的骨干和积极分子参加这项工作外,各地还组织了由党政军干部、民主人士、知识分子等组成的土改工作队,工作队经过培训后到农村发动和组织土地改革运动。

新解放区的土地改革有三个主要特点:

第一,因地制宜,针对不同地区的不同情况分批进行。1950年6月,中共中央和中央人民政府在征求各地意见的基础上,对新解放区的土地改革提出一个大体计划，要求从 1950 年冬季开始在约 1 亿农业人口的地区进行土地改革，其余约 1.64 亿农业人口的地区，大部分在 1951 年秋后进行，小部分在 1952 年秋后进行。对于少数民族聚居的约 2000 万人口的地区，则根据工作情况与群众的觉悟程度，另行规定时间和采取区别于汉族聚居地区的措施。此外，在牧区、渔区、林区则采取有别于一般农区的政策。

第二，放手发动群众，坚定不移地走群众路线。贯彻执行“依靠贫农、雇农，团结中农，中立富农，有步骤有分别地消灭封建剥削制度，发展农业生产”的总路线和总政策，反对用行政命令的方法把土地“恩赐”给农民的“和平土改”。各地在土地改革中首先开展忆苦诉苦和“谁养活谁”的教育，启发农民认识地主是靠剥削农民发家致富的，农民受穷是地主剥削的结果。在提高认识的基础上，组织广大农民，特别是贫雇农基本队伍，同地主进行面对面的说理斗争。根据 1950 年 7 月 15 日政务院颁布的《农民协会组织通则》，各地农村普遍建立了农民协会。在发动群众的过程中，

▲ 四川省金堂县农民欢迎土改工作队进村协助土地改革

注意防止两种倾向：一是不相信群众，事事包办代替；二是做群众的尾巴，放任自流，群众要怎么办就怎么办。

第三，建立广泛的统一战线，最大限度地孤立地主。根据保存富农经济、保护小土地出租者和华侨地主兼工商业者等政策，各地区把这些阶层中的代表人物吸收到统一战线中来。对于富农自耕或雇人耕种的土地，一般都保留相当于当地人均亩数两倍的土地，有的地方对富农的少量出租土地也加以保留。对地主阶级中的开明士绅，在没收其多余土地的同时，还吸收他们参加土地改革和人民政府的工作。地主家庭中居于被支配地位的人（如以纳妾、蓄婢、童养媳等名义收养的人等）和常年参加农业生产的主要劳动者，按雇工对待。对地主分子，除对罪大恶极且有现行破坏活动的不法者严惩外，一般则按规定分给一份土地，使他们自食其力，通过劳动改造自己。

到1952年底，全国除一部分少数民族地区和台湾省外，土地改革基本完成。3亿多无地少地的农民（包括老解放区农民在内）共没收了地主阶级约7亿亩（约合4700万公顷）土地和大批耕畜、农具、房屋、粮食，约占农业人口的60%至70%的农民从封建土地关系的束缚中彻底解放出来。

少数民族地区的改革措施和步骤更为慎重稳妥。对待少数民族中的剥削阶级分子，特别是民族、宗教上层人士，政策更宽一些，改革的过程更长一些。西藏地区的民主改革是在1959年6月西藏自治区筹委会通过《关于西藏全区进行民主改革的决议》以后，才在全区有步骤、有区别地陆续展开的。在将近两年时间内，西藏全区基本上完成了民主改革，中华人民共和国土地上残留的封建农奴制度归于消灭。

土地改革运动废除了封建土地制度，实现了“耕者有其田”，建立和巩固了农村基层人民政权；农村发生了翻天覆地的变化，带来了农村生产力的大解放，为农业生产的发展和国家工业化扫除了障碍。

六、外交方针的制定

新中国成立之初采取了三大外交方针，即“另起炉灶”“打扫干净屋子再请客”“一边倒”。这是随着人民革命的节节胜利而在实践中逐步形成的。

“另起炉灶”，是指新中国不会承认和继承南京国民党政府的外交关系，与外国的国家关系要在新的基础上经过谈判重新建立。从1948年2月至1949年4月，中共中央多次发出外交工作的指示，其中主要有：第一，保护外侨及其国家代表机关。第二，不承认旧的外交关系。“凡属被国民党政府所承认的资本主义国家的大使馆、公使馆、领事馆及其所属的外交机关和外交人员……只把他们当作外国侨民待遇，但应予以切实保护。”①第三，维护国家独立自主。“不允许任何外国及联合国干涉中国内政。因为中国是独立国家，中国境内之事，应由中国人民及人民的政府自己解决。”②《共同纲领》第56条规定：“凡与国民党反动派断绝关系、并对中华人民共和国采取友好态度的外国政府，中华人民共和国中央人民政府可在平等、互利及互相尊重领土主权的基础上，与之谈判，建立外交关系。”

“打扫干净屋子再请客”，是说与外国（主要是资本主义国家）建立外交关系的时机和条件，就是清除了帝国主义国家在中国的特权和影响后，再建立新的外交关系。1949年1、2月间，毛泽东在西柏坡会见苏共中央政治局委员米高扬的谈话中首先提出这个主张。3月，毛泽东在中共七届二中全会上进一步指出：“关于帝国主义对我国的承认问题，不但现在不应急于去解决，而且就是在全国胜利以后的一个相当时期内也不必急于去解决。我们是愿意按照平等原则同一切国家建立外交关系的，但是从来敌视中国人民的帝国主义，决不能很快地就以平等的态度对待我们，只要一天它们不改变敌视的态度，我们就一天不给帝国主义国家在中国以合法的地位。”③

“一边倒”，就是倒向社会主义阵营。由于第二次世界大战后世界形成了以苏联为首的社会主义阵营和以美国为首的资本主义阵营相对抗的格局，美帝国主义坚持与中国共产党为敌，在解放战争时期扶蒋反共，也由于中国革命的性质和发展前途，决定了未来的新中国在对外关系上必须实行“一边

---

① 《中共中央文件选集》第十八册，中共中央党校出版社1992年版，第45页。

② 《中共中央文件选集》第十八册，中共中央党校出版社1992年版，第48页。

③ 《毛泽东选集》第四卷，人民出版社1991年版，第1435页。

倒”。1949年6月30日，毛泽东在《论人民民主专政》中，正式把“一边倒”的方针公之于世。他说：“一边倒，是孙中山的四十年经验和共产党的二十八年经验教给我们的。”“我们在国际上是属于以苏联为首的反帝国主义战线一方面的，真正的友谊的援助只能向这一方面去找，而不能向帝国主义战线一方面去找。”①

废除旧中国签订的不平等条约，取消帝国主义在中国的特权，肃清帝国主义在中国的势力和影响，是新中国外交的重要任务。首先是收回对中国主权影响最大的海关管理权、驻军权和内河航行权。1949年10月，中国海关总署成立。接着，政务院发布了关税政策、《中华人民共和国暂行海关法》及新的海关税则，规定由国家管制对外贸易，实行进出口许可证制度，从此，收回了丧失一百多年的海关自主权。1950年1月至9月，北京、天津、上海市军管会先后宣布收回或征用美国、英国、法国、荷兰在当地的兵营，外国在华的驻军权被全部取消。同年4月至7月，中国交通部和政务院财政经济委员会颁布文件，规定外国船只未经中国政府批准，不准驶入中国内河。至此，丧失一百多年的中国领水主权全部收回。

对于外国人在华拥有的企业和房地产，国家按照国籍、系统、行业等各种不同的具体情况，采取区别对待的方针予以解决。1950年抗美援朝战争开始后，美国宣布管制和冻结中国在美公私财产及存款、物资。中国政府针锋相对，发布管制美国在华财产和冻结美国在华存款的命令，同时宣布征用英国在中国大陆各地的公司财产，帝国主义在中国的经济残余基本上被清除。

对于外国政府、私人和团体在中国设立的宣传机构，在城市接管时即开始清理。不允许外国人继续在中国兴办报纸杂志和广播，停止与中国无外交关系的外国通讯社和记者的活动。对外国人经办或接受外国津贴的文化、教育、卫生、救济等机构，一段时期内允许它们在遵守中国政府法令的前提下活动。

新中国成立后一个重大外交行动就是毛泽东应邀访问第一个与新中国建交的国家——苏联。1949年12月16日至1950年2月17日，毛泽东对

① 《毛泽东选集》第四卷，人民出版社1991年版，第1472—1473、1475页。

苏联进行国事访问，目的有三：一是祝贺斯大林七十寿辰，二是签订新的中苏条约并就世界形势交换意见，三是商谈苏联向中国贷款。其中，最重要的是签订新约。毛泽东与斯大林举行了三次会谈，虽然存在矛盾和不同看法，但最终双方都作出了相应的让步，决定中苏签订新的条约。1950 年 2 月 14 日，《中苏友好同盟互助条约》正式签字。条约全文包括前言和 6 项条款，有效期为 30 年。

条约的要旨是："加强中华人民共和国与苏维埃社会主义共和国联盟之间的友好与合作，共同防止日本帝国主义之再起及日本或其他用任何形式在侵略行为上与日本相勾结的国家之重新侵略，亟愿依据联合国组织的目标和原则，巩固远东和世界的持久和平与普遍安全。"条约规定：缔约国双方保证"一旦缔约国任何一方受到日本或与日本同盟的国家之侵袭因而处于战争状态时，缔约国另一方即尽其全力给予军事及其他援助"，"双方保证以友好合作的精神，并遵照平等、互利、互相尊重国家主权与领土完整及不干涉对方内政的原则，发展与巩固中苏两国之间的经济与文化关系，彼此给予一切可能的经济援助，并进行必要的经济合作"。

双方签署的《中苏关于中国长春铁路、旅顺口及大连的协定》规定：不迟于 1952 年末，"苏联政府将共同管理中国长春铁路的一切权利以及属于该路的全部财产无偿地移交中华人民共和国政府"，"苏联军队即自共同使用的旅顺口海军根据地撤退，并将该地区的设备移交中华人民共和国政府"；"大连的行政，则完全直属中华人民共和国政府管辖"。双方签署的《关于苏联贷款给中华人民共和国的协定》规定：自 1950 年至 1954 年 5 年内，苏联贷款给中国 3 亿美元，年利率为 1%。苏联以机器设备和器材支付，中国以苏联急需的钨、锡、锑等战略物资偿还。双方还达成在中国创办石油、有色金属、民航和造船 4 个合营公司的协议。这是新中国引进和利用外国资本的最初尝试。双方还发表公告，宣布：1945 年 8 月 14 日苏联同国民党政府所缔结的条约与协定，"均失去其效力"①。

① 《建国以来重要文献选编》第一册，中央文献出版社 1992 年版，第 118 页。

《中苏友好同盟互助条约》是新中国成立后与外国政府签订的第一个建立在平等基础上的条约，是新中国外交的胜利。毛泽东评价说，这次缔结的中苏条约和协定，使中苏两大国家的友谊用法律形式固定下来，使得我们有了一个可靠的同盟国，这样“一方面使我们能够放手地和较快地进行国内的建设工作，一方面又正在推动着全世界人民争取和平和民主反对战争和压迫的伟大斗争”①。

第二节　巩固新生政权与社会改革

中国共产党和人民政府为巩固新生的人民政权，领导全国人民相继开展了抗美援朝、剿匪、镇压反革命以及“三反”、“五反”运动，建立了稳定的社会经济秩序。同时，人民政府彻底荡涤了旧社会遗留下来的赌博吸毒、卖淫嫖娼等污泥浊水，树立了新的社会风尚，实现了从旧社会到新社会的深刻变革。

一、抗美援朝，保家卫国

正当中国人民专心致力于落实中共七届三中全会部署，为争取国家财政经济状况好转而努力奋斗的时候，1950 年 6 月 25 日，朝鲜战争爆发。次日，美国政府决定对朝鲜实行武装干涉。6 月 27 日，美国总统杜鲁门还命令美军驻太平洋第七舰队侵入台湾海峡，声称“阻止对台湾的任何进攻”，阻挠中国人民解放台湾。随后，美国操纵联合国安理会通过非法决议，纠集以美国为首的 16 个国家组成“联合国军”，武装干涉朝鲜。

中国坚决反对美国对朝鲜的侵略。6 月 28 日，毛泽东发表讲话，表明中国的严正立场，号召“全国和全世界的人民团结起来，进行充分的准备，

① 《毛泽东文集》第六卷，人民出版社 1999 年版，第 67 页。

打败美帝国主义的任何挑衅”。7 月 13 日，中央军委着手组建东北边防军，使中国在战略上处于主动地位，避免了临急应战。

9 月 15 日，以美国为首的“联合国军”从仁川登陆，并很快进抵“三八线”。10 月 3 日凌晨，周恩来紧急约见印度驻华大使潘尼迦，请他转告美国政府，如果美军企图越过“三八线”，扩大战争，“我们不能坐视不顾，我们要管”。但美国政府低估了中国人民的决心和力量，对中国政府的多次警告充耳不闻。“联合国军”于 10 月 7 日越过“三八线”，19 日占领平壤，把战火引向中朝边境，直接威胁中国的国家安全。在这紧急关头，应朝鲜党和政府的一再请求，在反复权衡利弊后，中共中央作出了抗美援朝、保家卫国的战略决策。10 月 8 日，中国人民革命军事委员会主席毛泽东签署命令：组成中国人民志愿军，任命彭德怀为司令员兼政治委员。

中国人民志愿军第一批出国作战部队跨过鸭绿江进入朝鲜后，骄横的“联合国军”根本没有料到中国会出兵参战，仍长驱直入，分兵冒进。10 月 25 日，志愿军利用战略上的突然性，在运动中捕捉战机，出其不

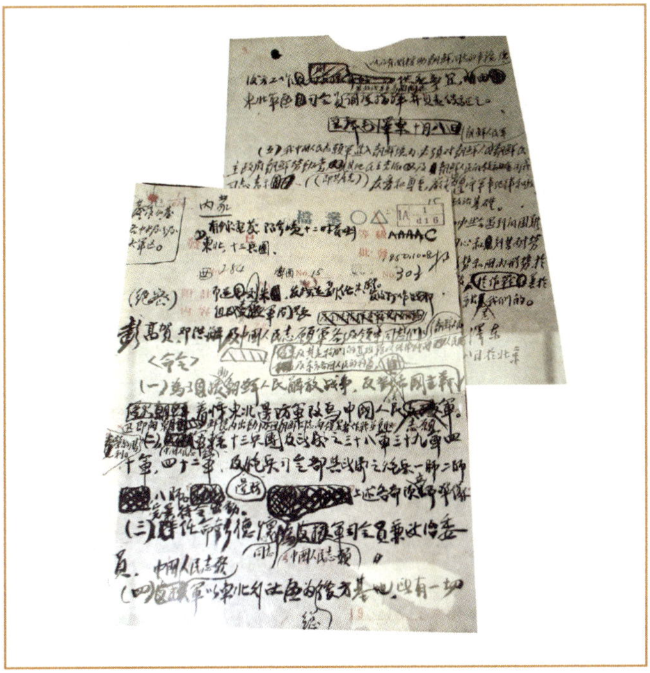

1950 年 10 月 8 日，中国人民革命军事委员会主席毛泽东发布组成中国人民志愿军命令。

意打击敌人，首战告捷，把敌人从鸭绿江边赶到清川江以南，揭开了抗美援朝战争的帷幕。这一天后来被定为志愿军抗美援朝、保家卫国作战纪念日。

“联合国军”仍没有从迷梦中醒来，继续部署实施全面攻占朝鲜北部，并扬言“圣诞节前结束战争”。毛泽东、彭德怀决定采取诱敌深入，集中优势兵力各个歼灭敌人的方针，于11月下旬发动第二次战役。志愿军在敌机狂轰滥炸、我军供应不足且气候严寒的极端困难下，英勇作战，歼灭和重创包括美军“王牌”陆战第一师在内的大批敌军，再战告捷，从根本上扭转了朝鲜战局，迫使敌军从总进攻变成总退却，一直退到“三八线”以南，为抗美援朝战争的胜利奠定了基础。随后志愿军又相继进行了三次大的战役，到1951年6月10日止，五次战役共歼敌23万余人，把战线稳定在“三八线”附近。这是抗美援朝战争的第一阶段，主要作战形式是运动战。

1951年6月到1953年7月为抗美援朝战争的第二阶段，该阶段谈谈打打、以打促谈，以阵地战为主要作战形式。志愿军持久作战，积极防御，最终促成停战协定的签订。五次战役后，美国政府意识到，要打到鸭绿江边迅速结束朝鲜战争已经毫无希望，于是试图举行停战谈判。使美国知难而退，通过谈判结束战争，这是中共中央在出兵参战时即有所设想的。从1951年7月开始，双方举行停战谈判。但是，美方并不甘愿放弃侵略野心，在军事分界线、遣返战俘等问题上设置障碍、破坏谈判，美国动用陆军的1/3、空军的1/5和海军的近半数投入朝鲜战场，并不断以武力相要挟，企图用空中绞杀、海岸进攻等军事压力迫使我方在谈判中屈服，致使停战谈判两年间出现了时谈时打、边谈边打、打谈交错的局面。志愿军贯彻“持久作战、积极防御”的战略方针和毛泽东提出的“零敲牛皮糖”[①]的战术指示，构筑坑道，以阵地防御和运动战相结合，积极进行战术反击作

① 牛皮糖是中国南方一种用麦芽做成的圆饼状的糖，卖糖人用小锤一块块地敲下来零卖，顾客买多少，卖糖人就敲下来多少。毛泽东用此比喻志愿军对敌采取零打碎敲、积小胜为大胜的战术。

战，发扬大无畏的英勇战斗精神，粉碎了敌军的一次次进攻。1952年10月，“联合国军”发动“金化攻势”，向处于战略要冲的上甘岭地区志愿军实施猛烈进攻，最多时一昼夜发射30万发炮弹，飞机投掷500多枚重磅炸弹，山头几乎被削低两米。志愿军依托坑道工事顽强阻击，与敌人反复争夺阵地，使敌军付出伤亡2.5万人的惨重代价，上甘岭最终牢牢控制在志愿军手里。中国国内部队轮番入朝作战，得到苏联支援的志愿军空军也开始出战。美国在战场上没有得到的东西，在谈判桌上同样没有得到，不得不于1953年7月27日在停战协定上签字。

在志愿军英勇作战的同时，国内开展了轰轰烈烈的抗美援朝运动。全国掀起了参军、参战、支援前线的热潮。各行各业节衣缩食，踊跃捐献飞机。到1952年5月底，全国共捐献5.565亿元，折合3710架战斗机。为保证前线的物资供应，全国工人、农民掀起爱国主义生产劳动竞赛和增产节约运动，提出“工厂就是战场，机器就是枪炮”“要人有人，要粮有粮”等口号，加快了国民经济的恢复和发展。

抗美援朝战争的胜利具有深远影响。在经济实力和军事实力与美国悬殊的情况下，中国人民赢得了这场战争，打破了美军不可战胜的神话，这场战争也成了美国历史上第一次没有胜利班师的战争。现代化条件下的局部战争，促进了人民解放军的现代化建设。在异常残酷的战争中，志愿军指战员发扬祖国和人民利益高于一切、为了祖国和民族的尊严而奋不顾身的爱国主义精神，英勇顽强、舍生忘死的革命英雄主义精神，不畏艰难困苦、始终保持高昂士气的革命乐观主义精神，为完成祖国和人民赋予的使命慷慨奉献自己一切的革命忠诚精神，以及为了人类和平与正义事业而奋斗的国际主义精神，创造了伟大的抗美援朝精神，成为国家和人民的宝贵精神财富。志愿军先后涌现出杨根思、黄继光、邱少云、罗盛教等30多万名英雄功臣和近6000个集体功臣，为中国人民树立了爱国、奋斗的榜样。这场为和平和正义而战的战争，展示了中华民族的浩然正气，赢得了世界人民的尊重，极大地提高了中国的国际地位，提升了中国在处理亚洲和国际事务中的分量。

二、清除匪患与镇压反革命运动

国民党在溃逃时遗留下大批残余力量，这些土匪特务武装网罗旧官僚、恶霸地主、散兵游勇、地痞流氓、反动会道门成员及惯匪，聚众结伙，打着“救国军”“自卫军”“保民军”等旗号进行破坏活动，严重扰乱新解放区各项工作的开展，威胁着人民政权的巩固和人民生命财产安全，成为危害极大的反动势力。广大人民群众强烈要求人民政府和人民解放军坚决消灭土匪，根绝匪患。

1950 年 3 月，中共中央、中央军委发出指示，强调剿灭土匪是当前全国革命斗争的一个重要方面，是人民解放战争的继续。中共中央、毛泽东提出了军事进剿、政治瓦解、发动群众武装自卫三者相结合的方针，规定了“镇压与宽大相结合”“首恶者必办，胁从者不问，立功者受奖”的政策。人民解放军先后抽调 150 万兵力，按照中央的统一部署，开展由军队、地方和人民群众紧密配合的剿匪作战。大规模剿匪作战到 1953 年基本完成，共毙、伤、俘土匪和争取土匪投降自新 270 万余人，结束了中国匪患久远、危害甚深的历史，粉碎了国民党在大陆建立“游击根据地”，以策应退守台湾的国民党军队“反攻大陆”的企图，有力地保护了人民安居乐业，稳定了社会秩序。

在开展大规模剿匪斗争的同时，人民政府还大张旗鼓地开展了镇压反革命运动。国民党败退台湾后，在大陆潜伏了大批反革命分子，他们采取各种方式进行破坏活动。朝鲜战争爆发后，反革命分子气焰更加嚣张，认为美国已经把战火烧到中国大门口，国民党“反攻大陆”的时机已到。他们加紧破坏厂矿铁路、焚烧粮库、刺探情报、印刷伪钞、制造骚乱，妄图里应外合，颠覆人民政权。据统计，1950 年，新解放区就有近 4 万名干部和群众被反革命分子杀害。在一些发生土匪暴乱的地方，县、区、乡的政权几乎都被破坏，一度处于瘫痪状态。

猖獗一时的反革命活动，给新中国生产恢复和人民生命财产安全造成了极大危害。为了坚决镇压反革命活动，严厉制裁反革命分子，以巩固新生人民政权，保证土地改革和经济恢复的顺利进行，使抗美援朝战争有一个稳固的后方基地，1950 年 10 月 10 日，中共中央发出《关于镇压反革命活动的指示》（又称“双十指示”），强调：必须严厉镇压一切反革命活动，严厉惩罚一切勾结帝国主义、背叛祖国、反对人民民主事业的国民党反革命战争罪犯和其他反革命首要分子，重点打击危害人民的土匪、特务、恶霸、反动党团骨干和反动会道门头子五个方面的反革命分子。同时，重申要坚持“镇压与宽大相结合”的政策，“对于首要的、怙恶不悛的、在解放后特别是经过宽大处理后仍然继续作恶的反革命分子”，“当杀者，应即判处死刑。当监禁和改造者，应即逮捕监禁，加以改造”。为了贯彻“双十指示”，人民政府决定广泛发动群众，从 1950 年 12 月开始在全国范围内大规模展开镇压反革命运动。毛泽东及时提出了镇压反革命分子要稳、准、狠的方针，指出：“所谓打得稳，就是要注意策略。打得准，就是不要杀错。打得狠，就是要坚决地杀掉一切应杀的反动分子。”[①]

1951 年 2 月，中央人民政府颁布了《中华人民共和国惩治反革命条例》，规定了处理反革命案件的原则和办法，使镇压反革命运动有法可依、量刑有据。斗争中还实行公安、司法机关与广大人民群众相结合的方法，吸收民主党派及各界人士参加。根据“稳、准、狠”的镇压反革命工作方针，针对一些地方出现的工作粗糙、错捕滥杀等现象，中共中央及时实行谨慎收缩方针，集中力量处理积案，强调注重调查研究，重证据而不轻信口供，反对草率从事，反对“逼供信”，着重打击那些罪大恶极、为人民群众十分痛恨的反革命分子；对罪行较轻、愿意悔改的反革命分子采取宽大的方针。中共中央拟定了《关于对犯有死罪的反革命分子应大部采取判处死刑缓期执行政策的决定》。这种“判处死刑，缓期执行，以观后效”的政策，是新中国在司法上的一个创举，具有深远的意义。

镇压反革命运动是在新中国成立之初敌我矛盾还很突出条件下进行的一场尖锐的阶级斗争。山西省文水县云周西村公审杀害刘胡兰烈士的凶手张全宝、侯雨寅，武汉法办当年参与制造“二七惨案”、杀害优秀共产党员林祥

---

① 《毛泽东文集》第六卷，人民出版社 1999 年版，第 117 页。

谦及大批铁路工人的凶手赵继贤，成都公审杀害李公朴、闻一多的凶手王子民，重庆公审杀害邓演达的凶手李熙元等，绝大多数犯有罪行的反革命分子都受到了应有的惩处。到1953年秋，全国镇压反革命运动全部结束。通过镇压反革命运动，基本上清除了国民党反动派在大陆的残余势力，以及长期危害人民和社会安定的各种匪患与黑社会势力，巩固了人民民主专政，全国社会治安情况大为好转。1950年全国刑事案件发生率为0.09%，1951年下降为0.059%，1952年再下降为0.042%，1953年是0.05%。很多地区出现了历史上少有的“路不拾遗，夜不闭户”的安宁局面。[①]这就为抗美援朝的胜利进行、国民经济的恢复和大规模经济建设，创造了有利条件。

三、社会改革与“三反”“五反”运动

早在新政协筹备会上，毛泽东就提出：中国的命运一经操在人民自己的手里，就要“迅速地荡涤反动政府留下来的污泥浊水”。新社会的建政工作必然伴随一系列民主改革。

旧中国的婚姻制度，是一种以夫权为中心、压迫妇女并剥夺男女婚姻自由的落后封建婚姻制度，不仅涉及妇女地位，还涉及社会观念、伦理道德、宗法习俗等多方面问题。1950年5月1日，中央人民政府颁布的第一部法律《中华人民共和国婚姻法》（简称《婚姻法》）开始施行，该法明确规定：废除包办强迫、男尊女卑、漠视子女利益的封建主义婚姻制度，实行男女婚姻自由、一夫一妻、男女权利平等、保护妇女和子女合法利益的新民主主义婚姻制度；禁止重婚、纳妾，禁止童养媳，禁止干涉寡妇婚姻自由，禁止任何人借婚姻关系问题索取财物。

贯彻《婚姻法》的过程，也是移风易俗的过程。广大人民群众特别是妇女对宣传、贯彻《婚姻法》表现出了极大的热情。新凤霞主演的反映抗

---

① 当代中国研究所：《中华人民共和国史稿》第一卷，人民出版社、当代中国出版社2012年版，第104页。

日战争时期陕甘宁边区争取婚姻自由的评剧《刘巧儿》，赵树理1943年发表的反映抗日民主根据地青年男女在民主政权支持下争取婚姻自由的小说《小二黑结婚》等，受到群众的欢迎，有力地促进了《婚姻法》的贯彻实施，婚姻自由蔚然成风。据内务部1955年对27个省市的统计，符合《婚姻法》登记结婚者已占申请结婚人数的95%。全国出现许多互敬互爱、民主团结的家庭，成为新社会的基本细胞，为社会的安定奠定了基础，同时也为妇女参加政治活动、经济活动和其他社会活动创造了条件，有力地推进了妇女解放事业。

嫖娼是旧社会的丑恶现象，它既表现了剥削阶级生活的腐朽，又反映了被压迫群众命运的悲惨。新中国成立后，人民政府把取缔娼妓制度作为改造社会的一项重要内容。北京市最先采取行动，1949年11月21日下午5时半开始，将全市224家妓院一夜之间全部封闭，400多个老板、领家被收审法办。1300多名妓女获得解放，她们被送到教养院医治性病，学习政治、文化和生产技能，人民政府帮助她们成家和就业，成为自食其力的劳动妇女。接着，全国各大城市和有妓院的城镇相继采取类似办法，在几年内取缔了当地所有的妓院，根除了娼妓制度。

吸毒、贩毒、制毒是旧中国的严重公害之一。新中国刚成立时，社会上的吸毒现象令人触目惊心。据统计，当时吸毒者约有2000万人，占全国总人口的4.4%。1950年2月24日，政务院发出《关于严禁鸦片烟毒的通令》，要求各级政府设立禁烟禁毒委员会，制定限期禁绝办法。在具体实施过程中，对首犯、惯犯严加惩处，同时帮助吸毒者、嗜毒者戒毒，对于贫困者给予“免费或减价医治”。为了加大对毒品犯罪的打击力度，除恶务尽，1952年4月15日，中共中央发布《关于肃清毒品流行的指示》，在禁毒运动中，重点打击制毒贩毒的罪犯。在全社会禁毒的强大压力下，毒犯受到极大震慑，不少人主动前往公安机关坦白悔过。到1952年底，为害一个多世纪的烟毒在中国大陆基本被禁绝。

人民政府还开展了严禁赌博活动的斗争。各地明令禁止赌博，坚决取缔各种赌博场所，严惩聚赌牟利的赌头、窝主及屡教不改的赌徒，对一般参与赌博者实行教育和劝导，使在旧社会十分盛行的赌博习气很快被扫除。

经过3年左右的努力，曾在旧社会屡禁不绝的娼、毒、赌等社会顽疾被基本禁绝。此举净化了社会环境，各阶层人民精神面貌焕然一新，由此建立起新的社会道德规范，使中国的社会面貌、社会风尚和社会生活发生了深刻的变化。

新中国成立以后，中国共产党成为在全国执政的政党，新的历史条件给共产党带来了新的考验。如何保持在长期革命斗争中形成的艰苦奋斗的优良传统，防止资产阶级思想和生活方式的腐蚀，努力保持清正廉洁的品格，是每一个共产党员特别是领导干部必须面对的问题。新中国成立前夕，毛泽东在中共七届二中全会上就告诫全党要警惕资产阶级糖衣炮弹的袭击，务必继续保持谦虚、谨慎、不骄、不躁的作风，务必继续保持艰苦奋斗的作风。

1951年10月，在各条战线开展的爱国增产运动中，暴露出党政机关内部存在贪污、浪费现象和官僚主义问题。东北局在向中央的报告中列举了一些干部严重贪污的事例。华北局向中央报告了河北省揭发出时任中共天津地委书记刘青山、天津行署专员张子善二人堕落为大贪污犯的严重情况。各中央局的报告引起毛泽东的高度重视，他再次觉察到反腐蚀斗争的必要性和重要性。他作出重要批示："这件事给中央、中央局、分局、省市区党委提出了警告，必须严重地注意干部被资产阶级腐蚀发生严重贪污行为这一事实，注意发现、揭露和惩处，并须当作一场大斗争来处理。"[①]12月1日，中共中央发出《关于实行精兵简政、增产节约、反对贪污、反对浪费和反对官僚主义的决定》的通知，要求全国从中央到地方，大张旗鼓，雷厉风行，以形成有力的社会舆论和群众威力，彻底揭露一切大中小贪污事件。12月8日，中共中央又发出《关于反贪污斗争必须大张旗鼓地去进行的指示》，"三反"运动开始在全国普遍开展。

12月29日，中共中央召开书记处扩大会议，研究处理大贪污犯刘青山、张子善的意见。经过慎重考虑，并征求党外人士的意见，决定同意

① 《建国以来重要文献选编》第二册，中央文献出版社1992年版，第468页。

河北省委开除刘青山、张子善的党籍，建议司法部门判处死刑的处理意见，由河北省人民法院宣布并经最高人民法院核准，对刘青山、张子善判处死刑，立即执行。公审大会召开前，有人提出是否不要枪毙，给他们一个改造的机会。意见反映到毛泽东那里，毛泽东说，正因为他们两人的地位高、功劳大、影响大，所以才要下决心处决他们。只有处决他们，才可能挽救20个、200个、2000个、20000个犯有各种不同程度错误的干部。[①]处决刘青山、张子善，是一个严肃的意义深远的决定，是中国共产党人法纪严明、公正无私的生动体现。重大典型案件的处理，推动了“三反”运动的开展，很快在全国形成高潮。

“三反”运动一般都经过发动群众检举揭发、定案处理和组织建设三个阶段，在追查贪污犯的打“大老虎”阶段，发生过一些过火的偏差，但随即得到纠正。“三反”运动至1952年10月结束。总体来看，“三反”运动教育了干部的大多数，挽救了犯错误的同志，清除了干部队伍中的贪污腐败分子，树立了国家工作人员廉洁朴素、为人民服务的工作作风。

“三反”运动在党和国家机关开展以后，各地各部门揭发的许多材料说明，重大贪污案件的共同特点是私商和干部中的蜕化分子相勾结，共同盗窃国家财产，党政机关内部的贪污往往是与非法商人从外部勾结而产生的。鉴于这种严重情况，中共中央决定，在工商界开展一场反对行贿、反对偷税漏税、反对盗骗国家财产、反对偷工减料、反对盗窃国家经济情报的“五反”运动。

由于旧中国的政治极端腐败和经济环境恶劣，不仅回扣、吃请、送礼等陈规陋习多，而且行贿和偷漏税普遍（通称“五毒”），因刚从旧社会过来，不法资本家的这些行为在一定程度上相当普遍地存在。原国家税务局的资料显示，从1950年缴纳第一期营业税的情况看，上海市3510家纳税户中有逃税行为的占99%。[②]据北京市1952年的调查，约有13087户，占总数

① 参见薄一波：《若干重大决策与事件的回顾》上，中共党史出版社2008年版，第107—108页。

② 参见中共中央党史研究室：《中国共产党历史》第二卷上册，中共党史出版社2011年版，第163页。

26%的工商户程度不同地存在行贿行为。天津市1951年不法资本家盗骗国家财产者有6400家，总值5200万元。[1]类似情况在全国各地均有发现。一些不法资本家在承建国家工程、完成加工订货任务中偷工减料，弄虚作假，以次充好。在给抗美援朝前线的军需物资里，竟有不法资本家制造和贩卖变质的罐头食品、伪劣药品、带菌急救包，一些战士用后致病、致残甚至致死。这不能不激起广大人民的义愤，"打退资产阶级的猖狂进攻"成为全国上下的强烈呼声。

打击不法资本家的违法行为并不是要立即消灭资产阶级，人民政府对私营工商业者按照"过去从宽，今后从严；多数从宽，少数从严；坦白从宽，抗拒从严；工业从宽，商业从严；普通商业从宽，投机商业从严"的原则进行处理，把他们分为守法户、基本守法户、半守法半违法户、严重违法户和完全违法户五类定案处理。全国范围的"五反"运动至1952年10月结束，定为守法户、基本守法户和半守法半违法户的占工商户总数97%以上，3%为严重违法户或完全违法户；受到刑事处分者有1509人，占总户数的1.5‰。

"五反"运动打击了不法资本家的严重违法行为，在工商业者中进行了一次普遍的守法经营教育，推动了在私营企业中建立工人监督制度和实行民主改革，为后来用和平方式逐步改造资本主义工商业做了重要铺垫。

四、国民经济的恢复和各项建设的展开

在1950年6月召开的中共七届三中全会上，毛泽东提出了"三年五年恢复，十年八年发展"的设想。1951年2月，他进一步提出"三年准备，十年计划经济建设"。

新中国贯彻执行《共同纲领》提出的"公私兼顾、劳资两利、城乡互助、内外交流"的基本方针，积极发展生产，繁荣经济。在极其复杂的国际国内环境下，使国民经济得到全面恢复，并有所发展。

---

① 《当代中国》丛书编辑委员会：《当代中国的天津》上，中国社会科学出版社1989年版，第56页。

工业方面，为了恢复和发展国营重工业和化学工业，国家制定和实施的具体政策措施有：第一，增加对重工业和化学工业的投资；[①]第二，制定了以恢复东北为主、兼顾内地的工业布局政策，东北有比较雄厚的工业基础，又有丰富的煤炭、水利、林业等资源，东北工业的恢复有效地带动了全国工业的全面恢复；同时，恢复和增加纺织业及其他有利于国计民生的轻工业的生产，以满足人民日常消费的需要。

交通运输方面，首先从抢修和新建铁路开始。旧中国 2.6 万多公里的铁路能够勉强维持通车的不过 1.1 万公里。由于战争的破坏，各地在解放和接管时无一条铁路线能够全线通车。广大铁路职工和铁道兵指战员在“解放军打到哪里，铁路就修到哪里”的口号下，修复了主要线路。到 1949 年底，全国通车的铁路已达 2.2 万公里。

在修复旧路的同时，党和政府及时谋划新线建设。1950 年先后动工新建成渝线（成都至重庆）、天兰线（天水至兰州）和湘桂线的来镇段（来宾至镇南关）。至 1952 年底，全国新建铁路 1320 公里，恢复铁路 1170 公里，为经济的恢复和发展创造了有利条件。

解放战争期间，国民党军队在节节败退之时，对公路及车辆设施进行了疯狂破坏。1949 年，全国能通车的公路仅 5.4 万公里，而且路况极差。新中国成立前后，党和人民政府仅在 1949 年就抢修公路 2.6 万公里，占已解放地区公路的 30%，至当年底，全国公路通车里程达 8.1 万公里。1950 年，政务院决定动工兴建通向世界屋脊的康藏公路和青藏公路。其中，康藏公路康定至昌都段于 1952 年 11 月提前通车。各大区和各省、自治区、直辖市也在本地区新建和改建一些经济干线和县乡公路。至 1952 年底，全国公路通车里程超过 13 万公里。

旧中国的邮电通讯事业极其落后，没有形成全国性的邮电通讯网络，许多乡村甚至不通邮。新中国成立后，国家加快邮电建设，全国邮电局、所由 1949 年的 2.63 万处增加到 1952 年的 4.95 万处，增长 88.21%。邮路长度

---

① 中国社会科学院、中央档案馆编：《1949—1952 中华人民共和国经济档案资料选编·工商体制卷》，中国社会科学出版社 1993 年版，第 977—982 页。

由1949年的70.6万公里增加到1952年的128.97万公里，增长82.68%。全国收发电报由1949年的1129万份增加到1952年的1204万份，增长6.64%。长途电话业务由1949年的902万张增加到1952年的1628万张，增长80.49%。[①]

国家还大力兴建水利工程。1950年水利建设投资相当于国民党统治时期水利经费最多年份的18倍，1951年相当于42倍，1952年相当于52倍。1950年夏，安徽、河南连降大雨，淮北地区灾情严重，为百年不遇。毛泽东连批三份关于淮北灾情的报告，提出“一定要把淮河修好”。首期治淮工程赶在1951年洪水到来之前完成，初步发挥了抗洪和灌溉功能，淮河流域农业获

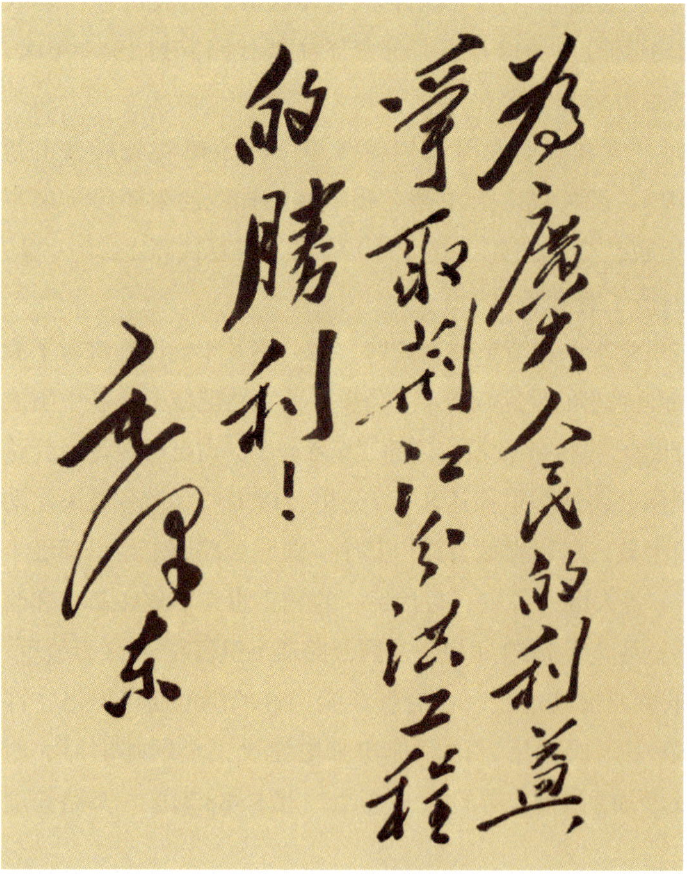

“万里长江，险在荆江。”荆江分洪工程是新中国兴建的第一个大型水利工程，1952年4月5日开工，参加工程建设的30万军民，以75天的惊人速度建成荆江分洪第一期主体工程。这是毛泽东为工程开工题的词。

① 国家统计局编：《中国统计年鉴（1984）》，中国统计出版社1984年版，第293、296页。

得空前丰收。以往水灾频繁的沂河、沭河地区因得到治理，也获得多年未有的丰收。到 1952 年，全国共扩大灌溉面积 4017 万亩，增产粮食数百万吨。[①]

在农业方面，旧中国的农业生产遭到极大的破坏。1949 年，全国主要农产品产量同抗日战争前最高年份比较，粮食下降 24.5%，棉花下降 47.7%。[②]为了加快恢复和发展农业生产，党和各级政府在资金、物资、价格、税收方面采取有力措施，农业生产资金逐年大幅增长，1950 年为 2.74 亿元，1951 年达到 4.19 亿元，1952 年更上升为 9.04 亿元。[③]国家还相应调整农产品的收购价格、降低农业税、推广农业生产技术和良种等，使农业获益。

由于政策正确和措施得力，1949 年到 1952 年，工业得到迅速恢复和发展。1952 年工业总产值为 349 亿元，比 1949 年增长近 1.5 倍，年平均增长速度达 49.8%，[④]超过抗日战争前的最高水平。全国农业总产值 3 年间增长了 48.5%。粮食总产量从 1949 年的 11318 万吨，增加到 1952 年的 16392 万吨，增长 44.8%。棉花总产量从 1949 年的 44.4 万吨，增加到 1952 年的 130.4 万吨，增长 193.7%。[⑤]

国民经济的全面恢复和初步发展，既为新中国开始大规模经济建设创造了前提条件，又为新中国开始由农业国逐步转变为工业国打下了基础，进而确保了整个国家经过新民主主义稳步地向社会主义迈进。

第三节　过渡时期总路线和社会主义改造

1953 年，新中国开始实施以发展国民经济第一个五年计划为中心的大

① 中国社会科学院、中央档案馆编：《1949—1952 中华人民共和国经济档案资料选编·基本建设投资和建筑业卷》，中国城市经济社会出版社 1989 年版，第 942 页。

② 《当代中国》丛书编辑委员会：《当代中国的农业》，当代中国出版社 1992 年版，第 50 页。

③ 《当代中国》丛书编辑委员会：《当代中国的农业》，当代中国出版社 1992 年版，第 55 页。

④ 国家统计局编：《中国统计年鉴（1983）》，中国统计出版社 1983 年版，第 16 页。

⑤ 国家统计局编：《中国统计年鉴（1984）》，中国统计出版社 1984 年版，第 132、142 页。

规模经济建设。这一年，中国共产党正式提出逐步实现国家的社会主义工业化，逐步实现国家对农业、手工业和资本主义工商业的社会主义改造的过渡时期总路线，并把这条总路线作为党和国家一切工作的指针。

一、过渡时期总路线的提出

新民主主义革命胜利后，中国必须向社会主义过渡，这个前途早就确定了。但是，新中国成立之时，起临时宪法作用的《共同纲领》并没有把社会主义写进去。当时刘少奇代表中国共产党对此作了说明，他说："无疑问，中国将来的前途，是要走到社会主义和共产主义去的"，但"要在中国采取相当严重的社会主义的步骤，还是相当长久的将来的事情"。[①] 在这次会议期间，曾有党外人士询问毛泽东，要多长时间过渡到社会主义去，毛泽东说：大概二三十年吧。而在党内的场合，包括1948年9月政治局会议、七届二中全会和新中国成立后几年的多次党内干部会上，毛泽东、刘少奇、周恩来都说过，到底什么时候搞社会主义，估计至少10年，多则15年或20年。那时的设想，经过这样一段"相当长久"的时间，工业发展了，国营经济壮大了，就可以采取"严重的社会主义步骤"，实行资本主义工商业的国有化和个体农业的集体化。

经过3年时间，到1952年，随着形势的发展和经验的积累，中共中央原来向社会主义过渡的设想有了改变，认为工业化与向社会主义过渡可以同时进行和一起完成。中共中央认为，制定党在过渡时期的总路线，明确地向全党和全国人民提出向社会主义过渡的任务，并用15年或者更长一点时间完成这一任务，是适时的和必要的。

这一改变的根据主要有以下几点：

第一，经过3年的发展，中国已经有了迅速发展和相当强大的社会主义国营经济，工业产值已占全国现代工业总产值的67.3%，批发商业的营

① 《刘少奇选集》上，人民出版社1981年版，第435页。

业额占全国批发商业营业总额的 60.5%。国营经济的迅速发展，不仅使之控制着国计民生的重要行业和产业部门，在现代工业中的优势进一步增强，而且在批发商业中也优势明显，能够有力地调控主要商品的价格和供求关系，从而使国营经济成为中国向社会主义过渡时重要的物质基础和依靠力量。

第二，社会主义工业化的需要。工业化水平是衡量一个国家综合国力的重要标志。经过 3 年经济恢复和发展，国民经济各项指标达到或接近历史最好水平，但中国仍是一个落后的农业国，要改变落后面貌，巩固国家政权，就必须实现国家工业化。过渡时期总路线就体现了这种国家发展的必然要求和广大人民的共同愿望。

第三，国家在合理调整工商业的过程中，创造了加工订货、经销代销、统购包销、公私合营等一系列从低级到高级的国家资本主义形式，加深了私营工商业同社会主义国营经济的联系，使之在不同程度上接受国家的监督和管理，引起了它们在生产关系上的变化，从而也程度不同地开始了对它们的限制和改造，并为以后对私营工商业进行社会主义改造创造了条件。

第四，土地改革完成后的农村已经开展了相当规模的农业互助合作。这些互助合作形式，帮助广大农民增加生产、改善生活，显示出将个体农民组织起来进行农业生产的优越性，为农业合作化运动提供了很好的示范，是对个体农业进行社会主义改造的最初步骤。

上述事实表明，新中国对个体农业、资本主义工商业的社会主义改造实际上已经在不同程度和空间上开展起来，积累了许多经验，人们也开始逐步熟悉、习惯了这些社会主义改造的形式和做法。另外，新中国还学习和借鉴了苏联社会主义建设的经验。此时，中国向社会主义过渡的条件已经基本具备。中共中央审时度势，改变了原来的认识，及时提出了党在过渡时期的总路线。

1952 年 9 月，毛泽东在中央书记处一次会议上指出，10 年到 15 年基本上完成向社会主义过渡，不是 10 年以后才开始向社会主义过渡。1953 年 8 月，毛泽东在修改周恩来在财经会议上的讲话稿时，第一次对过渡时期总路线作了比较完整的阐述，包括过渡时期的起点、时限和总任务。9 月，周恩来根据毛泽东的上述思想，在全国政协常委扩大会议上作了题为《过渡时期的总路线》的报告，明确指出："我国新民主主义建设时期，就是逐步向社会主义过渡的时期，也就是社会主义经济成分在国民经济比重中逐步增长的时期。"[①]9月24日，在庆祝新中国成立4周年的口号中，公布了过渡时期总路线。

为了适应全国人民的需要，根据毛泽东的指示，中共中央宣传部起草了关于过渡时期总路线的学习和宣传提纲。过渡时期总路线，即"从中华人民共和国成立，到社会主义改造基本完成，这是一个过渡时期。党在这个过渡时期的总路线和总任务，是要在一个相当长的时期内，逐步实现国家的社会主义工业化，并逐步实现国家对农业、对手工业和对资本主义工商业的社会主义改造。这条总路线是照耀我们各项工作的灯塔，各项工作离开它，就要犯右倾或'左'倾的错误"[②]。1954年2月，中共七届四中全会正式批准中央政治局确认的这条总路线。9月，第一届全国人民代表大会第一次会议通过的《中华人民共和国宪法》，将过渡时期总路线正式写入序言。

按照当时的概括，过渡时期总路线就是"一体两翼""一化三改"。实现社会主义工业化是总路线的主体，实现农业、手工业以及资本主义工商业的社会主义改造是总路线的两翼。发展社会主义工业和实行社会主义改造同时并举，是互相关联而不可分离的。因为一方面，社会主义工业是对整个国民经济实行社会主义改造的物质基础，只有充分强大的社会主义工业才能吸引、改组和代替资本主义工业，才能支持社会主义的商业，改造和代替资本主义商业，才能用新的技术来改造个体农业和手工业，才能创造保证社会主义完全胜利的经济、文化和政治的前提；另一方面，如果不对资本主义工商业和个体农业、手工业实行社会主义改造而听其自流，不但不能很好地支持社会主义工业的发展，而且必然会与社会主义工业化的事业发生种种矛盾，如此，社会主义工业化的最终目的和党在过渡时期的总路线的根本目的就无

---

① 中共中央文献研究室编：《毛泽东传（1949—1976）》上，中央文献出版社2003年版，第265页。

② 《建国以来毛泽东文稿》第四册，中央文献出版社1990年版，第405页。

法达到。

实现党在过渡时期总路线，就是要充分发展社会主义工业，并且把现有的非社会主义工业变为社会主义工业，使中国由工业不发达的落后农业国变为先进工业国，使社会主义工业成为在中国整个国民经济中起决定作用的领导力量；同时要扩大社会主义全民所有制和农业合作社的集体所有制，把农民和手工业者以自己劳动为基础的私人所有制改造为合作社社员的集体所有制，把以剥削工人阶级的剩余劳动为基础的资本主义私人所有制改造为全民所有制。

经过广泛深入的学习、宣传和教育，过渡时期总路线在全党获得统一认识，也得到全国人民的拥护，成为团结和动员全国人民共同为建设伟大社会主义国家而奋斗的新的纲领。

二、第一个五年计划和社会主义工业化的起步

在“一穷二白”的条件下开展大规模经济建设，实现工业化，建设一批国民经济急需的重大项目，首先就要制定切实可行的发展国民经济的计划。新中国对编制这样的中长期计划缺乏经验，编制第一个五年计划的整个过程都得到了苏联的帮助。“一五”计划在 1951 年开始编制，从 1953 年起边实施、边讨论修改，到 1955 年 7 月一届全国人大二次会议正式通过，历时 4 年编制完成。

“一五”计划的基本任务是：集中主要力量进行以苏联帮助中国设计的 156 个建设单位为中心的、由 694 个建设单位组成的工业建设，建立中国的社会主义工业化的初步基础；发展部分集体所有制的农业生产合作社，并发展手工业生产合作社，以建立对农业和手工业社会主义改造的初步基础；基本上把资本主义工商业分别纳入各种形式的国家资本主义轨道，以建立对私营工商业社会主义改造的基础。同时，正确发挥农业、手工业和资本主义工商业的作用，保证在发展生产的基础上逐步提高人民的物质和文化生活水平。

“一五”计划在编制和实施过程中较好地处理了经济建设中的几个重大

问题。一是采取优先发展重工业的指导方针。把一个经济落后的农业大国逐步建设成为工业国，从何处起步？中共中央经过对政治、经济、国际环境诸多方面的利弊得失反复权衡和深入讨论以后，统一了全党认识：没有重工业，就不可能为轻工业提供必要的设备、燃料、原料和材料，也不可能为农业提供化肥和农业机械。特别是当时中国正遭受西方资本主义国家的禁运和封锁，也急需发展重工业以增强国防力量。二是在优先发展重工业的同时，不放松农业、轻工业的发展。在427.4亿元的基本建设投资中，各部门的分配比例为：工业部门占58.2%，农林水利部门占7.6%，运输邮电部门占19.2%，文化教育和卫生部门占7.2%。① 对国民经济各个部门统筹兼顾，体现了综合平衡和按比例发展的指导思想。三是在投资规模上，坚持"自力更生为主，争取外援为辅"的方针。"一五"计划期间，国外借款36.35亿元，只占财政总收入的2.7%，其余都是国内积累起来的。四是在发展规模、速度上，既考虑原有企业的增产能力，同时又留有一定余地。在5年工业总产值中，原有企业生产的比重占70%，新建企业只有30%。工业发展速度达到平均每年递增18%，其中生产资料的生产量平均年递增25.4%。这样的规模、速度与国力相适应，既积极又稳妥。五是在产业布局上，基本建设投资及投资金额在限额以上的工业建设单位，有一半左右安排在内地，改变了历史上我国工业大多数集中在沿海地区的不合理状况。六是在积累和消费的比例关系上，把发展生产和改善人民生活恰当地结合起来，安排得比较合理。

从1953年开始，中国人民以极高的政治觉悟和生产热情投身"一五"计划建设。冶金工业是整个工业的基础，发展冶金工业的重点是对鞍山钢铁公司（简称"鞍钢"）进行大规模的改扩建。1953年底，鞍钢的大型轧钢厂、无缝钢管厂、七号炼铁炉首批竣工并投产。新的钢铁生产基地也在加快部署，武汉、包头大型综合性钢铁基地和齐齐哈尔特殊钢厂的建设，马鞍山、重庆、太原等钢铁企业的调整和扩建等，初步形成了新中国钢铁工业比较合理的布局。

---

① 《建国以来重要文献选编》第六册，中央文献出版社1993年版，第289—290页。

为了改变旧中国机械工业极其落后的局面，除了改建原有的重点企业外，还在重型矿山设备、电站设备、交通运输设备、内燃机、机床工业、农业机械、通用机械、仪表工业等方面新建了一大批大型企业。这些重大项目的建成投产，使新中国从无到有地建立了汽车、拖拉机、发电设备、石油化工设备、冶金矿山设备、工程机械等制造业，扩大和加强了机床工具、机车车辆和造船工业。

有色金属工业根据“多出铜、早出铝”的方针，形成了一个从原料采掘到加工的完整铜铝加工工业。煤炭工业是能源建设的重点，在恢复、改建和扩建原有矿区的同时，先后开工建设了12个新矿区。电力工业投资大中型项目共162项，同期新增发电设备容量247万千瓦，超过计划20%，基本满足了“一五”计划期间生产和建设的用电需要。石油工业、化学工业、兵器工业也都获得长足发展。

这一时期国家还集中力量重点建设了航空和电子两个基础最薄弱的新兴工业部门。初教–5和歼–5分别于1954年、1956年试制成功，中国成为当时少数几个能够制造喷气式飞机的国家之一。电子工业建设使中国具备了制造电子管、磁控管、电阻电容等无线电元器件以及多种雷达、指挥仪、坦克电台、飞机电台、无线电广播发射机等的能力。

“一五”计划后期，中国开始创建核工业和航天工业两个新兴尖端行业。1955年1月，中央决定发展核工业，随后便着手建设研究性重水反应堆和回旋加速器。苏联政府对此给予了技术援助。航天工业于1956年开始组建研制导弹的科研机构。

为保证对大规模经济建设的组织领导，中共中央从各方面抽调优秀干部充实工业战线。广大工人阶级也以主人翁的姿态投身“一五”计划建设，开展热火朝天的劳动竞赛运动，涌现一大批劳动模范和先进单位。鞍钢技术革新能手王崇伦发明和改进了“万能工具胎”，一年完成三年的劳动定额。大同煤矿工人马六孩和工友们创造出一套巷道快速掘进法，大大提高了劳动生产率。青岛青年女工郝建秀的细纱工作法在纺织系统全面推广，各地棉纺厂不断刷新生产纪录。“每一秒钟都为创造社会主义社会而劳动”，这种充满时代精神的口号，反映了“一五”计划的宏伟目标正在化为千百万职工的实际行动，鼓舞着中国工人阶级为实现社会主义工业化而忘我奉献。

三、对农业、手工业和资本主义工商业的社会主义改造

1953 年春和当年年底，中共中央先后作出两个关于农业合作化的决议，指导农业互助合作运动稳步前进。农业合作化的步骤，就是从简单的共同劳动的临时互助组，到在共同劳动基础上实行某些分工分业而有少量公共财产的常年互助组，再到实行土地入股、统一经营而有较多公共财产的农业生产合作社，最后形成完全社会主义的农民集体所有制的更高级的农业生产合作社。这种从带有社会主义萌芽到具有更多社会主义因素，再到完全社会主义的合作化的发展道路，就是逐步实现对农业的社会主义改造的道路。

在农业合作化运动过程中，中国共产党和人民政府按照农民自愿的原则，采用说服、示范和国家援助的方法使农民自愿联合起来。在过渡时期总路线公布以前，主要是发展农业生产互助组。1953 年 9 月以后，进入以发展初级社为主的第二阶段。1954 年底建成的 48 万个合作社中，参加互助合作的农户占比由 1952 年的 19.2% 增加到 1954 年的 60.3%。由于条件成熟，步骤稳妥，较好地贯彻了自愿互利的原则，这一时期农业合作化运动基本上是稳步而健康发展的：合作社 80% 以上都增产增收，互助合作的优越性逐步显现出来。1955 年夏季以后，党内在合作化发展速度问题上出现不同意见，正常的争论被夸大为两条路线的分歧，助长了急躁冒进情绪，原定 15 年基本完成的农业社会主义改造，到 1956 年底，提前 8 年就完成了。

农业合作化把汪洋大海般的小农个体经济改造为集体经济，使农业经济制度发生了根本性变化。这在中国几千年农耕文明发展史上是一次伟大而深刻的变革。合作化期间，农业生产力不断发展，农业生产总值平均每年递增 4.8%，为“一五”计划期间开展大规模工业建设提供了粮食、资金等有力保障。但由于在全国实现高级形式的合作化的速度过快，执行过程中出现了偏差，主要表现为要求过急、工作过粗、改变过快，形式也过于

简单划一，以致遗留了一些问题。

1952 年，中国手工业从业人员为 736.4 万人，加上兼营手工业的农民，约为 2000 万人，产值为 73.12 亿元，占工业总产值的 20%。当时的手工业就其与农业分离的程度和与现代工业的关系而言，大致可分为四种类型：一是从属于家庭农业的家庭手工业，二是作为农民家庭兼业的手工业，三是独立经营的个体手工业，四是雇工经营的工场手工业。其中属于第三种类型的手工业在数量上最多。根据过渡时期总路线，对手工业的社会主义改造主要是指第三类，至于第一、二两类则纳入农业社会主义改造范畴，第四类则纳入资本主义工商业改造的范畴。

国家对个体手工业的社会主义改造一般都经过手工业生产小组、手工业供销生产合作社和手工业生产合作社三个过渡阶段；在方式方法上因地制宜，采取手工业者容易接受的形式，由低级到高级、由小到大、由简单到复杂，循序渐进。坚持贯彻自愿互利原则，力求把合作社办得对生产者、国家和消费者三方都有利。到 1956 年 6 月底，组织起来的手工业者已占从业人员的 90% 以上，中国大陆地区基本实现了手工业合作化。

在实现党在过渡时期总路线的过程中，1953 年 10 月，中共中央作出关于粮食计划收购和计划供应（通称“统购统销”）的决定。这一重大决策的实施，推动了农业互助合作和对私营粮商的排挤与改造。粮食统购统销以后，跟着实行油料的统购和食油的统销，1954 年又实行棉花的统购和棉布的统购统销。这些都成为推动私营工商业的社会主义改造的重要步骤。

对资本主义工商业的和平改造，是通过国家资本主义途径实现的，大体经历了两个阶段。第一阶段为 1953 年至 1955 年夏，是初级形式的国家资本主义的实行阶段，主要是在工业中采用委托加工、订货、统购包销，在商业中委托经销、代销等。特点是：国家通过各种合同控制了原料供应、产品的生产计划、销售及价格，资本主义工商业、企业的性质不变，内部的劳资矛盾依然存在，但在企业的利润上实行“四马分肥”，即所得税占 30%，工人福利占 15%，企业公积金占 30%，资方股息红利占 25%，资本家对工人的剥削有所减轻。第二阶段为 1955 年下半年到 1956 年，是高级形式的国家资本主义实行阶段，分为个别企业的公私合营和全行业的公私合营两种。个别企业的公私合营是半社会主义性质的企业，社会主义经济与资本主义经济在企业内部联系与合作，利润仍按“四马分肥”的原则分配，但资本家只能按私股所占比例取得红利的一部分，另一部分红利转为国家所有。全行业公私合营企业的生产关系则发生了根本变化，资本家的生产资料已归国家所有，他们只是按照核定的资本拿定息，企业基本上是社会主义性质的了。

全国性的全行业公私合营高潮从北京开始。1956年1月15日，北京市各界20多万人在天安门广场举行庆祝社会主义改造胜利联欢大会，党和国家领导人接见了工商界代表。在北京的带动下，到1月底，全国各大城市及50多个中等城市相继实现了全市全行业公私合营。到当年年底，全国

▲ 1956年1月15日，北京各界20多万人在天安门广场举行庆祝社会主义改造胜利联欢大会。

99% 的私营工业企业、85% 的私营商业从业人员都实现了全行业的公私合营，基本上完成了对资本主义工商业的社会主义改造。根据公平合理、实事求是原则核实的全国公私合营企业私股股额共 24 亿元（包括工业 17 亿元，商业、饮食业和服务业 6 亿元，交通运输业 1 亿元），由国家按固定的利息（年息 5%），从 1956 年 1 月 1 日起发给 114 万私股股东定息，[①] 每年定息金额 1.2 亿元。原定 7 年发完，1962 年延长到 1966 年 9 月取消定息。党和政府对企业原有在职人员采取了“包下来”给予安排的方针，按“量才使用、适当照顾”的原则，为 71 万在职人员和 10 万资本家及资本家代理人安排了工作。

对资本主义工商业的社会主义改造的完成，标志着中国大陆地区基本上铲除了剥削制度，建立起社会主义经济制度。这样一场大规模的社会变革没有造成破坏和动乱，价值 20 多亿元的生产资料几乎没有损失。整个社会风气也发生了变化，劳动光荣，剥削可耻，社会主义是国家迅速富强、人民富裕的光明大道等观念深入人心。把对资本主义工商业的改造和对资方人员的改造结合起来，使资本家在实践中受到教育、改造，逐步成为自食其力的劳动者和拥护社会主义的爱国者。改造过程中也存在着一些偏差和缺点，主要是公私合营的面过宽，改组过多；后期工作过粗，形式简单；合营后，产品单调，商业网点过少；对许多原工商业者的使用和处理也有不当之处，因此留下了一些后遗症。

第四节　社会主义政治制度的确立

1954 年 9 月，第一届全国人民代表大会第一次会议召开，会议通过了《中华人民共和国宪法》，人民代表大会制度正式实行。中国人民政治协

① 定息是我国在资本主义工商业实行全行业公私合营后，对民族资本家的生产资料进行赎买的一种形式，即不论企业盈亏，统一由国家按照资本额发给资本家固定的利息。

商会议第二届全国委员会第一次会议通过新的《中国人民政治协商会议章程》，为共产党领导的多党合作和政治协商制度的发展奠定了基础。宪法中有关民族自治地方的规定使民族区域自治制度迈出法律化、制度化的一步。上述三大基本政治制度的建立，表明社会主义政治制度得以确立。

一、实行人民代表大会制度

按照《中国人民政治协商会议组织法》的规定，人民政协全体会议每三年举行一次。到1952年秋，全国政协第一届全体会议已届期满，召开全国人民代表大会的问题提上议事日程。1953年1月，中央人民政府委员会通过决议，决定1953年召开由人民普选产生的乡、县、省（市）各级人民代表大会，并在此基础上召开全国人民代表大会。接着，成立以毛泽东为主席的宪法起草委员会，起草宪法，成立以周恩来为主席的中华人民共和国选举法起草委员会，起草选举法。

1953年3月，中央人民政府颁布施行《中华人民共和国全国人民代表大会及地方各级人民代表大会选举法》（以下简称《选举法》）。《选举法》贯彻选举的普遍性、选举的平等性以及直接选举和间接选举相结合的原则。人民政府在全国范围内开展人口普查和选民登记。在政务院确定的全国人口调查登记标准时间（1953年6月30日24时）内，全国人口总数为6.02亿人。选民登记总数为3.24亿人，占选举地区18周岁以上人口总数的97.18%。人民群众焕发出当家作主的热情和民主意识，以主人翁的姿态参加了中国历史上第一次全国性普选。

全国基层普选完成以后，150个省辖市，2064个县、自治县及县一级单位和170个中央和省辖市的区召开了人民代表大会（西藏地区召开人民代表会议）。总计选举全国人民代表大会代表1226人。其中妇女代表147人，占代表总数的11.99%；少数民族代表177人，占代表总数的14.44%；各民族、各阶层、各界都有与其地位相当的代表。

1954年9月15日，一届全国人大一次会议在北京中南海怀仁堂隆重

▲ 1953 年 3 月，《选举法》颁布后，北京学生在西单打腰鼓、扭秧歌，庆祝中国历史上首次普选。

开幕。毛泽东致题为《为建设一个伟大的社会主义国家而奋斗》的开幕词，刘少奇代表宪法起草委员会作《关于中华人民共和国宪法草案的报告》，周恩来代表中央人民政府作《政府工作报告》。

经过充分讨论，大会一致通过了《中华人民共和国宪法》《中华人民共和国全国人民代表大会组织法》《中华人民共和国国务院组织法》《中华人民共和国人民法院组织法》《中华人民共和国人民检察院组织法》《中华人民共和国地方各级人民代表大会和地方各级人民委员会组织法》，批准了《政府工作报告》。

大会选举毛泽东为中华人民共和国主席，朱德为副主席。刘少奇为中华人民共和国第一届全国人民代表大会常务委员会委员长，宋庆龄、林伯渠、李济深、张澜等13人为副委员长，彭真副委员长兼秘书长。根据中华人民共和国主席提名，大会决定周恩来为中华人民共和国国务院总理。根据周恩来提名，大会决定陈云、林彪、彭德怀、邓小平等10人为国务院副总理，习仲勋为秘书长。国务院共设30个部和5个委员会。

《中华人民共和国宪法》除序言外，分“总纲”“国家机构”“公民的基本权利和义务”“国旗、国徽、首都”4章，共106条。主要内容如下：

第一，规定了国家的性质和根本政治制度。《宪法》对新中国的国家性质规定为“中华人民共和国是工人阶级领导的、以工农联盟为基础的人民民主国家”，又规定“中华人民共和国的一切权力属于人民。人民行使权力的机关是全国人民代表大会和地方各级人民代表大会”，“中华人民共和国全国人民代表大会是最高国家权力机关”，“全国人民代表大会是行使国家立法权的唯一机关”。“全国人民代表大会、地方各级人民代表大会和其他国家机关，一律实行民主集中制。”这就明确了新中国是人民民主专政的国家，根本政治制度是人民代表大会制度。

第二，规定了国家在过渡时期的总任务。《宪法》指出，新中国成立以后5年的建设实践给中国带来的巨大变化，有力地说明了中国的出路是社会主义，即由新民主主义过渡到社会主义是唯一正确的道路。这是构成《宪法》的主线。《宪法》具体提出了过渡到社会主义社会的途径和形式。关于过渡途径，规定“中华人民共和国依靠国家机关和社会力量，通过社会主义工业化和社会主义改造，保证逐步消灭剥削制度，建立社会主义社会”。这是“领导与群众相结合”的变革途径。关于过渡形式，规定：“劳动群众部分集体所有制，是组织个体农民、个体手工业者和其他个体劳动者走向劳动群众集体所有制的过渡形式”；国家资本主义是逐步以全民所有制代替资本家所有制的过渡形式。

第三，规定了国家机构的设置。《宪法》对全国人民代表大会、中华人民共和国主席、国务院、地方各级人民代表大会、人民法院和人民检察院的性质、职权、作用均作出了明确规定。

第四，规定了公民的权利和义务。中华人民共和国公民在法律上一律平等。年满 18 周岁的公民，不分民族、种族、性别、职业、社会出身、宗教信仰、教育程度、财产状况、居住期限，都有选举权和被选举权。妇女有同男子平等的选举权和被选举权。公民有言论、出版、集会、结社、游行、示威的自由，有宗教信仰的自由。人身自由不受侵犯。通信秘密受法律保护。中华人民共和国公民必须遵守宪法和法律，遵守劳动纪律，遵守公共秩序，尊重社会公德。中华人民共和国公民有爱护和保卫公共财产的义务，有依照法律纳税和服兵役的义务。

第五，关于民族区域自治。《宪法》确立了中国境内各民族间平等友爱互助的关系，保障少数民族的自治权利。规定民族自治地方是自治区、自治州、自治县，行使同一级地方国家机关的职权，并作为国家的行政区划。各民族自治地方都是中华人民共和国不可分离的部分。

一届全国人大一次会议的召开和《宪法》的颁布，标志着人民代表大会制度这一根本政治制度在全国正式建立。

二、多党合作和政治协商制度的新发展

过渡时期总路线提出后，党内一些干部对统一战线产生了误解，把它看作包袱，主张干脆取消。针对这种模糊认识，毛泽东及时指出，把统战工作当作包袱，干脆取消是不对的，是应该批判的；要肯定民主党派、各种上层人物、知识分子和宗教界人士是可以改造的。他明确提出：我们有两个联盟、两种合作。一种是工人阶级和农民的联盟，就是劳动人民的联盟；一种是工人阶级和剥削者的联盟，跟资产阶级的联盟。头一个联盟为后一个联盟的基础，没有头一个联盟，我们就没有力量。必须有这个联盟，才有力量去联合那些可以合作的剥削者，他们才会来同我们合作。[①]《宪法》序言也明确提出，人民民主统一战线在完成国家过渡时期总任务和反对内

① 中共中央统战部研究室编：《历次全国统战工作会议概况和文献》，档案出版社 1988 年版，第 127 页。

外敌人的斗争中将继续发挥它的作用。

同样，实行人民代表大会制度以后，对于如何认识人民政协的性质、地位、作用、任务，也存在不同意见。有些人认为政协作用不大了，政协是否还需要成了问题。针对这些意见，1953年6月，第四次全国统战工作会议报经中央批准的《关于人民代表大会制实行后统一战线组织问题的意见》指出，在人民代表大会制实行后，中国人民政治协商会议作为独立的统一战线组织而继续存在。其组成应具有广泛的代表性，既要做到保证党的领导，又要适当扩大团结面，把各民主阶级、民主党派、无党派民主人士、少数民族、华侨及其他爱国分子中必要的人选吸收进来。统一战线组织对各参加单位的关系，应该是协商关系，而不是领导关系，但中国共产党对统一战线组织则是领导关系。统一战线组织对人民政府的关系，则是协商和建议的关系。

1954年12月19日，毛泽东邀集各民主党派和无党派民主人士座谈。会上他强调了各党派协商的必要性和人民政协在国家政治生活中的作用，指出召开全国人民代表大会以后，政协仍然是需要的。政协全国委员会委员559人当中，当选为全国人民代表大会代表的有140人，只占总人数的1/4，还有3/4不是人大代表，可以通过政协容纳更多的人来协商办事。政协的性质有别于国家权力机关，它是全国各民族、各民主阶级、各民主党派、各人民团体、国外华侨和其他爱国民主人士的统一战线组织，是党派性的，它的成员主要是党派、团体推举出的代表。毛泽东的谈话对于召开全国政协第二届全国委员会第一次会议具有指导作用，其基本原则被写入人民政协章程之中。

12月21日至25日，中国人民政治协商会议第二届全国委员会第一次会议在北京举行。会议通过了《中国人民政治协商会议章程》《中国人民政治协商会议宣言》，推举毛泽东为政协第二届全国委员会名誉主席，选举周恩来为主席，宋庆龄、董必武、李济深、张澜、郭沫若等16人为副主席。

《章程》规定，政协的性质是："团结全国各民族、各民主阶级、各民主党派、各人民团体、国外华侨和其他爱国民主人士的人民民主统一战线的组织。"政协的任务是：在中国共产党领导下，将继续通过各民主党派、各人民团体的团结，更广泛地团结全国各族人民，共同努力，克服困难，为建设一个伟大的社会主义国家而奋斗。

《章程》对政协的组织机构和职能作出了新的调整。一是以各民主党派、各人民团体为基础组成，包括少数民族和国外华侨的代表，必要时可吸收个人参加。区域和人民解放军的代表不再作为参加政协的单位。二是政协不再设立全体会议，将原来的政协全体会议、全国委员会、常务委员会三个层次，改为全国委员会全体会议和常务委员会两个层次。这样既便于工作，又可适当扩大全国委员会和地方委员会的名额，保证广泛的代表性。三是在省、自治区、直辖市和市设地方委员会，自治州、县、自治县和市辖区必要时设立地方委员会。四是全国委员会和各级地方委员会之间是指导关系而不是领导关系。《章程》还规定了参加政协的单位和个人共同遵守的准则。

全国政协二届一次会议在人民政协发展史上具有特殊的意义，这次会议通过的文件所阐述的重要原则为中国长期坚持中国共产党领导的多党合作和政治协商制度奠定了思想基础、政治基础和组织基础。

三、建立民族区域自治制度

中国是一个统一的多民族国家。据 1953 年人口普查统计，除汉族外，全国有蒙古、回、维吾尔、苗、彝、僮（1965 年改为壮）、布依、朝鲜、满等 41 个少数民族（1982 年经民族识别确认为 55 个），人口 3532 万人，占全国人口总数的 6%，分布地区约占全国陆地总面积的 60%。在长期的历史发展进程中，各民族共同创造了灿烂的中华文明，形成了相互依存、不可分离的关系，各民族人口分布呈现大杂居、小聚居、相互交错的特点。

新中国成立以后，贯彻各民族平等、团结、互助的原则，保证各少数民族的参政权，即每个民族不分大小，都以平等的地位参与管理国家大事和各级地方事务，各民族公民享有同样的选举权和被选举权。在地方政权建设上，少数民族聚居的省区均由少数民族人士担任主要领导职务。人民政府在法规政策上充分照顾少数民族的特殊性，防止伤害少数民族感情，充分尊重少数民族的习俗。这些方针政策都为在中国实行民族区域自治制度创造了条件。

从1950年开始，中央人民政府和各有关地区参照建立内蒙古自治区的经验广泛进行试点，建立了一批相当于专区、县以及区、乡的民族区域自治地方。到1952年6月，全国已建立民族自治地方30个。

在总结经验的基础上，1952年8月，中央人民政府颁布了《中华人民共和国民族区域自治实施纲要》，规定："各民族自治区统为中华人民共和国领土不可分离的一部分。各民族自治区的自治机关统为中央人民政府统一领导下的一级地方政权，并受上级人民政府的领导。"民族区域自治的地方在中央人民政府和上级人民政府法令所规定的范围内和国家统一制度下，享有制定本自治区单行法规，管理本自治区的财政经济事业，发展各民族的文化、教育、艺术和卫生事业等权利。

1954年9月通过的《宪法》，将民族区域自治确立为一项基本国策和基本政治制度，确定将民族区域自治地方分为自治区、自治州、自治县三级，县以下的少数民族聚居区设民族乡，使民族区域自治制度更适合我国的实际情况。

内蒙古自治区是全国设立的第一个相当于省级的民族自治区。1947年5月1日内蒙古自治区成立之初，只辖呼伦贝尔、兴安、纳文慕仁、锡林郭勒、察哈尔5个盟。1949年东北人民政府行政区撤销辽北省建制时，将哲里木盟和热河省的昭乌达盟划归内蒙古自治区。1952年察哈尔省建制撤销前，华北行政委员会又将蒙古族、汉族杂居的多伦、宝昌、化德三县划归内蒙古自治区。1954年6月19日，中央人民政府委员会决定撤销绥远省，并将其划归内蒙古自治区。至此，内蒙古自治区面积达到110多万平方公里，人口610余万。

1952年9月，新疆省民族区域自治筹备委员会正式成立。在新疆实行民族区域自治是从帮助人口较少的民族聚居区自治入手，由小到大、由下而上逐步完成的。从1953年底到1954年底，先后建立了哈萨克、锡伯、回、蒙古、塔吉克、柯尔克孜、达斡尔等民族自治单位27个。1955年9月，一届全国人大常委会第二十一次会议通过决议，批准国务院关于成立新疆维吾尔自治区的议案，决定撤销新疆省建制，以原新疆省的行政区域为新疆维吾尔自治区的行政区域。10月1日，新疆维吾尔自治区成立，面积166万余平方公里，人口487.4万。

第五节　科教文卫体事业的发展和人民生活水平的提高

与国家的经济发展、政治建设相适应，科技、教育、文化、体育、卫生各项事业都展现欣欣向荣的景象。由于“一五”计划时期比较好地处理了积累与消费、生产与生活的比例关系，在生产不断发展的基础上，人民的物质和文化生活水平有了较大提高。

一、科技事业的起步和发展

1949 年前中国的科技事业不仅研究水平落后，而且人才匮乏，经费拮据，机构残缺不全。1949 年，全国科技人员不超过 5 万人，其中自然科学的专门研究人员不超过 500 人，专门研究机构仅有 30 多个，有的已名存实亡。

新中国成立以后，国家制定了“努力发展自然科学，以服务于工业农业和国防的建设”的科技发展新方针。1949 年 11 月 1 日，以郭沫若为院长的中国科学院成立，作为国家最高学术领导机关和重点研究中心。1950 年 8 月，以李四光为主席的中华全国自然科学专门学会联合会和以梁希为主席的中华全国科学技术普及协会两个全国性学术团体先后成立。随后在全国大部分县以上地方、大多数厂矿和一些农村建立了相应的机构，组织科学工作者进行科学研究和开展科学普及工作。科技发展新方针的提出和科学工作机构的建立，使中国科技事业有领导、有计划地开展起来。

1953 年国家开始大规模经济建设后，对科技事业提出了更高的要求，为此，党和国家重视加强对科研工作的领导，从各方面为发展科技事业创造有利条件。1954 年 3 月，中共中央对中国科学院党组《关于目前科学院工作的基本情况和今后工作任务》的报告作出批示，集中阐明了党和国家对科学技术工作和科学技术人员的政策，强调要建设生产高度发达、文化高度繁荣的社会主义国家，就一定要发展自然科学和社会科学。批示特别强调，团结科学家是党在科学工作中的重要政策。科学家是国家和社会的宝贵财富，必须重视和尊敬他们，必须争取和团结一切科学家为人民服务。要为他们的工作安排条件，还要关心他们的生活，解除他们的后顾之忧。大力培养新生的科研力量，扩大科研队伍，是发展科学事业的重要环节。批示还提出，各方面科研工作应有适当分工，科学院主要研究基本科学理论和解决对国民经济具有重要意义的关键性问题；生产部门的科研机构主要解决生产中的实际技术问题；高等学校视具体条件，研究基础科学理论或实际生产中的科学问题。①

按照党和政府的要求，各地进一步落实科学工作和对科学家的各项政策，纠正了实际工作中一些“左”的偏向，也纠正了某些“为科学而科学”的偏向，确立了科学为人民服务的观点。同时，力求科研与实际密切结合，按照国家建设需要选定科研重点、解决实际问题，并有计划有步骤地建立发展尚无基础而又为国家建设急需的学科研究。

为了尽快培养并合理使用科研人才，党和政府一方面调查现有科研人员人数和专业，实行计划分配和补充，推动现有科研人员加强学习、提高水平；另一方面与各大学及其他机构协作，统筹专门人才培训，还请苏联专家来华帮助工作，并从1951年8月开始选派留学生和实习生去苏联、东欧国家学习。

国家正在掀起的建设热潮为知识分子提供了施展才华的广阔天地。一大批在海外学习、工作的科学家为了报效祖国，毅然放弃国外优越的工作环境和生活条件，冲破重重阻挠回国。1949年8月到1955年11月，从西方国家归来的高级知识分子多达1536人，其中从美国回来的有1041人。其中有许多著名科学家，如李四光、华罗庚、钱学森、吴阶平、汪德昭、邓稼先、郭永怀、吴仲华等，他们后来为中国科学技术发展做出了杰出贡献。

1955年6月，中国科学院成立学部，从全国优秀科学家中遴选了233位学部委员，组建起数理化学部、生物学地学部、技术科学部和哲学社会科学部。随着科研工作的逐步开展，一些专业性较强的部门如医学等，又

① 参见《建国以来重要文献选编》第五册，中央文献出版社1993年版，第164—167页。

陆续成立了专门的科学院；在重工业基地东北和战略要地西北建立了科学院分院，还加强了华南、西南地区科研机构的建设与调整，建立了一些科学院地方工作站。全国科研网络逐渐形成，研究体系日益完善。到1955年底，全国科学技术人员已有40余万人，专业科研机构超过800个。从1956年开始，中国的科学事业进入根据远景规划开展科学研究的新时期。

二、教育事业的改革与发展

1949年12月，教育部召开第一次全国教育工作会议，提出了“教育必须为国家建设服务，学校必须向工农开门”的总方针。党和国家有准备、有计划、有步骤地改革旧的教育制度、教育内容和教学方法，建立新型人民教师队伍，发展民族教育。

国家对旧教育的接管采取先妥善接收，再逐步改革的政策。对原国民党政府所属的各类公办学校一律实行接管，废除原有的法西斯式的训导制度和国民党颁布的“党义”“公民”等带有反动性的课程，开设对学生进行以世界观、人生观教育为主的政治课程。在学校建立青年团、工会等组织，并实行民主管理；在教学活动恢复之后，再进行改进和改革。对中国人办的私立学校，本着公私兼顾的原则，予以保护维持、加强领导、逐步改造。对办学成绩优良者予以奖励或补助，对办学成绩不佳的学校予以接管或取缔。

国家对于教会学校，在其遵守《共同纲领》及政府法令的前提下，视为私人办学，允许其继续接受外国津贴。承办辅仁大学的天主教会拒不执行中国政府的规定，以削减甚至停拨办学经费相要挟，干涉中国的教育主权。朝鲜战争爆发后，美国政府利用包括宗教在内的各种途径反对新中国。1950年10月12日，政务院下令接收辅仁大学。12月29日，政务院通过《关于处理接受美国津贴的文化教育救济机关及宗教团体的方针的决定》，对现有接受美国津贴的文化教育医疗机关，分别情况，或由政府接办的事业，改为国家事业，或由私人团体继续经营，改为完全由中国人自办。自办而经费确有困难者，由政府予以适当的补助。[①] 根据这一方针，从1951年开始，全国所有各级教会学校陆续由国家接办或改为私立学校。至此，中国各级各类学校的教育主权全部收回。

接管教育事业以后，人民政府开始有准备、有计划、有步骤地改革旧的教育制度、教育内容和教学方法，建立新型人民教师队伍，发展民族教育。为彻底改变旧中国广大工农群众及其子女被剥夺受教育的权利和机会的状况，贯彻高校必须向工农开门的方针，各高等学校附设先修班和补习班，以便利工农干部、少数民族学生及华侨子女入学。所有高等学校、中等学校、师范学校和工农速成学校学生的学习生活费用均由国家供给，各中等学校对有困难的学生发放人民助学金并减免学费，使广大劳动人民及其子女均享有受教育特别是高等教育的权利。在广大农村，采取办冬学、识字班、学习小组和农民业余学校等形式，为农民接受教育创造条件。

1951年下半年，国家开始有计划地全面调整高等学校院系，以解决旧中国高等院校数量少、分布不合理、院系设置脱离实际、课程设置庞杂的问题。经过调整，原有的高等学校分别成为综合性大学、专门学院与专科学校。一些院校新增了原子能、半导体、电子学、自动化等新技术专业，为培养掌握新兴科学技术人才奠定了基础。

国家有计划地发展人民教育事业，使全国各级各类教育都得到了较大发展。到1957年，全国共有高等学校229所，在校学生44.1万人，虽比1949年的205所增加不多，但在学校规模、层次、布局、专业设置等方面都更加合理，更加适应国家经济建设需要；有中等专业技术学校728所，在校学生48.2万人，此时，它在内涵上已完全区别于原有的中等职业学校，开始实行“专业化和单一化”，学用结合，重视实践训练；以培训失业工人的训练班为基础的技工学校有144所，在校学生6.65万人；全国有小学54.73万所，在校学生6428.3万人，学龄儿童入学率达到61.7%。[②]

---

① 参见《建国以来重要文献选编》第一册，中央文献出版社1992年版，第514—515页。

② 教育部计财司编:《中国教育成就统计资料（1949—1983）》，人民教育出版社1984年版，第20、22、30页。

1952 年 5 月，中国开展了大规模扫除文盲运动，扫盲运动的高潮一直持续到 50 年代末。广大群众学习文化的热情空前高涨，工人农民劳动一天后，晚上又进夜校学文化。义务担任扫盲班的教员积极性很高，想尽办法尽快扫除文盲。通过开展扫盲运动，新中国的文盲率大为降低。新中国开展的扫盲运动，不仅在当时提高了人口素质，支持了国家经济建设，而且在人类文化发展史上也写下了浓墨重彩的一笔。

国家在改革旧有文化教育制度的同时，在知识分子中间开展了思想改造运动。从旧社会过来的知识分子绝大多数是爱国的，但仍有不少人由于家庭、历史和历史观的原因，对新社会、新事物不了解、不熟悉，甚至有某些疑虑和偏见。1950 年 6 月 23 日，毛泽东在政协一届二次会议上，向各界特别是知识界人士提出以批评和自我批评方法进行自我教育和自我改造的建议。随后，人民政府广泛组织知识分子学习马克思主义基础知识和中国共产党的方针政策，组织他们参加抗美援朝、土地改革和镇压反革命运动，让他们在实践中接受教育。

1951 年 9 月初，北京大学校长马寅初等 12 位著名教授发起北大教员政治学习运动。此事受到党和政府的肯定与支持，决定在京津高校取得经验后推向全国。9 月 29 日，周恩来应邀在北京、天津高等学校教师学习会上作报告，联系自己在革命运动中的亲身经历，畅谈知识分子改造的必要性；要求知识分子自觉地站到人民的立场上来，树立信心，改造自己。知识分子思想改造的学习运动从教育界开始，逐渐扩大到整个知识界。全国高等学校教职员的 91%、大学生的 80%、中小学教师的 75% 参加了学习。

通过听报告、学文件、总结思想、开展批评与自我批评，知识分子尤其是受旧思想影响较深的知识分子，逐渐分清了革命和反革命的界限，端正了立场。他们抛弃过去不同程度存在的轻视劳动人民的旧思想，开始学习掌握唯物史观和辩证唯物主义，初步接受马克思主义的世界观，确立为人民服务的观点。知识分子由此获得了前进的方向和动力，精神面貌大为改观。思想改造运动历时两年，至 1952 年秋基本结束。

知识分子思想改造运动，主流是积极、健康的，它壮大了知识分子中的积极力量，并为各级学校的教学改革做了思想上的准备。但在后期，由于没有很好地掌握思想改造和组织清理的界限，致使许多地方不同程度地发生了方法简单粗暴的偏差，这是值得认真总结、吸取教训的。

三、文学艺术的推陈出新

1949 年 7 月召开的第一次文代会把毛泽东提出的“文艺为人民服务并首先是为工农兵服务”，作为发展新中国人民文艺的基本方针。1951 年 4 月，中国戏曲研究院成立，毛泽东因势利导，写了“百花齐放、推陈出新”的题词。5 月 5 日，周恩来签发了戏曲改革的指示，明确提出改戏、改人、改制的原则，要求净化戏曲舞台，发掘整理传统剧目，剔除旧戏中的各种毒素；对旧艺人实行团结、教育、改造的政策，在发挥他们专长和才能的同时，提高他们的政治素质和艺术素质；改革旧戏班、旧戏社的不合理制度。革命的文艺工作者需要继承和发扬优良传统，以防止进城后沾染资产阶级思想和作风，避免生活上享乐怕苦，脱离政治，脱离群众，片面追求西方文艺思想和创作技巧，轻视民族、民间的艺术传统。通过改革，既团结了旧艺人，又改革了旧戏曲。广大戏曲工作者深入生活，创作出一批内容健康向上、群众喜闻乐见的作品。1952 年 10 月至 11 月，文化部举办了第一届全国戏曲观摩演出大会，23 个剧种演出了 82 个剧目。戏曲名家梅兰芳、周信芳、程砚秋、袁雪芬、常香玉、王瑶卿、盖叫天获得荣誉奖，越剧《梁山伯与祝英台》等 9 个戏曲获得剧本奖，京剧《雁荡山》等 4 个戏曲获得演出一等奖，展示了戏曲改革的初步成果。现代戏创作也取得突破性进展。50 年代初，就有评剧《刘巧儿》《小女婿》、沪剧《罗汉钱》、吕剧《李二嫂改嫁》等一批剧目以浓厚的生活气息赢得观众的喜爱。

1953 年国家大规模建设开始后，文艺界及时召开第二次文代会，确定将社会主义现实主义作为文艺创作和批评的最高准则，明确在新的时期文艺工作的主要任务是以抓创作为主。

由于全面贯彻了中国共产党的文艺方针，按照民族化、大众化的方向建设新文艺，新中国成立初期的文艺工作取得了显著成绩。具有民族形式和风格，反映时代精神、革命斗争和新人物、新思想，正确表现和塑造历史事件和历史人物，热情歌颂人民革命事业胜利和人民生活新风貌的作品，受到广大人民的欢迎和赞赏。新中国第一部电影故事片《桥》，使工人阶级第一次以主人公姿态出现在银幕上，揭开了中国电影史崭新的一页。接着，《钢铁战士》《白毛女》《董存瑞》《渡江侦察记》《上甘岭》等优秀影片不断涌现。文学精品也精彩纷呈，一批在当代文学史上占有重要地位的优秀作品，如丁玲的《太阳照在桑干河上》，周立波的《暴风骤雨》，杜鹏程的《保卫延安》，李准的《不能走那条路》，魏巍的《谁是最可爱的人》等脱颖而出。其他形式的作品也取得了可喜的成绩，如歌剧《白毛女》《刘胡兰》，歌曲《歌唱祖国》《草原上升起不落的太阳》，舞蹈《采茶扑蝶》《荷花》，等等。

新中国成立初期，中共中央加强了对新闻出版、报纸广播等舆论工作的领导。1949 年 8 月，中共中央决定将华北局机关报《人民日报》正式改为党中央机关报，在全国发行。延安时期创办的新华通讯社逐步统一和调整了驻全国各地的机构，成为统一集中的国家通讯社，实行由新华社统一发布重要新闻的制度。对传统出版业进行改革，实行出版、印刷、发行专业分工。统一全国新华书店为国营的书刊发行机构。组建了负责编辑出版国家级政治书籍的人民出版社和出版国家教材的人民教育出版社。在延安新华广播电台的基础上，组建了中央人民广播电台。

新中国成立初期，坚持在思想文化领域确立无产阶级的思想领导，有计划地对亿万人民群众进行马列主义教育。1951 年元旦，中共中央作出在全党建立对人民群众的宣传网的决定。2 月，发出健全各级宣传机构和加强宣传工作的指示，要求党的各级组织和每个党员，都要随时随地向人民群众进行宣传，向一切反动的和错误的思想与主张进行不调和的斗争，启发和提高人民群众的觉悟。同月，中共中央发出加强理论教育的决定草案，要求全党特别是党的高级干部系统学习马克思列宁主义、毛泽东思想。

根据上述要求与部署，全国宣传教育工作通过出版书刊报纸、广播等渠道展开。1951年至1953年《毛泽东选集》一至三卷出版，特别是毛泽东所著《实践论》《矛盾论》单行本的重新出版，成为新中国成立初期全国政治生活中的一件大事，也是在全国范围内普及马克思主义唯物论辩证法的开端。1952年底，中央成立马恩列斯著作编译所，通过各种渠道大量培养理论教师，并开始翻译出版《马克思恩格斯全集》《列宁全集》及一些经典著作单行本，以配合全党和全国人民的学习热潮。

四、卫生体育的崭新局面

旧中国留下的是一个缺医少药、疫病肆虐、医疗卫生资源极度短缺、人民生命健康无保障的严峻局面。据1949年相关统计资料，当时全国中西医药卫生技术人员只有50多万人，仅有医院2600所、病床8万张。[①]

新中国成立以后，人民政府积极发展医疗卫生事业，以使人民群众享受到基本的健康保障。第一、二届全国卫生会议分别于1950年、1952年召开，党和政府陆续提出卫生工作的“四大方针”，即“面向工农兵，预防为主，团结中西医”以及“卫生工作与群众运动相结合”，为新中国卫生事业的发展指明了方向。

医疗卫生工作从解决两项重点问题入手：一是集中力量防治危害性严重的流行性疾病和严重威胁母婴生命健康的疾病；二是整顿卫生工作队伍，建立农村、厂矿和城市基层卫生组织。到1952年底，在疫病防治方面，威胁人民生命与健康的最主要的烈性传染病（鼠疫、霍乱、天花）、肺结核、黑热病、寄生虫病、地方病和性病，基本上得到有效控制；长期威胁母婴生命的产褥热和新生儿破伤风，也因为大力推广新法接生而得到根本遏制。在卫生组织建设方面，到1952年底，全国县级卫生院已达2123所，90%的地区建立了县级卫生机构，县以下的区、乡卫生组织也开始发展。工矿

① 《当代中国》丛书编辑委员会：《当代中国的卫生事业》下，中国社会科学出版社1986年版，第2页。

企业医院由新中国成立前的150所发展到367所。全国医院病床数比新中国成立前增加了4倍多，并新培养出6万多名高中级卫生人员和60多万名初级卫生人员。到1956年，农村联合诊所由1950年的803个发展到5.1万多个，公立医院病床由1949年的8万张发展到近29.5万张。[①]

医疗卫生事业的发展和三大医疗保障制度（指劳保医疗、公费医疗、农村合作医疗）的建立，彻底改变了旧中国人民群众看病吃药无人管的状况，有力地促进了人民健康水平的提升。全国人口预期寿命由1949年前的35岁提高到1957年的57岁，人口死亡率迅速下降；人口自然增长速度大大加快，从新中国成立到1952年，净增3315万人，年平均增长2%，远远超过旧中国1928年至1949年间年平均0.69%的增长率。[②]这些数字真实地反映了新中国社会安定、经济发展和医疗卫生水平提高的状况。

新中国体育是国家建设事业的组成部分。1952年，毛泽东为中华全国体育总会代表大会题词“发展体育运动，增强人民体质”，突出表明了新中国体育的性质和任务。

开展广泛的群众性体育活动是体育事业发展的基础。1954年2月11日，国家还参照苏联的经验，制定了“准备劳动与卫国”体育制度（简称“劳卫制”），规定了不同年龄人的锻炼标准，推动了群众性体育锻炼向科学化、标准化、制度化的方向迈进，在为群众体育锻炼水平设立一个有形衡量尺度的同时，也有力促进了群众体育锻炼活动和体育运动的普及。3月1日，政务院发出了《关于在政府机关中开展工间操和其他体育运动的通知》，规定每天上午和下午工作时间各抽出10分钟做工间操，提倡早操和球类等多种体育活动，把体育运动与文娱活动结合起来。8月，有关部门又编制推行了两套少年广播体操，在全国小学中掀起体育锻炼热潮，此外，还编出“简化太极拳”并在全国推广，形成了上亿人经常参加体育活动的局面。到1956年，已有74万人通过了各级“劳卫制”标准。

---

① 《当代中国》丛书编辑委员会：《当代中国的卫生事业》下，中国社会科学出版社1986年版，第6、7页。

② 国家统计局编：《中国统计年鉴（1984）》，中国统计出版社1984年版，第81页。

在群众体育活动的基础上，国家体委建立了全国体育运动竞赛制度，并举办各种竞赛活动。从1953年至1956年，举办了6000多次县以上体育运动会，其中全国性竞赛57次，规模最大的是1955年举行的全国第一届工人体育运动大会。

这一时期成绩最突出的是游泳运动员吴传玉和举重运动员陈镜开。吴传玉1953年在罗马尼亚布加勒斯特举行的第一届国际青年友谊运动会游泳比赛中，以优异成绩夺得男子100米仰泳冠军，这是中国在国际比赛中夺得的第一枚金质奖章。陈镜开于1956年6月7日在上海举行的中苏举重友谊赛中，打破56公斤级挺举世界纪录，这是中国运动员创造的第一个世界纪录。

▲ 1956年6月7日，在上海举行的中苏举重友谊赛中，陈镜开以133公斤的成绩打破56公斤级挺举世界纪录。

五、人民生活水平的提高

“一五”计划时期，在工业生产不断发展的基础上，人民的物质和文化生活水平有了较大的改善和提高。5 年中，国民收入总额增长 53%，人均国民收入增长 36.5%；全国消费基金增长 36.8%，人均增长 21.6%。消费基金在国民收入使用额中的比重，按当时价格计算，5 年平均占 75.8%。全国居民平均消费水平，1957 年达到 102 元，比 1952 年增长 34.2%。1957 年，全民所有制职工年平均工资达到 637 元，比 1952 年增长 42.8%。

1957 年全国职工达到 3101 万人，比 1952 年的 1603 万人增长 93.4%。5 年中，城镇安置了 1300 多万名失业者。1955 年 8 月，国家决定全部实行工资制，并决定实行统一的工资标准，取代过去对部分人员实行的供给制。1956 年，全国进行第一次工资制度改革。5 年内，国家新建职工住宅 9454 万平方米，其中 1957 年竣工 2816 万平方米，比经济恢复时期 3 年合计的 1462 万平方米还多 1354 万平方米。此外，国家还拿出 103 亿元资金，用于职工劳动保险、医药费、福利费等。

在农业生产发展的基础上，农民生活也有较大改善。5 年中，农业税率一直稳定在 1953 年 13%的水平上。此外，由于国家在此期间提高了农产品收购价格，而向农民销售的工业品价格基本保持不变，1952 年为 100，1957 年全国农产品采购价格指数为 122.4，全国农村工业品零售物价指数为 101.6，这就显著缩小了工农业产品交换比价的差额，增加了农民的收入，改善了农民生活。在此期间，农民收入增长 30%，城乡居民储蓄存款增长两倍多。

第六节　国防建设和外交成就

在全国有计划地开展大规模经济建设的同时，人民解放军开始向现代化正规化革命军队目标迈进，空军、海军和各特种兵部队相继建立，并初步具备了在现代条件下进行诸军兵种合同作战的能力。同一时期，中国人民和各国人民友好合作，反对帝国主义的侵略政策和战争政策，中国政府开展了卓有成效的外交活动，展示了新中国特有的外交风采，为建设社会主义争取到了较为有利的国际和平环境。

一、人民解放军向建设现代化正规化革命军队迈进

建立巩固的现代化国防和一支强大的现代化正规化的革命军队，保卫人民革命和国家建设的成果，抵御外敌入侵，保卫国家安全和领土主权完整，是新中国成立后面临的一项重大任务。

《共同纲领》规定中华人民共和国建立统一的军队，即人民解放军和人民公安部队，受中央人民政府人民革命军事委员会统率，实行统一指挥、统一制度、统一编制、统一纪律。1949 年 10 月 1 日，中央人民政府人民革命军事委员会成立，下设总参谋部、总政治部、总后勤部。它们是中央军委战略决策、方针政策的执行机构，是全军军事、政治、后勤和技术工作的最高领导机关。徐向前为总参谋长，罗荣桓为总政治部主任，杨立三为总后勤部部长。后又设立总干部管理部，罗荣桓兼任总干部管理部部长。对应新中国成立初期的国家行政区划，人民解放军设置了一、二、三级军区和军分区四级军区体制。与中央局相应的设一级军区，与中央分局相应的设二级军区，在省和行政区设三级军区，在地（专）区设军分区。全国划分为西北、西南、中南、华东、东北、华北 6 个大军区和 18 个二级军区、24 个三级军区。1954 年 9 月，中共中央重新设立党的中央军事委员会，原国家军事委员会撤销，毛泽东任中央军委主席。此后，全国战略区的划分由 6 个大军区调整为 12 个大军区[①]。国防体制的建立和调整完善，为国防

① 即沈阳军区、北京军区、济南军区、南京军区、广州军区、武汉军区、昆明军区、成都军区、兰州军区、新疆军区、西藏军区、内蒙古军区。

现代化建设提供了有力的组织保证。

在建立国防体制的基础上，人民解放军进行了精简整编，组建新兵种。经过几次整编，到 1955 年底，人民解放军由 550 万人减到 350 万人。大批指战员转业、复员到地方，投身国家经济建设。整编的同时，全军颁发统一的内务、队列、纪律条令，各军兵种组织力量翻译和颁布苏军的一些专业和勤务部门的战斗条令、条例和教范等，在部队中试行。这些条令条例的颁布试行，规范了军人的行为，加强了军队的纪律，促进了军队战术技术水平和组织指挥、协同作战能力的提高。

在解放战争即将取得胜利的前夕，人民解放军即着手筹划建立空军、海军和陆军各技术兵种。1949 年 4 月 23 日，华东军区海军在江苏泰州白马庙乡第三野战军东路渡江作战指挥部驻地宣告成立，这一天后来被中央军委批准为中国人民解放军海军的诞生日。1950 年 4 月 14 日，中国人民解放军海军领导机关正式组建，萧劲光任司令员。1949 年 6、7 月间，中共中央和中央军委考虑到渡海解放台湾的需要，决定尽快建立空军。11 月 11 日，中国人民解放军空军领导机关宣布成立，刘亚楼为司令员。这一天后来被中央军委确定为人民解放军空军成立日。在革命战争年代，中共中央就认识到建立机械化部队的重要性，并利用一切可能培养装甲兵建设所需要的人才。到新中国成立时，人民解放军坦克部队已经发展成为一支拥有近万人、410 余辆坦克、360 余辆装甲车的现代突击力量。1950 年 9 月 1 日，人民解放军摩托装甲兵领导机关宣告成立（1951 年 7 月 16 日改称装甲兵司令部），许光达为司令员。装甲兵正式成为中国人民解放军的一个兵种。在革命战争年代特别是在解放战争时期，炮兵已发展成为人民解放军最主要的技术兵种。但是在新中国成立前，炮兵尚未建立全军统一的领导机关。1950 年 8 月 1 日，人民解放军炮兵领导机关正式成立，陈锡联为司令员。此外，解放军还陆续组建了工程兵、防空部队、铁道兵、通信兵、防化兵等军兵种。抗美援朝战争对人民解放军诸兵种的建设起到了巨大的促进作用。到 1953 年，中国人民解放军已经由单一兵种发展成为军兵种比较齐全的合成军队。

建设正规化的军队，需要尽快建立正规化的军事院校及其教育体系。1951年1月，中国人民解放军军事学院在南京成立，刘伯承任院长兼政治委员。军事学院是培养合成军队高级指挥员和高级参谋人员的综合性军事学府，毛泽东称它的建立是中国人民解放军建军史上重大转变的标志之一。随后，成立了解放军后方勤务学院及一批专业院校，形成了初、中、高级指挥院校和专业技术院校的梯次配置。到1952年底，全军共有军事、政治、文化、后勤、技术院校200余所，初步形成了比较完整的院校教育体系。

1955年是人民解放军现代化建设的重要年份。1月，解放军开始实行薪金制，结束了战争年代以来长期实行的供给制。2月，《中国人民解放军军官服役条例》公布，规定从当年9月开始实行军衔制，军官军衔分为5等15级。授予朱德、彭德怀、林彪、刘伯承、贺龙、陈毅、罗荣桓、徐向前、聂荣臻、叶剑英中华人民共和国元帅衔，分别授予粟裕、徐海东等1042名将领大将、上将、中将、少将衔。7月，国家颁布《中华人民共和国兵役法》，规定由志愿兵役制改为义务兵役制。上述三大制度的实行使人民解放军正规化建设向前迈进一大步，部队的精神面貌由此焕然一新。

经过数年的努力建设，中国人民解放军由单一陆军发展成为包括陆、海、空军诸军兵种合成的军队，现代化、正规化建设取得显著成就，部队军事、政治素质有明显提高，初步具备了在现代条件下进行诸军兵种合同作战的能力。

二、对外关系的初步展开

新中国一经成立，便迎来了第一次建交高潮。苏联是第一个承认新中国的国家。1949年10月2日，新中国成立的第二天，苏联副外长葛罗米柯致电周恩来，表示苏联政府决定承认并同中华人民共和国建立外交关系，互派大使。10月3日，周恩来复电葛罗米柯，表示热忱欢迎中苏建交。同日，中苏正式建交。随后，保加利亚、罗马尼亚、匈牙利、朝鲜民主主义人民共和国、捷克斯洛伐克、波兰、蒙古、德意志民主共和国、阿尔巴尼亚、越南10个人民民主国家也相继承认新中国并同意建交。南斯拉夫也表示承认新中国并愿意建交，但因受苏南关系影响当时未能实现，到1955年中南两国才正式建交。

对于中国周边一些愿与新中国建交的国家和欧洲资本主义国家，中国政府采取区别对待的方针，以不同方式加以处理。有些国家虽然表示承认新中国，但仍同国民党集团保持所谓“外交”关系。对此，中国政府坚持先谈判后建交的原则，只有在对方明确承认一个中国即中华人民共和国，并同台湾国民党当局断绝“外交”关系，承诺支持恢复中华人民共和国在联合国的合法席位，将其境内属于中国的财产移交给中华人民共和国后，双方才能进行建交问题的磋商。本着这一原则，中国先后同印度、印度尼西亚、缅甸和巴基斯坦4个亚洲国家，以及瑞典、丹麦、瑞士、芬兰4个欧洲国家建立了外交关系。

至1951年5月，有19个国家同新中国建立了外交关系。这一外交成就向世界传达了新中国睦邻友好的信息，昭示了一个中国原则，打破了美国对新中国的遏制和孤立政策。

中华人民共和国成立后，中国人民还面临着发展经济、把中国逐步建设成繁荣昌盛的社会主义强国的迫切任务。为此，就需要有一个和平的国际环境，需要同各国人民开展友好合作。[①]在和平共处五项原则的指引下，中国对外关系以多种形式迅速发展。1954年9月至1956年，中国先后与挪威、南斯拉夫、阿富汗、尼泊尔、埃及、叙利亚、也门、锡兰（今斯里兰卡）等国建立了大使级外交关系，同英国、荷兰建立了代办级外交关系，同芬兰、瑞士、丹麦由公使级升格为大使级外交关系。中国不仅在同阿拉伯国家的关系方面取得了突破，也逐步同撒哈拉以南的一些非洲国家建立了外交关系。中国还冲破美国的阻挠，初步开展了同拉丁美洲国家的友好往来。这个以亚非拉新兴民族国家为主要对象的建交高潮，一直持续到20世纪60年代中期。

---

① 《当代中国》丛书编辑委员会：《当代中国外交》，中国社会科学出版社1988年版，第5页。

三、从日内瓦会议到首倡和平共处五项原则

朝鲜战争结束后，美国并未认真履行停战协定，从南朝鲜撤出军队，而且还派舰队继续在台湾海峡游弋，干涉中国内政。此时印度支那三国越南、老挝、柬埔寨正在进行抗法战争，而美国还企图进一步扩大印度支那战争，加剧亚洲紧张局势。在这种背景下，苏联提出由中、苏、美、英、法以及有关国家在日内瓦举行会议，讨论朝鲜和平统一和恢复印度支那和平问题。朝鲜问题和印度支那问题与中国密切相关，中共中央对此非常重视，决定派出以周恩来为首席代表，张闻天、王稼祥、李克农等为代表的阵容强大的代表团参加会议。这是新中国成立后首次参加重要国际会议，标志着新中国开始以独立的姿态走上国际舞台。

中国代表团参加会议的方针是，力求以协商与和解的精神和平解决朝鲜问题和印度支那问题。通过这次会议，扩大中国在处理国际事务中的影响和提高中国的国际地位，同时利用合法的国际讲坛，阐明中国对各项国际问题的原则立场。

1954 年 4 月 26 日，日内瓦会议开幕。在此后长达两个月的时间里，中国代表团为解决会议主题做出了不懈努力。周恩来在会上全面阐述了中国政府的立场，谴责了美国的侵略政策和战争政策，同美国国务卿杜勒斯进行了面对面的斗争。由于美国的阻挠，有关朝鲜和平统一问题没有达成任何协议，但是中国所表现出来的协商精神和寻求和解的态度，给与会各国代表留下了深刻印象。

在印度支那问题上，美、英、法三国各有打算。美国想在印度支那开辟战场，达到既可威胁中国，又可向印度支那扩充势力的目的。法国和英国都希望通过谈判保住它们在印度支那的部分权益。5 月，越南人民军在以陈赓、韦国清为首的中国军事顾问团帮助下，取得对抗法战争具有决定意义的奠边府战役的胜利，为和平解决印度支那问题创造了十分有利的条件。消息传到日内瓦，美、英等国代表沉默不语，法国代表神情沮丧。中国抓住奠边府大捷的有利时机，提出了解决老挝、柬埔寨问题的方案。周恩来

▲ 1954年4月，新中国首次以五大国之一的身份，出席了有19个国家与会的关于朝鲜和平统一问题和恢复印度支那和平问题的日内瓦会议，有力地扩大了新中国的外交影响。图为出席日内瓦会议的中国代表团在驻地。中间四人左起：周恩来、师哲、王炳南、张闻天。

开展穿梭外交，分别同法国、越南磋商、协调，又与苏联领导人交换意见、统一立场，最终有关各方达成关于恢复印度支那和平的协议和三个停战协定，并发表了最后宣言。

日内瓦会议的成功，使印度支那战争得以停止，亚洲和世界紧张局势进而缓解，也使中国南部的安全得到保障。中国和老挝、柬埔寨两个周边国家关系有了良好开端。中英关系有所突破，两国宣布互换代办，实现“半建交”。中法代表的直接磋商，为双方增进了解提供了机会。会议期间，中美也就双方公民回国问题进行了接触，成为以后中美大使级会谈的先声。

1953年12月，印度派代表团来中国商谈两国历史上遗留下来的一些问题，特别是解决印度在中国西藏地方享有英国殖民主义时期遗留的某些特权问题。当时，印度在西藏一些地方还设有代表、贸易站、驿站，甚至驻军。周恩来在会见印度代表团时首次提出，两国应根据互相尊重领土主权、互不侵犯、互不干涉内政、平等互惠、和平共处的原则解决两国之间悬而未决的问题。① 上述原则后来被概括为和平共处五项原则。中国首倡的和平共处五项原则得到印度政府的赞同。1954 年 6 月 26 日至 28 日，在日内瓦会议休会期间，周恩来应印度总理尼赫鲁邀请访问印度。两国总理在发表的联合声明中，重申了指导两国关系的五项原则，并表示“在与亚洲以及世界其他国家的关系中也应该适用这些原则，如果这些原则不仅适用于各国之间，而且适用于一般国际关系之中，它们将形成和平和安全的坚固基础。而现时存在的恐惧和疑虑，则将为信任感所代替”②，有关各国中每一个国家的领土主权和互不侵犯有了保证，这些国家就能和平共处并相互友好。这就会缓和目前存在于世界上的紧张局势，并有助于创造和平的气氛。

与此同时，周恩来又应缅甸总理吴努的邀请，由新德里飞抵仰光进行访问。6 月 29 日，中缅两国总理发表联合声明强调，指导中缅之间关系的和平共处五项原则如果“能为一切国家所遵守，则社会制度不同的国家的和平共处就有了保障，而侵略和干涉内政的威胁和对于侵略和干涉内政的恐惧就将为安全感和信任感所代替”。

新中国需要一个和平建设的环境，希望能与更多的国家在五项原则的基础上和平共处。而处于两大阵营之间的许多民族主义国家，越来越倾向于政治上的和平中立。这些国家出于对帝国主义“侵略和干涉内政”的防范，也出于因对社会主义国家不了解而产生的疑虑，都有“和平共处”的愿望。中缅两国总理在联合声明中强调：各国人民都应该有选择其国家制度和生活方式的权利，不应受到其他国家的干涉；革命是不能输出的，一个国家的人民所表现的共同意志也不应容许外来干涉。③ 中国首倡和平共处五项原则，使这些国家逐渐了解和接近中国。

中国最先提出和平共处五项原则，开始时更多的是强调处理不同社会

---

① 《当代中国》丛书编辑委员会：《当代中国外交》，中国社会科学出版社 1988 年版，第 80 页。

② 中共中央文献研究室编：《周恩来年谱（1949—1976）》上，中央文献出版社 1997 年版，第 392—393 页。

③ 《新华月报》1954 年 7 月号。

制度国家之间的关系。随着国际形势的发展和实践对这一原则的检验，中国政府认为社会制度相同的国家之间，也应该实行这一原则，尤其是中苏关系有必要根据和平共处五项原则加以调整。1954 年 9 月 24 日，赫鲁晓夫率苏联政府代表团访问中国。10 月 12 日，中苏在北京发表联合宣言称：中苏之间已经建立起来的友好关系是两国根据平等、互利、互相尊重国家主权和领土完整的原则而进一步密切合作的基础。[①]1956 年，波兰事件和匈牙利事件发生后，在中国的建议下，苏联于 10 月 30 日发表《关于发展和进一步加强苏联同其他社会主义国家的友谊和合作的基础的宣言》，宣布今后遵守互相尊重主权和平等互利的原则。对此，中国 11 月 1 日发表声明表示支持，强调社会主义国家的相互关系更应建立在互相尊重主权和领土完整、互不侵犯、互不干涉内政、平等互利、和平共处五项原则的基础之上。[②]至此，和平共处五项原则不仅得到了社会制度不同国家的确认，而且同样得到了社会制度相同国家的确认。

1955 年 4 月，亚非会议在印度尼西亚万隆举行。这是战后第一次没有西方殖民国家参加的国际会议。中国在会上提出并坚持“求同存异”的方针，推动会议朝着达成协议、避免走上歧路的正确方向前进。中国代表团还进行了卓有成效的工作，为进一步开展同亚非各国间的友好合作创造了条件。

---

① 《新华月报》1954 年 11 月号。

② 《当代中国》丛书编辑委员会：《当代中国外交》，中国社会科学出版社 1988 年版，第 32 页。

第二章 社会主义建设的艰辛探索和曲折发展

1956 年至 1978 年是新中国在曲折中艰辛探索的时期。为了尽快实现国家现代化，中国共产党和全国人民不断地探索中国自己的社会主义建设道路，不断地纠正探索中的失误。“大跃进”运动遭受挫折后，经过自力更生、艰苦奋斗，战胜严重经济困难，国家又继续前进。“文化大革命”内乱给国家带来巨大损失，党内正确力量领导全国人民坚持抵制错误的斗争，使经济仍然有所发展，外交方面也取得了新突破。1976 年 10 月，中国共产党领导中国人民依靠自己的力量结束了“文化大革命”。

第一节　探索中国的社会主义建设道路

1956 年社会主义三大改造基本完成以后，新中国面临一系列新的问题：社会主义社会的主要矛盾和主要任务是什么，应当走一条什么样的建设道路？此前，社会主义阵营普遍照搬苏联模式和经验，中国共产党也提出了“学习苏联”的口号。但是，在实践中发现苏联模式和经验与中国国情有较大差异。为了寻找一条中国自己的社会主义建设道路，以毛泽东为代表的中国共产党人进行了积极的探索。

一、总结自己的经验和《论十大关系》

从1955年底到1956年春，毛泽东、刘少奇为准备中共八大召开和迎接大规模经济建设进行了大量调查研究。1955年11月至1956年3月，刘少奇约请中央、国务院37个部门负责人座谈。1956年2月到4月，毛泽东又用43天时间听取了国务院35个部委的汇报。调查研究的目的，是把马克思主义基本原理同中国实际进行第二次结合。毛泽东在中央会议上提出：现在我们有了自己的初步实践，又有了苏联的经验教训，应当更加强调从中国国情出发，开动脑筋。

4月25日和5月2日，毛泽东分别向中央政治局和最高国务会议作了《论十大关系》的讲话和报告，提出了当前必须处理好重工业和轻工业、农业，沿海工业和内地工业，经济建设和国防建设，国家、生产单位和生产者个人，中央和地方，汉族与少数民族，党和非党，革命和反革命，是非，中国和外国十大关系。其中，前五条主要探索经济问题，后五条主要探索政治问题。

毛泽东指出，“调动一切积极因素”是建设社会主义社会的根本方针。“过去为了结束帝国主义、封建主义和官僚资本主义的统治，为了人民民主革命的胜利，我们就实行了调动一切积极因素的方针。现在为了进行社会主义革命，建设社会主义国家，同样也实行这个方针。”[①] 怎样调动呢？他指出，工人和农民是建设社会主义的基本力量，必须充分调动他们的积极性；中间势力是可以争取的力量；反动势力虽是一种消极因素，但是我们仍然要做好工作，尽量化消极因素为积极因素；中国共产党要与民主党派“长期共存，互相监督”。

如何处理好十大关系，毛泽东提出了许多生动的辩证思想：在处理经济建设和国防建设关系上，我们要有更多的飞机大炮，还要有原子弹，才能不受人欺负。怎么办呢？就要把军费降低到一定比例，增加经济建设费

① 《毛泽东文集》第七卷，人民出版社1999年版，第23页。

用。只有经济建设发展快了，国防建设才能有大的进步。在处理国家、集体、个人三者关系上，必须兼顾国家、集体和个人三方面，采取“统筹兼顾、适当安排”的方针；苏联的办法把农民挖得很苦，把农民生产的东西拿走太多。在调动中央和地方的积极性上，应当在巩固中央统一领导的前提下，扩大一点地方的权力，给地方更多的独立性，让地方办更多的事情，不能把地方卡得死死的。在处理革命和反革命的关系上，说反革命已经肃清了，可以高枕无忧了，是不对的。说如今还有很多反革命，也是不对的。对一切反革命分子，都应当给以生活出路，使他们有自新的机会。①

在讨论《论十大关系》的过程中，中央政治局扩大会议提出，要贯彻毛泽东过去提出的“百花齐放、百家争鸣”口号。5月2日，毛泽东在最高国务会议第七次会议上确认了这个口号。他提出，现在春天来了嘛，一百种花都让它开放，不要只让几种花开放，还有几种花不让它开放，这就叫百花齐放。百家争鸣，是说春秋战国时代，有许多学派，诸子百家，大家自由讨论。现在我们也需要这个。在中华人民共和国宪法范围之内，各种学术思想，正确的、错误的，让他们去说，不去干涉他们。5月26日，中宣部部长陆定一在科学界和文艺界会议上，代表中共中央作了题为《百花齐放、百家争鸣》的报告，对“双百”方针进行了详细阐述，引起了强烈共鸣。

《论十大关系》是毛泽东为代表的中国共产党人以苏联东欧国家的经验教训为鉴戒，探索中国自己的社会主义建设道路的起步。刘少奇当时听了高兴地说，《论十大关系》应当成为起草八大政治报告的纲。毛泽东以后多次回顾说，前几年主要学外国，《论十大关系》开始提出自己的建设路线，有自己的一套内容。

二、中共八大对探索中国社会主义道路的重要贡献

1956年9月15日至27日，中国共产党第八次全国代表大会在北京全

① 《毛泽东文集》第七卷，人民出版社1999年版，第28—31页。

国政协礼堂隆重召开。出席大会的正式代表1026人，候补代表107人，代表全国1073万党员。这是一次开放的大会。列席大会的有国内各民主党派和无党派人士的代表，还有苏联、法国等50多个国家的外国共产党、工人党代表团。这是一次民主的大会。会前毛泽东说：如果没有批评，尽讲一套歌功颂德，那就没有生气，只要一个好字就行了，还要多讲干什么？不少代表在大会发言中对某些部门的工作进行了直率的批评。大会选举产生新的中央委员会，当选者名单按照得票多少排列。

在大会上，刘少奇代表中央作政治报告，周恩来作发展国民经济的"二五"计划报告，邓小平作修改党章报告。大会正确分析了当前中国社会的主要矛盾和主要任务，宣布："我国的无产阶级同资产阶级之间的矛盾已经基本上解决，几千年来的阶级剥削制度的历史已经基本上结束，社会主义的社会制度在我国已经基本上建立起来了。""我们国内的主要矛盾，

▲ 中国共产党第八次全国代表大会会场

已经是人民对于建立先进的工业国的要求同落后的农业国的现实之间的矛盾，已经是人民对于经济文化迅速发展的需要同当前经济文化不能满足人民需要的状况之间的矛盾。”因此党和国家的主要任务，就是要集中力量来解决这个矛盾，把我国尽快地从落后的农业国变为先进的工业国。①

为了把中国尽快地从落后的农业国建设成为先进的工业国，根据1956年5月中央提出的“既反保守又反冒进，在综合平衡中稳步前进”的经济建设方针，周恩来在中共八大报告中提出，应根据需要和可能，合理地规划国民经济发展速度，把计划放在既积极又稳妥可靠的基础上，以保证国民经济比较均衡地发展。大会制定了一个较长时期的发展规划，设想在三个五年计划或再多一点时间内，基本完成国家工业化，同时积极发展轻工业，用更大的力量发展农业，相应地发展运输业和商业，使国家的发展和人民生活改善结合起来。

中共八大在其他方面也体现了党探索社会主义建设的初步成果，做出了重要贡献。在执政党建设方面，邓小平关于修改党章的报告，针对苏联的教训，提出坚持民主集中制和集体领导制度，反对个人崇拜、反对突出个人、反对对个人歌功颂德。报告指出，对于领袖的爱护，本质上是表现对于党的利益、阶级的利益、人民的利益的爱护，而不是对个人的神化。新党章根据毛泽东的建议，增加了可以设立中央名誉主席的内容，为废除终身制做了准备。在经济建设方面，陈云在中共八大上提出了“三个主体，三个补充”的思想，即以国家和集体经营、计划生产、国家市场为主体，以个体经营、自由生产、自由市场为补充。这在理论上突破了苏联计划经济模式，是探索中国经济体制改革的先声。在法制建设方面，董必武在中共八大讲话中建议尽快制定刑法、民法、诉讼法、劳动法、土地使用法等一系列法律，完备国家法制。他说，共产党员应当成为遵纪守法的模范，违反国法就是违反党纪。对于那些故意违法的人，不管他地位多高、功劳多大，必须追究法律责任。

① 《建国以来毛泽东文稿》第九册，中央文献出版社1996年版，第241—242页。

中共八大选举出新的中央委员会后，9月28日，八届一中全会选举毛泽东为中央委员会主席，刘少奇、周恩来、朱德、陈云为副主席，邓小平为总书记。在中共八大预备会议讨论中央委员会候选名单时，毛泽东专门讲到，现在转到搞建设、搞经济，中央委员会将来应该有许多工程师、科学家和从工人中成长起来的干部。

中共八大是中国共产党领导中国人民探索适合中国情况的社会主义建设道路在较高起点上的一个良好开端。中共八大明确提出的基本论断，把在新的生产关系下保护和发展生产力作为国家的主要任务。新中国成立以后几十年的历史证明，坚持这个基本论断，建设就成功，否则就遭受挫折。

三、"以苏为鉴"提出《关于正确处理人民内部矛盾的问题》

《关于正确处理人民内部矛盾的问题》主要是解决社会主义社会中的基本政治判断和相关问题。中共八大政治报告确认社会主义社会主要矛盾后，中共中央针对国际国内发生的一些新问题，进一步作了理论阐释。

在国际上，1956年2月，赫鲁晓夫在苏共二十大上采取秘密报告方式全盘否定斯大林，引起了社会主义阵营的极大震动和混乱。6月，波兰波兹南地区工人因为某些要求没有得到满足而引发流血冲突；10月至11月，匈牙利发生几十万人的示威游行，并演变为反政府暴乱。

在国内，社会主义制度初步建立以后，不少群众还不能马上适应，党和政府的一些工作部门也同样不适应，存在严重的作风问题。这引起了群众的不满，各地不断发生"闹事"风波。1956年9月到1957年3月，全国发生几十起工人罢工请愿、大中学生罢课请愿事件。[①]广东、河南、安徽、浙江、江西、山西、河北、辽宁等地农村也发生了"闹退社""闹缺粮"的风潮。知识分子在"双百"方针提出后，思想活跃，开始公开批评教条主义、官僚主义，并对教科文卫等方面工作发表了不少不同意见。对这种新

① 《建国以来重要文献选编》第十册，中央文献出版社1994年版，第154页。

情况，党内许多干部缺乏思想准备，一些干部对此采取了压制打击的简单粗暴处理方式。

这些国内外事件警醒了中共中央和毛泽东，认为如果不能正确处理社会和人民内部矛盾，社会主义政权将无法巩固。1956年12月29日，《人民日报》发表毛泽东主持中央会议写成的《再论无产阶级专政的历史经验》，第一次明确提出社会主义社会存在两类社会矛盾，人民内部矛盾可以而且应该从团结的愿望出发，经过批评或者斗争获得解决，在新的条件下达到新的团结。

1957年2月27日，毛泽东作了“如何处理人民内部的矛盾”重要讲话，经过补充修改后，以《关于正确处理人民内部矛盾的问题》为题，于6月19日在《人民日报》上公开发表。毛泽东在文章中指出，正确处理人民内部矛盾已成为社会政治生活的主题，并阐述了正确处理人民内部矛盾的理论和方法。基本点是：（1）社会主义社会充满着矛盾，推动着社会主义社会不断地向前发展。（2）社会主义社会的基本矛盾仍然是生产关系和生产力、上层建筑和经济基础之间的矛盾，可以通过社会主义制度本身的改革和完善不断得到解决。（3）社会主义社会存在着两类不同性质的矛盾，即敌我矛盾和人民内部的矛盾；敌我之间的矛盾是对抗性的，人民内部的矛盾是非对抗性的。（4）两类矛盾的性质不同，解决的方法也不同；解决敌我矛盾要用专政的方法，解决人民内部矛盾只能用民主的方法，具体化为一个公式，就是“团结—批评—团结”；在我国的具体条件下，人民内部的矛盾如果处理不当，也可能转化为对抗性的矛盾。

此后，毛泽东、刘少奇、周恩来、邓小平等又分别到全国各地多次讲话，阐述和丰富这一思想。毛泽东在南京说：“采取现在的方针，文学艺术、科学技术会繁荣发达，党会经常保持活力，人民事业会欣欣向荣，中国会变成一个大强国而又使人可亲。”① 关于正确处理人民内部矛盾的讨论，在社会上引起了令人振奋的热烈议论，上海知识界反映：讲话“给初春的上海，

① 中共中央文献研究室编：《毛泽东传（1949—1976）》上，中央文献出版社2003年版，第652页。

更增添了蓬蓬勃勃的生气”。[①] 著名作家和翻译家傅雷在家信中十分感慨地称颂毛泽东主席，写道：“他的胸襟博大，思想自由，当然国家大事掌握得好了。毛主席是真正把古今中外的哲理融会贯通了的人。”[②]

《关于正确处理人民内部矛盾的问题》是社会主义国家中第一个深入研究社会主义社会矛盾问题，把处理人民内部矛盾提升到国家政治生活主题的高度，并形成了一套系统的学说。这在马克思主义发展史上具有开创意义，实际上为后来的社会主义改革奠定了理论基础，至今仍然是我们处理国家、人民内部矛盾的指导性文献。

四、整风运动和反右派斗争及严重扩大化

中共八大以后，一些省市委给中央写报告，反映不少干部认识落后于形势，认为自己出身工农，怎么能和人民有矛盾呢？因此他们处理社会矛盾很被动，仍然用老办法对待新问题：你不听话，就“军法从事”，[③] 从而激化了矛盾。中共中央和毛泽东感到，有必要针对党的工作和干部作风进行一次全党整风，“这是天下第一大事”[④]，“以后凡是人民内部的事情，党内的事情，都要用整风的方法，用批评和自我批评的方法来解决，而不是用武力来解决”[⑤]。

1957 年 4 月 27 日，中共中央发出《关于整风运动的指示》，决定在全党进行反对官僚主义、宗派主义和主观主义的运动，发动党内外对党提出批评建议。毛泽东指出，希望通过整风运动，“造成一个又有集中又有民主，又有纪律又有自由，又有统一意志又有个人心情舒畅、生动活泼，那样一

① 中共中央党史研究室：《中国共产党的九十年》，中共党史出版社、党建读物出版社 2016 年版，第 487 页。

② 《傅雷家书》（增补本），三联书店 1994 年版，第 158 页。

③ 中共中央党史研究室：《中国共产党的九十年》，中共党史出版社、党建读物出版社 2016 年版，第 483 页。

④ 《建国以来毛泽东文稿》第六册，中央文献出版社 1992 年版，第 468 页。

⑤ 中共中央文献研究室编：《毛泽东传（1949—1976）》上，中央文献出版社 2003 年版，第 613 页。

种政治局面”。[①] 这段名言，成为党和国家追求社会主义社会理想氛围的一个形象表述。

为了搞好整风运动，从5月上旬到6月上旬，中共中央统战部和国务院有关部门邀集民主党派和无党派人士、工商界举行了41次座谈会，有几百人发言，对中国共产党和政府提出了批评意见和建议。其中绝大部分意见是中肯的，但也有极少数人在座谈会和报刊上，趁机攻击中国共产党和社会主义制度，把党的领导说成是“党天下”，公然提出要“轮流坐庄”，要中国共产党退出机关、学校，要公方代表退出公私合营企业。

这些错误言论在社会上引起了风潮。5月19日起，北京的高等学校贴出带有尖锐政治性内容的大字报，迅速扩展到一些城市的大学，出现了罢课和游行。这也反激起社会上工人、市民、党员、干部的不满，要求制止闹事。社会出现了不稳定的苗头。毛泽东对此深感不安，开始警觉，态度发生了变化。

6月8日，中共中央发出《组织力量反击右派分子的猖狂进攻》的党内指示。8月1日，中共中央发出关于继续深入反对右派分子的指示。一场全国规模的群众性反右派运动猛烈地开展起来。

反击极少数右派分子的进攻，对反对党的领导、反对社会主义道路的思潮进行批判，是必要的，也是正确的。但是，由于党没有充分的思想准备和应对这种复杂局面的政治经验，对当时的阶级斗争形势估计得过于严重，把大量人民内部矛盾当成了敌我矛盾，再加上以往长期开展激烈阶级斗争形成的经验和做法，使党的各级领导走上开展对敌斗争的群众运动的熟路。

到1958年6月反右派斗争基本结束时，全国实际划定的右派分子达55.28万人，出现了严重的扩大化。这些人中确有极少数是反党、反社会主义的，但许多人只是对党的工作和党的干部提出批评意见，或者是正确的，或者有片面性，并不是敌视党和社会主义。还有一些人提出的问题和想法方向有偏差，可以通过讨论和教育去解决，不应当加以打击。但是许多领导干部自以为是，听不得批评，往往把这些意见和批评视为反党反社会主义。

---

① 《建国以来毛泽东文稿》第六册，中央文献出版社1992年版，第543页。

许多同党有多年合作历史的朋友，许多有才能的知识分子，许多政治上热情而尚不成熟的青年，还有许多对党忠贞的党内同志，由于被错划为“右派分子”遭受了长期的冤屈和磨难，不能在社会主义建设中发挥应有的作用，这不仅是他们个人的损失，也是整个国家和党的事业的巨大损失。

反右派斗争的严重扩大化，动摇和修改了中共八大确定的关于我国社会主要矛盾的论断。1957 年 9 月，毛泽东在中共八届三中全会讲话中提出：“无产阶级和资产阶级的矛盾，社会主义道路和资本主义道路的矛盾，毫无疑问，这是当前我国社会的主要矛盾。”[①] 但他又要求，报纸上暂时不要发表，不要引起风波，还是只讲社会主义和资本主义两条道路的斗争。

反右派运动以后，中共中央认为经济战线、政治思想战线上的社会主义革命都已取得了伟大胜利，人民群众热情高涨，经济建设可以搞得更快一些。

五、“一五”计划的完成和经济建设成就

到 1956 年底，“一五”计划的主要指标大部分提前完成；到 1957 年底，绝大部分指标都大幅度超额完成。全国完成基本建设投资为 588.47 亿元，超过计划 38%；国内生产总值年均增长 9.25%，大大超过同一时期世界发展中国家 4.8% 的年均增速。“一五”计划的经济效益也是相当好的。基本建设固定资产交付使用率为 83.6%，大中型项目建成投产率为年均 15.5%，平均每 3 至 4 天就有一个现代化的大型企业建成投产，3.5 年就能够收回投资，超过或者相当于日本（3 年）、美国（4 年）、苏联（5 年）的水平。

工业方面，工业总产值年均增长 18%，远高于美、英、法等主要资本主义国家的同期增长速度，也比二战后经济起飞的联邦德国、日本要高。1957 年主要工业产品产量与旧中国最高年相比，钢相当于 5 倍多，原煤相当于 2 倍多，机床相当于 4 倍多。1957 年与 1949 年相比，原油产量相当于 12 倍，发电量相当于 4.5 倍。新增工业固定资产 214 亿元，相当于把旧

① 中共中央文献研究室编：《毛泽东传（1949—1976）》上，中央文献出版社 2003 年版，第 720 页。

中国从19世纪末兴办近代工业到1949年的总和翻了一番。

旧中国的落后产业结构得到初步改变。1957年与完成经济恢复任务的1952年相比，工业总产值在工农业总产值中的比重由43.1%上升到56.7%，农业所占比重由56.9%下降为43.3%，改变了中国几千年来总产值以农业为主的状况。旧中国留下的工业主要是轻工业和采掘业，门类残缺不全。通过“一五”计划建设，诞生了旧中国没有的工业制造部门，如飞机、汽车、发电设备、重型机器、新式机床、精密仪表等，出现了中国历史上的许多“第一个”：1953年中国第一根无缝钢管在鞍钢试轧成功；1954年南昌制造的中国第一架飞机初教-5飞上蓝天；1955年沈阳造出了中国第一台新式机床，哈尔滨生产的中国第一套1万千瓦水轮发电机组正式运转发电；1956年沈阳制造的中国第一架喷气式飞机歼-5试飞成功，长春生产的中国第一台“解放”牌载重汽车下线；1957年中国第一艘中型鱼雷潜艇由江南造船厂制造成功。

旧中国工业严重偏于沿海地区的畸形布局得到改善。经过“一五”计

▲ 1956年7月，长春第一汽车制造厂试制成功第一批国产“解放”牌汽车。

划建设，全国工业产值中内地比例由 27% 提升到 32%，出现了重庆、成都、西安、兰州、包头、洛阳、宝鸡、湘潭、株洲、咸阳等重工业城市，开始了克拉玛依、金昌、平顶山、潞安等一批新兴工矿城市的建设。

交通、邮电、水利等国民经济基础部门也得到了显著加强。“一五”计划时期，铁路方面，全国新建 33 条线路，宝成线穿凿百座大山、修建了 280 个隧道和 900 多座桥梁，改变了“蜀道难，难于上青天”的状况；兰新线已铺轨 900 多公里，孙中山先生 100 多年前所擘画、被视为天方夜谭的横贯中国东西大铁路的梦想即将实现；长江上建成第一座铁路桥梁——武汉长江大桥，南北天堑变通途。公路方面，全国运输线总长度比 1952 年增加了 1 倍，翻越“世界屋脊”的康藏、青藏、新藏公路相继建成通车。民航方面，国内航线比 1952 年增长了 1 倍，完成了飞越“世界屋脊”的北京—拉萨航线试航。邮电方面，新中国成立前夕，90% 以上的县没有电信设施，25% 的县城连邮局也没有；1957 年全国农村 96% 的乡通了邮路、70% 的乡通了电话，邮路总长度增长了两倍多。农田水利方面，对全国绝大部分河流的堤防进行了培修，对淮河、长江、黄河水系进行治理，建成了梅山、佛子岭等水库，开始对海河水系进行治理。由于进行大规模的水利建设和开垦荒地，1957 年全国耕地面积达到 16.8 亿亩，其中灌溉面积比 1952 年增加了 37%，这些都是中国有统计以来的最高纪录。

在进行大规模工业化建设中，国家也注意正确处理积累与消费的关系，把这一时期的国民收入积累率控制在年均 24.2% 的合理范围内，保证了人民生活水平的稳步提高。国家从一开始便采取低工资、多就业的政策，基本上解决了城市劳动力的失业问题，实现人人有饭吃。1957 年与 1952 年相比，全国居民人均消费水平指数增长 24.5%，其中，城镇居民提高 31.7%，农民提高 16.8%，而物价指数在同期仅上涨 9.5%，因此大多数人得到了实惠，城乡居民储蓄存款总额增长 3 倍多。

美国历史学家麦克法夸尔和费正清编著的《剑桥中华人民共和国史（1949—1965）》评价说，“一五”计划是一个令人吃惊的成功。人均增长率 6.5%，按此速度中国国民收入每 11 年将翻一番。另一个大陆型的农业经济国家印度的最初经济条件与中国相似，它在20世纪50年代的人均增长率还不足2%。

“一五”计划的提前超额完成，初步奠定了中国社会主义工业化的基础，为其后的社会主义经济建设起到了重要的支撑作用。因而，“一五”计划也被称为“新中国的第一个发展黄金期”。

第二节 “大跃进”和国民经济的调整

1953年朝鲜停战后，世界出现了一个相对和平的时期。自鸦片战争以来一百多年饱受侵略之苦的中国人民，热切希望利用这段时间加快建设速度，提早实现国家工业化。但由于缺乏经验，脱离实际、急于求成的情绪滋长起来，导致了“大跃进”运动。

一、“大跃进”和人民公社化运动

1956年，在社会主义改造高潮的影响下，中国经济出现了“冒进”倾向。周恩来、陈云等人在制定“二五”计划时，已经注意到这个问题，强调“要反对保守主义，也要反对急躁情绪”。但这个提议没有得到毛泽东的认同，反被批评为代表保守思想的“反冒进”。于是，从1957年秋季起，中国掀起了一个大规模的建设热潮，形成了“鼓足干劲，力争上游，多快好省地建设社会主义”的社会主义建设总路线。总路线实际上突出的是“多”和“快”，强调“速度是总路线的灵魂”。

“大跃进”运动首先从农业拉开序幕。1957年10月，中共中央制定《1956年到1967年全国农业发展纲要（修正草案）》，要求12年内基本上消灭普通的水灾和旱灾，黄河以北粮食年均亩产达到400斤，黄河以南淮河以北达到500斤，淮河以南地区达到800斤。10月27日《人民日报》社论号召“实现一个巨大的跃进”[①]，全国掀起了空前规模的农田水利建设和积肥热潮，农业发展势头非常好。全国粮食产量1957年达到创历史最高纪录的3901亿斤。受农业战线的激励，1958年5月后“大跃进”运动开始向工业特别是钢铁工业扩展。8月中共中央北戴河会议号召全国人民用最大努力，为当年生产比1957年翻一番的1070万吨钢而奋斗。各级党委领导亲临一线，采取“小土群”（小高炉、土法上马、群众运动）等手段，开始全民大炼钢铁。机关、学校、农村、部队、街道等到处可见火光熊熊、烟雾弥漫的“炼钢场”。人们不分男女老少，不舍昼夜地投身其中，并捐献出家里铁锅等作为炼钢原料。1959年，“大跃进”运动从经济领域进一步扩大到科技、文教、卫生各个行业，形成全社会的热潮。

“大跃进”催生了人民公社化运动。在大规模农田水利建设高潮中，大型农业工程需要统一规划和共同投入，原来几十户组成的小社已经不能适应要求，必须以乡为单位合并为一个大社；在严重缺乏机械的情况下，主要靠多投入人力劳动，于是办食堂、托儿所等公共事业，解放妇女劳动力，就成为一种选择。1958年8月，毛泽东到河北、河南、山东等地视察，看到了大社的优越性，并肯定了人民公社的名称。同月，中共中央北戴河会议通过了《关于在农村建立人民公社问题的决议》。短短3个月内，全国74万个农业社就改组合并成2.6万个公社，加入的农户占总数的99%以上，基本上实现了全国农村人民公社化。

“大跃进”运动初期的人民公社是准备向全民所有制过渡的集体经济组织，公社是基本经济核算单位，又是相当于乡一级政社合一的基层政权。人民公社的基本特点被概括为“一大二公”。所谓“大”，就是规模大，原来一二百户规模的农业生产合作社被合并成拥有四五千户甚至一两万户的人民公社。所谓“公”，就是公有化程度高，几十个贫富不同、条件各异的合作社合到一起，财产全部上交公社，由公社统一核算、统一分配；实行供给制与工资制相结合的分配制度，社员在公共食堂吃饭不要钱；实行组

---

① 《建设社会主义农村的伟大纲领》，《人民日报》，1957年10月27日。

织军事化、行动战斗化、生活集体化。

“大跃进”运动中，水利建设投入很大，1958年至1960年3年完成基建投资比“一五”计划5年增加近2倍。毛泽东、刘少奇、周恩来等中央领导人及北京市30多万干部、职工到十三陵水库工地参加义务劳动，产生了巨大号召力。大型水库1958年以前全国只建设了23座，这3年中有270余座同时动工，全国还布局了几个500万亩以上的超大型灌区。直到20世纪90年代，全国大型水库中的2/3是在这3年开工建设的。

发动“大跃进”和人民公社化运动，反映了中国共产党和全国人民急于改变中国经济文化落后状况的愿望，促使1958年至1960年经济出现了一个短暂的高速度发展。1959年10月1日，新中国成立10周年盛大庆典在面积扩大了两倍半、成为世界最大广场的北京天安门广场举行。广场东西两侧矗立着只用不到一年时间建成的中国历史博物馆与中国革命博物馆、人民大会堂。同时建成的还有中国人民革命军事博物馆、北京火车站、民族文化宫、民族饭店、钓鱼台国宾馆、全国农业展览馆、北京工人体育场、华侨大厦，统称北京“十大建筑”，代表了当时中国建筑的最高成就。参加庆典的70万人民群众簇拥着彩车和模型游行，向全世界展示新中国的成就。

二、纠“左”的努力与反复

“大跃进”的3年经济建设取得了不少成就，但是由于缺乏建设经验和脱离实际，特别是忽视经济发展客观规律，要求在“三年、五年、七年之内，把我国建设成为一个工业大国”①，导致这3年出现了以高指标、瞎指挥、浮夸风和“共产风”为主要标志的严重“左”倾错误。

高指标的表现，在农业方面是要求2年至5年实现原计划12年完成的《农业发展纲要》，原定1962年达到的粮食产量指标在1958年8月就被提

① 中共中央文献研究室编：《毛泽东传（1949—1976）》上，中央文献出版社2003年版，第831页。

高了 3 倍；在工业方面要求原计划 15 年钢产量赶上英国的可行目标在几年内实现，原定 1958 年全国钢产量 624.8 万吨的指标在当年还有 4 个月时间时被一再拔高到 1070 万吨。为了完成这些高指标，许多地区和部门出现了违反科学常识和正常管理的瞎指挥，放粮食“高产卫星”。《人民日报》社论甚至说“只要我们需要，要生产多少就可以生产多少粮食出来”①。在“反保守、鼓干劲”的政治压力下，出现了以少报多、弄虚作假的浮夸风，严重背离事实的报道屡见不鲜。这反过来又影响了中央领导人对形势的估计，制定的全国生产指标更高了。“共产风”的错误，集中表现在人民公社化运动中，人们认为共产主义在中国的实现已经不是什么遥远将来的事情，许多地区大搞“一平二调三提款”，即平均分配、无偿调拨和提取下级单位和个人的生产资料和资金，严重损害了农民的生产积极性。

毛泽东是“大跃进”和人民公社化运动的积极倡导者和推动者，也是他较早通过调查研究发现问题并开始努力纠正。1958 年 10 月，他派人到最先在全国挂起人民公社牌子的河南七里营去调查。他说，现在的问题在于，什么是共产主义社会，并不是人人认识一致，甚至在高级干部中也各说各的，其中有不少胡话。1958 年 11 月到 1959 年 2 月，毛泽东先后主持召开了第一次和第二次郑州会议，以及中共中央政治局武昌会议和八届六中全会，采取一些措施纠正“大跃进”中的错误。针对“共产风”，他在第一次郑州会议上批评了党内一些人废除商品和货币、急于向全民所有制过渡的主张，指出现阶段是社会主义，人民公社基本上是集体所有制。会议起草的决议规定，公社分三级管理，生产队是组织劳动的基本单位。第二次郑州会议又规定公社实行三级所有，把基本核算单位下降到生产大队。毛泽东针对高指标，一再予以降低，将 1959 年钢产量指标由 2700 万至 3000 万吨降为 1800 万至 2000 万吨，后又调整到 1650 万吨。陈云受毛泽东的委托进行调查研究，再把这一指标下降到 1300 万吨。针对浮夸风，毛泽东给全国生产小队长以上干部写了一封信，指出包产能包多少就包多少，收获多

---

① 《今年夏季大丰收说明了什么？》，《人民日报》，1958 年 7 月 23 日。

少就讲多少，干劲一定要有，假话一定不可讲。

中共中央和毛泽东对“大跃进”中“左”的错误进行初步纠正，取得了一定成效。但这是在继续坚持“大跃进”和人民公社化运动的总前提下，作为局部问题来处理的，并没有从根本上纠正急于求成的思想，因此调整、纠正是摇摆和不彻底的。

为了总结“大跃进”运动的经验教训，纠正一些“左”的错误，1959年7月，中共中央政治局在庐山召开扩大会议。毛泽东在讲话中认为，现在的形势是“成绩很大，问题不少，前途光明”。中央政治局委员彭德怀认为，会议还没有解决一些严重错误问题，于是给毛泽东写了一封信，认为“大跃进”运动有失有得。毛泽东将这封信批示发给会议进行讨论。中央书记处书记黄克诚、中央政治局候补委员张闻天、中共湖南省委第一书记周小舟同意彭德怀信的看法。也有不少人表示反对，认为夸大了缺点，否定了成绩。毛泽东不能容忍否定“大跃进”和人民公社化运动，同时出于对国内外一些政治因素的考虑，在大会上对彭德怀的信进行了批驳，指出现在党内外夹攻我们，有党外的右派，也有党内的一批人。会议气氛开始紧张起来，由纠“左”急剧转为集中批判彭、黄、张、周，出现了在党内民主生活中很不正常的斗争。同年8月，在庐山召开中共八届八中全会，通过决议认定彭、黄、张、周的“右倾机会主义”是当前工作中的主要危险。会后，在全党开展了“反右倾”斗争，一大批干部和党员受到了错误的批判，使纠“左”的进程被中断，高指标、瞎指挥、浮夸风和“共产风”的错误做法再度泛滥。更长远的影响，是使党内民主政治生活遭到了干扰破坏，不敢说真话的风气由此开始蔓延。

“大跃进”运动和“反右倾”的错误，使中国国民经济出现了严重危机。“大跃进”期间，盲目扩大基本建设规模，片面强调发展重工业，使国民经济结构各项比例严重失调。1958年至1960年各年国民收入中积累率分别为33.9%、43.8%、39.6%，大大超过“一五”时期的年均24.2%。“一五”计划时期比较协调的农、轻、重比例关系被打乱，各工业部门为了支援钢铁生产而改变合理部署；许多农村地区过多抽调劳动力参加工业和水利建设，严重影响了农作物的耕种和收获；再加上认为粮食问题已经解决，1959年全国粮食播种面积竟然比上年减少9.1%，造成全国粮食总产量大幅度减少。与1957年相比，1960年工农业总产值中农业比重由43.3%急剧下降到21.8%，轻工业由31.2%降到26.1%，而重工业则从25.5%猛增到52.1%。片面追求高速度、高产量，导致浪费严重，经济效益大幅度下降。许多项目一拖几年甚至十几年不能竣工投产，已经形成的新增生产能力也难以持续。1958年“大炼钢铁”生产的1108万吨钢中，实际上合格的钢只有800万吨，其余都是不能直接使用的土钢。

1959年至1961年，中国连续3年发生严重自然灾害。1959年的自然灾害以旱灾为主，全国成灾面积80%以上在主要产粮区，对粮食收成影响很大。1960年全国除西藏外又发生了近百年少有的持续旱灾和洪水、台风灾害。1961年全国第三年发生严重自然灾害。1960年受灾面积和1961年成灾面积分别是新中国成立以来最大的。

当中国面临严重困难之时，由于中苏两党关系恶化，1960年苏联突然单方面废除了与中国签订的全部经济合作项目协议，撤走全部援华专家，带走援建图纸、计划、资料，停止供应物资设备，而且逼迫中国偿还主要因抗美援朝购买武器形成的债务，从而加剧了中国的经济困难。苏联外贸部副部长竟然指着人民大会堂的大型山石陈设对周恩来说：你们如果没有别的东西还债，这个就很好。

以上三方面原因，造成了严重的国民经济困难局面：工农业总产值大幅度下降，1961年只相当于上年的69%。主要农产品粮、棉、油等产量都急剧减少。1958年的粮食产量为4000亿斤，1959年下降到3400亿斤，1960年下降到2870亿斤，甚至低于1951年产量，1961年略有回升，仍只有2950亿斤。粮食、食油、肉类等供应持续紧张，形成了食物的全国性紧缺。许多地区由于严重缺粮而相当普遍地发生浮肿病，不少省份农村非正常死亡人口增加。

严重的局势教育了全党。毛泽东作自我批评说：我本人也有过许多错误。许多是和当事人一同犯了的。他认识到，我们对于社会主义革命和建设，还有一个很大的未被认识的必然王国。为了渡过难关，党和政府千方百计采取各种措施，调拨和进口粮食，号召人民大搞代食品等。为了保证人民的最低生活标准，国家对食品、日用品等都实行按票证定量供给。毛泽东等国家领导人同全国人民一样节衣缩食，减少粮食定量。虽然遇到了空前严重的困难，国家和社会秩序仍然保持了基本稳定。

三、调整国民经济

1960年11月，中共中央发出周恩来起草的《关于农村人民公社当前政策问题的紧急指示信》，要求全党用最大的努力坚决纠正各种“左”的偏差，全党动员，组织各级领导和广大干部深入农村，向基层干部和农民宣读、解释，同他们一道为纠正错误、落实政策、扭转农村严峻形势而奋斗。

1961年1月，中共八届九中全会正式决定对国民经济实行“调整、巩固、充实、提高”八字方针，任务是克服困难，恢复农业，恢复工业，争取财政经济状况的根本好转。毛泽东在会上讲话，号召全党发扬实事求是的优良传统，大兴调查研究之风。他派出身边的工作人员组成三个调查组分赴浙江、湖南、广东农村调查，自己南下沿途听取汇报。刘少奇、周恩来、朱德、陈云、邓小平等中央领导人也到湖南、河北、四川、上海、北京等地农村进行调查，提出了很多纠正错误的意见。

“八字方针”提出后，成效仍然不大。原因是各级领导干部对经济形势的看法存在严重分歧。毛泽东听了邓小平汇报后，认为索性开一个县委书记以上的五级干部会议。几年来中央犯了什么错误，要讲。中央第一是改，第二是检讨。

1962年1月至2月，中共中央召开了一次空前规模的七千人大会。刘少奇代表中央提出书面报告，指出了“大跃进”运动以来的工作缺点和错误，认为产生这些缺点错误的原因一方面是经验不够，一方面是党内领导同志不够谦虚谨慎，违反了实事求是和群众路线的传统作风，削弱了民主集中制，因此妨碍了及时发现和纠正错误。毛泽东在大会上讲话说：凡是中央犯的错误，直接的归我负责，间接的我也有份，因为我是中央主席。第一个负责的应当是我。周恩来、邓小平在讲话中也进行了自我批评。他们的讲话得到热烈反响。

1962 年 2 月，刘少奇在中南海西楼主持召开中共中央政治局常委扩大会议。陈云作长篇讲话，指出当前的困难主要在五个方面，提出了六条克服严重困难的重要措施。之前，还没有人提出克服困难的系统办法，大家都忧心忡忡。听了陈云的讲话后，大家感到中央正视了困难，找到了办法，希望就在眼前。与会者纷纷鼓掌，气氛极为热烈。经毛泽东同意，中央决定恢复设立中央财经小组，由陈云出任组长，统一领导国民经济调整工作。国民经济调整工作全面铺开。

第一，继续动员大量城镇人口下乡。自 1961 年 1 月到 1963 年 6 月的两年又 5 个月，全国职工减少 1887 万人，城镇人口减少 2600 万人，吃商品粮人数减少 2800 万人。减少粮食销量和征购量，增加农村劳动力等措施，有效缓解了粮食供应紧张局面，有利于农业的恢复。

第二，调整积累与消费的比例，大幅度压缩基建项目。1962 年全国施工的基本建设项目由 1960 年的 8.2 万多个减为 2.5 万多个。同时对投资规模作了大幅度的缩减，基本建设投资由 1960 年的 384 亿元减少到 67.6 亿元，积累率由 1960 年的 39.6% 降低为 10.4%，使基本建设规模与当时国家的财力、物力基本相适应，缓解了财政、物资供应的紧张状况，加快了扭转经济比例失调局面的步子。

第三，调整农村生产关系，加强农业生产。中央制定了《农村人民公社工作条例（修正草案）》《关于改变农村人民公社基本核算单位问题的指示》等文件，坚决改正高征购的错误，使农民得以休养生息，进一步确定了现阶段人民公社的基本制度。同时，增加农村社队所需贷款和物资，提高粮食等农副产品的收购价格，允许社员经营少量自留地和小规模的家庭副业，坚持按劳分配原则，恢复农村集市等。

第四，消灭财政赤字，稳定市场。在保持生活必需品价格基本稳定的同时，对一部分稀缺的针织品、自行车、钟表、茶叶、酒以及某些糖果和糕点等高档消费品实行高价政策，以回笼货币。

第五，加强对国民经济的集中统一领导。“大跃进”运动中出现了企业和管理权力大下放的热潮，中央直属企事业单位只剩下1200个。对此，1961年1月中央提出把经济管理的大权集中到中央、中央局和省（自治区、直辖市）这三级。到1965年，中央各部收回和新建的企业增加到10533个。1962年中央又先后对计划、银行、财政、物资、基本建设等集中管理问题作出严格规定和具体要求，使中央控制的财政收入由50%提高到60%。

国民经济调整迅速见效，到1962年底经济形势开始复苏。粮食产量比上年增长8.47%，刹住了连续3年下跌的势头。生猪达到近1亿头，扭转了连续4年下降的趋势。财政收支平衡，消灭了连续4年的赤字，而货币流通量比上年减少19.2亿元。集市贸易价格比上年下降35%。全国人均消费与上年相比，粮食增加11斤，猪肉增加1.6斤，棉布增加2.5尺。国民经济最困难的时期已经过去。

1963年，粮食产量比上年增长6.25%；棉花产量增长60%；钢产量结束了连续2年下降的局面；财政收支有了2.7亿元的结余。1964年，粮食大丰收，产量增长10.29%，接近1957年的水平；棉花产量增长近40%；钢产量增长26%。1965年，工农业生产都超额完成了年度计划，粮食产量基本达到1957年的水平，棉花产量超过1958年的水平，其余钢、煤、化肥都有较大幅度增长。人民生活有了较大的改善，部分凭票供应的商品开始敞开供应。1960年春节起因供应匮乏暂停的北京厂甸庙会在1963年春节重新开放，一度萧条的市场开始繁荣。

1966年4月，国家计委向中央汇报，按照良好的发展势头，1966年开始执行的第三个五年计划有可能提前两年实现。

四、调整社会关系和探索经济体制改革

在国民经济调整的同时，中共中央对国内政治关系也进行了调整。1962年3月，刘少奇在最高国务会议上代表中央向党外民主人士对1958

年以来的工作缺点错误作了坦诚说明，表示责任在中国共产党，主要责任在中央。同月，周恩来在全国政协三届三次会议和二届全国人大三次会议上对几年来政府工作中的缺点错误作了诚恳的自我批评。他指出，那些敢于提出不同意见的人，不是畏友而是诤友。

1962 年 4 月至 5 月，全国统战工作会议和全国民族工作会议分别召开。两个会议均指出：共产党必须主动调整同知识界、工商界、民主党派、民主人士、宗教界、少数民族、归国侨胞及其他爱国人士的关系，发扬民主，加强团结，充分调动一切积极因素，克服当前困难。统战工作会议决定，凡是在交心运动中受到处分或者被划为右派分子的应一律平反，在“拔白旗”“反右倾”运动中受到错误处理的都应该平反。根据 1959 年 8 月毛泽东给右派分子分期分批摘帽子的意见，到 1962 年底，大部分被划为右派分子的人都摘掉了帽子。民族工作会议指出：今后 5 年应该调整各民族内部各阶级和阶层间的关系，集中力量恢复民族地区生产。有些地区这几年可以不办人民公社，应该退的要坚决退下来。1962 年 5 月，中共中央又批转中央侨委报告，指出所谓“海外关系”的提法，模糊政策界线，混淆敌我关系，是不妥当和有害无益的。要对因此引起的一系列问题有步骤地加以处理。中共中央对于如何依法处理社会内部矛盾也进行了反思和探索。刘少奇对 1958 年以来政法工作谈了几点意见：问题主要是误我为敌，打击面过宽；用敌对手段处理人民内部问题，甚至党内问题；有的党政负责人，随便批准捕人，这种破坏法制的行为，必须坚决制止。

经过上述一系列调整，社会各阶层之间和内部的关系得到了改善，加强了团结。各界人士纷纷表示愿与中国共产党同舟共济，团结一致，克服困难。民革中央副主席张治中在最高国务会议上说：我当过十几年国民党的中央常委，从来没有听到蒋介石讲过自己的缺点错误。中国共产党主动承担责任，自觉检讨错误，体现了对国家、对人民的忠诚态度和负责精神。

另一方面，对于如何调整，步子要多大，中央高层也出现了一些认识分歧。这本来是正常的，但随着 1959 年中苏两党关系出现严重裂痕，毛泽东认为，党内这些分歧是国际共产主义运动中的“修正主义思潮”，必须开展“反修防修”运动。在1962年中共八届十中全会上，毛泽东强调阶级斗争要年年讲、月月讲、天天讲，之后又要求开展“四清”运动。开始，毛泽东认为多数地方的“四清”还是正面教育为主，“建设一个好的党、好的干部队伍和美好的社会”[①]。到1964年底制定《农村社会主义教育运动中目前提出的一些问题》(简称“二十三条”)时，就明确提出“党内走资本主义道路的当权派”是“阶级斗争”的主要对象。对社会主义社会主要矛盾的判断，越来越偏离中共八大的正确判断。尽管如此，这一时期，中国共产党的中心任务仍然是建设一个生产力高度发达的国家，中共中央提醒全党不要让抓阶级斗争干扰经济建设。在此期间，中共中央提出的一些改造社会的实验，如推广企业“两参一改三结合”[②]群众运动，强调干部参加劳动，实行教育双轨制等，起到了积极作用。

调整时期，在一些领域还进行了经济体制改革探索，主要体现在农村“包产到户”和城市国营企业试办托拉斯上。

农村“包产到户”最早在全省得到支持和引导的是安徽省。在经济困难时期，安徽少数农民自发搞起了“责任田”，将农民的获益同产量联系在一起。1961年春天，中共安徽省委调查后，认为这种办法能够提高农民生产积极性，随后进行了试点和推广。到年底，安徽全省实行“责任田”的生产队占总数的91%。甘肃、浙江、四川等十几个省区也都实行了自己的农业生产责任制，这些地方普遍增产，效果明显。

对于“包产到户”，党内一开始就有不同意见。因此在1961年11月中央作出的关于在农村进行社会主义教育的指示里，认为“包产到户”是不正确的，要求逐步引导农民改变过来。但是，到1962年上半年，“包产到户”不仅未能制止，反而在农村悄悄扩大起来，显示出顽强的生命力。中央和有关部门一些领导人在调查中也对此表现出积极支持的态度。中央农

① 薄一波:《若干重大决策与事件的回顾》下卷，中共中央党校出版社1993年版，第1109、1110页。

② “两参一改三结合”，指干部参加生产劳动，工人参加企业管理；改革企业中不合理的规章制度；在技术改革中实行企业领导干部、技术人员、工人三结合的原则。毛泽东将这种管理制度称为“鞍钢宪法”。

村工作部部长邓子恢经过一年调查，于1962年5月给毛泽东和中央写出报告，建议允许社员在一定范围有“小自由小私有”，指出生产责任制是今后搞好集体生产的根本环节。刘少奇、陈云、邓小平也都赞成和支持“包产到户”。刘少奇认为，一户或者一组包一块是完全可以的，要使“包产到户”合法起来。陈云同刘少奇、周恩来、邓小平等就重新分田的办法来刺激农业生产交换了看法，取得了一致意见。邓小平说，分田到户是一种方式，可以用各种各样的方式。“黄猫、黑猫，只要捉住老鼠就是好猫。”①

农村“包产到户”虽然在当时没有能够坚持下去，但它反映了中共中央、基层干部和农民在克服困难中的积极探索，为1978年以后推广农村家庭承包责任制积累了实践经验。

工业方面的托拉斯改革，是针对“大跃进”运动造成的乱象提出的。从1958年起，各部主管的企业纷纷下放，由条条管理变成各地块块管理，引发了全国工业的散乱局面，严重冲击了全国计划。1960年后，下放的权力又被收回中央，企业缺少自主活力，陷入了“一放就乱，一统就死”的怪圈中。毛泽东对此尖锐地批评说：目前这种用行政方法管理经济的办法，不好，要改。用那么多的人，就是不按经济法则办事。

1963年3月，中共中央决定成立中国烟草工业总公司，试行托拉斯的管理办法。所谓托拉斯，是由生产同类商品或在生产上有联系的大企业联合形成的一种垄断组织形式。1964年8月，中共中央和国务院批转了国家经委党组《关于试办工业、交通托拉斯的意见的报告》，报告提出由中央各部试办12个托拉斯，其中全国性的有：轻工业部的烟草公司和盐业公司，一机部的汽车工业公司，农机部的拖拉机、内燃机公司，纺织部的纺织机械公司，冶金部的制铝工业公司，化工部的橡胶工业公司和医药工业公司，水电部的京津唐电力公司，交通部的长江航运公司。托拉斯很快呈现巨大的活力。如组建最早的烟草工业托拉斯，1964年卷烟综合生产能力提高了17%，劳动生产率提高了35%，卷烟加工费降低了21%。组建最晚的汽车工业托拉斯，1965

① 《邓小平文选》第一卷，人民出版社1993年版，第323页。

年全国汽车产量比上年增长40%以上，并试制了15种新型号汽车。其他中央和地方管理的托拉斯也收到了较好的效果。

第三节　社会主义事业的发展和“四个现代化”目标的提出

1962年到1965年，中国共产党领导中国人民自力更生、艰苦奋斗，在少数民族自治、国防科技、文化、教育、卫生事业发展等方面，取得了重要成就，各行各业产生的大批英雄模范彰显了伟大的牺牲奉献精神。在这个基础上，中共中央提出了建设“四个现代化”的宏伟目标。

一、民族自治地方的改革与发展

中国共有5个省级民族自治区。新中国成立之前，中国共产党领导下的解放区于1947年5月1日成立了内蒙古自治区。新中国成立之后，1955年10月1日成立了新疆维吾尔自治区，1958年3月5日成立了广西僮族自治区（1965年改称广西壮族自治区），同年10月25日成立了宁夏回族自治区。

西藏自治区筹备委员会于1956年成立。1957年5月，中共中央决定，6年内在西藏不进行民主改革。但是，西藏上层反动集团却提出“永远不改”，阴谋策划叛乱和“西藏独立”。1959年3月10日，西藏上层反动集团发动武装叛乱，向驻拉萨的解放军部队和政府机关发动猛烈进攻。6月，到达印度的达赖喇嘛公开举行记者招待会，宣称要恢复1950年以前西藏的地位，实质就是公然宣布“西藏独立”。人民解放军驻藏部队根据中共中央、中央军委的平叛决定，向叛乱武装发起反击。在西藏各族、各界人民的大力支持下，仅用两天时间就彻底粉碎了拉萨市区的叛乱。随后，解放军先后进剿山南、昌都、麦地卡地区的叛乱武装。1961年底，逃到深山的残余叛乱武装被全部肃清，西藏平叛取得了胜利。1965 年 9 月 9 日，西藏自治区正式成立。

中共八大以后，根据八大政治报告关于民族工作的方针，中共中央统战部制定了《1956 年到 1967 年全国民族工作规划大纲（草案）》，提出：必须进一步领导和帮助各民族人民进行社会主义建设，发展政治、经济、文化事业，根据各民族的不同情况，大力发展农业和牧业生产，有计划有重点地进行工业建设，逐步提高人民物质文化生活水平。

国家对少数民族地区的工业发展给予了大力支持。"一五"计划时期，在西北的新疆、宁夏、青海少数民族地区投资兴建起一批钢铁、机械、棉纺等工业。1964 年开始的三线建设，把西南、西北少数民族地区当作重点，在四川、贵州、云南、甘肃、宁夏、青海等地修建了铁路，建设了航空、航天、电子、机械等工业基地，辐射和带动了少数民族地区的工业发展。1965 年全国民族自治地方工农业总产值比 1957 年增长了 57.2%。

国家为发展少数民族教育事业做出了巨大努力，确定了兴办民族教育的总方针，决定在中央和地方设立民族教育行政管理部门，负责领导民族教育事业。国家规定，少数民族地区的教育经费除了按照一般标准拨给之外，还另外拨付专款，以补不足。到 1965 年，全国少数民族大学生、中学生、小学生人数分别比 50 年代初期增长了 9 倍、8 倍和 5 倍。

在发展少数民族文学艺术方面，国家积极帮助各少数民族地区组织民族表演团体，建立文联、剧协、舞协、美协等有关组织，发掘整理少数民族的文化遗产。1964 年上演的大型音乐舞蹈史诗《东方红》，从创作到演出，都邀请了各个民族的文艺工作者作为代表，吸收了一批少数民族曲目，充分展示了少数民族艺术的独特魅力。

在医疗卫生方面，国家极为重视改变原来少数民族地区缺医少药、地方病大面积流行的落后状况。到 1957 年，少数民族地区普遍建立起了医疗卫生机构。国家同时派出大量巡回医疗队，进入深山僻壤，免费为少数民族兄弟提供救治，发放医疗器械和药品，宣传卫生知识。到 1965 年，少数民族地区的卫生医疗机构、病床、卫生技术人员数量得到大幅度增长，分别为新中国成立前的 70 倍、36 倍、44 倍。

二、发扬艰苦奋斗、奋发图强的创业精神

“为有牺牲多壮志，敢教日月换新天。”在战胜困难的斗争中，中国人民经受住了严峻考验，也涌现出大批不畏艰难、勇于奉献的英雄模范，汇聚成艰苦奋斗、奋发图强的创业精神。

工业战线创业精神的样板，是大庆精神。1959 年 9 月，在东北松辽盆地发现了世界级的特大砂岩油田，当时正值新中国成立 10 周年大庆之际，因此命名为“大庆油田”。中央作出了石油大会战的决定，几万名石油职工和退伍军人在茫茫草原上艰苦奋战，风餐露宿，人拉肩扛，在 3 年多的时间里，建设起了我国最大的石油基地——大庆油田。到 1965 年，我国基本实现了石油自给。在大庆油田建设中，以王进喜为代表的石油工人、科技人员和干部，吃大苦、耐大劳，提出了“宁肯少活二十年，拼命也要拿下大油田”的口号，以“有条件要上，没有条件创造条件也要上”的决心，“三

大庆油田钻井第二大队大队长王进喜（左二）和工人们一起钻井

老四严”“四个一样”的科学态度和工作作风，创造了辉煌业绩。全国工业战线通过开展学大庆活动，涌现一批大庆式的先进企业，对完成国民经济调整任务、奠定国家现代化工业基础，起到了重要作用。

农业战线改造自然的旗帜，是大寨精神和红旗渠精神。大寨大队位于山西省昔阳县太行山麓，土地贫瘠、自然灾害严重。大寨农民在大队党支部的带领下，向“七沟八梁一面坡”的恶劣环境开战，劈山造田。1962年，他们遭受连续严重自然灾害，但没向国家要一分钱，凭借自己的双手，苦干、实干、拼命干，取得大丰收，亩产比同县平均产量高出两倍半，树立起农业战线上的一面红旗。周恩来把大寨精神总结为“政治挂帅、思想领先的原则，自力更生、艰苦奋斗的精神，爱国家爱集体的共产主义风格”。全国农村开展了农业学大寨的运动。

河南林县人民在中共林县县委领导下，经过多年苦战，开凿太行山，修建了“人工天河”红旗渠，创造了人间奇迹。仅在1960年动工的8个月时间里，林县人民就用普通的工具，斩断了45道山崖，搬掉了13座山垴，填平了58道沟壑，穿凿了7个隧洞，修建了56座路桥、渡槽和防洪桥。到1965年，实现了总干渠的通水。周恩来后来向外宾介绍说，这座盘绕在太行山千嶂绝壁上的蓝色飘带，是新中国创造的奇迹之一。

这一时期，英雄辈出。沈阳军区某部运输连班长雷锋，在平凡工作岗位甘当螺丝钉，勇于奉献，乐于助人，表现了崇高的共产主义情操。雷锋牺牲后，1963年3月5日，《人民日报》发表毛泽东题词“向雷锋同志学习”，刘少奇、周恩来等党和国家主要领导人先后为雷锋题词。由此，全国各行各业掀起了持久的学习雷锋热潮，学雷锋、做好事，在全国蔚然成风。雷锋是时代的楷模，雷锋精神是永恒的，它是5000多年优秀中华文化和红色革命文化的结合。

河南兰考县委书记焦裕禄，带领全县人民治理盐碱地和沙丘，积劳成疾。他忍着晚期肝癌的病痛，仍然坚持工作在治沙第一线，鞠躬尽瘁、死而后已。焦裕禄病逝后，1966年2月，新华社播发了长篇通讯《县委书记的榜样——焦裕禄》，在全国引起了强烈反响。

全心全意为人民服务的楷模——雷锋

解放军上海警备区特务团三营第八连，身居上海南京路闹市，一尘不染，勤俭节约，助人为乐，始终保持艰苦奋斗的优良传统，坚持人民军队爱国爱人民的政治本色，自觉抵制拜金主义腐朽思想的侵蚀。1963年国防部授予该连“南京路上好八连”称号。

钱学森、李四光、钱三强、华罗庚、邓稼先、茅以升等为代表的著名科学家，为国家和民族勤劳钻研，牺牲个人名利，成为知识分子的杰出代表。他们为国家科技事业和经济建设做出了重大贡献，凝成了知识分子牺牲报国、建功立业的崇高精神。

20世纪60年代前半期，是一个困难重重、艰苦奋斗的时期，也是一个意气风发、斗志昂扬的时代。通过工业学大庆、农业学大寨、全国学习解放军和学习雷锋、焦裕禄等运动，形成了值得浓墨重彩书写的独特时代风貌。

三、三线建设的开展

20 世纪 60 年代前期，我国周边的安全形势日益严峻。由于历史的原因，我国的工业和经济中心集中在东部大城市，一旦遭受入侵，将造成严重损失；而西部地区经济比较落后，还没有建成可靠的国家战略后方。1964 年 5 月，毛泽东提出，要考虑解决全国工业布局不平衡的问题，加强三线建设，防备敌人的入侵。8 月，中央作出了在三线地区开展以战备为中心大规模建设国防、科技、工业和交通基本设施的重大战略决策。所谓“三线”地区，主要指西南的四川、贵州、云南，西北的陕西、甘肃、宁夏、青海，还有湘西、鄂西、豫西、晋西、粤北、桂北，共 13 个省区；一线地区指沿海和边疆地区；一线、三线之间称为二线地区；一线、二线地区的后方俗称“小三线”。

邓小平在 1965 年和 1966 年带领十几位部、省级干部，跋山涉水到西南、西北三线地区考察选址，确定了以四川攀枝花为钢铁基地、贵州六盘水为煤炭基地，建设成昆铁路连接起来的“两基一线”工业布局，形成了全国三线建设的中心。

三线建设跨越 3 个五年计划，到 1980 年全国三线地区共投入 2052.68 亿元，相当于 1953 年至 1964 年这些省区投资的 3 倍，在中西部建成了约 2000 个大中型企业、设施和科研院所。三线建设无论规模还是时间跨度，都堪称新中国历史上空前的经济建设战略。

由于涉及国防，三线建设当时在全国未见诸报端，几百万工人、干部、科技人员、解放军官兵，从全国四面八方悄然来到人迹罕至的深山峡谷、大漠荒原，发扬“艰苦创业，无私奉献，团结协作，勇于创新”的三线精神，人拉肩扛，风餐露宿，建设起了一个个现代化企业和交通设施。如成昆铁路，沿线地形险峻、地质复杂，被外国专家断定为“筑路禁区”。建设者开凿隧道 427 座，架设桥梁上千座，桥梁隧道竟占了全线总长的 40%，有些车站只能建造在桥梁上、隧道中。成昆铁路成为我国路桥建设史的重大起步，被联合国称为“象征二十世纪人类征服自然的三大奇迹”之一。

再如攀枝花钢铁基地，选址在金沙江边小岛弄弄坪上，建设者“三块石头支口锅，帐篷搭在山窝窝”，硬靠人力把成千上万吨的大型器材设备和生活物资搬运过来，经过科学安排，在深山峡谷建起了被誉为“象牙微雕”的现代化大型钢铁企业，首创世界最高水平的钒钛冶炼技术。三线人扎根三线，一干就是几十年、几代人，凸显了“献了青春献终身，献了终身献子孙”的崇高情操。

三线建设取得了重大成就。三线建设初步改变了我国工业布局不合理状况，在中西部地区形成了以能源交通为基础、原材料工业与加工工业相配套、科研与生产相结合的后方工业基地。攀枝花、酒泉、重庆钢铁厂等钢铁基地，六盘水、渭北等煤炭基地，成昆、襄渝、湘黔、阳安、青藏（西格段）等铁路干线，湖北第二汽车厂、陕西汽车厂、四川汽车厂、德阳东方汽轮机厂等大型制造企业，刘家峡、八盘峡、葛洲坝、乌江渡等水电站，江汉、长庆等油气田等，都成为中国中西部发展的产业支柱。到1978年，中西部工业固定资产原值已经占全国的56%，超过了东部沿海地区；职工人数由325.65万增加到1129.5万；工业总产值增长3.92倍。这为我国改革开放初期实施优先发展东部外向型经济战略提供了充盈的物资、能源、动力支持。

三线建设成功地建立起一个比较完整的国防战略后方，极大地增强了我国的国防实力。三线地区先后建成400多个军工企业、80多个国防科研院所，包括以重庆为中心的常规兵器工业基地，四川、贵州、陕西的电子工业基地，四川、陕西、甘肃、青海的核工业基地，贵州、陕西、四川的航空工业基地，四川、贵州、湖北的航天工业基地，长江中上游的船舶工业基地等。到1975年，三线地区国防科技工业的固定资产、主要产品生产能力、技术力量和设备水平都已超过一、二线地区。我国第一颗原子弹、氢弹，第一个军用核反应堆，第一颗人造地球卫星，第一枚中程弹道导弹，第一艘核潜艇，第一批喷气式歼击机，第一门远程火箭炮等，绝大部分研制、试验基地都布局在三线地区。这为国家安全提供了长久可靠的保障。

三线建设推动了中西部地区经济、社会、科技、文化等的发展进步，促进了偏僻山区和少数民族地区文化繁荣。通过新建、扩建，攀枝花、绵阳、六盘水、十堰、广元、乐山、德阳、金昌、都匀、凯里、汉中、天水等60多个新型工业科技城市拔地而起，闻名全国。如攀枝花号称“钒钛之都”，绵阳号称“科技城”，德阳号称“重装城”，六盘水号称“江南煤都”，金昌号称“中国镍都”。成昆、湘黔铁路和沿线工业群使过去不通公路不通电的大小凉山、乌蒙山脉少数民族地区得到“飞跃五十年”的进步。这些成绩和进步为缩小东西部发展差距做出了重要贡献，也为改革开放时期优先发展沿海地区经济解除了后顾之忧。

由于受国际形势影响和“文化大革命”的冲击，三线建设也出现了铺开过急过大、选址过于强调战备、注重经济效益不够等弊病，留下了一些后患。这些问题都在1983年至2006年实施三线企业调整改造战略时得到了解决。

2018年2月，习近平考察四川时，对三线建设的历史功绩作出重要评价：三线建设，使一大批当时属于顶尖的军工企业、国有企业、科研院所来到西部，这些都是我们发展的宝贵财富。

四、“两弹一星”等尖端科技的突破

20世纪60年代至70年代，中国以国防为主的尖端科技取得了突破性的发展。其中震撼世界的是第一颗原子弹爆炸成功。

1956年，国家制定了科学技术发展的第一个远景规划，将“两弹”（导弹、原子弹）的研制提到日程上来。毛泽东说：“在今天的世界上，我们要不受人家欺负，就不能没有这个东西。”①1957年，中国科学院、二机部、国防部五院集中了一批专家和技术人员，开始研制发展包括导弹、原子弹在内的尖端武器。

在研制过程中，开始曾得到苏联的技术援助，对研制的起步有重要作

① 《毛泽东文集》第七卷，人民出版社1999年版，第27页。

用。但是，这些援助主要是非军事性的。1960 年苏联撤走全部专家后，我国“两弹”的研制进入完全依靠自己力量的阶段。1961 年 7 月，在北戴河召开的国防工作会议提出坚持攻关，争取 1963 年拿出原子弹的初步设计方案，争取三年、五年或更长一些时间得到突破。中共中央作出了以研制“两弹”为中心，加速国防科研和工业发展的重大决策。1962 年 11 月，中共中央决定，成立以周恩来为首的 15 人专门委员会，负责“两弹”研究试验工作的领导和组织全国协作。毛泽东指示：要大力协同，做好这件工作。此后，经过一系列准备，原子弹试验准备工作全部完成。

1964 年 10 月 15 日，周恩来打电话代表中共中央下达了命令。10 月 16 日下午 3 时，主操作员按下了最后一个按钮，新疆罗布泊戈壁滩上升腾起一个巨大的火球，随后传来了惊天动地的爆炸声，形成了一朵壮观的蘑菇云，中国第一颗原子弹爆炸成功。同日下午 5 时，毛泽东、刘少奇、周恩来等在人民大会堂接见参加音乐舞蹈史诗《东方红》创作和演出的全体人员，周恩来向大家宣布了这个特大喜讯。全场雀跃，欢声雷动。

中国成功爆炸第一颗原子弹，有力地打破了超级大国的核垄断和核讹诈，提高了中国的国际地位。中国政府声明：中国一贯主张全面禁止和彻底销毁核武器；中国进行核试验，发展核武器，完全是为了防御；在任何时候，任何情况下，中国都不会首先使用核武器。

继原子弹爆炸成功后，1966 年 10 月 27 日，中国第一枚导弹核武器发射成功，实现了原子弹、导弹“两弹结合”。12 月 26 日，中国第一枚中程地地导弹发射成功。1967 年 6 月 17 日，中国第一颗氢弹爆炸成功，使中国成为世界上第四个掌握氢弹制造技术的国家，标志着中国核武器发展进程有了质的飞跃。中国从原子弹试验成功到突破氢弹技术，只用了两年零两个月，比美国、苏联都快得多。

1971 年 8 月和 1974 年 4 月，中国自行研制的第一艘鱼雷核潜艇的泊系试验和航行试验相继完成，证明性能良好，可以交付海军使用。

就在全国进入战备高潮的 1970 年，根据毛泽东、周恩来的指示，中国毅然迈出了和平利用原子能的第一步，组织科研力量大会战，进行 30 万千瓦的“七二八”设计工程（即浙江秦山核电站），这是中国核电事业的前驱。

早在1958年5月，毛泽东就提出“我们也要搞人造卫星”。中国科学院先进行了理论探索，到1965年火箭技术有了进一步发展，国防科委提出了卫星研制发射的工作报告，获得中央批准。1968年，成立了钱学森任院长的中国空间技术研究院。1970年1月，“长征一号”三级运载火箭飞行试验成功。4月24日，中国第一颗人造地球卫星“东方红一号”在酒泉基地发射成功。卫星重173公斤，在重量和一些技术上超过了美国、苏联的第一颗卫星。这是中国航天空间技术的一个重要里程碑。1975年11月，中国第一颗返回式卫星在酒泉成功发射，准确入轨。该卫星绕地球运行47圈后，安全降落在四川预定地区。中国卫星发射技术实现了第二个飞跃。

“两弹一星”的研制，蕴含着一大批科学家、技术人员和解放军官兵的心血和牺牲奉献精神。他们隐姓埋名，长期工作生活在戈壁荒漠、深山峡

▲ 1999年9月18日，出席中共中央、国务院、中央军委举行的表彰为“两弹一星”做出突出贡献的科技专家大会的部分科技专家。

谷的基地，一干就是几十年，连家属都不知道他们在哪里。不少人为之牺牲了生命。郭永怀就是其中一位杰出代表。他早年在美国获得博士学位，为了报效祖国，放弃在美国任教、科研的优厚待遇，和钱学森一起冲破重重阻挠，毅然回到祖国，成为中国核武器研制的支柱科学家。1968 年 12 月 5 日，郭永怀在试验中发现了一个重要线索，匆匆地从青海基地赶回北京，不幸因飞机坠毁而牺牲。当人们找到郭永怀的遗体时，发现他和警卫员紧紧地拥抱在一起，衣服已烧焦了大半，那只装有绝密资料的公文包安然无恙地夹在他们胸前。在 1958 年组建的新疆马兰核试验基地，烈士陵园里长眠着一群中华民族的优秀儿女。他们有的在试验现场壮烈牺牲，有的在建设基地中以身殉职，有的在抢救国家和人民生命财产时英勇捐躯，有的在平凡岗位上积劳成疾悄然逝世。他们艰苦奋斗、无私奉献的“两弹一星”精神，彪炳史册，砥砺后人。

这一时期，尖端科技方面取得的其他突破性成就还有：

上海科学院生化研究所等单位 1958 年起协作研究用化学方法合成胰岛素，1965 年首次人工合成牛胰岛素结晶，在世界处于领先地位，为人类揭开生命奥秘迈出了一大步。

中国中医研究院接受抗疟药研究任务，屠呦呦任科技组组长，1972 年成功提取出一种新型抗疟药青蒿素，在全球特别是发展中国家挽救了数百万人的生命。2015 年，屠呦呦获得诺贝尔生理学或医学奖，这是中国科学家在中国本土进行的科学研究成果首次获诺贝尔科学奖。

1964 年，湖南安江农业学校教师袁隆平开创了杂交水稻研究。1972 年，该研究由中国农科院和湖南省农科院牵头，列为全国农林重大科研协作项目，1973 年育成籼型杂交水稻优良品种，1976 年在全国进行大面积推广应用，大幅度提高了水稻产量，被联合国誉为“第二次绿色革命”。

1973 年，中国第一台每秒百万次集成电路电子计算机由北京大学、北京有线电厂和燃化部等单位共同设计研制成功，把中国计算机技术推向第三代。

这些重大突破，为国家安全和现代化建设提供了重要保障。正如邓小

▲ 青年屠呦呦（右）和老师楼之岑在一起研究中药

平在 1988 年所说：“如果六十年代以来中国没有原子弹、氢弹，没有发射卫星，中国就不能叫有重要影响的大国，就没有现在这样的国际地位。”①

五、教育、文化、卫生事业的发展

20 世纪 50 年代后期到 60 年代，新中国教育、文化、卫生事业也得到

① 《邓小平文选》第三卷，人民出版社 1993 年版，第 279 页。

了较大发展。

1961 年，邓小平主持中央书记处会议，讨论通过了教育部、中宣部起草的《教育部直属高等学校暂行工作条例（草案）》（简称“高教六十条”）；1962 年，由周恩来督促中宣部和文化部、全国文联党组，经过调查研究，形成了《关于当前文学艺术工作若干问题的意见（草案）》（简称“文艺八条”）。这两个经中央批转全国执行的文件，第一个重点就是调整党和知识分子的关系。中共中央指出，近几年，不少同志对待知识、知识分子有一些片面认识，简单粗暴现象也有所滋长，必须引起严重注意。应该加以清理甄别，批判错了的要纠正，解除他们的思想疙瘩。第二个重点是贯彻落实“百花齐放、百家争鸣”方针，指出：在学术问题上，必须鼓励自由探讨、自由辩论、自由竞争；在哲学社会科学中，必须批判地继承历史文化遗产，吸收有价值的东西；在文艺创作中，作家、艺术家有选择、处理题材的自由，提倡风格多样化；在文艺批评中，有批评的自由，也有保留意见和反批评的自由。这些文件颁布以后，受到了广大知识分子的欢迎。

1962 年 3 月，周恩来在广州参加全国科学工作座谈会和全国话剧、歌剧、儿童剧创作座谈会。针对一些人把知识分子仍然说成资产阶级，他专门发表了《论知识分子问题》讲话。他指出：“不论是在解放前还是在解放后，我们历来都把知识分子放在革命联盟内，算在人民的队伍当中。”[①] 国务院副总理陈毅事前征得周恩来同意，在会上感情充沛地宣布，给广大知识分子“脱帽加冕”，即脱“资产阶级知识分子”之帽，加“劳动人民知识分子”之冕。3 月 27 日，周恩来在二届全国人大三次会议上作政府工作报告，正式提出：知识分子中的绝大多数已经属于劳动人民的知识分子，我们应该信任他们，关心他们，使他们更好地为社会主义服务。

20 世纪 50 年代至 60 年代，文艺方面出现了创作高潮，脍炙人口的优秀作品不断涌现。小说有杨沫的《青春之歌》、罗广斌和杨益言的《红岩》、柳青的《创业史》、冯志的《敌后武工队》、梁斌的《播火记》、欧阳

① 《周恩来选集》下，人民出版社 1984 年版，第 358 页。

山的《一代风流》、吴有恒的《山乡风云录》、陈登科的《风雷》、姚雪垠的《李自成》等；剧作有老舍的《茶馆》、郭沫若的《武则天》、田汉的《谢瑶环》，还有一批反映新生活的现代剧，如《第二个春天》《霓虹灯下的哨兵》《千万不要忘记》《杜鹃山》《三上桃峰》等；电影有《洪湖赤卫队》《江姐》《英雄儿女》《苦菜花》《甲午风云》《停战以后》《李双双》《大李小李和老李》《小兵张嘎》《野火春风斗古城》《冰山上的来客》《满意不满意》等。这些作品至今仍被人们喜爱。

在众多文艺作品中，浸润着周恩来关怀、于 1964 年 10 月上演的大型音乐舞蹈史诗《东方红》是一颗璀璨的明珠。史诗共分 8 场，以豪迈磅礴的气势、雄伟壮阔的图景，形象地概括了从中国共产党诞生到新中国成立后，中国人民在中国共产党和毛泽东的领导下，从事革命和建设的伟大历程，同时表达出中国人民自力更生，奋发图强，决心战胜一切困难，将革命进行到底的坚强意志。史诗采用了歌舞、大合唱、齐唱、独唱、群舞、独舞等多种艺术表现手法，并且有民族乐队和西洋管弦乐队的联合演奏。许多诗人、作曲家、舞蹈家参与了创作；首都和部队及外地 70 多个单位的音乐舞蹈工作者、舞台美术人员以及工人、学生、少先队员等业余演员共计 3000 多人参加了演出。这部史诗在歌舞艺术革命化、民族化、群众化方面取得了重大成就，在中国艺术史上产生了重大影响。

在科学方面，中共中央科学小组领导国家科委，开始制定 1963 年至 1972 年的中国第二个科技发展远景规划，直接参与的科技专家有上万人。规划要求动员和组织全国科技力量，自力更生解决社会主义建设中的关键科技问题，迅速壮大又红又专的科技队伍。在重要和急需的科技研究方面，规划要求科技人员掌握 20 世纪 60 年代的科学技术，接近和赶上世界先进水平。

这一时期，卫生工作也取得了旧中国无法比拟的成就。到 1958 年 11 月，全国 12 个省份流行了近百年的血吸虫病，已在半数以上的流行区基本消灭。毛泽东高兴地写下诗篇《送瘟神》说："借问瘟君欲何往，纸船明烛照天烧。"其他流行病的防治也取得了显著成果。旧中国每年因疟疾发病 3000 万人左右，1958 年发病人数已降低到 78 万。

一种由集体和农民个人集资、分担农民部分医疗费用的新型农村合作医疗制度得到了推广。1960年2月，中共中央转发介绍山西省稷山县经验的报告，要求各地根据生产发展水平和群众的觉悟程度，逐步改变为集体保健医疗制度。到1965年，全国有陕西、湖北、江西、江苏、福建、广东、北京、新疆等十余个地区实行了合作医疗制度。

1965年6月26日，毛泽东在谈话中要求“把医疗卫生工作的重点放到农村去”。按照他的要求，卫生部决定：凡主治医师以上的医药卫生技术人员，除年老体弱多病者外，都要分期分批轮流到农村开展巡回医疗。大批医务工作者，包括林巧稚等知名专家，下乡与农民同吃、同住、同劳动，深入农民家中或田间地头为农民看病治疗，同时手把手地辅导农村卫生人员，提高他们的诊疗水平。

这一时期的体育工作也取得了相应的发展。1957年，中央制定了“在德育、智育、体育几方面都得到发展”的教育方针，学校体育进一步受到重视。1960年5月，中国登山队在人类历史上第一次从北坡登上了世界最高峰——珠穆朗玛峰。1961年4月，在第26届世界乒乓球锦标赛上，中国队夺得男子团体、男子单打、女子单打3项世界冠军和4个项目的亚军。这些成绩对当时中国人民战胜暂时困难起到了鼓舞斗志的作用。

六、三届全国人大提出“四个现代化”目标

在国民经济取得好转的1964年12月，第三届全国人民代表大会第一次全体会议在北京举行。大会选举刘少奇为国家主席，宋庆龄、董必武为副主席；选举朱德为全国人大常委会委员长。同月还举行了全国政协四届一次会议，选举毛泽东为名誉主席，周恩来为主席。

周恩来在政府工作报告中提出了建设“四个现代化”的战略目标：今后发展国民经济的主要任务，就是要在不太长的历史时期内，把中国建设成为一个具有现代农业、现代工业、现代国防和现代科学技术的社会主义强国。从第三个五年计划开始，第一步要建立一个独立的比较完整的工业

体系和国民经济体系，第二步要全面实现“四个现代化”，使中国的经济发展走在世界的前列。建设“四个现代化”的宏伟目标，极大地鼓舞着依靠自力更生、艰苦奋斗精神走出艰难时期的中国人民。

“四个现代化”目标的形成，有一个认识过程。1953 年，毛泽东在修改过渡时期总路线的表述时，确定为“要在一个相当长的时期内，逐步实现国家的社会主义工业化”。1957 年，毛泽东在讲话中提到，要将我国建设成为“一个具有现代工业、现代农业和现代科学文化的社会主义国家”。1958 年召开的中共八大二次会议沿用了这个提法。1959 年底前后，毛泽东又提出“现在要加上国防现代化”[①]。

1956 年中共八大确立了中国工业化的战略目标，即用三个五年计划的 15 年，初步建立起一个独立的比较完整的工业体系。经过“一五”和“二五”计划实践，毛泽东和中共中央开始认识到，建立完整的国民经济体系比建立单一的工业化体系更为科学和重要。周恩来 1963 年在参加中共中央起草关于工业发展问题的文件时指出：国民经济体系不仅包括工业，而且包括农业、商业、科学技术、文化教育、国防各个方面。

“四个现代化”战略目标，经过了中国共产党人领导中国人民对社会主义建设道路的长期探索和思考，是一个只要努力奋斗，在不久的将来就可以实现的切实目标，成为党和国家凝聚全国人民力量的高扬旗帜。历史证明，在以后的探索中，即使党和国家遇到种种艰难险阻，甚至犯过“文化大革命”那样严重的错误，但是党领导人民为实现“四个现代化”的目标而奋斗的决心始终没有动摇。

接受“大跃进”运动的教训和经过国民经济调整，中国对经济发展规律有了更深刻的认识。

首先，提出了“以农业为基础，以工业为主导”的发展国民经济总方针和综合平衡的农轻重比例关系。1956 年中共八大对国家经济建设投资安排的原则是：在适当考虑农业和轻工业的需求前提下，优先发展重工业。

---

① 中共中央党史研究室：《中国共产党历史》第二卷下册，中共党史出版社 2011 年版，第 675 页。

积累与消费的比例关系是：中国工业基础薄弱、生产力极为落后的国情，决定了必须在一个时期内集中财力物力优先发展生产资料的生产，人民生活不可能迅速得到大幅度提高，因此，必须保证积累率不低于20%并逐渐提高。但是，在执行中的“大跃进”时期，积累率上升为30.8%，出现了国民经济结构不合理状况。1961年到1965年，国家用5年时间进行调整，首先解决吃、穿、用问题，暂时改变原定的目标，缩小基本建设项目，增大对农业和轻工业的投资，将积累率降为22.7%。在调整过程中，开始摸索适合中国国情的工业化道路和农轻重比例关系。

1962年9月，在中共八届十中全会上，毛泽东提出了“以农业为基础、以工业为主导”的发展国民经济的总方针，要求“把发展农业放在首要地位，正确地处理工业和农业的关系，坚决地把工业部门的工作转移到以农业为基础的轨道上来”①。“以农业为基础”，就是一方面要求根据可能来加强农业，加快农业的发展速度，使之与现代工业和整个国民经济的发展速度相适应；另一方面，要求工业和整个国民经济的发展建立在农业发展的可靠基础之上，不能脱离农业或超过农业所能提供的农产品和劳动力的承担能力。“以工业为主导”，就是要求按照生产资料优先增长的规律，大力发展生产生产资料的重工业，生产先进的技术装备，用以装备农业和国民经济各部门，迅速提高全社会劳动生产率，实现对农业和整个国民经济的技术改造。“以农业为基础，以工业为主导”的国民经济建设方针，正确体现了国民经济发展过程中农业和工业所处的地位及其相互关系，为国民经济发展规划的制定确定了总体方向，是探索中国社会主义工业化道路的重要成果。尽管后来在执行中出现过反复，但它始终是中国工业化的重要指导方针。

其次，形成了以“工业七十条”“农业六十条”为代表的经济管理制度。1961年9月，中共中央制定的《国营工业企业工作条例（草案）》（即“工业七十条”），对国营工业企业的性质、根本任务、管理原则，国家和企业的关系，企业内部的计划管理、技术管理、劳动管理，工资、奖励和生活

① 《中国共产党第八届中央委员会第十次全体会议公报》，《人民日报》，1962年9月29日。

福利，经济核算和财务管理，各项责任制，党委领导下的厂长负责制，工会和职工代表大会，技术和管理人员的地位，党的工作等方面，都作出了比较全面、具体的规定。“工业七十条”在实事求是思想指导下，通过调查研究，纠正了“大跃进”运动废除管理制度的极左错误，总结了“一五”计划和“大跃进”时期经济建设正反两方面经验，使企业生产和工作有章可循，对于工业生产的迅速恢复起到了重要作用。其中不少规定是我国企业管理宝贵经验的结晶，以后继续得到贯彻。

在 1962 年 6 月中共中央修改形成的《农村人民公社工作条例（修正草案）》（即“农业六十条”）中，关于公社基本核算单位，规定在三级所有、队为基础的原则上，进一步规定生产队是人民公社的基本核算单位，实行独立核算，自负盈亏，直接组织生产和分配。这种制度至少 30 年不变。关于生产责任制，规定生产队可以划分作业小组，实行季节的或者常年的包工，按生产情况给予奖励和惩罚。关于按劳分配，规定生产队要实行定额管理，确定合理的工分制度，同工同酬，避免平均主义。关于社员家庭副业，规定家庭副业是社会主义经济的必要补充部分，应当鼓励和允许社员利用参加集体劳动剩余时间发展家庭副业，所得归社员所有，也可以拿到集市出售。“农业六十条”还规定了公社各级规模、取消公共食堂、公积金留成、勤俭办社、民主办社等原则，纠正了“大跃进”时期的极端错误，对人民公社体制进行了重要调整，调动了农民生产积极性，成为恢复农业发展的重要推动力。

第四节　维护国家主权的斗争和对外交往

20 世纪 60 年代前后，国际形势处于大动荡时期。中国共产党在领导新中国维护国家主权的斗争中，挫败了美国分裂中国的图谋，同时也与苏联共产党发生了严重分歧。由于苏共中央将两党分歧变成国家争端，导致中苏两国关系恶化。随着美国侵略越南战争的升级，中国周边的国际形势日趋严峻。

一、炮击金门和挫败美国分裂中国的图谋

1956 年，中共八大政治报告提出了和平解放台湾问题：我们愿意用和平谈判的方式，使台湾重新回到祖国的怀抱，而避免使用武力。但是，从 1957 年起，一系列事件导致台湾海峡局势和中美关系再度紧张：美国派遣导弹部队进驻台湾，将美国在台湾的“军事援助顾问团”、美同台湾“协防司令部”等 7 个机构合并为“美军驻台协防军援司令部”。1957 年底，中美大使级会谈由于美方企图降低谈判级别而中断。美国国务卿杜勒斯声称继续执行对华政策三原则：不承认中华人民共和国，反对新中国进入联合国，继续对中国实行封锁和贸易禁运。

面对这一形势，毛泽东开始考虑采取对台维护主权的军事措施，也促使美国回到谈判桌前来。经过反复研究，1958 年 7 月 17 日，中央军委下达准备炮击金门的命令。

8 月 23 日，福建前线部队奉命向金门国民党军实施大规模猛烈炮击。炮击历时两个多小时，发射炮弹 2.92 万发，毙伤国民党军中将以下官兵 600 余人，摧毁国民党军大批军用设施。次日，解放军又组织炮兵和海军舰艇实施第二次联合打击，重创国民党军大型运输船“中海”号，击沉货轮“台生”号。金门岛基本被封锁，补给运输中断。

9 月 3 日，毛泽东决定从次日起暂停炮击 3 天，以静观各方反应。次日，中国政府按预定计划宣布，本国领海宽度为 12 海里，此规定适用于包括台湾及其周围各岛在内的一切中国领土，未经中国政府许可，一切外国飞机和军用船舶不得进入中国的领海和领海上空。

从 9 月 7 日起，美国政府不顾中国政府的声明和警告，公然派军舰进入金门海域，为国民党军护航。中共中央和中央军委决定，以打击国民党军的方式反对美军护航行动。9 月 8 日，解放军实施第三次大规模炮击，击沉击伤国民党军舰各一艘。9 月 11 日，解放军实施第四次大规模炮击，迫

使护航的美国军舰逃离金门海域。9 月 15 日起，中美大使级会谈在波兰华沙恢复举行。为配合会谈，解放军转入零星炮击。

10 月 6 日和 26 日，《人民日报》刊登由毛泽东起草、以国防部部长彭德怀名义发表的《告台湾同胞书》和《再告台湾同胞书》。这两份文告向台湾当局和台湾同胞晓以民族大义，指出双方都同意“台、澎、金、马是中国领土”，“世界上只有一个中国，没有两个中国”，并再次提出举行国共两党和谈以解决中国内部争端的建议。文告驳斥美国国务卿杜勒斯说，美国侵占台、澎与台湾海峡，这是中美两方有关的问题，应当由两国举行谈判解决，目前谈判正在华沙举行。美国人总是要走的，不走是不行的。早走于美国有利，因为它可以取得主动；迟走不利，因为它老是被动。文告还宣布，福建前线逢双日不打金门的飞机场、码头和船只，以利金门诸岛得到充分的供应，逢单日也不一定打炮，但台湾方面的船只、飞机不要来，以免受到可能的损失。从此，台湾海峡的斗争就从以军事形式为主转向以政治和外交形式为主，海峡形势的“危机”阶段基本结束。

至 10 月 6 日宣布暂停炮击为止，福建前线解放军共进行了 4 次大打、83 次中小打和上千次零星炮击，达到了封锁金门、惩罚国民党军和打击美国“战争边缘”政策的目的，使美国陷于进退两难的境地。12 月，美国宣布从台湾地区撤出部分海、空军。

经过集政治、军事和外交于一体的炮击金门这番较量，毛泽东请人给台湾领导人带话，表示：只要蒋氏父子能抵制美国，我们可以同他们合作；台、澎、金、马要整个回来，可以照原有方式生活，军队可以保存，继续搞“三民主义”。1963 年 1 月，周恩来将毛泽东提出的这些原则总结为“一纲四目”，转达给台湾当局。一纲是：只要台湾归回中华人民共和国，其他一切问题悉尊重台湾领导人意见妥善处理。四目是：台湾归回中华人民共和国后，除外交必须统一于中央外，所有军政大权人事安排等悉由台湾领导人全权处理；所有军政及建设费用，不足之数，悉由中央拨付；台湾之社会改革，可以从缓，必俟条件成熟，并尊重台湾领导人意见协商决定，然后进行；双方互约不派人进行破坏对方团结之事。

“一纲四目”的祖国统一构想，体现了中国共产党以中华民族根本利益为重的胸怀和从现实出发的精神，对以后争取和平统一祖国的政策产生了深远的影响。

二、中苏关系恶化和国际形势趋于严峻

从1958年起，中苏两党关系出现裂痕。4月18日，苏联国防部部长致信我国防部部长彭德怀，建议在中国领土上由苏联帮助建设一座两国共管的长波电台。6月4日，彭德怀根据毛泽东的意见复信表示，建台一切费用应由中国全部承担，建成后中苏共同使用，主权归我方。7月21日，苏联驻中国大使尤金向毛泽东、刘少奇、周恩来等中共中央领导人通报，苏共中央第一书记赫鲁晓夫提出要在中国领海建立一个两国共管的潜艇舰队。毛泽东说，为什么要提出所有权各半的问题？中国是独立的国家，不是苏联的附属，也不是苏维埃的十几个加盟共和国之一。为了平息风波，赫鲁晓夫7月31日秘密访华。经过会谈，赫鲁晓夫收回关于“长波电台”和“联合舰队”的要求。以后中国自行完成了长波电台的建设。在炮击金门的问题上，赫鲁晓夫也表示不满，担心会引起美苏冲突。

1959年，中苏两党在禁止试验核武器协议、中印边界冲突、台湾问题上进一步产生了分歧。1960年4月，《红旗》杂志发表题为《列宁主义万岁》的文章，在国际共产主义理论一系列问题上对赫鲁晓夫的观点进行了不点名的批驳。6月下旬，在罗马尼亚布加勒斯特的社会主义国家共产党和工人党代表团会议上，赫鲁晓夫在最后发言中猛烈攻击中国共产党，中共代表团予以反击。会后，苏共采取了恶化两国关系的严重步骤。

7月16日，苏联突然照会中国政府，单方面决定全部召回在中国的1390名苏联专家，同时撕毁了两国政府签订的12项协定及343个专家合同和补充书，废除了257个科技合作项目。9月，邓小平在中苏两党高级会谈中指出：“中国共产党永远不会接受父子党父子国的关系。你们撤退专家使我们受到了损失，给我们造成了困难。中国人民准备吞下这个损失，决

心用自己双手的劳动来弥补这个损失，建设自己的国家。”[①]

1963 年 7 月，为改善两党两国关系，中苏两党代表团在莫斯科举行会谈。7 月 14 日，苏共中央发表公开信，对中共中央 6 月 14 日给苏共中央的复信进行了全面系统的攻击，并且在国内各大报刊展开了对中共的攻击，将中苏两党论战公开于世界。随之，中国共产党在《人民日报》上发表了苏共中央的公开信。《人民日报》和《红旗》杂志从 9 月 6 日发表《苏共领导同我们的分歧的由来和发展》，至 1964 年 7 月 14 日发表《关于赫鲁晓夫的假共产主义及其在世界历史上的教训》，连续发表了 9 篇评论苏共中央公开信的文章，点名批判“赫鲁晓夫修正主义”，并系统论述了社会主义国家“和平演变”和“资本主义复辟”的世界历史教训。

1964 年 11 月 7 日，周恩来、贺龙率领的中国党政代表团到莫斯科参加十月革命 47 周年纪念活动，在克里姆林宫出席招待会。苏联国防部部长马利诺夫斯基对中国副总理贺龙说，我们现在已经把赫鲁晓夫搞掉了，你们也应该仿效我们的榜样，把毛泽东也搞下台去。贺龙当场给予批驳。周恩来当即向新任苏共中央第一书记勃列日涅夫等提出严正抗议。其后，苏方领导人虽然以酒后失言进行了道歉，但声称苏联将继续坚持原来的立场。由于苏联领导人把两党争论变为国家争端，对中国施加政治、经济、军事压力，两国关系进一步恶化。

中苏论战对国际共产主义运动产生了重大而深远的影响，导致第二次世界大战后社会主义阵营的分裂，也使毛泽东对中国国内政治形势的判断走入误区。邓小平回顾这段历史时说：“各国的事情，一定要尊重各国的党、各国的人民，由他们自己去寻找道路，去探索，去解决问题，不能由别的党充当老子党，去发号施令。我们反对人家对我们发号施令，我们也决不能对人家发号施令。”[②]“经过二十多年的实践，回过头来看，双方都讲了许多空话。”[③]

① 中共中央党史研究室：《中国共产党历史》第二卷下册，中共党史出版社 2011 年版，第 643 页。
② 《邓小平文选》第二卷，人民出版社 1994 年版，第 319 页。
③ 《邓小平文选》第三卷，人民出版社 1993 年版，第 291 页。

他还说：“真正的实质问题是不平等，中国人感到受屈辱。”[①] 这使中国共产党不得不和“老子党”、大国沙文主义进行斗争。

这一时期，还发生了印度趁中国国内出现严重经济困难挑起边界冲突的事端。1959 年西藏发生叛乱以后，印度尼赫鲁政府正式向中国提出大片领土要求，印度武装人员不断侵入中国领土挑衅，在中国管辖、控制地区设立了多个哨所和据点。1962 年 10 月 12 日，尼赫鲁公开宣称，已经下令把中国军队从塔格拉山脊“清除掉”。鉴于印军发动了武装进攻，毛泽东和中央军委果断作出了实施自卫反击作战的决定，中国边防部队于 10 月 20 日起实行自卫反击，在西段扫除了印军在中国境内设立的全部据点，在东段控制了“麦克马洪线”以南的大片土地。为了表示和平诚意，中国政府于 11 月 1 日宣布在中印边界全线停火，并从实际控制线单方面后撤 20 公里。接着又遣返全部被俘的印军官兵，归还缴获的武器和军用物资。此后，中印边界的形势基本稳定下来。

三、支援亚非拉和越南抗美斗争

20 世纪 50 年代中期到 60 年代中期，亚非拉国家反对帝国主义和殖民主义、争取和维护民族独立的运动出现了高潮。为了积极支持亚非国家的斗争，增进友谊，这一时期，中国国家主席刘少奇、国务院总理周恩来、外交部部长陈毅多次出访亚非国家。其中以周恩来 1963 年底前后出访亚非欧 14 国最有影响。周恩来在访问非洲时，提出了中国对外经济技术援助的八项原则：根据平等互利原则对外提供援助；尊重受援国主权，不附带任何条件，不要求特权；以无息或者低息贷款方式提供；援助目的是使受援国逐步走上自力更生、独立发展的道路；援建项目力求投资少、见效快，使受援国能够增加收入、积累资金；中国提供自己生产的最好物资，以国际市场议价；使受援国掌握技术；中国派遣的专家与受援国专家同等待遇。

① 《邓小平文选》第三卷，人民出版社 1993 年版，第 294—295 页。

这一时期，支援越南人民的抗美战争，是中国最重要的对外任务。1965 年起，美国侵略越南的战争进一步升级，美军在越南南方登陆，直接参战。中国政府通过公开宣言和外交途径一再向美国提出警告，表明中国援越的决心。最有分量的是 1966 年 7 月 22 日国家主席刘少奇代表中国的声明：7 亿中国人民是越南人民的坚强后盾，辽阔的中国土地是越南人民可靠的后方；中国人民准备承担最大的民族牺牲，坚决支持越南人民的抗美救国斗争。全国几百万群众举行集会和示威游行，支持和声援越南人民。

1965 年 4 月，越南党政代表团访华，向中国提出了扩大援越规模并向越南派出支援部队的请求。中国先后派出防空作战、铁道、工程、后勤等部队的 23 个支队和海军扫雷工作队，共 32 万余人，到越南北方执行防空作战、修建和抢修铁路、公路、机场、通信工程、设防工程和扫雷等任务，协助越南北方军民保卫北方领土和领空。

在越南抗美战争期间，中国为越南提供了大量的武器装备、资金和生活物资。根据中越双方达成的多次协议，其中包括：飞机 165 架、坦克和装甲车 810 辆、火炮 3 万余门、各种汽车 35035 辆、各种船舶 686 艘、各种拖拉机 4730 台、铁路机车 127 台、各种筑路机械 5373 台、粮食 539.66 万吨、棉布 26960 万米。此外还有大量小到牙膏等日用生活品。在当时中国经济还很困难的情况下，援越的许多物资是中国人民和军队自身所匮乏的。到 1978 年止，按当时国际价格计算，中国援越总值达 200 亿美元左右。

援越抗美斗争，体现了中国人民反对侵略威胁、维护世界和平的无私无畏精神。

第五节 “文化大革命”时期的曲折发展

1966 年到 1976 年，中国经历了一场历时 10 年的“文化大革命”。它根本不能称之为“革命”，而是一场内乱。它的发生，有着复杂深刻的国际国内原因。

一、“文化大革命”的发动与抵制极左的斗争

新中国成立以后，西方敌对势力在军事威胁和经济封锁的同时，提出把“和平演变”的希望寄托在中国的第三代、第四代人身上。对此，毛泽东一直在考虑，如何保证中国的社会主义不改变颜色。20世纪60年代初期中苏两党大论战之后，毛泽东认为，苏联已经演变为“修正主义”国家，必须在国际上开展“反修”斗争。

由于在一些重要问题上与一些中央和部门领导人产生认识分歧，毛泽东对党内国内的政治形势也逐步作出了错误判断，认为这是两个阶级、两条路线的斗争，我们这个国家的无产阶级专政基础并不稳固，各个领域都面临着资本主义复辟的危险，相当一部分权力“不在我们手中”。他认为，必须寻找一种新的形式，公开地、全面地、由下而上地发动广大群众，打倒所谓的“党内走资本主义道路的当权派”，从而防止资本主义复辟。

毛泽东的这种错误判断，在当时党内民主生活不正常、对毛泽东个人崇拜十分严重的情况下，给了党内一些野心家可乘之机。经过江青、张春桥等秘密策划，1965年11月10日，姚文元执笔署名的长篇文章《评新编历史剧〈海瑞罢官〉》在上海《文汇报》发表。这一事件成为“文化大革命”的导火索。其后，批判的矛头开始指向中宣部和北京市委。

1966年5月16日，中共中央政治局召开扩大会议，在党内民主生活遭到破坏的情况下，通过了《中国共产党中央委员会通知》(简称“五一六通知”)。“五一六通知”断言：“混进党里、政府里、军队里和各种文化界的资产阶级代表人物，是一批反革命的修正主义分子，一旦时机成熟，他们就会夺取政权，由无产阶级专政变为资产阶级专政。”“例如赫鲁晓夫那样的人物，他们现正睡在我们的身旁，各级党委必须充分注意这一点。”[1] 在

① 《中国共产党中央委员会通知（一九六六年五月十六日）》，《人民日报》，1967年5月17日。

“五一六通知”的影响下，北京大学贴出了一张针对中共北京市委和北大党委的大字报。6月1日这张大字报公开广播后，各地学校纷纷揪斗“黑帮”，内乱迅速推向社会，一些中学率先成立了群众造反组织——红卫兵。

从8月到11月，毛泽东在北京先后8次接见红卫兵和大中学校师生，总共1100多万人次。红卫兵运动开始席卷全国。红卫兵进行了大串联和“破四旧”[①] 运动，出现了揪斗各级领导干部，抄家、打人、砸物、冲击当地党政领导机关的严重破坏法制行为。大批优秀文化遗产遭到破坏，许多知识分子、民主人士和干部遭到批斗。这种混乱打断了国家机构的正常运行。第三届全国人大常委会从1966年6月召开最后一次会议后，一直到1974年底，没有再举行会议。1966年8月下旬，全国政协机关、各民主党派机关也先后停止办公。

1967年1月，在张春桥、姚文元策划下，上海掀起了夺取上海市党政领导权力的“一月夺权”运动，这股风潮迅速扩展到全国。各地普遍形成相互对立的两大派或更多的群众派别组织，它们互相攻击，争夺权力，甚至酿成大规模武斗。当年夏季，全国陷入了“全面内战”的动乱局面。

毛泽东起初设想“文化大革命”进行三个月至半年就收尾，但是，这场运动如狂烈的脱缰之马，难以控制，他不得不采取一些强力干预措施。1967年1月，他指示人民解放军介入运动，执行“三支两军”（支左、支工、支农，军管、军训）任务。他还要求各地筹备成立临时政权——革命委员会。当年夏，他巡视华北、中南、华东地区，发出了解散跨行业跨系统的群众组织，实现“大联合”的号召，并且指示隔离审查了煽动动乱的中央文革小组的一些成员。1968年7月，他又派出工人、解放军宣传队进驻大中学校。严重动乱的局势逐步得到遏止。

经过艰难的努力，到9月，全国各省、直辖市、自治区（除台湾省外）都先后成立了革命委员会。地方革命委员会取代了地方人民代表大会、人民政府的职能，在宪法中并没有依据。但是，革命委员会的成立，毕竟结

---

① “四旧”，即所谓旧思想、旧文化、旧风俗、旧习惯。

束了全国性的无政府状态。军队和地方干部在其中得以发挥重要作用，经济建设仍然能够维持进行。

10月，以江青、康生等人策划编造的伪证为依据，没有经过任何全国人民代表大会的程序，即将中华人民共和国主席刘少奇“永远开除出党”，并撤销其党内外一切领导职务。为了肯定“文化大革命”的理论和实践，1969年4月召开的中共九大通过了林彪所作的政治报告，把“文化大革命”总结为“无产阶级专政下继续革命”。林彪的名字被写进新党章，成为毛泽东的接班人。毛泽东在大会上发出了“团结起来”的号召。但是，“文化大革命”产生的种种党内和国家、社会的尖锐矛盾继续向更深层次发展，根本不可能出现稳定的局面。

“文化大革命”一开始，一批老干部为代表的中国共产党正确力量和许多有勇气的群众就以各种方式对之进行了抵制、抗争。

1967年，上海“一月夺权”把“文化大革命”推进了全面内乱的旋涡，江青一伙制造冤案，点名打倒了中央政治局常委陶铸。毛泽东严厉地斥责了江青、陈伯达。受到鼓舞的谭震林、陈毅、叶剑英、李富春、李先念、徐向前、聂荣臻等国务院副总理和中央军委副主席在1月中央军委扩大的碰头会和2月怀仁堂中央碰头会上，对江青、陈伯达、康生、张春桥等要把军队搞乱的主张，进行了激烈驳斥和抗争。这场后来被林彪、江青等人污蔑为“二月逆流”的抗争，虽然遭到了压制和打击，但这场抗争所表现出来的凛然正气，鼓舞着人民进行抵制、纠正“文化大革命”错误的斗争。

许多群众以各种形式，表达了对“文化大革命”的不满和希望制止内乱的心声。河南开封一位工人给中共中央、毛泽东、周恩来写信，列举了“文化大革命”以来社会秩序混乱的种种现象，呼吁中央采取有力措施纠正“左”的错误。河北一位青年农民多次投寄文章，驳斥对刘少奇的种种诬蔑。四川成都一位知识分子向全国投寄传单，指出“文化大革命”极大地打击了干部和群众建设社会主义的积极性。爱国民主人士周世钊、胡愈之、杨东莼、楚图南、萨空了等人利用各种渠道向毛泽东进言，希望总结教训，发扬民主，落实干部政策，解放知识分子，恢复尖端科学研究和理工科、文科大学，开放书禁，受理群众申诉并健全法制，等等。

更多的人以他们对祖国始终不渝的热爱，在逆境中继续坚守工作岗位，抵制“文化大革命”的错误。从开国元勋到普通群众处处可见这种感人肺腑的事例。彭德怀元帅身陷囹圄、屡遭批斗，仍然提笔给周恩来写信，建议对安顺场石棉矿渣加以加工利用，制成钙镁磷肥。归国华侨、飞机设计专家陆孝彭被诬蔑为“特务”，遭到多次审讯和批斗，但他想到的仍是国家交给的试制强-5 喷气式飞机的工作，在勒令交代“罪行”的纸上，继续论证技术问题。水稻专家袁隆平在试验室稻种几次被人捣毁的情况下，仍然冒着危险在阴沟中秘密进行籼型水稻杂交的育种工作。

广大干部、群众对“文化大革命”内乱的抵制斗争，体现了对党、国家、社会主义建设事业的忠诚热爱和战胜困难、走出激流险滩的坚定信念。

二、恢复联合国合法席位和国际战略的调整

20 世纪 60 年代至 70 年代，国际形势发生了重大变化。广大亚非国家纷纷独立，美国深陷越南战争不能自拔。毛泽东、周恩来敏锐地抓住这一时机，采取灵活措施，调整国际战略，开创了对外关系的新局面。中美关系的缓和，是其中关键一环。

1969 年初，尼克松就任美国总统后，开始调整对华政策，通过多种方式同中国进行接触，表示有意改善中美关系。中国政府作出了积极回应。1970 年 12 月，毛泽东在会见美国作家斯诺时，请他转告华盛顿：“如果尼克松愿意来，我愿意和他谈。”[①]1971 年 4 月，毛泽东根据在日本参加第 31 届世界乒乓球锦标赛的美国乒乓球队的意愿，决定邀请他们访华。这一举动打开了两国人民友谊的大门，引起了世界范围的关注，被称为“小球转动了大球”。

① 中共中央文献研究室编：《毛泽东传（1949—1976）》下，中央文献出版社 2003 年版，第 1628 页。

经过中美高层之间的秘密传递信息和协商，1971 年 7 月，受尼克松派遣，美国国家安全事务助理基辛格秘密访华，与周恩来举行了会谈。中美双方决定次年尼克松访问中国。消息公布后，在世界特别是西方国家引起了极大震动。

中国是联合国的创始国和安全理事会五个常任理事国之一。新中国成立后，由于美国的无理阻挠，新中国在联合国的合法席位被台湾国民党当局长期占据。进入 20 世纪 60 年代，随着中国国际地位的不断提高、影响的不断扩大，以及亚非拉新独立国家纷纷加入联合国，美国一手遮天拒绝讨论中国代表权问题的做法，已经越来越行不通了。每年的联合国大会都要就此问题进行讨论和表决，投中国赞成票的国家也越来越多。恢复新中国在联合国的合法席位已是大势所趋、不可阻挡。

1971 年 10 月 25 日，第 26 届联合国大会以 76 票赞成，35 票反对，17 票弃权的压倒多数，通过了 23 个国家联合提出的提案，恢复了中华人民共和国在联合国的一切合法席位，并立即将台湾国民党当局的代表从联合国的一切机构中驱逐出去。表决结果出来以后，会议厅里一片欢腾。11 月 1 日，格林威治时间 13 点整，中华人民共和国的五星红旗第一次在联合国总部升起。11 月 15 日，中国代表团出席了联合国举行的大会，引起了空前的轰动。有 57 个国家的代表在会上致欢迎词。中国代表团团长在经久不息的掌声和欢呼声中讲话，代表中国政府和人民，衷心感谢许多联合国成员国坚持原则，主持正义，为恢复中华人民共和国在联合国的合法席位做出了不懈的、卓有成效的努力，并向联合国全体会员国全面阐述了中国的外交政策。

恢复在联合国的合法席位，是 20 世纪 70 年代新中国在外交战线上取得的一次重大胜利，由此拉开了新中国参与联合国正常事务的序幕。从此，新中国作为联合国安全理事会的常任理事国之一，正式开始在联合国组织内为实现《联合国宪章》的宗旨、维护世界和平、加强各国友好合作，为促进人类进步事业做出自己不懈的努力。

1972 年 2 月，美国总统尼克松访问中国。毛泽东同他就中美关系和国际事务坦率地交换了意见。周恩来同尼克松举行了会谈。中美于 2 月 28 日发表了《中华人民共和国和美利坚合众国联合公报》。关于台湾问题，中国政府明确指出，台湾问题是中国的内政，用什么方式解决应该由中国自己来决定。美方在公报中声明，美国认识到，在台湾海峡两边的所有中国人都认为只有一个中国，台湾是中国的一部分。美国政府对这一立场不提出异议，并确认从台湾撤出全部美国武装力量和军事设施的最终目标。中美联合公报的发表，标志着两国关系开始走向正常化，为以后两国关系的发展奠定了原则基础，在国际上产生了重大影响。

新中国恢复在联合国的合法席位和中美关系的缓和，在日本国内引起强烈反响。在日本对华友好力量的推动下，1972 年 9 月 25 日，日本新任首相田中角荣应周恩来邀请访华。29 日，中日双方签署了建交联合声明。日方声明，痛感过去由于战争给中国人民造成的重大损害的责任，表示深刻的反省；承认中华人民共和国政府是中国的唯一合法政府，理解和尊重中国政府对台湾问题的立场，并坚持遵循《波茨坦公告》第八条的立场。中日建交结束了两国长期敌对的历史，开启了新的睦邻友好关系，对亚洲和世界的和平发展都具有重要意义。

国际战略的调整，迎来了中国外交的新局面。20 世纪 70 年代初，中国先后同欧洲的比利时、意大利、奥地利、联邦德国等 7 国，北美的加拿大，大洋洲的澳大利亚、新西兰，以及亚非拉等大批国家建立了外交关系。

1973 年，毛泽东、周恩来审时度势，批准实施从西方国家引进计划额度为 43 亿美元的 27 个大型成套先进技术设备方案（通称“四三方案”），又配套投资 200 亿元人民币，建成了武钢 1.7 米轧机工程，北京、上海和山东石油化工厂，辽阳、天津石油化纤厂，四川长寿维尼纶厂，泸州天然气化工厂，南京栖霞山化肥厂，唐山陡河电厂，天津大港电厂等几十个冶金、化肥、石油化工、电力大型项目。这是 20 世纪 50 年代苏联援建 156 项工程以来对外引进的又一次新开拓。邓小平、陈云还指导进行了补偿贸易和国际期货市场交易等对外贸易探索。

这一时期外交的重大突破，极大地改善了中国的外部环境，拓宽了中国外交活动的舞台，为后来改革开放时期中国的对外交往和积极参与国际事务创造了有利条件。

三、四届全国人大和1975年的全面整顿

1969年中共九大以后，作为国家最高权力机关的全国人民代表大会及其下设机构地方人民代表大会仍然没有得到恢复。因此，毛泽东考虑筹备召开四届全国人大，使国家政治生活走向正轨。此后5年中，召开四届全国人大的工作历经了4次筹备，其中3次都因林彪、江青集团制造内乱而中断，成为国家继续还是纠正极左错误的一条斗争主线。

1970年3月，毛泽东第一次提出了修改宪法、筹备召开四届全国人大的建议。这时，林彪、江青两个集团开始了争权夺利的斗争。8月，在中共九届二中全会上，林彪集团不顾毛泽东此前多次反对，继续鼓吹“天才论”，会议出现了被他们操纵分裂的严重态势。毛泽东觉察到林彪集团的分裂阴谋，写文章批判了投靠林彪集团的陈伯达。林彪集团的主要成员被迫做了检查，但暗中仍然继续顽抗。第一次筹备工作暂时被搁置。

1971年9月，周恩来根据毛泽东指示再次筹备四届全国人大，且工作已经初步就绪，计划在年底前召开。但林彪反革命集团的分裂活动也走向极端，竟然铤而走险策划武装政变阴谋。为了使党的高级干部认清形势，毛泽东于8月中旬起开始到南方视察，沿路吹风批评林彪集团，打乱了林彪集团的部署。9月13日凌晨，林彪及其妻子叶群、儿子林立果等策划政变阴谋的骨干乘坐飞机从山海关机场仓皇出逃，在蒙古温都尔汗附近机毁人亡。“九一三事件”的突然发生，使第二次筹备工作再度中断。

1973年8月，中共十大召开。根据毛泽东的指示，周恩来在大会上宣布，近期要召开四届全国人大。这时，全国政协机关已经恢复活动，各地区也陆续重建了工会、妇联、共青团组织，国家政治生活开始在形式上走向正轨。但是，从1973年底起，江青集团利用毛泽东错误发动的“批林批孔”运动，使全国局势再次出现动荡。第三次筹备工作又被中断。

1974年10月，毛泽东第四次提出筹备召开四届全国人大的建议，并且

确定周恩来继续负责筹备工作。在毛泽东多次批评王洪文、张春桥、江青、姚文元搞“四人帮”，要求“安定团结”和“把国民经济搞上去”的指示支持下，周恩来、邓小平与江青集团进行了坚决的斗争，挫败了他们的“组阁”阴谋，最后确定了新的全国人大、国务院及各部委领导的人选。

1975 年 1 月，历经坎坷的第四届全国人民代表大会第一次会议终于召开。周恩来抱病在政府工作报告中重申了三届全国人大通过的分两步走、在 20 世纪末实现国家“四个现代化”的宏伟目标。这反映了全国人民久经内乱人心思治的大势，事实上举起了一面和“文化大革命”内乱作斗争的旗帜。会议选举朱德为全国人大常委会委员长，董必武、宋庆龄、陈云等为副委员长；确立了周恩来为总理、邓小平为第一副总理的国务院领导集体，使国家的主要权力没有被江青集团控制。四届全国人大的召开成为从乱到治的一个转折点。

四届全国人大后，邓小平接替病重的周恩来主持国务院工作，他以毛泽东“把国民经济搞上去”的指示为纲，大刀阔斧地展开了全面整顿工作。

整顿的中心在经济领域，首先整顿的是国民经济的命脉——铁路。当时，铁路部门问题极为严重。徐州、南京、郑州等铁路局被“造反”分子把持，他们仍在猖獗地煽动动乱；京广、湘桂两条干线一度全部瘫痪；运输长期陷于堵塞状态，严重影响了工业生产。1975 年 2 月至 3 月，中共中央召开了全国主管工业的党委书记会议，着重解决铁路运输问题。邓小平在讲话中严厉指出：只敢抓革命，不敢抓生产，是大错特错的。解决铁路问题的办法是要加强集中统一，建立必要的规章制度和纪律；对少数闹派性的坏头头，要坚决予以处理。会后，中共中央发出了《关于加强铁路工作的决定》，派出工作组，前往问题特别严重的地方，宣传中央文件，调整领导班子，逮捕了一批坏人。全国铁路整顿立即见效：4 月份 20 个局有 19 个完成计划，煤炭日装车量 58 个月来、卸车量 57 个月来第一次完成月生产计划。

经济整顿也在钢铁工业领域展开。1975 年 5 月，邓小平在全国钢铁工业座谈会上强调说：必须建立一个强有力的领导班子，克服软、懒、散状况，不称职的立即撤换；必须和派性、闹派性的人进行坚决斗争；要认真落实政策，调动群众特别是老工人、老劳模的积极性；必须建立必要的规章制度，严肃执行，宁可严一些。6月4日，中共中央发出《关于努力完成今年钢铁生产计划的批示》，对钢铁行业进行了全面整顿，6月全国日均钢产量超过了全年计划日均水平。

6月至7月，邓小平、叶剑英主持军委扩大会议，着手整顿军队编制，解决军队臃肿、闹派性、纪律松弛的问题。8月，邓小平又在国防工业重点企业会议上发表了重要讲话，工业战线整顿全面铺开。胡耀邦、周荣鑫分别领导中国科学院和教育部制定了恢复落实科技、教育政策的文件。

文艺界的整顿，叫作调整。“文化大革命”之初，文艺领域就是重灾区，人们所能看到的，只有被江青窃夺名誉的几个“样板戏”。毛泽东对此很不满意，他对反映江青集团批判打击电影《创业》的材料批示道：“罪名有十条之多，太过分了，不利调整党的文艺政策。”不久，他又对反映电影《海霞》情况的材料作出了批示。邓小平抓住这个有利时机，以“调整文艺政策”的方式进行了整顿。文艺界开始出现生机。

从7月初起，中央日常工作由邓小平主持，整顿工作加快了步伐。到9月底，工交、科技、军队领域的整顿已经初见成效，农业战线的整顿也揭开了序幕，教育、财贸领域及党的整顿工作也在准备之中。

为了实现四届全国人大提出的到20世纪末发展国民经济分两步走的设想，10月，邓小平先后主持国务院和中央政治局会议，对国家计委拟订的《发展国民经济十年规划要点》进行了讨论。这个文件提出，在1980年以前，建成我国独立的比较完整的工业体系和国民经济体系；到1985年，进一步完善全国的经济体系，基本完成国民经济的技术改造，实现笨重体力劳动机械化。这个十年规划虽然在当时的“文化大革命”动荡政治环境下难以实现，但也反映了国家和人民实现“四个现代化”宏图的愿望和为之做出的努力。

1975年整顿工作在很短时间内就取得了明显的经济成效。当年是“四五”计划的最后一年，计划的工农业总产值和大多数产品产量指标基本完成；全国工农业总产值比上年增长 11.9%，成为“文化大革命”以来经济状况最好的一年。

“文化大革命”时期，教育、文化、卫生领域成为重灾区，遭受干扰和破坏相当严重。但从 20 世纪 70 年代起，随着周恩来、邓小平先后主持中央和国务院日常工作，带领全国人民批判极左思潮，落实政策，勉力发展各项建设事业，在某些方面也取得了突破性的进展。

环境保护成为基本国策。1972 年，中国代表团参加联合国人类环境会议。这是中国恢复联合国合法席位后，出席联合国会议最大的一个代表团。会议之后，周恩来指示，要立即召开全国性的环境保护会议，国家和有关部门都要重视环境保护问题。1973 年 8 月，国务院召开第一次全国环境保护会议。会议确定了中国第一个环境保护工作方针——“全面规划，合理布局，综合利用，化害为利，依靠群众，大家动手，保护环境，造福人民”；制定了中国第一部环境保护的法规性文件——《关于保护和改善环境的若干规定（试行草案）》。11 月 17 日，颁布了《工业“三废”排放试行标准》，这是中国第一个环保标准，结束了治理污染无章可循的历史。1974 年 10 月，国务院环境保护领导小组正式成立。从此，中国的环境保护事业开始起步。

农村合作医疗制度得到迅速发展。根据毛泽东的相关批示，70 年代，农村合作医疗在全国各地农村普遍推广。“赤脚医生”，即不脱离生产劳动的农村卫生人员，作为合作医疗的主要组织者和实施者，为农村合作医疗的开展提供了人员保障。到 1975 年底，全国“赤脚医生”的数量已有 150 多万人。1976 年，实行合作医疗的农村生产大队的比重由 1968 年的 20% 上升到 90%，由合作医疗担负的卫生保健服务覆盖了全国 85% 的农村人口。

计划生育正式列入国民经济计划，成为基本国策。1971 年 7 月 8 日，国务院转发《关于做好计划生育工作的报告》，提出“在第四个五年计划期间，使人口自然增长率逐年降低，力争到 1975 年，一般城市降到 10‰左右，农村降到 15‰以下”。这是国家首次提出全国计划生育指标。1973 年 7 月，国务院成立计划生育领导小组。该小组于年底召开第一次全国计划生育工作汇报会，提出“晚、稀、少”的口号。自此计划生育工作在全国城乡全面铺开，各地的工作力度明显加大。

普及中小学教育取得了一定成果。1971 年 8 月 13 日，中共中央提出：争取在“四五”计划期间，在农村普及小学五年教育。国家计委决定追加本年教育经费 3.5 亿元，重点用于解决农村中小学教育经费不足的问题。由此，全国开始大抓小学普及教育，特别是针对学龄期少年儿童占全国大多数、失学率也较高的农村地区。到 1975 年“四五”计划完成之时，全国中小学生在数量上出现了新中国成立以来的一个高峰。1976 年与 1965 年相比，小学生人数增加了 29.1%，初中生人数增加了 4.4 倍，高中生人数增加了 10.3 倍。

第六节 “文化大革命”结束和在徘徊中前进

1976 年，中国经历了种种大事件，人民经受了政治风波和自然灾害方面的严重考验，最终以粉碎“四人帮”为转折点，结束了“文化大革命”这场内乱。

一、“四五”运动和粉碎“四人帮”

邓小平主持的整顿工作，引起了江青集团的恐慌，他们利用“反经验主义”“评水浒”活动等各种机会，竭力对整顿工作进行攻击。毛泽东虽然严厉批评了“四人帮”，也批评了“文化大革命”中“怀疑一切、打倒一切”的错误，支持邓小平的整顿工作，但他仍然认为“文化大革命”成绩是主要的，不允许系统地纠正“文化大革命”的错误。于是，1975 年秋季，毛泽东对清华大学两次来信作出指示，批评邓小平“要翻文化大革命的案”。全国开展了“批邓、反击右倾翻案风”运动，邓小平主持整顿的大好形势迅速逆转。

1976 年，中国人民经历了一系列不幸事件，面临严峻考验。

1 月 8 日，周恩来总理逝世。在“文化大革命”中，周恩来顾全大局，勉力撑持，为稳定国家局势、维护人民利益做出了不可磨灭的贡献。他的逝世引起了全国人民的巨大悲痛。但是，在为周恩来治丧期间，江青集团却压制人民的悼念活动，加紧推行“批邓、反击右倾翻案风”运动，这激起了人民的极大愤慨，长期积蓄的对“文化大革命”的不满如火山爆发般喷发出来。

自 3 月下旬起，南京、杭州、郑州、西安等城市的群众利用中国清明节的传统习俗，冲破阻力，举行种种悼念周恩来的活动。北京从 3 月底开始，人民群众自发地汇集到天安门广场，张贴传单，朗诵诗词，发表演说。他们沉痛悼念周恩来，实质上是拥护周恩来、邓小平的正确领导，痛斥江青集团，反对“文化大革命”的极左错误。4 月 4 日清明节这一天，天安门广场聚集了百万以上的群众，悼念活动达到高潮。凝聚着爱和恨的诗词、传单在广场上争相传诵传抄，表达了人民群众要求结束内乱、振兴祖国的心声。江青集团十分惊恐，利用毛泽东病重不能视事，操纵中央政治局通过决定，当夜派人将广场上的花圈、诗词、挽联等撤走，导致次日广场上发生了与部分群众的激烈冲突。

一场反对“四人帮”，悼念周恩来、支持邓小平的大规模“四五”群众运动虽然被镇压下去，但已经显示了人民对“文化大革命”错误的反对，对“四人帮”倒行逆施的不满，对邓小平为代表的抵制“四人帮”力量的拥护，这为后来中共中央政治局顺应民心，采取断然措施隔离审查江青集团、结束“文化大革命”，奠定了坚实的群众基础。

7 月 6 日，中华人民共和国和中国人民解放军的主要缔造者及领导者朱德逝世。朱德自 1959 年起连续担任三届全国人大常委会委员长。他信念坚定、坦荡忠厚、艰苦朴素、顾全大局的精神和品德深受人民景仰。

7 月 28 日，河北省唐山、丰南一带发生里氏 7.8 级强烈地震。唐山市被夷为废墟，人民生命财产受到巨大损失。累计死亡 24.2 万多人，重伤 16.4 万多人。中共中央和国务院立即组织人民解放军和各有关部门积极进行抗震救灾活动。

9月9日，毛泽东逝世。毛泽东是中国共产党、中华人民共和国和中国人民解放军的主要缔造者和领导者，是中国人民和世界反对压迫人民崇敬的伟大领袖，是在世界上享有崇高威望的历史巨人。虽然他在晚年犯了发动“文化大革命”的错误，但他一生的历史功绩，仍然是第一位的。他的逝世使中国人民沉浸在巨大哀痛之中。从9月10日起，中国和世界部分国家举行了各种形式的隆重悼念活动。

国家多难之际，江青反革命集团却加紧进行争夺最高领导权的种种活动。主持中央日常工作的中共中央第一副主席华国锋，在“四人帮”咄咄逼人的攻势下，认识到这场斗争不可避免，提出采取断然措施解决“四人帮”的问题。他经过与叶剑英、李先念、汪东兴等中央领导人共同研究和反复商量，并寻求了老一辈革命家陈云、聂荣臻、徐向前、王震等的支持，也在中央政治局得到了多数人的赞同。

10月6日晚，华国锋、叶剑英代表中央政治局，执行党和人民的意志，在中南海对江青、张春桥、王洪文、姚文元实行隔离审查。华国锋在粉碎“四人帮”这场关系党和国家命运的斗争中起了决定性作用，叶剑英、李先念、汪东兴等起了重要作用。当晚，中共中央召开政治局紧急会议，通过了由华国锋任中共中央主席、中央军委主席的决定。其后，中共中央又采取措施，控制和稳定了上海地区“四人帮”余党妄图发动叛乱的局势。10月19日，粉碎“四人帮”的文件向全国传达，举国上下一片欢腾。全国各地人民纷纷举行盛大集会和游行，衷心庆贺这一伟大的历史性胜利。

粉碎“四人帮”，从危难中挽救了中国共产党，挽救了国家，挽救了中国的社会主义事业。中国在历经10年的磨难和挫折后，终于结束了“文化大革命”。

“文化大革命”的内乱，使党、国家和人民遭到新中国成立以来的最大挫折。党组织和国家政权受到削弱，大批干部和群众遭受打击，民主和法制被破坏，人民的思想和道德伦理陷于混乱，人民生活水平下降，教育、科学、文化事业受到摧残，中国的国际形象受到损害，国家一度面临严重的政治和社会危机。

“文化大革命”导致某些时段我国经济出现很大困难：1967 年至 1968 年许多地方生产停滞，出现严重负增长；1976 年因“批邓、反击右倾翻案风”运动，许多地方再次出现生产停滞、经济秩序混乱的局面。10 年中，政治内乱直接冲击和破坏生产建设，造成了巨大的物质损失；经济发展速度和“文化大革命”之前的平均速度相比缓慢，经济效益大幅度下降；人民生活水平长期没有提高，甚至进一步降低。20 世纪 60 年代至 70 年代，世界正处于新科技革命的兴起阶段，许多国家进入了高速发展时期，我国却处在内乱之中，丧失了宝贵的历史发展机遇。

实践证明，“文化大革命”不是任何意义上的革命和社会进步，而是一场给中国共产党、中华人民共和国和全国各族人民带来严重灾难的内乱。

“文化大革命”时期，中国共产党和人民对极左错误的抵制，以及和林彪、江青集团的斗争，一直没有停止。正是这种抵制和斗争，使中国共产党能够领导全国人民在困难的环境中，坚持进行各方面建设，使“文化大革命”的破坏受到一定程度的限制，社会主义建设仍然在一些重要领域取得一定进展。如“三五”“四五”计划基本完成，全国主要工业产品产量增长较快，农业稳步增长，对外经济工作有较大进展，三线建设也取得重大进展。当然，这一切决不是“文化大革命”的成果，如果没有“文化大革命”，我们的事业会取得大得多的成就。在“文化大革命”中，党、国家、人民军队和整个社会的性质都没有改变，这是我们最终能够依靠自身力量纠正这场严重错误运动的最重要保证。

二、“拨乱反正”的初步展开

隔离审查江青集团以后，为了稳定局势，中共中央采取了一系列政治、组织上的措施，批转了“四人帮”罪行材料之一、之二、之三，在全国开展揭发、批判、清查帮派势力的运动；由叶剑英重新主持中央军委工作，胡耀邦主持中央党校日常工作，对中组部、中央宣传口等党政军重要领导机构主要负责人进行了调整；受“四人帮”影响较深、问题较多的上海、云南、辽宁、吉林、甘肃、安徽等十几个省市区领导班子得到调整和加强，许多地区长时期的社会动乱得到平息。

这时，广大干部群众普遍要求澄清“批邓、反击右倾翻案风”的是非，尽快让与江青集团坚决斗争的邓小平出来工作，并要求为1976年的天安门“四五”运动平反。各地都出现了一批呼吁邓小平复出的大字报，歌颂天安门“四五”运动的诗歌广为传抄。叶剑英、李先念、陈云、王震等顺应民心，在不同场合呼吁让邓小平早日出来工作。然而，要解决这些重大问题，不能不涉及对“文化大革命”的评价，涉及对毛泽东过去指示和决定的态度，因此当时的中央主要领导人采取了“瓜熟蒂落，水到渠成”的态度。

经过一段时间的酝酿和准备，1977年7月，中共十届三中全会召开，决定开除江青集团主要成员王洪文、张春桥、江青、姚文元的党籍，撤销他们党内外一切职务；并全部恢复“批邓、反击右倾翻案风”时邓小平被撤销的中共中央副主席、中共中央军委副主席、国务院副总理等领导职务。接着，8月12日至18日，中国共产党第十一次全国代表大会在北京召开。华国锋在政治报告中宣布，以粉碎“四人帮”为标志，“文化大革命”宣告结束。报告初步总结了揭批“四人帮”的斗争，批判了“四人帮”打击老干部的罪行；提出今后的任务是要调动和团结一切力量，为在20世纪把我国建设成为伟大的社会主义的现代化强国而奋斗。中共十一大修改通过的党章，写进了“四个现代化”的目标。但是，由于“文化大革命”造成的思想混乱难以短时间清除，报告仍然肯定了“文化大革命”，认为“今后还要进行多次”。邓小平在闭幕词中号召全党，一定要恢复和发扬毛主席倡导的优良传统和作风，造成一个又有集中又有民主，又有纪律又有自由，又有统一意志又有个人心情舒畅、生动活泼那样一种政治局面。这得到了全社会的积极拥护。

1977年12月，中共中央任命胡耀邦为中央组织部长。他遵照党的干部政策，大力推动平反冤假错案、落实干部政策的工作。一大批长期受迫害、被关押或者下放劳动的老干部恢复了名誉，并得到较好的待遇，“六十一人集团”等一大批重大错案也得到了复查和纠正。

中国共产党党内的政治生活初步得到恢复，国家体制和社会秩序也开始走上正常轨道。

1978 年 2 月 26 日至 3 月 5 日，第五届全国人民代表大会一次会议在北京举行。大会选举叶剑英为全国人大常委会委员长，宋庆龄、聂荣臻、陈云、邓颖超等 20 人为副委员长；选举华国锋为国务院总理，邓小平、李先念等 13 人为副总理。在四届全国人大混进的帮派分子被清除，一批德高望重的老革命家重新回到国家领导岗位，在“文化大革命”中被排斥打击的英雄劳模当选为人民代表。大会通过了重新修订的《中华人民共和国宪法》，基本上恢复了 1954 年第一届全国人大通过的《宪法》中一些好的原则和内容，并且规定全国人民在新时期的总目标是实现“四个现代化”，建设社会主义的现代化强国；还恢复了四届全国人大一次会议时被撤销的最高人民检察院，使社会主义法制得到健全。《宪法》中虽然还保留着地方革命委员会的名称，但随着其后地方人民代表大会的召开，各级人民代表大会制度的恢复也是必然的了。

1978 年 2 月 24 日至 3 月 8 日，第五届全国政协第一次会议在北京举行。这是全国政协会议在 1966 年“文化大革命”初期中止活动以后的再次召开。会议选举邓小平为全国政协主席，乌兰夫等 22 人为副主席。许多在“文化大革命”中遭到排斥打击的各民主党派、无党派人士和中国共产党的老朋友，恢复了参政议政及参与国家政治生活的权利，这标志着新中国三大政治制度之一的中国共产党领导的多党合作和政治协商制度重新得到确立。

此后，因“文化大革命”中止了的共青团、工会、妇联的全国代表大会也相继召开，少先队被恢复，“文化大革命”中成立的红卫兵、红小兵组织被撤销。

完成这一系列国家顶层和社会层面拨乱反正的重大举措，标志着新中国的政治制度和社会秩序经过“文化大革命”的冲击和破坏，已全面走上了正常轨道。

三、恢复高考与召开全国科学大会

“文化大革命”中，教育、科技领域是重灾区，受到严重冲击。1966年夏季起，全国大学和中专的先后停止招生，使我国知识分子队伍的培养出现了一个断层。大批知识分子被列为改造对象，有的“靠边站”，有的被下放到工厂、农村去从事体力劳动。1971年，张春桥等人控制全国教育工作会议，提出了所谓“两个估计”，即新中国成立17年以来，教育领域基本是“资产阶级专了无产阶级的政”；大多数教师和培养的大批学生“世界观基本上是资产阶级的”。此后，虽然部分大学以推荐方式从工农兵中招收了学员，但广大知识分子仍然受到压抑，社会上形成了一股“知识越多越反动”的恶劣风气。

恢复中央领导工作的邓小平，深知教育、科技领域的拨乱反正直接关系国家实现现代化的根本问题。因此，他主动要求分管教育、科技工作。中共中央在拨乱反正中决定了两件大事：一件是推翻教育界“两个估计”，恢复全国高考；一件是召开全国科学大会，为知识分子正名，提出“科学技术是生产力”的论断。在此过程中，邓小平起了重要作用。

1977年7月23日，邓小平在复职的第三天，就召来一所高校的负责人听取汇报。他提出，我国70年代和国际上差距比较大了，科技人员这些年接不上茬，重点大学可以从应届高中毕业生中招收。8月，邓小平主持召开科学和教育工作座谈会。参加座谈的33位科学家、教育工作者一致要求澄清“两个估计”的是非，改革高校招生制度，恢复文化考试。邓小平当即表示，今年就下决心从高中生直接招考，恢复文化考试。他肯定地说：新中国成立后17年教育战线“主导方面是红线”，“知识分子绝大多数是自觉自愿地为社会主义服务的”。[①] 由于“两个估计”没有正式被推翻，

① 《邓小平文选》第二卷，人民出版社1994年版，第49页。

座谈会后召开的教育部高校招生会议发生了争议，恢复高考方案迟迟定不下来。邓小平又专门致信华国锋、叶剑英、李先念等人，提出必须在社会上招考，才能保证质量。他找教育部负责人谈话，严肃地指出，“两个估计”是不符合实际的，怎么能把几百万、上千万知识分子一棍子打死呢？11 月 18 日，《人民日报》发表教育部文章《教育战线的一场大论战——批判“四人帮”炮制的“两个估计”》，推倒了压在知识分子头上的两块石头。

“忽如一夜春风来，千树万树梨花开。”全国高校招生会议通过了 1977 年高校招生工作的意见，国务院予以批转。1977 年 11 月 28 日至 12 月 25 日，全国约有 570 万知识青年参加了高考，其中 27.3 万人被录取。由于大学多年没有高考招生，报考者不少年龄相差十几岁，从应届高中毕业生到中学教师甚至校长都有，出现了师生同堂竞高考的空前盛况。由此，社会上和青年中重新涌现出努力学习科学文化知识的热潮。

科技战线拨乱反正，是邓小平在复出前就关注的大事。1977 年 5 月 12

▲ 1977 年恢复高考时的北京某考场

日，他在和中国科学院负责人谈话时就指出，整个国家赶超世界先进水平，科学研究是先行官。9月18日，中央正式发出在1978年春召开全国科学大会的通知，全国掀起了向科学技术现代化进军的热潮。根据邓小平的建议，恢复了国家科学技术委员会。各地科研机构纷纷行动起来，落实知识分子政策，恢复科研队伍，收集失散的科研资料，重建研究所机构，恢复评定学术职称。中国科学院破格晋升了陈景润、杨乐、张广厚等科研成就突出的中青年科学家的职称。

1978年3月18日至31日，全国科学大会在北京隆重举行。邓小平在大会开幕式上讲话，他着重阐述了三个重大理论和现实问题。首先，他强调指出了当前发展科学技术的重要性：四个现代化，关键是科学技术的现代化。其次，他结合马克思主义的基本原理指出：科学技术是生产力，而且正在成为越来越重要的生产力，“正确认识科学技术是生产力，正确认识为社会主义服务的脑力劳动者是劳动人民的一部分，这对于迅速发展我们的科学事业有极其密切的关系”。最后，他针对新中国成立以来争论不休的知识分子属性问题，一锤定音地宣布：绝大多数知识分子“已经是工人阶级和劳动人民自己的知识分子，因此也可以说，已经是工人阶级自己的一部分”。[①] 大会制定了《一九七八——一九八五年全国科学技术发展规划纲要（草案）》，表彰了先进工作者和先进集体，号召大家树雄心，立壮志，向科学技术现代化进军。中国科学院院长郭沫若在全国科学大会闭幕式上所作的书面发言中饱含激情地说道：科学的春天来到了！此话代表了全国人民的心声。

恢复高考和召开全国科学大会这两件大事，在全国产生了强烈反响，尊重知识、尊重科学、尊重人才迅速形成了社会风尚，对社会主义现代化建设产生了深远影响。我国改革开放新时期的知识分子和教育、科技管理的中坚力量，不少形成于这一时期。

推翻教育战线的“两个估计”，带动了文化领域的拨乱反正。

1966年2月，江青在林彪支持下搞了一个《部队文艺工作座谈会纪

---

① 《邓小平文选》第二卷，人民出版社1994年版，第89页。

要》，污蔑我国文艺界在“文化大革命”前的 17 年是被一条“反党反社会主义的黑线”专了政。这个“文艺黑线专政论”长期以来压制着文艺界，使“百花齐放、百家争鸣”方针得不到贯彻。粉碎“四人帮”之初，由于“文艺黑线专政论”当年写进了毛泽东修改和批准的中央文件，一时难以正本清源。文艺工作者为此做出了艰辛的努力。

1977 年 12 月，《人民文学》编辑部召集 100 多位文学界人士座谈，批判了“文艺黑线专政论”。1978 年 1 月、2 月，文化部和解放军总政文化部先后发表文章，对“文艺黑线专政论”的炮制过程和观点进行揭露批判。5 月至 6 月，中国文联第三届三次全国委员会召开扩大会议，进一步批判“文艺黑线专政论”，并且宣布中国文联、中国作协正式恢复工作。在此前后，老舍等一批人民艺术家得到平反昭雪，一批被禁锢的中外优秀剧目、影片和文艺作品重新上演或出版，一批解放思想的新作品接连问世。如刘心武的短篇小说《班主任》批判了极左思潮对青少年心灵的伤害，徐迟的《哥德巴赫猜想》讴歌了科学家对祖国科学事业的忠诚和执着追求，在社会上引起强烈共鸣。

教育、科技、文化领域初步拨乱反正带来的这些早春气象，为中共十一届三中全会的思想解放做了社会舆论方面的准备。

四、国民经济的复苏和急于求成倾向

粉碎“四人帮”以后的两年中，中共中央和国务院先后召开农业、计划、铁路、基建、工业、财贸、煤炭、电力、运输、粮食等一系列经济部门会议，部署被“文化大革命”搞乱了的工农业生产。

1976 年 12 月，第二次全国农业学大寨会议召开，提出 1977 年的任务主要是揭批“四人帮”和深入开展学大庆和学大寨群众运动。1977 年 4 月至 5 月，全国工业学大庆会议召开，提出要把重点企业的领导班子整顿好，以大庆为榜样，学习解放军，广泛开展劳动竞赛和增产节约运动，使各项技术指标在短时期内达到历史最好水平和国内先进水平。1978 年 4 月，中共中央颁发了加快工业发展的“工业三十条”，对整顿企业提出具体标准，明确规定了企业的任务、制度、工作方法和管理政策。这个文件是在1975年邓小平指示制定的“工业二十条”基础上修订的。至此，“文化大革命”时期遭到破坏的各项经济制度基本得到恢复。

在经济政策方面，比较重要的新举措是两点：首先，提高城镇职工的工资和生活福利待遇。1977年8月，国务院发出《关于调整部分职工工资的通知》。“文化大革命”10年中，职工工资基本被冻结，只在1971年底对占总数30%的职工提高过一次工资。这次调整范围则比较大，使占全国职工总数60%的3000多万人的工资都得到了提高。其次，提高农产品价格和在农村实行免税或低税。1978年12月，中共十一届三中全会通过了《关于加快农业发展若干问题的决定（草案）》，规定粮食统购价从1979年夏粮上市起提高20%，超购部分再加价50%；粮食征购指标在今后一个较长时期内，稳定在1975年的基础上，并减少征购50亿斤；还规定国家对农村实行免税或低税政策，并大力发展社队企业，发展小城镇建设。上述政策和文件中同时规定的允许生产队包工到作业组和实行联产计酬，形成了刺激农村经济发展、提高农民生产积极性的两个基本点，对以后农村经济大发展起到了推动作用。

经过近两年的整顿，到1978年，经济出现明显复苏。

工业方面，1977年工业总产值比上年增加14.3%；1978年又比上年增长13.5%，80种主要产品产量有65种完成和超额完成了计划。1978年和1976年相比，钢增长55.3%，煤炭增长20%，原油增长19.4%，发电量增长26.3%，货运量增长23.4%，布匹增长24.8%，化纤产量增长94.8%，基本建设总投资增长33%。农业方面，1978年和1976年相比，农业总产值（按1970年不变价格计算）增长10.8%，粮食产量增长6.4%，棉花产量增长5.5%，油料产量增长30%。这几项指标都超过了新中国成立以来的最好水平。

粉碎“四人帮”以后，领导层和群众中普遍存在着要求加快建设，“把‘四人帮’耽误的时间夺回来，把‘四人帮’造成的损失补上去”的良好愿望，大多数中央领导人在这个问题上的意见也是一致的。经济形势在原来低起点上的较快好转，使大家产生了一些不切实际的想法。1977 年 4 月 19 日，粉碎“四人帮”刚刚过去半年时间，《人民日报》就发表了题为《抓纲治国，推动国民经济新跃进》的社论，提出“一个新的跃进形势正在形成”，要求“赶超‘三个水平’”，即“首先达到和超过本单位历史最高水平，再赶超全国同行业的最高水平，进而赶超世界先进水平”。

1977 年 11 月，全国计划会议向中央政治局提出《关于经济计划的汇报要点》，建议此后到 2000 年的 23 年中，分三个阶段打几个大战役：到 20 世纪末使我国的主要工业产品产量分别接近、赶上和超过最发达的资本主义国家，各项经济技术指标分别接近、赶上和超过世界先进水平。具体安排是：第一阶段即头 3 年，重点抓农业和燃料、动力、原材料工业，使农业每年以 4%—5%、工业每年 10% 以上的速度大步前进；第二阶段即 1981 年至 1985 年，展开基本建设的大计划，工业方面要建成 120 个大项目；第三阶段，在 2000 年以前全面实现“四个现代化”，使我国国民经济走在世界前列。

1978 年 2 月，中共中央政治局批转了高指标的《要点》。3 月，第五届全国人大一次会议通过了包括《要点》的《1976 年到 1985 年发展国民经济十年规划纲要（草案）》。

从当时的经济状况看，要实现这一系列计划指标是不符合实际的。1978 年国民经济虽然比“文化大革命”时期有了明显好转，但多年积累的问题没有得到根本解决，主要反映在农轻重比例失调上。农业方面，农产品严重不足，很多农村地区需要国家救济，外出逃荒讨饭现象严重。为了保证供应，国家全年进口粮食 139.1 亿斤、棉花 1901 万担、油 5.8 亿斤、食糖 123.8 万吨。一些建设项目没有落实，如建设 10 个大油气田并没有得到地质勘探结果的支持。

为了完成高指标的跃进计划，第一个办法是继续提高积累率，扩大基本建设投资规模。1977 年积累率提高到 32.3%，1978 年又猛增到 36.5%，是新中国成立以来仅次于“大跃进”时期 1959 年、1960 年的第三高度。

第二个办法是扩大引进外国资金和设备。当时，西方国家正处于经济萧条期，资金急需寻找出路。1978 年春夏，谷牧等分别率领代表团访问考察了欧洲五国、日本和港澳地区。回国后，他们分别向中共中央政治局汇报并提出，我们比发达国家和地区已经落后很多，许多国家希望向中国提供资金，许多国际经济通行办法我们可以采用。中共中央政治局的同志听后都说：该是下决心采取措施的时候了。积极利用外资，引进外国先进技术设备，是改革开放时期确立的一项重大政策，对中国的经济发展起到了重要促进作用。

但是，引进之初也出现了项目缺乏论证、借贷超出国家偿还能力的急于求成倾向。1978年7月，国务院务虚会提出：要组织国民经济新的大跃进，放手利用外国资金，大量引进国外先进技术设备。1978年全年共签订了78亿美元的引进项目合同，都要用现汇支付；先前确定的1978年至1985年引进规模由原来的65亿美元增加到180亿美元。此后，各方面又陆续提出一些引进项目。到1978年9月，中央提出的10年内引进的总规模已经达到800亿美元，超过了我国的偿还和消化能力。而且有些协议签订得十分草率，如仅1978年12月的最后10天就签订了以化工项目为主的31亿美元的协议，没有进行可行性研究和综合平衡。

邓小平积极支持对外引进，他较早地看到了实现现代化不能仅仅依靠引进外国资金、技术，更需要用改革来推动生产力发展。1978年10月，他在全国工会九大的致辞中说："各个经济战线不仅需要进行技术上的重大改革，而且需要进行制度上、组织上的重大改革。进行这些改革，是全国人民的长远利益所在。"①

1977年至1978年的两年里，新旧冲突、徘徊前进成为最大特点。一方面，旧的思想和制度仍在束缚着人们的头脑；另一方面，拨乱反正对旧的思想和制度的否定，孕育着新的探索，一场思想解放运动即将喷薄而出。

① 《邓小平文选》第二卷，人民出版社1994年版，第136页。

改革篇

（1978—2012）

1978年12月召开的中共十一届三中全会揭开了改革开放的序幕。在“解放思想、实事求是”思想路线指引下，中国共产党领导全国人民从实际出发，大胆改革，勇于创新，抓住机遇，加快发展，探索中国特色社会主义道路，深刻认识和回答了什么是符合中国国情的社会主义、怎样在中国建设社会主义这个重大问题；深刻认识和回答了在市场经济和对外开放条件下，建设一个什么样的执政党和怎样建设党的问题；深刻认识和回答了在人口多、底子薄、环境脆弱、发展不平衡的条件下，实现什么样的发展和怎样实现发展的问题，从而形成了指导中国发展的邓小平理论、“三个代表”重要思想和科学发展观。30多年间，通过改革开放，中国成功实现了由计划经济向社会主义市场经济的转变，由农业大国向工业大国的转变，由生活贫困向小康社会的转变；社会结构也由城乡分隔、乡村为主向城乡融合、城市为主转变。这一时期的改革和发展，使中国经济总量由世界第11位跃升至第2位，进入中等收入国家行列。30多年间，中国在经济快速发展的同时，民主和法治建设、社会治理、科技、教育以及精神文明建设也都取得了令世界瞩目的成就。但是，中国作为发展中国家，在产业结构、生态环境、共同富裕等领域依然存在问题，并在供求关系、城乡关系、区域关系的不平衡和新要求方面表现出来。中国面临发展新阶段。

第三章

改革开放与中国特色社会主义的开创

中共十一届三中全会的召开，是新中国成立以来党和国家历史上具有深远意义的伟大转折。它标志着中国共产党从根本上冲破了长期“左”的错误思想的严重束缚，重新确立了正确的思想路线、政治路线和组织路线，开启了以改革开放为鲜明特征的社会主义现代化建设新时期。在中国共产党领导下，经济体制改革从农村到城市全面展开，政治体制改革逐步推进，对外开放格局初步形成，外交、国防不断开创新局面，祖国统一大业取得新进展，经济社会发展上了一个台阶。20 世纪 80 年代末 90 年代初，中国共产党团结带领全国各族人民经受住国内外各种严峻考验，妥善处理国内和对外关系中的重大问题，站稳了脚跟，坚定了推进中国社会主义事业的信念。从总体上说，1978 年至 1991 年，中国共产党确立了“一个中心、两个基本点”的基本路线，开创了有中国特色社会主义的道路，并沿着这条道路阔步前进。

第一节　党和国家工作重点转移与改革开放的起步

1978 年，全国开展了真理标准问题讨论，冲破“两个凡是”错误方针的禁锢，揭开了思想解放的序幕。1978 年 12 月召开的中共十一届三中全会，确定把党和国家的工作重点转移到社会主义现代化建设上来，作出实行改革开放的历史性决策，党领导人民完成历史性伟大转折，为开创中国特色社会主义道路奠定了基础。

一、真理标准问题讨论与思想解放

“文化大革命”结束后的两年间，党和国家的很多工作都有所推进。然而，1977 年 2 月 7 日，《人民日报》、《红旗》杂志、《解放军报》发表社论《学好文件抓住纲》，提出“凡是毛主席作出的决策，我们都坚决维护，凡是毛主席的指示，我们都始终不渝地遵循”（简称“两个凡是”）的错误方针，使“左”的指导思想不能得到根本纠正。

邓小平等老一辈革命家旗帜鲜明地批评“两个凡是”，倡导实事求是。1977 年 2 月，邓小平同前来看望他的王震谈话时，对“两个凡是”的提法提出异议，认为这不是马克思主义，不是毛泽东思想。7 月，邓小平在中共十届三中全会的讲话中，强调要用完整的准确的毛泽东思想作指导思想，提出要把毛泽东倡导的实事求是的作风恢复起来。8 月，邓小平在中共十一大闭幕词中，又着重强调要恢复和发扬实事求是的优良传统和作风。邓小平的倡议得到其他老一辈革命家的支持和响应。9 月，陈云、叶剑英、聂荣臻、徐向前等人在纪念毛泽东逝世一周年之际，都在《人民日报》发表文章，总结党的历史经验，强调完整地、准确地宣传毛泽东思想，阐述恢复和发扬实事求是这一优良传统的重大意义。

这引起理论工作者和广大干部群众的共鸣，激发人们对“两个凡是”观点进行思考和质疑。1977 年冬，在中央党校学习的 800 名中高级干部集中讨论“文化大革命”以来党的历史，讨论中提出了应当以什么为标准来认识、评价历史是非的问题。1978 年 3 月 26 日，《人民日报》发表题为《标准只有一个》的思想评论，明确提出：“真理的标准，只有一个，就是社会实践。这个科学的结论，是人类经过几千年的摸索和探讨，才得到的。”[①] 文章发表后，引发了争议，一些人表示反对，认为真理标准应该是两个，马列主义、毛泽东思想也是检验真理的标准。

5月10日，中央党校《理论动态》第60期刊登《实践是检验真理的唯一标准》一文，论述马克思主义“实践第一”的观点。这篇文章指出，检验真理的标准只有一个，就是千百万人民的社会实践。实践是不断发展的，任何思想、理论，即使是已经在一定的实践阶段上证明为真理，在其发展过程中仍然要接受新的实践的检验而得到补充、丰富或者纠正。躺在马列主义、毛泽东思想的现成条文上，甚至拿现成的公式去限制、宰割、裁剪无限丰富的飞速发展的革命实践，这种态度是错误的。5月11日，《光明日报》以特约评论员文章的形式公开发表此文，新华社全文转发。5月12日，《人民日报》《解放军报》全文转载，全国绝大多数省、直辖市、自治区报纸也都陆续转载。

这篇文章引发了关于实践是真理唯一标准的讨论，党内外绝大多数人支持和拥护文章的观点，但是由于它从理论上根本否定了“两个凡是”的错误方针，当时有些人不理解，甚至不接受、不赞成。

邓小平等老一辈革命家对真理标准问题讨论予以旗帜鲜明的支持。5月30日，邓小平在同胡乔木等人的谈话中讲道：“毛泽东思想最根本的最重要的东西就是实事求是。现在发生了一个问题，连实践是检验真理的标准都成了问题，简直是莫名其妙！”[②]6月2日，邓小平在全军政治工作会议上，着重阐述毛泽东关于实事求是、一切从实际出发、理论与实践相结合的根本观点和方法，批评一些同志照抄照搬马克思、列宁、毛泽东的原话的错误态度，指出“这个问题不是小问题，而是涉及怎么看待马列主义、毛泽东思想的问题”。邓小平强调：“按照实际情况决定工作方针，这是一切共产党员所必须牢牢记住的最基本的思想方法、工作方法。”[③] 随后，邓小平这

① 张成：《标准只有一个》，《人民日报》，1978年3月26日。

② 中共中央文献研究室编：《邓小平年谱（1975—1997）》上，中央文献出版社2004年版，第320页。

③《邓小平文选》第二卷，人民出版社1994年版，第114页。

一讲话作为中共中央文件下发，对于推动真理标准问题讨论的深入开展起到了很大的促进作用。

从1978年6、7月开始，在全国范围展开了真理标准问题讨论，理论界、学术界、文艺界、新闻界都积极投入，真理标准问题讨论逐渐进入高潮。从7月开始，许多省、自治区、直辖市及解放军各大军区的主要负责人都公开撰文或发表讲话，支持“实践是检验真理的唯一标准”的观点，使真理标准讨论很快就越出了理论界的范围，成为全党、全军、全国人民最为关心的重大政治问题。据不完全统计，到1978年底，报刊上发表关于真理标准问题的专文650多篇；关于真理标准问题的讨论会，不包括中央单位，仅地方就召开了70余次。[①] 真理标准问题讨论的过程成为引导人们思考“国家向何处去”这一重大课题的过程。通过这场大讨论，党内外思想日益活跃，出现了打破习惯势力和主观偏见的束缚、努力研究新情况与解决新问题的生动景象。

真理标准问题讨论，在新的历史条件下吹响了思想解放运动的号角。它冲破了“两个凡是”的禁锢，使广大干部和群众从过去盛行的个人崇拜和教条主义中解放出来，为实现伟大的历史转折做了思想上的重要准备。

二、中共十一届三中全会实现伟大历史转折

在全党和全国人民开始思想解放的氛围中，经济领域的改革探索思潮涌起。1978年7月6日至9月9日召开的国务院务虚会，讨论了经济管理体制改革问题，提出放手发挥经济手段作用，坚决实行专业化，发展合同制，贯彻按劳分配的原则，扩大企业经营自主权。会议强调要放手利用国外资金，大量引进国外先进技术设备。9月5日至10月22日召开的全国计划会议，确定经济战线必须实行“三个转变”，即把主要注意力转到生产斗

① 当代中国研究所：《中华人民共和国史稿》第四卷，人民出版社、当代中国出版社2012年版，第42页。

争和技术革命上来，转到按照经济规律办事、把民主和集中很好地结合起来的科学管理轨道上来，转到积极引进国外先进技术、利用国外资金、大胆进入国际市场上来。这实际上已经初步提出了把工作重心转移到经济建设上来、实行改革和开放的要求。

邓小平等老一辈革命家也多次发表了关于改革、开放、把党和国家工作重点转移到经济建设上来的重要主张。1978 年 9 月 13 日至 20 日，邓小平在东北三省以及唐山和天津等地视察，发表系列重要谈话，论及体制改革和开放，强调现代化建设抓经济建设、发展生产力的重要性，提出将全党工作重点转移到经济建设上来的问题。10 月 11 日，邓小平在中国工会第九次全国代表大会上致辞，指出揭批“四人帮”的斗争“在全国广大范围内已经取得决定性的胜利，我们已经能够在这一胜利的基础上开始新的战斗任务”，“这是一场根本改变我国经济和技术落后面貌，进一步巩固无产阶级专政的伟大革命。这场革命既要大幅度地改变目前落后的生产力，就必然要多方面地改变生产关系，改变上层建筑，改变工农业企业的管理方式和国家对工农业企业的管理方式，使之适应于现代化大经济的需要”。①

邓小平上述思想得到党内很多领导同志的赞同，在 1978 年 11 月至 12 月召开的中央工作会议上，党和国家工作重点转移成为一项主要议题。中央工作会议闭幕会宣布，会后将召开中共十一届三中全会，讨论从 1979 年 1 月起把全党工作的着重点转移到社会主义现代化建设上来等问题。邓小平发表题为《解放思想，实事求是，团结一致向前看》的重要讲话，主要讲了四个问题：（1）解放思想是当前的一个重大政治问题；（2）民主是解放思想的重要条件；（3）处理遗留问题为的是向前看；（4）研究新情况，解决新问题。这篇纲领性讲话，是对“文化大革命”以来党和国家的历史和现实深刻反思的成果，实际上成为中共十一届三中全会的主题报告。

① 《邓小平文选》第二卷，人民出版社 1994 年版，第 135—136 页。

1978年12月18日至22日，中共中央召开十一届三中全会，中心议题是确定从1979年开始把全党工作重点转移到社会主义现代化建设上来。全会指出，“现在就应当适应国内外形势的发展，及时地、果断地结束全国范围的大规模的揭批林彪、‘四人帮’的群众运动，把全党工作的着重点和全国人民的注意力转移到社会主义现代化建设上来”。这是党在政治路线上最根本的拨乱反正。

全会提出了新时期改革开放的任务，指出“实现四个现代化，要求大幅度地提高生产力，也就必然要求多方面地改变同生产力发展不适应的生产关系和上层建筑，改变一切不适应的管理方式、活动方式和思想方式，因而是一场广泛、深刻的革命”，因此，“根据新的历史条件和实践经验，采取一系列新的重大的经济措施，对经济管理体制和经营管理方法着手认真的改革，在自力更生的基础上积极发展同世界各国平等互利的经济合作，努力采用世界先进技术和先进设备，并大力加强实现现代化所必需的科学和教育工作”。

全会深入讨论了经济管理体制改革问题，认为我国经济管理体制的一个严重缺点是权力过于集中，应该有领导地大胆下放，让地方和工农业企业在国家统一计划的指导下有更多的经营管理自主权；应该着手大力精简各级经济行政机构，把它们的大部分职权转交给企业性的专业公司或联合公司；应该坚决实行按经济规律办事，重视价值规律的作用，注意把思想政治工作和经济手段结合起来，充分调动干部和劳动者的生产积极性；应该在党的一元化领导之下，认真解决党政企不分、以党代政、以政代企的现象等。

全会深入讨论了农业问题，从“必须首先调动我国几亿农民的社会主义积极性，必须在经济上充分关心他们的物质利益，在政治上切实保障他们的民主权利”的指导思想出发，提出了发展农业生产的一系列政策和经济措施。

全会对民主和法制问题进行了认真讨论，提出为了保障人民民主，必须加强社会主义法制，使民主制度化、法律化，使这种制度和法律具有稳定性、连续性和极大的权威，做到有法可依、有法必依、执法必严、违法必究。

全会认真讨论了“文化大革命”中发生的一些重大政治事件和“文化大革命”前遗留下来的某些历史问题，决定撤销中央发出的有关“批邓、反击右倾翻案风”运动和处理天安门事件的错误文件，审查和纠正过去对彭德怀、陶铸、薄一波、杨尚昆等同志所作的错误结论，确立解决历史遗留问题必须遵循实事求是、有错必纠的原则。

全会深入讨论了坚持唯物主义的思想路线问题，一致认为，只有在马列主义、毛泽东思想的指导下，解放思想，努力研究新情况、新事物、新问题，坚持实事求是、一切从实际出发、理论联系实际的原则，才能顺利地实现工作重心的转变。全会高度评价关于实践是检验真理的唯一标准的讨论，认为这对于促进全党同志和全国人民解放思想、端正思想路线，具有深远的历史意义。

全会根据党的历史上的经验教训，决定健全党的民主集中制，健全党规党法，严肃党纪。全会选举产生由100人组成的中央纪律检查委员会。委员会以陈云为第一书记，邓颖超为第二书记，胡耀邦为第三书记，黄克诚为常务书记，王鹤寿等为副书记。纪律检查委员会的根本任务是维护党规党法，切实搞好党风。这是保障党的政治路线贯彻执行的一个重要措施。

根据当时的实际情况、工作需要和许多代表的意见，全会加强了中央领导机构，增选陈云为中央政治局委员、中央政治局常务委员会委员、中央委员会副主席；增选邓颖超、胡耀邦、王震为中央政治局委员，增补黄克诚、宋任穷、胡乔木、习仲勋、王任重等9人为中央委员。这次全会后，虽然华国锋仍担任中共中央主席，但是就确立党的正确指导思想和社会主义现代化建设重大方针以及对实际工作的领导来说，邓小平已成为中央领导集体的核心。

中共十一届三中全会实现了在党和国家历史上具有深远意义的伟大转折，标志着中国共产党从根本上冲破了长期“左”倾错误的严重束缚，在思想上、政治上和组织上恢复和确立了马克思主义的正确路线；标志着党和国家从严重的历史挫折中重新奋起，结束了粉碎“四人帮”以来党和国

▲ 为贯彻落实中共十一届三中全会精神，解放思想、提高认识，全国各地普遍组织学习、讨论中共十一届三中全会公报。图为1978年12月，北京市第六建筑工程公司一工区的干部、工人和技术人员认真学习全会公报。

家各项工作在徘徊中前进的局面，揭开了改革开放和社会主义现代化建设新时期的序幕。

三、拨乱反正的完成和《关于建国以来党的若干历史问题的决议》

中共十一届三中全会召开后的一段时间内，党和国家各条战线的主要任务是拨乱反正，以消除混乱局面，恢复正常秩序。

在揭批林彪、“四人帮”反党罪行时，广大干部群众纷纷要求彻查林彪、江青两个集团的反革命罪行，彻底摧毁其帮派体系，这对于澄清党内外、国内外关心的一些重大是非，具有重要现实意义。1979年，中共中央决定由中央纪委牵头，成立由中央纪委、中央组织部、公安部、最高人民检察院、最高人民法院等有关部门参加的“两案”审理领导小组。“两案”审理领导小组下设办公室，经过8个多月的艰苦努力，完成了“两案”审查任务。1980 年 2 月，中共中央决定将“两案”交由司法机关审判。9 月 26 日，中共中央发出《关于审判林彪、江青反革命集团的通知》。9 月 29 日，第五届全国人民代表大会常委会第十六次会议通过《关于成立最高人民检察院特别检察厅和最高人民法院特别法庭检察、审判林彪、江青反革命集团案主犯的决定》，由特别检察厅和特别法庭负责审判“两案”主犯。对林彪、江青反革命集团 10 名主犯的审判，从 1980 年 11 月 20 日开始，到 1981 年 1 月 25 日正式判决，历时 67 天。1981 年 3 月 6 日，第五届全国人民代表大会常委会第十七次会议通过《最高人民法院特别法庭关于审判林彪、江青反革命集团案的情况报告》。此后，各省、市人民法院和解放军军事法院对林彪、江青反革命集团其他骨干成员进行了审判。对林彪、江青两个反革命集团的审判，标志着我国社会主义民主法制进一步迈向健康发展的轨道。

落实干部政策，彻底平反纠正冤案、假案、错案，全面解决历史遗留问题，有利于调整各方面的社会关系，促进安定团结，调动广大干部、人民群众参加社会主义现代化建设的积极性。1978 年 12 月 29 日，中共中央批转最高人民法院党组《关于抓紧复查纠正冤假错案认真落实党的政策的请示报告》，1980 年 9 月 22 日，中共中央批转最高人民法院党组《关于复查纠正“文化大革命”期间错判死刑案件的几点意见的请示报告》，要求各级人民法院全面展开平反冤假错案的工作，按照“全错全平、部分错部分平”的原则，实事求是地予以改判、纠正，并做好善后工作。中共十一届三中全会后陆续平反的冤假错案有以下几类：一是平反涉及党、政、军一些高级领导干部的重大冤假错案，其中影响最大的是为刘少奇平反；二是平反民主党派人士、爱国民主人士、各界知名人士的冤假错案；三是平反有关部委的冤假错案；四是平反地方性事件中的重大冤假错案；五是平反“文化大革命”期间的“反革命”案件和刑事案件中的冤假错案；六是平反涉及重大历史是非的案件。从中共十一届三中全会结束到 1981 年底，全国各级法院复查了“文化大革命”中判处的 120 万余件刑事案件（其中“反革命”案件近 30 万件，普通刑事案件 90 多万件），改判纠正冤假错案 30.1 万余件，涉及当事人 32.6 万余人，使一大批受林彪、“四人帮”迫害的人昭雪沉冤。各地人民法院还主动复查了1977年和1978年两年中判处的“反革命”案件3.3万件，改判纠正了错案2.1万件。[①]到1983年，复查纠正“文化大革命”期间和1977年、1978年判处的冤假错案的工作基本完成。

同时，中共中央着手全面解决新中国成立以来受阶级斗争扩大化错误影响而造成的历史遗留问题。一是为1957年错划的“右派分子”平反和落实政策，这项工作到1981年全部完成，全国被错划为“右派分子”的54万多人得到平反昭雪。二是为完成改造的地主、富农、反革命、坏分子“四类分子”全面评审摘帽，这项工作于1984年全部完成。三是宣布原工商业者已改造为劳动者，到1981年初，全国有70万小商、小贩、小手工业者从原资产阶级工商业者中区别出来，恢复他们的劳动者身份。四是落实知识分子政策，解决历史遗留问题。五是落实原国民党起义投诚人员政策，在政治上、工作上、生活上作了妥善安置。六是全面落实民族、宗教、侨务政策，纠正这些领域的错误政策和措施。在1987年10月中共十三大召开之前，全国基本完成落实统战政策、侨务政策、台胞台属政策和知识分子政策的工作。

正确评价新中国成立以来一些重大历史问题和思想路线是非问题，是拨乱反正的一项重要内容。20世纪70年代末，无论是中国共产党党内还是社会上都出现了某些政治上、思想上的不安定因素。一方面，一部分人“以阶级斗争为纲”的思想观念不能完全转变过来，认为“把阶级斗争、生产斗争和科学实验三大革命运动一起抓起来，这是我们贯彻执行新时期总任务，建设社会主义强大国家的极为重要的指导思想”[②]；另一方面，极少数人极端夸大党在社会主义建设时期所犯的错误，进而怀疑和否定社会主义制度、无产阶级专政、党的领导、马列主义毛泽东思想。在这种情况下，如果不大力加强稳定社会政治秩序的工作和思想政治教育，就会使社会主义现代化建设在刚刚迈出第一步的时候就遭遇严重阻碍。

1979年1月18日至4月3日，中共中央召开理论工作务虚会。3月30

① 《当代中国》丛书编辑委员会:《当代中国的审判工作》上，当代中国出版社1993年版，第147页。
② 《三大革命运动一起抓》,《人民日报》，1978年4月22日。

日，邓小平在会上发表了《坚持四项基本原则》的长篇讲话，强调：要在中国实现四个现代化，必须在思想政治上坚持四项基本原则，这是实现四个现代化的根本前提。这四项基本原则是：第一，必须坚持社会主义道路；第二，必须坚持无产阶级专政；第三，必须坚持共产党的领导；第四，必须坚持马列主义、毛泽东思想。邓小平指出：对于极左思潮和怀疑四项基本原则的思潮，都要进行坚决的斗争。这一讲话澄清了当时全党工作特别是思想理论战线的一些根本性问题。

为了进一步深入总结新中国成立以来的历史经验，尤其是正确评价毛泽东和毛泽东思想，1979 年 11 月，中共中央决定着手起草《关于建国以来党的若干历史问题的决议》。作为起草工作的主持人，邓小平于 1980 年 3 月 19 日提出了起草历史决议的三条总的要求：第一，确立毛泽东同志的历史地位，坚持和发展毛泽东思想。这是最核心的一条。第二，对建国 30 年来历史上的大事进行实事求是的分析，包括一些负责同志的功过是非要作出公正的评价。第三，通过这个决议对过去的事情做个基本的总结，这个总结宜粗不宜细，总结过去是为了引导大家团结一致向前看。[①] 从 1980 年 3 月起，经过将近半年的反复讨论和几次重写，到 9 月 10 日，决议初稿完成，首先提交给 9 月 14 日至 22 日召开的各省、市、自治区党委第一书记会议进行讨论。经过大的修改，10 月中旬至 11 月下旬，中央政治局又组织全党 4000 多名高级干部进行讨论，这次规模空前的大讨论，是对新中国成立以来历史的一次广泛深入的研讨。1981 年 3 月至 4 月，修改稿交中央政治局、书记处和老干部 40 多人讨论（实际参加讨论的为 52 人）。5 月，再作修改并经中央政治局常委讨论修改后，又提交中央政治局扩大会议 70 多人讨论。修改后的决议草案提交 6 月 15 日至 22 日召开的中共十一届六中全会预备会议审议，同时征求了参加讨论的 4000 多人中中央党政机关近 1000 人的意见，还征求了各民主党派负责人的意见。在充分发扬民主的基础上，集中讨论提出的意见，

---

① 中共中央文献研究室编：《邓小平年谱（1975—1997）》上，中央文献出版社 2004 年版，第 610 页。

又对决议的内容和表述作了100多处增补和修改。6月22日，邓小平看了决议草案后，认为它“实事求是地、恰如其分地评价‘文化大革命’，评价毛泽东同志的功过是非”，可以起到总结经验、统一思想、团结一致向前看的作用。

1981年6月27日至29日，中共十一届六中全会在北京举行，全会审议和通过了《关于建国以来党的若干历史问题的决议》。《决议》分八个部分，围绕确立毛泽东的历史地位和毛泽东思想的指导地位这个中心思想，运用马克思主义的辩证唯物论和历史唯物论，对新中国成立32年来党的重大历史事件特别是“文化大革命”作出了正确的总结和评价，科学地分析了这些事件中党的指导思想的正确和错误以及产生错误的主观因素和社会原因，实事求是地评价了毛泽东在中国革命中的历史地位，充分论述了毛泽东思想作为党的指导思想的伟大意义。《决议》的通过，标志着中国共产党在指导思想上完成了拨乱反正的历史任务。

四、经济体制改革率先从农村取得突破

中共十一届三中全会以后，经济体制改革首先在农村取得突破性进展。农村改革的突破口，是推行以包产到户、包干到户为主要形式的家庭联产承包责任制。这是农村生产力一直要求突破过去“上地一条龙，干活一窝蜂，分配一拉平”的吃“大锅饭”、搞平均主义的结果。1978年夏秋之际，安徽遭受百年不遇的特大旱灾，以万里为第一书记的中共安徽省委作出把土地借给农民耕种、不向农民征统购粮的决策。这一决策激发了农民的生产积极性，不仅战胜了特大旱灾，还引发肥西县、凤阳县一些社队自发实行包产到户、包干到户。凤阳县梨园公社小岗村18户农民创造出包干到户的做法，简便易行，最受农民欢迎。与此同时，四川省不少地方的农民也实行包产到组。1979年春，云南、广东等不少地方的农村实行不同形式的生产责任制。

上述农村改革势头，很快引起一些人的疑虑，他们担心这种做法会偏离社会主义。1979年3月15日，《人民日报》发表题为《“三级所有，队

为基础”应该稳定》的来信，代表了这种疑虑。信中认为“三级所有，队为基础”，符合当前农村的实际情况，应充分稳定，不能随便变更；搞分田到组、包产到组，会搞乱“三级所有，队为基础”的体制，搞乱干部、群众的思想。这封信配发的编者按明确提出：“人民公社现在要继续稳定地实行‘三级所有，队为基础’的制度，不能在条件不具备的情况下，匆匆忙忙地搞基本核算单位的过渡；更不能从‘队为基础’退回去，搞‘分田到组’、‘包产到组’”，“已经出现‘分田到组’、‘包产到组’的地方，应当坚决纠正错误做法。”

针对这些疑虑，邓小平发表讲话，明确肯定农村生产责任制。1980 年 5 月，他指出：“最近一二年来，我们强调因地制宜，在农村加强了生产组的与家庭的生产责任制，取得明显效果，生产成倍增加”，“农村政策放宽以后，一些适宜搞包产到户的地方搞了包产到户，效果很好，变化很快”，并提出这种做法不会影响集体经济的发展。① 邓小平对生产责任制的明确支持，有助于消除人们的僵化思想和畏惧心理，推动了中央对包产到户、包干到户的公开肯定和支持。

1980 年 9 月 27 日，中共中央印发《关于进一步加强和完善农业生产责任制的几个问题》，首次突破多年来把包产到户等同于分田单干和资本主义的观念，肯定在生产队领导下实行的包产到户，不会脱离社会主义轨道，没有复辟资本主义的危险。在中央的肯定下，包产到户、包干到户的“双包”责任制在全国迅速推广。1981 年 10 月 4 日至 21 日，中央召开农村工作会议，讨论起草放宽农业政策的文件，对以包产到户、包干到户为特征的家庭承包责任制进行充分肯定。12 月 5 日至 21 日，全国农村工作会议召开，高度评价中共十一届三中全会以来亿万农民大胆改革旧的农业管理体制、建立生产责任制的伟大实践。1982 年 1 月 1 日，中共中央批转《全国农村工作会议纪要》（又称 1982 年“中央一号文件”）指出：目前，全国农村已有 90% 以上的生产队建立了不同形式的农业生产责任制，包括小

① 《邓小平文选》第二卷，人民出版社 1994 年版，第 313、315 页。

段包工定额计酬，专业承包联产计酬，联产到劳，包产到户、到组，包干到户、到组，等等，都是社会主义集体经济的生产责任制，反映了亿万农民要求按照中国农村的实际状况来发展社会主义农业的强烈愿望。不论采取什么形式，只要群众不要求改变，就不要变动。各级党的领导应向干部和群众说明，我国农业必须坚持社会主义集体化的道路，土地等基本生产资料公有制是长期不变的，集体经济要建立生产责任制也是长期不变的。① 《纪要》正式为包产到户、包干到户正了名。至此，全国范围内有关包产到户、包干到户性质的争论基本停止，全国农村改革更迅猛地发展起来。1982年，中国农业获得少有的大丰收，农业总产值比上年增加11.2%②，农村面貌出现可喜变化。

农村改革的成功，促使大量农村劳动力从土地的束缚中解放出来，投入到非农产业中去，社队企业得到较快发展。1980年社队企业就业人数2999.67万人，比1978年增加173.11万人；总产值达656.9亿元，比1978年增加163.83亿元（按当时价格计算）。③

中共十一届三中全会以前，城市经济体制改革在局部地区进行试点；十一届三中全会后，城市经济体制改革在试点基础上开始了探索。

第一，扩大国营企业经营管理自主权，实行工业生产责任制。针对原有体制下国家对企业管得过多过死、企业缺乏活力等弊病，1978年10月，经国务院批准，四川6家地方国营企业率先进行扩大企业自主权试点，成为国营企业改革起步的标志。1979年7月13日，国务院发出《关于扩大国营工业企业经营管理自主权的若干规定》《关于国营企业实行利润留成的规定》等5个文件，要求各地选择少数国营企业进行扩大企业经营管理自主权试点，试点企业享有利润留成权。到1979年10月，全国已经有1200多个工业企业开始试行扩大企业自主权和利润留成的制度，1980年又扩大到

① 《三中全会以来重要文献选编》下，中央文献出版社2011年版，第363—364页。

② 《关于一九八二年国民经济和社会发展计划执行结果的公报》，《人民日报》，1983年4月30日。

③ 当代中国研究所：《中华人民共和国史稿》第四卷，人民出版社、当代中国出版社2012年版，第146页。

6600家。[①] 一般试点企业的产量、产值、上缴利润增长幅度都超过试点前的水平，并高于非试点企业的水平。1981年10月29日、11月11日，国务院又分别批转《关于实行工业生产经济责任制若干问题的意见》《关于实行工业生产经济责任制若干问题的暂行规定》，要求通过实行工业生产经济责任制，把企业和职工的经济利益与承担的责任、实现的效益联系起来，用最少的人力、物力消耗取得最大的经济效益，并确定在分配上实行“利润留成”“盈亏包干”“以税代利、自负盈亏”等原则。工业生产责任制包括两个部分：一是扩大企业自主权，明确企业对国家承担的经济责任，在企业与国家的关系上实行经济责任制；二是在企业内部实行层层落实到人的经济责任制。这在相当程度上解决了“大锅饭”问题，调动了企业、干部和职工的积极性。1982年，全国工业总产值比上年增长7.7%，超过了计划增长4%的要求。[②]

第二，鼓励发展城镇集体经济和个体经济。针对计划经济体制下只有单一公有制的情况，经济体制改革之初就包含了调整所有制结构的内容，即在国营经济为主导、公有制经济为主体的前提下，允许多种经济形式、多种经营方式并存，支持和提倡城镇集体经济和个体经济的发展。这项改革的最初动因，是为了解决大量上山下乡知识青年回城就业问题。1980年8月2日至7日召开的全国劳动就业工作会议，提出在国家统筹规划和指导下，实行劳动部门介绍就业、自愿组织起来就业和自谋职业相结合的方针。8月17日，中共中央转发全国劳动就业工作会议文件，肯定“三结合”就业方针，强调对当年需要安排就业的1200万人，除了安排在国营企事业和“大集体”所有制单位外，还必须通过大力扶持“小集体”企业、“全民办集体”的合作社、以知识青年为主的集体所有制厂企以及鼓励、扶持城镇个体经济发展等途径来解决。1981年10月17日，中共中央、国务院作出《关于广开门路，搞活经济，解决城镇就业问题的若干决定》，提出“对城

① 《全国一千多工业企业试行扩大企业自主权》，《人民日报》，1979年10月27日；《国务院批转国家经委的报告 明年在国营企业全面推行扩大自主权》，《人民日报》，1980年9月7日。

② 《关于一九八二年国民经济和社会发展计划执行结果的公报》，《人民日报》，1983年4月30日。

镇集体经济和个体经济的发展采取积极扶持的方针”，“必须着重开辟在集体经济和个体经济中的就业渠道”。[①]积极发展集体经济和个体经济，不仅初步解决了多年积累的知识青年就业问题，而且推动所有制结构在改革中进一步改善，逐步形成以国有经济为主体，集体、个体、私营等多种经济成分并存和共同发展的局面。

此外，还开展城市经济体制综合改革试点。国务院从 1981 年起，在湖北省沙市开始进行经济管理、经济联合体、发展多种经济成分以及流通体制、计划管理体制、财政税收体制、物价体制、劳动工资体制、信贷体制、物资分配体制 10 个领域的综合配套改革。沙市成为全国第一个经济体制改革综合试点城市，只用一年多时间，改革就取得初步成效。[②]1982 年 3 月，国务院又确定江苏省的常州市为全国经济体制综合改革试点城市，常州很快成为工业经济效益较好、发展速度较快的先进城市，在改革方面走在全国中等城市的前列。

在此期间，针对多年来造成的国民经济重大比例失调，中共中央领导开展了国民经济调整。1979 年 3 月 21 日至 23 日召开的中央政治局会议作出用三年时间对国民经济进行调整的决策。在 4 月 5 日至 28 日召开的中共中央工作会议上，李先念作了关于国民经济调整的讲话，阐述调整的必要性和调整的主要任务、原则、措施，指出此后三年的经济工作方针是：“调整、改革、整顿、提高。边调整边前进，在调整中改革，在调整中整顿，在调整中提高。”[③]在国民经济调整中，国家采取了压缩计划外投资、加强农业、优先发展轻纺工业、扩大就业、调高职工工资等政策，使国民经济长期存在的积累率过高和农业、轻工业严重滞后的情况从 1981 年起有了很大改变，轻重工业比例关系趋于协调，积累与消费关系比较合理。1981 年 12 月，五届全国人大四次会议通过的政府工作报告，肯定了经济调整工作所

---

① 《三中全会以来重要文献选编》下，中央文献出版社 2011 年版，第 295、296 页。

② 中共中央党史研究室第三研究部编：《新时期城市经济体制综合改革》，中共党史出版社 2011 年版，第 11—12 页。

③ 《三中全会以来重要文献选编》上，中央文献出版社 2011 年版，第 107 页。

取得的成绩，提出经济发展的新方针，即要切实改变长期以来在“左”的思想指导下的一套老的做法，真正从我国实际情况出发，走出一条速度比较实在、经济效益比较好、人民可以得到更多实惠的新路子。

1982 年 3 月 8 日，五届全国人大常委会第二十二次会议批准设立国家经济体制改革委员会，由国务院总理兼任主任，负责下一步经济体制改革的总体设计，研究、协调和指导全国经济体制改革工作。

五、政治体制改革的初步实践

政治体制改革必须同经济体制改革相配套、相适应，否则必然会阻碍经济体制改革，拖经济发展的后腿。因此，改革开放酝酿过程中，中共中央就提出进行政治体制改革，中共十一届三中全会公报就有不少关于政治体制改革的内容。

政治体制改革的开展，从党和国家领导干部制度改革开始。1980 年 8 月，中央政治局召开扩大会议，主要讨论党和国家领导制度的改革及发展社会主义民主问题。8 月 18 日，邓小平在会上发表《党和国家领导制度的改革》的讲话，指出改革党和国家的领导制度及其他制度的目的，是为了充分发挥社会主义制度的优越性，加速社会主义现代化建设事业的发展。他提出了“干部队伍要年轻化、知识化、专业化”的要求，分析了党和国家现行的领导制度、干部制度中存在的官僚主义、权力过分集中、家长制、干部领导职务终身制和形形色色的特权现象，以及产生这些弊端的社会历史原因，提出当前党和国家要逐步实行的重大改革措施是：建议修改宪法，设立中央顾问委员会，有准备有步骤地改变党委领导下的厂长负责制等，各企事业单位要普遍成立职工代表大会或代表会议，各级党委要真正实行集体领导和个人分工负责相结合的制度，等等。8 月 31 日，邓小平的讲话经中央政治局讨论通过，成为党和国家领导体制改革的纲领性文件。

在健全党的领导体制方面，为了适应和加强社会主义法制建设的需要，1980 年 1 月 24 日，中共中央发出《关于成立中央政法委员会的通知》，从中央到地方各级党委都设立政法工作机构，在健全社会主义法制和领导体制方面迈出了重要的一步。1980年2月召开的中共十一届五中全会，决定增加中央政治局常委人数，重新设立中央书记处，作为中央政治局及其常委会领导下的处理经常性工作的机构，进一步健全了中共中央的工作机制。

在改善党的领导制度方面，1980年4月，中央政治局会议讨论通过了《中共中央关于丧失工作能力的老同志不当十二大代表和中央委员候选人的决定》，指出：为了使出席党的十二大的代表和大会选举产生的中央委员，有相当比例的年富力强的同志，使党的领导机构能够适应社会主义现代化建设繁重任务的需要，保证党的集体领导的长期稳定性，中央决定，凡年事已高、丧失工作能力和生活自理能力的老同志，不当党的十二大代表和中央委员候选人。这是逐步更新领导班子的一个重要步骤。1982年2月20日，中共中央作出《关于建立老干部退休制度的决定》，建立老干部离休、退休和退居二线的制度，妥善解决新老干部适当交替的问题。4月10日，国务院发出《关于老干部离职休养制度的几项规定》，对新中国成立以前参加革命工作、达到规定年龄的干部实行离休制度。在中共中央号召下，一大批老干部主动要求离开领导岗位离休、退休或退居二线。到1982年底，中央直属机关和中央国家机关已有7260多名老干部办理离休手续，占应离休人数的81%。[①]

为了提高工作效率，克服官僚主义，中共中央领导开展了精简行政机构的工作。1982年1月11日、13日，中央政治局专门开会讨论中央机构精简问题，邓小平阐述了精简机构的重要性，强调实现干部队伍的革命化、年轻化、知识化、专业化的目标。此后，中央直属机关和中央国家机关的机构改革工作逐步展开。1982年3月，国务院提出了机构改革方案。3月8日，五届全国人大常委会第二十二次会议通过《关于国务院机构改革问题的决议》，原则批准国务院机构改革的初步方案。通过改革，国务院副总理由13人减为2人，设国务委员，由国务院总理、副总理、国务委员和秘

① 中共中央党史研究室：《中国共产党的九十年》，中共党史出版社、党建读物出版社2016年版，第675页。

书长组成国务院常务会议，作为国务院的日常领导工作机构。根据撤销重叠机构、合并业务相近机构的原则，对国务院的部委、直属机构和办公机构进行了大幅度的裁减、合并。部委内部只设司、处两级，减少管理工作的层次。此外，国务院已有的临时性领导小组、办公室、委员会等各种非常设机构绝大部分被撤销，其工作由各有关部委承担。这样，国务院所属部委、直属机构和办公机构由 98 个裁并为精简后的 52 个，工作人员总编制由 4.9 万人缩减为 3.2 万人，减少 1/3 左右。机构精简后，部级领导干部的平均年龄，由 64 岁降到 57 岁；司、局级干部的平均年龄，由 59 岁降到 53 岁。大学文化程度的干部，在部级领导班子中，由原来的 31%提高到 48%；在司、局一级，由原来的 32%提高到 45%。[①] 这些情况表明，干部队伍的年轻化、知识化和专业化迈进了可喜的一步。

为了对国民经济、社会发展和改革开放中的重大问题进行政策研究，更好地适应社会主义现代化建设和经济体制改革的需要，自 1980 年起，国务院成立了有关决策咨询研究机构，向中共中央和国务院提供决策所需的各种建议和咨询意见。

六、对外开放的启动

对外开放迈出的重要一步，是吸收各种形式的外资，兴办中外合资经营企业和中外合作经营企业（或项目），开展补偿贸易、合作开发资源等。1979 年 7 月 1 日，五届全国人大二次会议通过《中华人民共和国中外合资经营企业法》，允许外国投资者与国内企业组建合资企业，这是我国第一部涉外经济法，为外商直接投资进入中国提供了法律依据。从 1979 年到 1983 年上半年，全国共批准成立中外合资经营企业 105 家，吸收外商投资约 2 亿美元。[②]

在对外经济往来中，对外贸易是最主要的形式。改革外贸体制，扩大地

① 《关于国务院机构改革问题的报告——在第五届全国人民代表大会常务委员会第二十二次会议上》，《人民日报》，1982 年 3 月 9 日。

② 惠元英：《中外合资企业有显著进展 上半年获准的合资企业达 22 家》，《人民日报》，1983 年 9 月 27 日。

方外贸经营自主权，成为改革开放初期实施对外开放的重要举措。1979年9月，国务院将给予广东、福建两省的外贸经营自主权扩大到北京、天津、上海三市。12月，又将外贸经营自主权扩大到沿海、沿长江各省区，同时扩大地方经营进出口商品的范围。外贸体制的初步改革调动了各方面发展对外贸易的积极性，推动了进出口贸易额大幅度增长，促进了出口商品结构发生变化。1981年至1983年，中国连续3年外贸顺差，大大改善了外汇收支情况。

对外开放的重大突破是创办经济特区。1979年1月6日，交通部和广东省联合向李先念并国务院报送了《关于我驻香港招商局在广东宝安建立工业区的报告》，提出招商局初步选定在宝安县蛇口公社境内建立工业区，以便利用国内较廉价的土地和劳动力，利用国外的资金、先进技术和原材料，把两者现有的有利条件充分利用和结合起来。这份报告当即引起中共中央的高度重视，1月31日，李先念代表中央批准了这份报告。3月，经国务院批准，广东省宝安县和珠海县，分别改设为省辖市——深圳市、珠

▲ 中国第一个出口加工工业区于1979年7月在深圳蛇口破土开建，成为改革开放的“第一炮”。

海市，开辟为出口商品生产基地和游览区。

1979 年 4 月 5 日至 28 日召开的中共中央工作会议，专门讨论了经济建设问题。中共广东省委第一书记习仲勋在会上提出，希望中央让广东先走一步，放手干。[①] 邓小平对中共广东省委提出的在邻近香港、澳门的深圳、珠海以及汕头兴办出口加工区的意见表示赞同，并说：还是叫特区好，陕甘宁开始就叫特区嘛！中央没有钱，可以给些政策，你们自己去搞，杀出一条血路来。会后，中共中央、国务院责成广东、福建两省，对在深圳、珠海、汕头和厦门试办 4 个出口特区问题进一步组织论证，提出具体实施方案报中央审定。7 月 15 日，中共中央、国务院批转广东省委、福建省委关于对外经济活动实行特殊政策和灵活措施的两个报告，同意先在深圳、珠海两市试办出口特区，待取得经验后，再考虑在汕头和厦门设置特区的问题。1980 年 5 月 16 日，中共中央、国务院进一步指出：一年来的实践证明，中央决定广东、福建两省在对外经济活动中，实行特殊政策和灵活措施，是正确的。两省工作有很大进展，成绩是显著的。[②]8 月 26 日，五届全国人大常委会第十五次会议同意在广东省深圳、珠海、汕头和福建省厦门设置经济特区，并批准《中华人民共和国广东省经济特区条例》。这样，经济特区经国家立法而正式诞生，4 个经济特区的建设很快进入有序轨道，成为对外开放的窗口、经济体制改革的试验区和经济发展的示范区。

第二节　开创社会主义现代化建设新局面

中共十一届三中全会以来改革开放实践的初步成功，使中共中央对于

① 广东省档案馆编：《改革开放三十年重要档案文献·广东》（1），中国档案出版社 2008 年版，第 10 页。

② 国务院特区办公室、国务院办公厅秘书局编印：《沿海城市开放和特区工作文件选编》第 1 辑，1986 年，第 18 页。

在中国这样一个人口多、底子薄的发展中国家，如何开展社会主义现代化建设的认识越来越深入。1982 年 9 月召开的中国共产党第十二次全国代表大会明确提出“建设有中国特色的社会主义”[①]的重大命题，为全面开创改革开放和社会主义现代化建设新局面明确了方向。

一、提出建设有中国特色的社会主义和小康社会目标

为了全面开创社会主义现代化建设的新局面，确定继续前进的正确道路、战略目标、战略步骤、战略重点和与此相适应的具体方针政策，1982 年 9 月 1 日至 11 日，中国共产党第十二次全国代表大会在北京召开。大会总结新中国成立以来社会主义现代化建设的历史经验，正式提出了“建设有中国特色的社会主义”的崭新命题，即“把马克思主义的普遍真理同我国的具体实际结合起来，走自己的道路，建设有中国特色的社会主义，这就是我们总结长期历史经验得出的基本结论”。这个重大命题的提出，是中共中央领导集体在总结中国社会主义建设正反两方面经验的基础上，对“什么是社会主义，怎样建设社会主义”的科学回答，它一经提出，就成为新时期社会主义现代化建设和改革开放的指导思想，为中国的发展指明了根本方向和道路。

大会指出了党和人民在 20 世纪 80 年代的三大任务和到 20 世纪末的四件工作。三大任务是：加紧社会主义现代化建设，争取实现包括台湾在内的祖国统一，反对霸权主义、维护世界和平。四件工作是：进行机构改革和经济体制改革，实现干部队伍的革命化、年轻化、知识化、专业化；建设社会主义精神文明；打击经济领域和其他领域内破坏社会主义的犯罪活动；在认真学习新党章的基础上，整顿党的作风和组织。

大会提出了党在新的历史时期的总任务，即“团结全国各族人民，自力更生，艰苦奋斗，逐步实现工业、农业、国防和科学技术的现代化，把

① 《邓小平文选》第三卷，人民出版社 1993 年版，第 3 页。

我国建设成高度文明、高度民主的社会主义国家”。这个总任务包括：继续推进社会主义现代化经济建设，努力建设高度的社会主义精神文明，努力建设高度的社会主义民主，坚持独立自主的对外政策，把中国共产党建设成为领导社会主义现代化事业的坚强核心等。

大会宣布了从 1981 年到 20 世纪末用 20 年时间实现小康社会的目标。小康社会构想，是邓小平在总结新中国成立以来社会主义现代化建设经验教训的基础上提出来的。1979 年 12 月 6 日，邓小平在会见日本首相大平正芳时指出：四个现代化是中国式的四个现代化，是“小康之家”，到 20 世纪末，中国的四个现代化即使达到了某种目标，国民生产总值人均水平也还是很低的；就算达到那样的水平，同西方来比，也还是落后的，所以，“中国到那时也还是一个小康的状态”。[①] 也就是说，达到小康水平，是到 20 世纪末中国实现现代化的一个初步目标。这一目标比较符合中国国情，又与发达国家的“现代化”概念和水平作了区别。中共十二大宣布把“小康”作为全党全国奋斗的主要目标以及国民经济社会发展的阶段性标志，提出力争使全国工农业的总产值翻两番，即由 1980 年的 7100 亿元增加到 2000 年的 28000 亿元左右。那时，我国国民收入总额和主要工农业产品的产量将居于世界前列，整个国民经济的现代化过程将取得重大进展，城乡人民的收入将成倍增长，人民的生活总体上达到小康水平。为实现这一奋斗目标，大会确定分两步走的战略部署：前 10 年主要是打好基础，积蓄力量，创造条件，后 10 年要进入一个新的经济振兴时期。

大会通过的《中国共产党章程》，适应改革开放和社会主义现代化建设的需要，对党的民主集中制和各项组织制度、党的纪律作了更充分、更具体的规定。新党章清除了中共十一大党章中仍肯定“无产阶级专政下继续革命的理论”等“左”的错误，并根据新时期改革开放的特点，提出许多新的要求。大会选举了由 210 名委员和 138 名候补委员组成的中央委员会，大批德才兼备、年富力强的中青年同志参加中央委员会的工作；选举了由

① 《邓小平文选》第二卷，人民出版社 1994 年版，第 237 页。

172名委员组成的中央顾问委员会和由132名委员组成的中央纪律检查委员会，一部分德高望重、年迈体弱的老同志退居第二线，担负起支持和帮助中央委员会的重任。

中共十二大提出新时期总任务和全面开创社会主义现代化建设新局面的纲领，标志着拨乱反正的任务已经基本完成，改革开放全面展开的条件已经成熟。

二、把党建设成为领导社会主义现代化事业的坚强核心

全面开创社会主义现代化建设的新局面，必须加强党的自身建设。中共十二大提出“努力把党建设成为领导社会主义现代化事业的坚强核心”，对党的建设提出了新的要求。

针对“文化大革命”遗留下来的党内思想、作风、组织严重不纯和纪律松弛的问题，中共十二大决定，从1983年下半年开始，用3年时间对党的作风和组织进行一次全面整顿。1983年10月11日，中共十二届二中全会通过《中共中央关于整党的决定》，确定从1983年冬季开始全面整党。为了保障对整党工作的日常领导，这次全会选举产生了中共中央整党工作指导委员会。这次整党总的目的和要求，是揭露和解决党内存在的思想、作风和组织严重不纯的问题，实现党风的根本好转，提高全党的思想水平和工作水平，更加密切党和人民群众的联系，努力把党建设成为领导社会主义现代化事业的坚强核心。整党的任务是统一思想，整顿作风，加强纪律，纯洁组织。为了防止走过场，中共中央还制定了五条验收标准。这样，有计划有步骤地进行整党，争取实现党风的根本好转，成为此后几年内中国共产党自身建设的中心环节。

中共中央要求全体党员无例外地参加这次整党。当时中国共产党共有4000万名党员，其中有900多万名干部，有近250万个基层和基层以上的党组织。这次整党，从中央到基层组织，自上而下、分期分批整顿；每个单位党组织的整顿，也是自上而下，从领导班子、领导干部到党员群众。

这次整党实际上是分三期进行的。第一期是中央、国家机关各部委和各省、自治区、直辖市一级单位以及解放军各大单位，第二期是地、县两级单位，第三期主要是农村的区、乡、村。

全国的整党工作，历时三年半。1987 年 5 月 26 日，中共中央整党工作指导委员会召开全国整党工作总结会议，宣布全国整党工作基本结束。这次整党是有成绩的，全党在思想、作风、纪律、组织四个方面，都比整党前有了进步，党内存在的思想、作风、组织严重不纯的状况有了改变，同时积累了一些正确处理党内问题的重要经验。这些都为新时期加强党的建设奠定了比较好的基础。

针对在商品经济大潮冲击下出现的部分党员干部与党政机关直接参与经商活动、以权谋私、搞权钱交易的不正之风，1984 年 12 月 3 日，中共中央、国务院发出《关于严禁党政机关和党政干部经商、办企业的决定》，要求各级党政领导机关特别是经济部门及其领导干部，要正确发挥领导和组织经济建设的职能，坚持政企职责分开、官商分离的原则，发扬清正廉明、公道正派的作风，切实做到一心一意为发展生产服务，为企业和基层服务，为国家的繁荣强盛和人民的富裕幸福服务；决不允许运用手中的权力，违反党和国家的规定去经营商业，兴办企业，谋取私利，与民相争。12 月 5 日，中央纪律检查委员会发出《关于坚决纠正新形势下出现的不正之风的通知》，指出新形势下出现的不正之风极大地危害着党的事业，妨碍经济体制改革的顺利进行，必须坚决纠正，严肃查处。中央纪委和各级纪检机关查处了大量违纪案件。从 1982 年到 1986 年，共处分违纪党员 650141 人，其中开除党籍的 151935 人。1985 年和 1986 年，处分省军级干部 74 人、地师级干部 635 人。①

针对干部队伍文化水平低、业务能力差、普遍老化，难以适应改革开放和社会主义现代化建设的迫切要求，中共十二大把“努力实现干部队伍

① 《中央纪律检查委员会向党的第十三次全国代表大会的工作报告（一九八七年十月三十日）》，《人民日报》，1987 年 11 月 5 日。

的革命化、年轻化、知识化、专业化”写入党章。1983年6月25日至30日，中共中央召开工作会议，陈云在会上提出干部队伍三个梯队的配备问题和建立第三梯队的设想，指出：“现在主持中央日常工作的同志也是六十岁以上的人了……要抓紧选拔五十岁上下、特别是四十岁上下的优秀干部，趁我们还在的时候，把第三梯队也建立起来。”[①] 这次会议正式作出建立第三梯队干部队伍的决策。在中共中央的推动下，全国范围内进行了规模空前的新老干部合作与交替，到1985年12月，有126.8万名新中国成立前参加革命工作的老干部办理了离休手续。同时，全国有46.9万名德才兼备、年富力强的中青年干部走上县级以上领导岗位，成为推进改革开放和社会主义现代化建设的中坚力量。[②]

三、“八二宪法”与社会主义民主法制建设

新中国自1954年制定宪法以后，先后于1975年和1978年对宪法进行过两次大的修改。随着改革开放的全面展开，1978年宪法许多内容已经不适应新时期政治、经济、生活和社会主义现代化建设的需要。1980年9月，五届全国人大三次会议接受中共中央建议，成立宪法修改委员会，主持修改宪法，宪法修改委员会由叶剑英担任主任委员，宋庆龄、彭真担任副主任委员。1982年2月开始，宪法修改委员会先后举行了4次全体会议，征求全国人大在京常委、部分全国政协常务委员、各民主党派与人民团体负责人和中共中央、国务院、人民解放军各部门以及各省、直辖市、自治区领导人的意见，还将宪法修改草案交付全国各族人民讨论，对宪法草案进行多次修改。1982年11月23日，宪法修改委员会将《中华人民共和国宪法修改草案》和《关于中华人民共和国宪法修改草案的报告》提请五届全国人大五次会议审议。12月4日，五届全国人大五次会议以无记名

① 《陈云文选》第三卷，人民出版社1995年版，第325页。
② 参见中共中央文献研究室编：《陈云传》下，中央文献出版社2005年版，第1716页。

▲ 1982 年 12 月 4 日，出席五届全国人大五次会议的代表投票表决新修改的《中华人民共和国宪法》。

投票方式通过了新修改的《中华人民共和国宪法》（简称“八二宪法”）。

“八二宪法”继承和发展了 1954 年宪法的基本原则，正确总结了新中国成立以来的历史经验，用国家根本大法的形式，对国家的根本政治制度和基本政治制度、基本经济制度、国家的根本任务、公民的基本权利和义务、国家机构的设置和职责范围等重大问题作了明确的规定。“八二宪法”在结构上还做了重大调整，把“公民的基本权利和义务”一章调到“国家机构”一章之前，体现了国家一切权力属于人民和国家尊重、保障人权。

“八二宪法”从内容上体现出一些基本特征。第一，以坚持四项基本原则为总的指导思想。四项基本原则既反映了不以人们的意志为转移的客观发展规律，又是中国亿万人民在长期斗争中作出的历史性选择。第二，恢复“人民民主专政”的提法并赋予了新的内容。人民民主专政是中国共产党领导人民所创造的适合中国国情和革命传统的一种形式，宪法明确规定

"中华人民共和国的一切权力属于人民"。这是中国国家制度的核心内容和根本准则。第三，宪法明确规定了我国的社会主义经济制度。宪法肯定了生产资料的社会主义公有制是我国社会主义经济制度的基础，在法律规定范围内的城乡劳动者个体经济，是社会主义公有制经济的补充。第四，增加了社会主义精神文明建设的内容，包括道德建设、思想建设等。第五，对国家机构设置作了许多新规定，包括加强人民代表大会制度、恢复设立国家主席和副主席、国家设立中央军事委员会领导全国武装力量等。第六，强调国家的统一和民族的团结。宪法规定"国家在必要时得设立特别行政区。在特别行政区内实行的制度按照具体情况由全国人民代表大会以法律规定"，为通过"一国两制"方式解决台湾、香港、澳门问题提供了法律基础。"八二宪法"关于民族区域自治的规定，不但恢复了1954年宪法的一些重要的原则，而且根据国家情况的变化增加了新的内容，体现了国家充分尊重和保障各少数民族管理本民族内部事务的民主权利的精神。第七，阐明了中国坚持独立自主的对外政策。

1983年6月6日至21日召开的第六届全国人民代表大会第一次会议，是按照"八二宪法"选举产生的首届全国人民代表大会。此后，六届全国人大及其常委会不断加强立法工作，努力健全社会主义法律体系。全国人大为了适应进一步对外开放和深化经济体制改革的需要，运用法律手段管理经济，保障和促进经济建设的顺利进行，把制定有关经济方面的法律作为立法工作的重点。六届全国人民代表大会期间制定的29部法律中，经济方面的法律有16部，包括涉外经济合同法、外资企业法、海关法、统计法、会计法等。国家政治生活、经济生活、社会生活的主要方面，呈现出有法可依的局面。

社会主义民主和法制建设的发展，推动了人民代表大会制度、共产党领导的多党合作和政治协商制度、民族区域自治制度进一步完善。例如，为了改进和完善选举制度和人民代表大会制度，六届全国人大常委会于1986年12月通过了关于修改《中华人民共和国全国人民代表大会和地方各级人民代表大会选举法》和《中华人民共和国地方各级人民代表大会和地方各级人民政府组织法》的决定，对选举程序和方式做了一些改进，以切实保障选民的民主权利，更好地建设社会主义民主政治。

1982 年 9 月，中共十二大阐述了“长期共存，互相监督”“肝胆相照，荣辱与共”的方针，进一步发展和完善共产党领导的多党合作和政治协商制度，使各民主党派在国家政治生活中的作用进一步发挥。在全国人大代表中，民主党派和无党派人士的比例，从四届全国人大的 8.2% 上升到六届全国人大的 18.2%；各级政协委员中，有 60% 以上是民主党派和无党派人士。在全国人大常委会副委员长和全国政协副主席中有 30% 以上是民主党派和无党派人士。[①]各民主党派领导人和无党派人士代表参加国家领导人安排的协商和一些法律、章程的修订及制定工作，对中国共产党及其党政机关的廉政建设进行监督，在经济、教育、科技、文化和促进祖国统一等方面都发挥了积极作用。

根据“八二宪法”关于民族区域自治的规定及充分尊重和保障各少数民族管理本民族内部事务的民主权利的精神，1984 年 5 月，六届全国人大二次会议通过《中华人民共和国民族区域自治法》，把宪法关于民族区域自治的基本原则具体化，规定民族区域自治是中国的一项重要政治制度，在维护国家统一、保证中央人民政府统一领导的前提下，充分照顾各民族自治地方的特点和需要，使自治机关有大于一般地方的自主权。

基层民主建设也取得较大进展。随着农村经济体制改革的发展，农村政社合一的体制显得很不适应。1980 年 2 月，广西壮族自治区宜山县的一些农村自发地把农民组织起来，创立村民委员会这一组织形式。1982 年，全国人大常委会在起草宪法修改草案时，总结和吸收广大农民群众创造的新鲜经验，把村民委员会写进了宪法，并对村民委员会的性质、任务和组织原则都作了具体规定，这是我国制宪史上的一个创举。1983 年 10 月 12 日，中共中央、国务院发出《关于实行政社分开、建立乡政府的通知》，

---

① 当代中国研究所：《中华人民共和国史稿》第四卷，人民出版社、当代中国出版社 2012 年版，第 241 页。

要求实行政社分开，设立村民委员会作为基层群众性自治组织，村委会由村民民主选举产生，协助乡人民政府搞好本村的行政工作和生产建设工作。此后，全国普遍以原人民公社为单位成立乡政府，以生产大队为基础建立村民委员会，以生产队为基础建立村民小组。到1985年底，全国农村共建立村民委员会94.9万个。在普遍建立村民委员会的基础上，1987年11月24日，六届全国人大常委会第二十三次会议通过了《中华人民共和国村民委员会组织法（试行）》，推动广大村民依法积极参加村委会的选举和建设。

在城市基层民主建设方面，“八二宪法”在总结我国居民委员会实行群众自治经验的基础上，首次以根本法的形式明确规定了居民委员会的性质、任务和作用。据此，全国各地对城市居民委员会的组织进行了整顿，建立了符合宪法规定、体现城市居民自我管理、自我教育和自我服务精神的城市居民委员会，并健全了其组织机构和各项规章制度。到1989年12月，七届全国人大常委会第十一次会议通过《中华人民共和国城市居民委员会组织法》，标志着城市居民委员会的建设进入一个新的历史发展阶段。

四、全面经济改革纲领与“七五”计划的制定

改革的初步成效激发了干部群众对改革的热情和信心，越来越多的人认识到，推进社会主义现代化建设事业，必须摆脱旧的计划经济体制和忽视商品经济等旧观念的束缚，全面开展经济体制改革。在这个背景下，1984年10月20日，中共十二届三中全会在北京召开，会议通过《中共中央关于经济体制改革的决定》，把经济体制改革从局部推向全局，改革的重点从农村转向城市。

《决定》阐述了以城市为重点的经济体制改革的基本任务、性质和基本政策，指出经济体制改革的基本任务就是进一步解放思想，走自己的路，建立具有中国特色的、充满生机和活力的社会主义经济体制，促进社会生产力的发展。《决定》强调，改革经济体制，是在坚持社会主义制度的前提

下，改革生产关系和上层建筑中不适应生产力发展的一系列相互联系的环节和方面。这种改革，是在党和政府的领导下有计划、有步骤、有秩序地进行的，是社会主义制度的自我完善和发展。《决定》指出，增强企业的活力，特别是增强全民所有制的大中型企业的活力，是以城市为重点的整个经济体制改革的中心环节，并需要进行计划体制、价格体系、国家机构管理经济的职能和劳动工资制度等方面的配套改革。

《决定》提出建立自觉运用价值规律的计划体制，发展社会主义商品经济。这是对计划体制的重大改革。《决定》指出，改革计划体制，首先要突破把计划经济同商品经济对立起来的传统观念，明确社会主义计划经济必须自觉依据和运用价值规律；社会主义计划经济是在公有制基础上的有计划的商品经济。根据这一认识，《决定》突破“计划经济为主、市场调节为辅”的提法，对经济体制进行了新的概括：第一，就总体说，我国实行的是计划经济，即有计划的商品经济，而不是那种完全由市场调节的市场经济；第二，完全由市场调节的生产和交换，主要是部分农副产品、日用小商品和服务修理行业的劳务活动，它们在国民经济中起辅助的但不可缺少的作用；第三，实行计划经济不等于指令性计划为主，指令性计划和指导性计划都是计划经济的具体形式；第四，指导性计划主要依靠经济杠杆的作用来实现，指令性计划则是必须执行的，但也必须运用价值规律。这些观点是根据马克思主义基本原理同我国实际相结合的原则，在社会主义经济理论上的新突破，为深化经济体制改革提供了新的理论指导。

中共十二大召开以后，尤其是 1983 年、1984 年，中国经济、社会发展比较顺利，成效显著。这集中体现在国民经济和社会发展第六个五年计划的顺利实施上，国民经济以较高的速度持续、稳定增长，国民经济主要比例关系基本协调，多种所有制经济共同发展，经济效益有了比较明显的提高，科技、教育、文化、体育、卫生事业欣欣向荣，城乡居民收入大幅度增长。随着“六五”计划的顺利实施，中共中央从 1983 年开始着手进行“七五”计划的制定。到 1985 年 9 月，中国共产党全国代表会议审议通过《中共中央关于制定国民经济和社会发展第七个五年计划的建议》。《建议》对“六五”时期经济、社会发展所取得的成绩和“七五”建设面临的经济形势作了实事求是的估计，明确提出“七五”期间经济社会发展的主要奋斗目标和主要任务。主要奋斗目标是：争取基本上奠定有中国特色的新型社会主义经济体制的基础，大力促进科学技术进步和智力开发，不断提高经济效益，使1990年的工农业总产值和国民生产总值比1980年翻一番或者更多一些，使城乡居民的人均实际消费水平每年递增百分之四到五，使人民的生活质量、生活环境和居住条件都有进一步的改善。关于经济体制改革，《建议》提出力争在此后五年或者更长一些的时间内，基本上奠定有中国特色的、充满生机和活力的社会主义经济体制的基础。建立新型的社会主义经济体制，主要抓好三个方面的工作：一是进一步增强企业特别是全民所有制大中型企业的活力，使它们真正成为相对独立、自主经营、自负盈亏的社会主义商品生产者和经营者；二是进一步发展社会主义有计划的商品市场，逐步完善市场体系；三是逐步减少国家对企业的直接控制，建立健全间接控制体系，主要运用经济手段和法律手段，并采取必要的行政手段来控制和调节经济运行。

国务院根据中共中央建议，对计划作了进一步的深入研究，反复进行综合平衡和各种计算，同时广泛征求各部门、各地方的意见，正式编制出“七五”计划草案，提请全国人大审议批准。1986年4月，《中华人民共和国国民经济和社会发展第七个五年计划（1986—1990）》经六届全国人大四次会议审议批准，向全国公布。

第三节 改革开放和各项建设的全面展开

按照中共十二大以来党中央的部署，全国迅速掀起全面改革开放的热潮。以城市为重点的经济体制改革全面展开，科教文卫体制改革有序推进，对外开放进一步扩大。在建设高度物质文明的同时，开展社会主义精神文明建设。立足于服从和服务于国家经济建设大局，国防建设、外交工作完成了战略性转变，形成新的格局。

一、以城市为重点推进经济体制改革

中共十二大以后，经济体制改革全面展开。农村经济体制改革在巩固的基础上进一步深入，乡镇企业异军突起；改革的重点逐步转向城市，城市经济体制改革由试点发展到全面铺开。

中共中央在1982年发布“一号文件”肯定家庭联产承包责任制的基础上，又连续数年发布指导农村工作的“一号文件”，以切实有效的政策措施，深入推进农村经济体制改革。一是初步调整农村产业结构。1983年1月，中共中央在下发的“一号文件”《当前农村经济政策的若干问题》中，强调“我国农村只有走农林牧副渔全面发展、农工商综合经营的道路，才能保持农业生态的良性循环和提高经济效益”。为此，制定了调整农业产业结构的具体政策，主要包括：发展农产品加工业，发展多种多样的合作经济，发展合作商业、农村个体商业和各种服务业，建立一批农林牧副渔各业商品生产基地等。二是改革农产品统购派购制度。1985年中央“一号文件”《关于进一步活跃农村经济的十项政策》规定了改革农产品统购派购制度的政策。从1985年起，除个别品种外，国家不再向农民下达农产品统购派购任务，按照不同情况，分别实行合同定购和市场收购。其中粮食、棉花改为合同定购，定购以外的粮棉可以自由上市；生猪、水产品和大中城市、工矿区的蔬菜逐步取消派购，自由上市；其他统购派购产品，分品种、分地区逐步放开。三是进一步推进乡镇企业发展。1984年3月1日，中共中央、国务院转发农牧渔业部《关于开创社队企业新局面的报告》并发出通知，将社队企业更名为乡镇企业，充分肯定乡镇企业在整个国民经济和社会发展中的地位和作用，并提出发展乡镇企业的若干政策。从1984年起，乡镇企业进入高速发展时期。1987年，全国乡镇企业从业人数达到8805万，产值达到4945.59亿元，占农村社会总产值9431.6亿元的

52.4%，第一次超过了农业总产值 4675.7 亿元，[①] 这是农村经济的历史性变化。

城市经济体制改革逐步向纵深拓展，尤其是中共十二届三中全会以后，以城市为重点的经济体制改革全面深入地开展起来。

第一，进一步增强企业活力。1984 年 5 月以后，国务院先后颁布一系列关于进一步扩大国营工业企业自主权的文件，从放权让利进一步转向企业所有权和经营权分离。在所有权与经营权分离的条件下，出现了承包经营责任制、股份制等多种搞活企业的经营方式。承包经营责任制能调动企业经营者和职工的积极性，在短期内产生一定的增产增收效应，因而很快在国有大中型企业得到普遍实行。1987 年，大中型国营工业企业中实行多种形式的承包经营责任制的占 82%；小型国营工业企业中，改成集体经营、租赁和个人承包的占 46%。[②] 1987 年，重庆嘉陵摩托集团开始实行股份制试点改革。1984 年 11 月 18 日，经中国人民银行上海市分行批准，上海飞乐音响公司成立，并向社会发行每股面值 50 元的股票 1 万股，成为改革开放以来全国第一家经批准向社会公开发行股票、按比较规范的办法试办的股份制企业，其股票成为我国改革开放以来发行的第一种上市股票。1986 年 11 月 14 日，邓小平在人民大会堂会见美国纽约证券交易所董事长约翰·范尔霖率领的纽约证券交易所代表团，向范尔霖赠送了面值 50 元的上海飞乐音响公司的股票。

从 1984 年开始，国营企业内部实行厂长负责制试点，明确了厂长在重大问题上的决策权、生产经营上的指挥权和对中层行政干部的任免权。试点企业生产经营和职工民主管理都得到加强，工作效率和经济效益有明显提高。到 1987 年，据 28 个省、自治区、直辖市统计，国营工业企业中已实行厂长负责制的企业占 68%。[③] 1985 年，启动国营企业工资改革，实行职工工资总额随企业经济效益按比例浮动的办法。1986 年，国营企业用工招

---

① 中国农业银行编：《中国农村金融统计年鉴（1993）》，中国统计出版社 1993 年版，第 338 页。国家统计局编：《中国统计年鉴（1993）》，中国统计出版社 1993 年版，第 333、335 页。

② 《中华人民共和国国家统计局关于 1987 年国民经济和社会发展的统计公报》，《人民日报》，1988 年 2 月 24 日。

③ 《中华人民共和国国家统计局关于 1987 年国民经济和社会发展的统计公报》，《人民日报》，1988 年 2 月 24 日。

工制度进行改革，新招收的工人都实行劳动合同制。通过一系列的改革，城市国有企业活力得到极大增强。

第二，改革计划体制，改进国家宏观调节的范围和方式。1984 年 10 月 4 日，国务院批转国家计委《关于改进计划体制的若干暂行规定》，根据"大的方面管住管好、小的方面放开放活"的原则，规定对关系国计民生的重要经济活动实行指令性计划；对大量的一般经济活动，实行指导性计划；对饮食业、服务业和小商品生产等方面，实行市场调节。[①] 这样，计划体制改革开始迈出重大步伐，大幅度减少了国家直接计划管理的产品，扩大了市场调节的范围和比重。到 1986 年底，国家计委管的工业指令性计划产品从 120 种左右减到 60 种，占工业产值的比例从 40% 降到 20% 左右。国家统配物资从规定的 256 种减到 20 种，商业部计划管理的商品从 188 种减到 23 种。[②] 可见，经济杠杆在宏观调节中的作用明显加强。

第三，改革不合理的价格体制和过于集中的价格管理体制。80 年代中后期，经济体制进入新旧交替的关键时期，一方面，国家指令性计划逐步减少和减弱；另一方面，市场调节经济的新机制尚未真正确立起来。新旧体制的碰撞集中地表现在价格改革上。1985 年以后，价格改革开始向市场价格体制过渡，改革的区域由农村扩大到城市，改革由单一的价格体系调整转向改革价格管理体制和调整价格结构两个方面，改革的主要特征由"调放结合，以调为主"发展到"以放为主"。具体来说，自 1986 年 5 月，农产品价格管理实行国家定价、国家指导价和市场调节价三种形式，适当扩大国家指导价的品种，减少国家定价的品种，逐步形成少数重要的农产品实行国家定价，多数实行国家指导价或市场调节价。[③] 自 1985 年 1 月，国家放开属于企业自销和完成国家计划后超产部分的工业生产资料的

---

① 《国家计划委员会关于改进计划体制的若干暂行规定》,《中华人民共和国国务院公报》1984 年第 25 期。

② 严涛:《我国经济体制改革的成就与展望》,《人民日报》, 1987 年 6 月 12 日。

③ 《国家物价局等八单位下达〈关于改进农产品价格管理的若干规定〉》,《价格理论与实践》1986 年第 5 期。

出厂价格，取消原定的不高于国家定价20%的规定。从此，出现了同种计划内部分实行国家统一定价、计划外部分实行市场调节价的生产资料价格双轨制。自1986年4月，国家下放了部分轻工业消费品价格管理权限，对于花色品种繁多、供求变化快以及地区之间成本、质量差别较大的商品，实行浮动价格。[①] 经过上述改革，到1986年底，各类商品实行浮动价和市场价的比重，农副产品占65%，工业消费品占55%，生产资料占40%。[②]

此外，紧紧围绕搞活企业这个中心环节，以城市为重点的经济体制改革在财政体制、金融体制和劳动工资制度等方面的改革都取得一些进展，逐步形成了一整套把计划和市场、微观搞活和宏观调控有机结合起来的机制和手段。

二、科教文卫改革和农村扶贫开发等社会事业有序推进

中共十二大以后，改革不仅在经济领域全面展开，而且向科技、教育、文化、卫生领域推进。

科技体制改革方面，1983年，国务院成立科技领导小组，领导科技改革试点，逐步确定了科技改革要有利于促进科技与经济的紧密结合、有利于充分发挥科技人员的积极性与创造性、允许一部分科技人员先富起来等原则。1985年3月13日，中共中央作出《关于科学技术体制改革的决定》，强调：现代科学技术是新的社会生产力中最活跃的和决定性的因素，社会主义现代化建设必须充分发挥科学技术的巨大作用；科学技术体制改革的根本目的“是使科学技术成果迅速地广泛地应用于生产，使科学技术人员的作用得到充分发挥，大大解放科学技术生产力，促进经济和社会的发展”[③]。《决定》从运行机制、组织结构、人事制度等方面部署科技体制改革。此后，我国科技体制改革逐步展开，主要包括进一步放开技术市

---

① 《工业消费品价格管理规定》，《商业经济研究》1986年第11期。
② 严涛：《我国经济体制改革的成就与展望》，《人民日报》，1987年6月12日。
③ 《十二大以来重要文献选编》中，人民出版社1986年版，第674页。

场、扩大科研机构的自主权、加强科研经费管理、促进科技人员合理流动等。此外，国家从20世纪80年代中期启动、实施了“星火计划”“863计划”“火炬计划”等重大科技计划，有利于充分发挥科技对经济发展的重要推动作用。

教育体制改革正式启动。1983年10月1日，邓小平为北京景山学校题词：“教育要面向现代化，面向世界，面向未来”，为教育事业的改革和发展指明了方向。1985年5月，中共中央印发了《关于教育体制改革的决定》，指出：教育体制改革的根本目的，是提高民族素质，多出人才、出好人才。要把发展基础教育的责任交给地方，有步骤地实行九年制义务教育；调整中等教育结构，大力发展职业技术教育；改革高等学校的招生计划和毕业生分配制度，扩大高等学校的办学自主权。此后，教育体制改革全面展开，并取得显著成绩。在义务教育方面，1986年4月12日，六届全国人大四次会议审议通过《中华人民共和国义务教育法》，使普及九年制义务教育得以依法有序地推进。到1986年，全国有1052个县达到普及初等教育标准，占全国县总数的52%，学龄儿童入学率达96.4%。[①]中等教育方面，1986年，各类中等职业技术学校在校学生共522万人，其中职业技术高中在校学生数达到480万人，占高中在校学生总数1253万的38.3%，中等教育结构趋于合理。[②]高等教育方面，扩大高等学校在办学、财务、基建、干部管理、职称评定等方面的管理权限，并改革招生和毕业分配制度，从1985年起由原来国家统一计划招生的模式转向国家任务计划与调节性计划相结合，同时允许扩大办学部门、地方和学校分配毕业生的自主权，缩小国家计划分配的范围，实行多渠道的分配方法。

由政府出资建设、生产经营管理依照计划进行的文化体制开始改革。80年代主要进行了艺术表演团体的经营机制市场化改革，实行承包经营责任制。到1985年上半年，全国有2/3以上的专业艺术表演团体实行

① 《八年来建设成就图表之八·教育科技事业欣欣向荣》，《人民日报》，1987年10月16日。

② 《中华人民共和国国家统计局关于1986年国民经济和社会发展的统计公报》，《人民日报》，1987年2月21日。

承包经营责任制。1985年4月23日，中央办公厅、国务院办公厅转发《文化部关于艺术表演团体的改革意见》，针对艺术团体人浮于事、机构臃肿、在分配上吃“大锅饭”、领导体制和经营管理不适应艺术生产等问题，进一步明确专业艺术表演团体的性质和任务，提出改革艺术表演团体领导体制、扩大自主权、改革和完善管理制度、繁荣艺术创作、加强培养艺术人才等改革措施。[①]此后，各地普遍进行了艺术表演团体体制改革，冲击了统包统管的旧体制，为建立和发展充满活力的新体制奠定了初步基础。

卫生体制改革方面，1985年，国务院批转卫生部《关于卫生工作改革若干政策问题的报告》，指出卫生工作改革的目的是调动各方面积极性，改善服务态度，提高服务质量和管理水平，有利于防病治病，便民利民。自此，卫生事业逐步适应改革开放新形势，从改革中找出路，从单一地向国家“等、靠、要”转为多渠道、多层次、多形式办医，坚持国家、集体、个人一起上的方针，为卫生事业的发展增添了活力。全国个体开业行医人数逐年增长，1987年达13.3万多人，他们没有“铁饭碗”，以优质服务求生存，形成了卫生事业的重要补充力量。全国村一级卫生站也得到了加强，1987年全国有乡村医生和卫生员近128万人，在71.6万多村庄中，87%以上达到有医有药、有医疗机构。在近4.5万个集体办的医疗卫生机构中，70%属于农村乡镇集体所有，承担着大量的医疗和卫生保健任务。60%的乡镇卫生院发挥了应有的医疗保健职能。1980年，全国家庭病床发展到81.3万张，方便了群众就医，“看病难、住院难”状况明显缓解。[②]

新时期农村贫困地区扶贫开发工作初步开展起来。1978年，我国农村绝对贫困人口有2.5亿人。在农村改革的推动下，农村绝对贫困人口大幅度下降，1985年下降到1.25亿人。1984年9月29日，中共中央、国务院

① 参见财政部文教行政财务司编：《社会文教行政财务制度选编（1985.1—1986.12）》，1987年，第189—203页。

② 艾笑：《卫生改革使亿万人民受惠》，《人民日报》，1987年9月6日。

发出《关于帮助贫困地区尽快改变面貌的通知》，要求对贫困地区予以财政支持和政策扶持，帮助这些地区首先摆脱贫困，进而改善生产条件，提高生产能力，发展商品生产，赶上全国经济发展的步伐。1986 年 4 月，扶持“老少边穷”地区尽快摆脱经济文化落后状况作为一项重要内容，列入了“七五”计划。5 月，国务院贫困地区经济开发领导小组正式成立，并召开第一次全体会议，提出“争取在‘七五’期间解决大多数贫困地区人民的温饱问题”。此后，全国范围内有计划、有组织、大规模的扶贫开发工作蓬勃开展起来。到 1991 年，基本实现了国家确定的“七五”末期解决贫困地区大多数群众温饱问题的目标，全国农村没有完全稳定解决温饱问题的贫困人口，从 1985 年的 1.25 亿人减少到 8000 万人。

保护环境、防治污染是社会主义现代化建设的重要组成部分。1979 年 9 月 13 日，五届全国人大常委会第十一次会议批准和颁布了新中国成立以来第一部综合性的环境保护基本法——《中华人民共和国环境保护法（试行）》，比较全面系统地规定了我国环境保护的基本方针、任务和政策、保护的对象及其基本要求和根本措施、环境管理体制等，标志着我国环境保护法律体系建设的开始。之后，六届全国人大陆续通过并颁布了《中华人民共和国水污染防治法》《中华人民共和国大气污染防治法》等多部重要环境保护法规，各省、自治区、直辖市和国务院有关部门结合本地区、本部门的情况，制定和颁布了一批环境保护条例。1983 年 12 月 31 日至 1984 年 1 月 7 日召开的第二次全国环境保护会议，正式把环境保护确定为中国的一项基本国策，提出了“经济建设、城乡建设和环境建设要同步规划、同步实施、同步发展，做到经济效益、社会效益和环境效益的统一”的指导方针，明确了“以防为主、防治结合”“谁污染、谁治理”“谁开发、谁保护”等政策原则。80 年代，国务院和有关部门重点开展了乡镇工业的污染治理、工业污染“三废”综合治理等。

在人口多、底子薄的情况下进行社会主义现代化建设，必须严格控制人口增长，使人口增长同国民经济的增长相适应。中共十二大明确提出：实行计划生育，是我国的一项基本国策。1982 年颁布的《中华人民共和国宪法》规定：国家推行计划生育，使人口的增长同经济和社会发展计划相适应。自此，计划生育工作进入了一个新的阶段，我国人口增长速度逐年下降。

此外，体育事业也在改革开放中迎来欣欣向荣的春天。中国女排在1981年获得世界杯冠军，在后来的5年中又在世界锦标赛、奥运会和世界杯这世界三大赛事中4次夺冠。女排的拼搏精神成为鼓舞中国人民努力奋斗的精神动力之一。1984年，我国首次派出体育代表团参加在美国洛杉矶举行的第23届奥运会，许海峰等运动员赢得金牌15块，金牌总数名列金牌榜第4位，打破了中国在奥运会史上金榜无名的纪录，实现了历史性的突破。1990年9月22日至10月7日，第十一届亚运会在北京举行，这是中国历史上第一次承办大型综合性国际体育运动会，中国体育代表团取得金牌和奖牌总数、总分第一的优异成绩。这些进步极大地振奋了民族精神，进一步推动体育事业的蓬勃发展。

▲ 1981年11月，中国女排获得第三届世界杯女子排球赛冠军后领奖。

三、开展社会主义精神文明建设

中国在积极推进改革开放和社会主义现代化建设的同时，努力建设高度的社会主义精神文明。1979 年 9 月，叶剑英在庆祝中华人民共和国成立 30 周年大会上的讲话中，提出在建设高度物质文明的同时，建设高度的社会主义精神文明。1982 年 9 月，中共十二大将社会主义精神文明建设作为基本任务，比较全面、系统地论述了社会主义精神文明建设的战略地位、主要内容、社会主义物质文明和精神文明的辩证关系等一系列重大问题。

加强道德建设是社会主义精神文明建设的重要内容。1981 年 2 月 25 日，全国总工会、共青团中央等 9 个单位联合向全国人民特别是青少年发出倡议，开展以“五讲”（讲文明、讲礼貌、讲卫生、讲秩序、讲道德）和“四美”（心灵美、语言美、行为美、环境美）为主要内容的文明礼貌活动。1982 年，在共青团中央倡导下，各地开展了热爱祖国、热爱社会主义、热爱中国共产党的“三热爱”活动，它与“五讲四美”合称为“五讲四美三热爱”的统一活动。开展全民文明礼貌月活动，是落实“五讲四美”、建设社会主义精神文明的一项有力措施，活动中涌现出大批文明村（镇）、文明厂（矿）、文明街道等文明单位。道德建设中还涌现出身残志坚的“优秀共青团员”张海迪、“新时期的活雷锋”朱伯儒等先锋模范人物。这些道德建设活动，对于缔造和发展人与人之间社会主义的新型关系，对于树立良好的社会风尚，起了很好的作用。

加强思想建设也是社会主义精神文明建设的重要组成部分。改革开放以来，一些人在党内外散布形形色色的资产阶级和其他剥削阶级腐朽没落的思想，散布对社会主义、共产主义事业和对共产党领导的不信任情绪等，扰乱人们特别是青少年的思想，造成思想混乱和消极情绪。1983 年 10 月召开的中共十二届二中全会，提出在思想战线清除精神污染的问题。之后，以理论界、文艺界为重点的思想战线，以座谈会、发表文章等形式，展开清除精神污染的斗争，很快刹住了极少数人搞精神污染的歪风，到 1984 年初，这场斗争基本告一段落。

经济体制开始全面改革以后，随着社会主义商品经济的发展和社会主义民主政治的完善，人们的思想意识、精神状态发生深刻变化，同时也对精神文明建设提出了新的更高的要求。能不能适应这种要求，形成有利于社会主义现代化建设和全面改革的舆论力量、价值观念、文化条件和社会环境，是一个历史性的重大考验。

为了加强精神文明建设，1986 年 9 月 28 日召开的中共十二届六中全会通过《中共中央关于社会主义精神文明建设指导方针的决议》，阐述了社会主义精神文明建设的指导方针和根本任务，强调坚持以马列主义、毛泽东思想为指导，是社会主义现代化事业的根本，也是社会主义精神文明建设的根本；社会主义精神文明的战略地位，决定了它必须是推动社会主义现代化建设的精神文明建设，必须是促进全面改革和实行对外开放的精神文明建设，必须是坚持四项基本原则的精神文明建设。社会主义精神文明的根本任务，是适应社会主义现代化建设的需要，培育有理想、有道德、有文化、有纪律的社会主义公民，提高整个中华民族的思想道德素质和科学文化素质。《决议》还对精神文明建设中的一些重要问题给予明确的回答，例如，《决议》中专门提出要反对资产阶级自由化的问题，指出："搞资产阶级自由化，即否定社会主义制度、主张资本主义制度，是根本违背人民利益和历史潮流，为广大人民所坚决反对的。"[①]《决议》是中国共产党制定的第一个关于社会主义精神文明建设的纲领性文件，为加强社会主义精神文明建设提供了科学指导。

然而，《决议》所强调的加强马克思主义在社会主义精神文明建设中的指导地位和反对资产阶级自由化的内容，在实际工作中并没有得到认真有效的贯彻。1986 年底，受资产阶级自由化的影响，不少城市发生了学生上街游行的学潮。中共中央在总结反思学潮发生的原因时，认为资产阶级自由化思潮的蔓延及其导致的严重学潮，是近几年来反对资产阶级自由化斗

① 《十二大以来重要文献选编》下，人民出版社 1988 年版，第 1184 页。

争旗帜不鲜明、态度不坚决的结果。[①]

1987 年 1 月 16 日，中央政治局召开扩大会议，胡耀邦在会上检讨了在重大政治原则问题上的失误。会议对胡耀邦进行严肃的同志式的批评，同时也如实地肯定其在工作中的成绩。会议决定接受胡耀邦辞去中央委员会总书记职务的请求，继续保留其中央政治局委员、中央政治局常务委员的职务。赵紫阳被推选为代理总书记。10 月，中共十二届七中全会确认了中央政治局扩大会议的决定。

四、军队改革和国防现代化建设

国防现代化是社会主义现代化建设的重要内容。20 世纪 80 年代，中国的国际环境有了较大改善，军队建设指导思想发生战略性转变，从过去随时准备应付大规模侵略战争转变到和平时期建设的轨道上来。1981 年 9 月，邓小平提出“必须把我军建设成为一支强大的现代化、正规化的革命军队”[②]的目标。“八二宪法”提出加强武装力量的革命化、现代化、正规化建设，军队在巩固国防、保卫祖国的同时，参加国家建设事业，努力为人民服务。根据这一要求，中国采取了大规模的裁军行动。

从 1982 年到 1984 年，军队进行初步精简整编和体制调整。1985 年 5 月 23 日至 6 月 6 日，中央军委召开扩大会议，邓小平在会上对国际形势和我国周边安全进行科学分析指出：虽然世界战争的危险还是存在的，但是世界和平力量的增长超过战争力量的增长，因此“在较长时间内不发生大规模的世界战争是有可能的，维护世界和平是有希望的”[③]。基于这一判断，这次会议作出军队减少员额 100 万的战略决策。6 月 8 日，中共中央、国务院、中央军委发出《关于支持军队体制改革、精简整编的通知》。

① 参见《李鹏指出教育战线今年要抓好两件大事 开展反对资产阶级自由化斗争 继续进行教育领域的各项改革》，《人民日报》，1987 年 2 月 17 日。

② 《邓小平文选》第二卷，人民出版社 1994 年版，第 395 页。

③ 中共中央文献研究室编：《邓小平年谱（1975—1997）》下，中央文献出版社 2004 年版，第 1051 页。

按照中央部署，百万大裁军从1985年下半年开始，全军依照先机关、后部队、院校和保障单位的顺序，自上而下地组织实施。一是压缩军队规模，减少数量，提高质量。到1987年，人民解放军的总员额由423.8万减到323.5万。之后，又作进一步的裁减，至1990年，全军总员额减到319.9万，共裁减员额103.9万，占裁减前总员额的24.5%，至此，百万裁军的任务已超额完成，人民解放军在精兵、合成、提高效能方面前进了一大步。二是撤并、压缩机构。将11个大军区精简合并成7个；人民解放军军事学院、政治学院和后勤学院合并成立国防大学。三是组建陆军集团军和陆军航空兵，加大技术兵种的比例，全军减少军级以上单位31个。四是初步理顺领导和管理体制，中央军委所属总部机关人员精简近一半。五是改进部队的组织编成，共减少团级以上单位5900多个，组建陆军合成集团军。六是调整干部与战士的编配比例，人员构成比较合理。[①]

军队精简整编工作的完成，为军队制度改革提供了有利条件。首先，恢复军衔制。1965年取消军衔制，一定程度上影响了军队的正规化建设。1984年5月，六届全国人大二次会议通过《中华人民共和国兵役法》，重新规定人民解放军实行军衔制度。1988年7月1日，七届全国人大常委会第二次会议通过《中国人民解放军军官军衔条例》，士兵军衔制度同时立法。新公布的军衔制不再设元帅、大将和大尉，而以一级上将为最高军衔。9月14日，中央军委在中南海怀仁堂举行授予上将军官军衔仪式，党和国家领导人向17位高级军官授予上将军衔。10月1日，人民解放军正式实施新的军衔制度，共授予将官军衔1452人、校官军衔18万人、尉官军衔40.5万人。[②]同时，建立文职干部制度。1988年4月27日，中央军委正式颁发《中国人民解放军文职干部暂行条例》，规定：文职干部是中国人民解放军编制定额内不授予军衔的干部，承担与现役军官基本相同的义务，享受同等的权利，并依隶属关系和所任职务与现役军官构成

① 《中国的军备控制与裁军》,《人民日报》，1995年11月17日。
② 《中国人民解放军实行军衔制》,《人民日报》，2009年8月22日。

上下级或同级关系，工作需要时也可以改任现役军官。文职干部不着统一的制式军装，只佩带统一的胸章符号，实行任命和聘任相结合的制度。到1988年7月，人民解放军首批现役军官改为文职干部的工作全部完成，全军共有10多万人转为文职干部。这一改革，有利于稳定军队中的专业技术队伍。

1988年9月5日，七届全国人大三次会议审议通过《中国人民解放军现役军官服役条例》，对现役军官的基本条件和培训、考核和职务任免、奖励和处分、待遇、退出现役等作出具体规定。该条例与《中国人民解放军军官军衔条例》《中国人民解放军文职干部暂行条例》相配套，构成新时期中国人民解放军干部制度的基本框架，使人民解放军向正规化迈出关键一步。

改革开放新时期，我国贯彻积极防御的军事战略方针，在战略上实行防御、自卫和后发制人的原则，坚持“人不犯我，我不犯人，人若犯我，我必犯人”。按照这一方针，人民解放军在保卫国家领土主权斗争中做出了新贡献。由于越南方面不断越境侵犯我国领土，抢掠财物，杀害平民，1979年2月17日，人民解放军边防部队打响对越自卫还击战，对入侵中国领土的越南军队予以重创。1984年，收复老山后，人民解放军进行了长达数年的老山坚守防御战。1988年3月14日，中国海军军舰对窜到我国南沙群岛赤瓜礁海域进行挑衅的越南海军舰船进行还击。这些自卫还击战，保卫了我国领土主权完整，维护了国家尊严，展现了人民解放军威武之师的形象。此外，人民解放军在完成教育训练任务的同时，积极参加和支援国家经济建设，包括参加抢险救灾、参加国家和地方的重点工程建设、发挥人才技术优势开展科技助民、支援农业和扶贫开发工作、参加社会公益事业建设等，为国家的繁荣和发展做出重要贡献。

五、“一国两制”的提出

中共十一届三中全会后，以邓小平为核心的第二代中央领导集体，在毛泽东、周恩来50年代提出的关于和平解放台湾设想的基础上，创造性地提出“一国两制”[①]构想，并确立为解决祖国统一问题的一项基本国策，开辟了以和平方式实现祖国统一的新途径。

1979年1月1日，全国人大常委会发表《中华人民共和国全国人民代表大会常务委员会告台湾同胞书》，郑重宣布反对台湾独立和争取实现祖国和平统一的方针。同日，人民解放军福建前线部队停止对大金门、小金门等岛屿的炮击，从而迈出了实行和平统一政策的第一步。1981年8月26日，邓小平会见台湾、香港知名人士时，进一步阐明中央政府对台湾的政策，指出：“台湾不搞社会主义，社会制度不变，外国资本不动，甚至可以拥有自己的武装力量。台湾人民的生活水平不降低。”[②]9月30日，全国人大常委会委员长叶剑英向新华社记者发表谈话，进一步阐述了台湾回归祖国、实现和平统一的九条方针。尽管这时还没有使用“一国两制”的概念，但是“一国两制”构想的轮廓已经基本形成。1982年1月11日，邓小平在会见美国华人协会主席时正式提出“一个国家两种制度”的概念，他说：“九条方针是以叶副主席的名义提出来的，实际上就是一个国家两种制度。两种制度是可以允许的。他们不要破坏大陆的制度，我们也不破坏他们那个制度。”[③]1982年颁布的《中华人民共和国宪法》第31条规定：“国家在必要时得设立特别行政区。在特别行政区内实行的制度按照具体情况由全国人民代表大会以法律规定。”[④]“一国两制”构想的实质内容被载入国家根本大法，实行“一国两制”有了宪法的保证。1984年5月，六届全国人大二次会议明确指出：“从国家和民族的根本利益出发，鉴

---

① “一国两制”是“一个国家，两种制度”的简称，指的是在祖国统一的前提下，国家的主体坚持社会主义制度，台湾、香港、澳门保持原有的资本主义制度和生活方式长期不变。

② 中共中央文献研究室编：《邓小平年谱（1975—1997）》下，中央文献出版社2004年版，第764页。

③ 中共中央文献研究室编：《邓小平年谱（1975—1997）》下，中央文献出版社2004年版，第797页。

④《中华人民共和国宪法（一九八二年十二月四日中华人民共和国第五届全国人民代表大会第五次会议通过）》，《人民日报》，1982年12月5日。

于历史的经验和台湾的现实，我们提出了祖国统一之后可以实行‘一个国家，两种制度’的设想。”[①] 这一构想，既体现了实现祖国统一、维护国家主权的原则性，又充分考虑台湾、香港、澳门的历史和现实，体现了高度的灵活性。

“一国两制”构想虽然最初是为了解决台湾问题而提出的，却首先被成功运用于解决香港问题和澳门问题。1981 年 12 月，中共中央作出 1997 年 7 月 1 日收回香港的决定。[②]1982 年 9 月，中英关于香港问题的谈判正式开始。1984 年 9 月，中英双方在中方政策基础上达成协议。12 月 19 日，中英两国政府在北京正式签署《中华人民共和国政府和大不列颠及北爱尔兰联合王国政府关于香港问题的联合声明》，确认中国政府将于 1997 年 7 月 1 日恢复对香港（包括香港岛、九龙、“新界”）行使主权。1985 年 5 月 27 日，中英两国政府在北京互换批准书，中英联合声明正式生效，香港回归进入过渡期。

香港问题解决后，澳门回归问题随即被提上日程。1986 年 6 月，中国和葡萄牙两国政府开始就澳门问题举行谈判。1987 年 4 月 13 日，中葡两国总理在北京正式签署《中华人民共和国政府和葡萄牙共和国政府关于澳门问题的联合声明》，宣布中华人民共和国政府将于 1999 年 12 月 20 日对澳门恢复行使主权。1988 年 1 月 15 日，中葡双方交换批准文件，中葡联合声明生效，澳门回归过渡期由此时正式开始。

六、对外开放格局初步形成和外交工作新局面

20 世纪 80 年代初，深圳、珠海等 4 个经济特区在吸引和利用外资、引进先进技术以及各项建设中取得突出成就，初步显示出强大的生命力。1984 年 1 月下旬到 2 月中旬，邓小平到深圳、珠海、厦门经济特区和上海

---

① 《政府工作报告——一九八四年五月十五日在第六届全国人民代表大会第二次会议上》，《人民日报》，1984 年 6 月 2 日。

② 中共中央党史研究室：《中国共产党的九十年》，中共党史出版社、党建读物出版社 2016 年版，第 763 页。

视察时题词："深圳的发展和经验证明，我们建立经济特区的政策是正确的"，"把经济特区办得更快些更好些"。2月24日，邓小平在北京同几位中央负责同志谈话时明确提出："除现在的特区之外，可以考虑再开放几个港口城市，如大连、青岛。这些地方不叫特区，但可以实行特区的某些政策。"[①] 在场中央负责同志一致同意办好经济特区和增加开放城市的意见。

1984年3月26日至4月6日，中央书记处和国务院联合召开沿海部分城市座谈会，确定进一步开放14个沿海港口城市，即大连、秦皇岛、天津、烟台、青岛、连云港、南通、上海、宁波、温州、福州、广州、湛江和北海，作为我国实行对外开放的一个新的重要步骤。5月4日，中共中央、国务院转发《沿海部分城市座谈会纪要》，指出：沿海开放城市的建设，主要靠政策，一是给前来投资和提供先进技术的外商以优惠待遇；二是扩大这些城市的自主权，让它们有充分的活力去开展对外经济活动。这些开放城市在国民经济发展中具有特殊重要的地位，对全国经济发展的推动作用是很大的。

开辟沿海经济开放区，是对外开放中采取的又一新的战略步骤。1985年1月25日至31日，国务院召开长江、珠江三角洲和闽南厦（门）漳（州）泉（州）三角地区座谈会，建议将这三个"三角"地区开辟为沿海经济开放区。2月18日，中共中央、国务院批转《长江、珠江三角洲和闽南厦漳泉三角地区座谈会纪要》，指出：这三个经济开放区应逐步形成贸—工—农型的生产结构，即按出口贸易的需要发展加工工业，既是对外贸易的重要基地，又成为扩展对外经济联系的窗口。这样，我国初步形成由经济特区、沿海开放城市和沿海开放区组成的多层次、有重点、点面结合的对外开放格局。

根据改革开放和社会主义现代化建设的需要，中共中央重新定位中国外交出发点，突出维护国家经济利益在中国国际战略和外交政策中所占的地位。这样，努力争取世界和平，为国内经济建设创造一个良好的环境，

① 中共中央文献研究室编：《邓小平年谱（1975—1997）》下，中央文献出版社2004年版，第957、958、963页。

成为中国对外工作总的指导方针。外交政策也进行了相应的调整。

1978 年 12 月 16 日，中美两国政府同时发表《中华人民共和国和美利坚合众国关于建立外交关系的联合公报》，决定自 1979 年 1 月 1 日起建立外交关系，结束了两国之间长达 30 年之久的不正常状态。中美建交后，两国关系发展并不顺利，其中最主要的障碍是台湾问题。1979 年 3 月，美国国会通过"与台湾关系法"，给中美关系造成损害。进入 20 世纪 80 年代以后，在美苏争霸的战略格局中，苏联日渐处于衰势，多次提出希望同中国改善关系。在这种情况下，中国开始改变联美抗苏的"一条线"战略。从 1982 年秋天开始，中苏两国就关系正常化问题进行磋商，影响中苏关系的几个基本障碍逐渐解决，两国关系逐步好转。

1982 年，为争取和平、延缓战争和寻求建立更均衡的对外关系，中国政府开始把反对霸权主义、维护世界和平、加强同第三世界国家的团结与合作，作为新时期基本外交政策。1982 年 8 月 21 日，邓小平在会见联合国秘书长德奎利亚尔时指出："中国的对外政策是一贯的，有三句话，第一句话是反对霸权主义，第二句话是维护世界和平，第三句话是加强同第三世界的团结和合作，或者叫联合和合作。"①

到 20 世纪 80 年代中期，美苏、中苏关系都有所改善，国际形势明显趋于缓和。在这种情况下，1984 年 5 月 17 日，邓小平提出"和平问题"和"南北问题"已成为世界上两大突出问题的论断。1985 年 3 月 4 日，邓小平进一步指出："现在世界上真正大的问题，带全球性的战略问题，一个是和平问题，一个是经济问题或者说发展问题。和平问题是东西问题，发展问题是南北问题。"②1986 年 4 月，六届全国人大四次会议通过国务院《关于第七个五年计划的报告》，把中国的外交政策概括为"独立自主的和平外交政策"，并分十个方面阐述了这一政策的主要内容和基本原则。至此，中国已基本完成了外交方针的调整。

---

① 中共中央文献研究室编：《邓小平年谱（1975—1997）》下，中央文献出版社 2004 年版，第 841 页。

② 中共中央文献研究室编：《邓小平年谱（1975—1997）》下，中央文献出版社 2004 年版，第 1031 页。

随着外交方针的重大调整，中国在发展同世界各国友好关系方面取得重要进展，中国的对外关系格局已显示出向全方位发展的新特点。一是发展与大国之间的友好关系。1978 年 8 月，中国和日本签订了友好和平条约；1983 年 11 月，中日双方共同确定“和平友好、平等互利、互相信赖、长期稳定”四项原则，为中日睦邻友好关系的进一步健康发展奠定了基础。中美之间虽然在台湾问题上始终存在分歧，但是中美两国在经济、贸易及科技交流合作方面保持较好的势头，美国已经成为中国第三大贸易伙伴。中苏关系在 1989 年实现了正常化。中国还积极发展同欧洲国家、澳大利亚、新西兰、加拿大等国的关系。二是推进周边外交，实现睦邻友好。这是中国在 20 世纪 80 年代对外关系的一个重要方面。中国与朝鲜、蒙古、印度、印度尼西亚、老挝等国的关系都得到改善。三是在非洲、拉丁美洲，中国同第三世界国家的友好关系进一步巩固。1983 年至 1987 年，中国同 10 个国家建立外交关系，使建交国总数达到 135 个①。20 世纪 80 年代，中国还积极参与以联合国为中心的多边外交活动，广泛参加各种国际多边条约和国际公约，大力发展与国际组织的关系，在一些国际机构中积极发挥作用，扩大了中国的国际影响。

第四节　加快改革开放

改革开放的全新实践，深化了中国共产党对社会主义现代化建设的理论认识，到 1987 年中国共产党第十三次全国代表大会召开时，中共中央提出了社会主义初级阶段理论和党在社会主义初级阶段的基本路线，确定了“三步走”发展战略。改革开放理论基础的创新，极大地鼓舞了全国人民的热情和干劲，改革开放的步伐大为加快，整个国民经济提高到一个新的水

① 中共中央党史研究室：《中国共产党新时期简史》，中共党史出版社 2009 年版，第 55 页。

平，同时在前进中也出现了物价上涨等一些问题。中共中央决定用一段时间治理经济环境、整顿经济秩序，以利于更好地推进改革和建设。

一、确立党在社会主义初级阶段的基本路线

自1978年十一届三中全会到1987年的9年间，我国发生了深刻的变化。同1978年相比，1986年国民生产总值、工农业总产值、国家财政收入和城乡居民平均收入水平都大体翻了一番。为了总结改革开放以来的实践经验，继续发展这种良好的局面和深化改革，中共中央决定召开第十三次全国代表大会。

1987年10月25日至11月1日，中共十三大召开。大会对十一届三中全会以来9年间10亿人民丰富生动的实践经验进行创造性的理论概括，第一次系统地阐明了社会主义初级阶段理论。大会指出：第一，我国社会已经是社会主义社会，必须坚持而不能离开社会主义；第二，我国的社会主义社会还处在初级阶段，必须从这个实际出发，而不能超越这个阶段。我国所处的社会主义初级阶段，是特指我国在生产力落后、商品经济不发达条件下建设社会主义必然要经历的特定阶段，从生产资料私有制的社会主义改造基本完成，到社会主义现代化的基本实现，至少需要上百年时间，都属于这个阶段。在社会主义初级阶段，主要矛盾是人民日益增长的物质文化需要同落后的社会生产之间的矛盾。党和国家的主要任务是发展生产力，推进社会主义现代化建设。

大会明确提出了党在社会主义初级阶段的基本路线，即领导和团结全国各族人民，以经济建设为中心，坚持四项基本原则，坚持改革开放，自力更生，艰苦创业，为把我国建设成为富强、民主、文明的社会主义现代化国家而奋斗。这条基本路线，核心是“一个中心、两个基本点”，即以经济建设为中心，坚持四项基本原则，坚持改革开放。这是十一届三中全会以来党所一贯坚持的路线。

大会依据社会主义初级阶段理论和党的基本路线，制定了加快和深化

改革的基本方针和行动纲领。关于经济体制改革，大会对中共十二届三中全会提出的社会主义经济是公有制基础上的有计划的商品经济作了进一步阐述，指出：社会主义有计划商品经济的体制，应该是计划与市场内在统一的体制；新的经济运行机制，总体上来说应当是“国家调节市场，市场引导企业”的机制。大会提出，围绕转变企业经营机制这个中心环节，分阶段地进行计划、投资、物资、财政、金融、外贸等方面体制的配套改革，逐步建立起有计划商品经济新体制的基本框架。关于政治体制改革，大会指出：经济体制改革的展开和深入，对政治体制改革提出了愈益紧迫的要求，政治体制和经济体制改革的目的，都是为了在党的领导和社会主义制度下更好地发展社会生产力，充分发挥社会主义的优越性。改革的近期目标，是建立有利于提高效率、增强活力和调动各方面积极性的领导体制；改革的长远目标，是建立高度民主、法制完备、富有效率、充满活力的社会主义政治体制。

大会阐述了“建设有中国特色的社会主义理论”这一概念，并第一次对中国特色社会主义理论的主要内容进行了系统概括。

二、“三步走”发展战略的确定

中共十三大正式提出了“三步走”发展战略，即：第一步，实现国民生产总值比1980年翻一番，解决人民的温饱问题，这个任务已经基本实现；第二步，到20世纪末，使国民生产总值再增长一倍，人民生活达到小康水平；第三步，到21世纪中叶，人均国民生产总值达到中等发达国家水平，人民生活比较富裕，基本实现现代化。然后，在这个基础上继续前进。

“三步走”发展战略是在改革开放实践中逐步形成的，它发端于邓小平等中央领导人对于中国如何实现四个现代化建设的思考。从1975年领导整顿工作起，邓小平就开始对20世纪末实现四个现代化的目标进行重新思考，关注在中国这样一个贫穷落后、人口众多的东方大国搞社会主义现代化建设所面临的困难，尤其是同世界发达国家的差距。到1979年3月，邓小平提出了“中国式的四个现代化”“中国式现代化”的概念，在他看来，到20世纪末，中国大概只能达到发达国家20世纪70年代的水平。1979年12月6日，邓小平与日本首相大平正芳会谈时，首次用“小康”指代到20世纪末中国达到的现代化水平。在中共十二大上，“小康”构想被确定为此后20年我国经济社会的发展目标。

中共十二大以后，邓小平重点思考“小康”之后中国如何发展的问题。1984年4月18日，邓小平在会见英国外宾时，第一次对“小康”之后的发展目标作了设想：“我们的第一个目标就是到本世纪末达到小康水平，第二个目标就是要在三十年至五十年内达到或接近发达国家的水平。”1986年9月23日，又提出“到下个世纪中叶达到中等发达国家水平”①。1987年4月30日，邓小平在会见西班牙外宾时，第一次从战略上对中国现代化建设作出分“三步走”的部署，把20世纪最后20年的“一步”分为“两步”，加上21世纪前50年的“一步”，共分“三步走”。他说：“我们原定的目标是，第一步在八十年代翻一番。以一九八〇年为基数，当时国民生产总值人均只有二百五十美元，翻一番，达到五百美元。第二步是在本世纪末再翻一番，人均达到一千美元。实现这个目标意味着我们进入小康社会，把贫困的中国变成小康的中国。那时国民生产总值超过一万亿美元，虽然人均数还很低，但是国家的力量有很大增加。我们制定的目标更重要的还是第三步，在下世纪用三十年到五十年再翻两番，大体上达到人均四千美元。做到这一步，中国就达到中等发达的水平。”②

邓小平的这一战略构想为中共十三大所确定。“三步走”发展战略，从中国社会主义初级阶段的基本国情和经济发展的内在规律出发，以社会主义初级阶段的主要矛盾为线索，以社会生产的发展水平和相应的人民生活水平为标志，来划分经济建设的战略步骤，确定每一步所要达到的目标。可以说，这是一个渐进的经济建设发展战略，明确了此后近70年间中国经

---

① 中共中央文献研究室编：《邓小平年谱（1975—1997）》下，中央文献出版社2004年版，第970、1140页。

② 中共中央文献研究室编：《邓小平年谱（1975—1997）》下，中央文献出版社2004年版，第1183页。

济建设的历史任务和奋斗目标。

中共十三大高度重视第二步战略目标任务的实现，提出重点解决三个重要问题：一是把发展科学技术和教育事业放在首要位置，使经济建设转到依靠科技进步和提高劳动者素质的轨道上来；二是保持社会总需求和总供给基本平衡，合理调整和改造产业结构；三是进一步扩大对外开放的广度和深度，不断发展对外经济技术交流与合作。中共十三大强调，经济发展战略的实现，从根本上说要依靠经济体制改革的加快和深化。这就对下一步改革开放提出了新的要求。

三、国家行政管理体制改革与建立公务员制度

加快经济体制改革，必须克服原有行政管理体制的弊端。中共十三大分析了“政府机构庞大臃肿，层次过多，职责不清，互相扯皮”的问题，提出“必须下决心对政府工作机构自上而下地进行改革”的任务。

根据这一要求，国务院立即着手制定改革中央政府机构的方案。与1982年精简机构不同，这次机构改革不是简单的撤减、合并，而是抓住政府管理职能转变这个关键，以建立符合现代化管理要求、具有中国特色、功能齐全、结构合理、运转协调、灵活高效的行政管理体系为长远目标，以转变职能、精干机构、精简人员、提高行政效率、克服官僚主义、逐步理顺政府同企事业单位和人民团体的关系、理顺政府各部门之间的关系以及中央政府同地方政府的关系为此后5年改革的目标；以减少政府机构直接干预企业经营活动的职能，增强宏观调控职能，初步改变机构设置不合理和行政效率低下的状况为基本要求。改革的重点是同经济体制改革关系极为密切的经济管理部门。

1987年12月16日，中央政治局全体会议讨论并原则同意关于党中央、国务院机构改革方案。会议决定：党中央机构改革方案由中共中央书记处组织实施；国务院机构改革方案经全国人民代表大会批准后由国务院组织实施。1988年3月25日至4月13日，第七届全国人民代表大会第一次会

议在北京召开，会议审议并原则批准了国务院机构改革方案。

国务院机构改革，合并、裁减了一些专业管理部门和综合部门内部的专业机构，完善或新建了一些综合和行业管理机构。具体来说，国务院部委从原有的45个减为41个，直属机构从原有的22个减为19个，非常设机构从原有的75个减为44个，部门内设司局级机构减少约20%。国务院各部委、直属局、工作机构共有工作人员5万余人，机构改革后的人员编制总计减少9700多人，占原有人数的19.7%。[①]通过改革，不仅解决了一批部门之间职能交叉、重复的问题，而且为逐步实行国家公务员制度创造了一定条件。

建立国家公务员制度，是为了造就一大批德才兼备的国家工作人员，从根本上提高各级政府的工作水平和工作效率。中共十三大把建立国家公务员制度作为干部人事制度改革的重点，提出国家公务员分为政务和业务两类。政务类公务员严格依照宪法和组织法进行管理，实行任期制，并接受社会的公开监督；党中央和地方各级党委，依照法定程序向人大推荐各级政务类公务员的候选人，监督、管理政务类公务员中的共产党员。业务类公务员按照国家公务员法进行管理，实行常任制；凡进入业务类公务员队伍，应当通过法定考试，公开竞争。由此，国家公务员制度的推行正式启动。

七届全国人大一次会议决定组建人事部，它既是国家公务员管理机构，又是建立和推行国家公务员制度的职能部门。1988年人事部又成立了中国高级公务员培训中心，作为国家公务员培训体系的重要组成部分。

从1989年起，国家公务员制度先在六个国家部门后又在两个地区（深圳、哈尔滨）开始试点并取得成功，随后在全国推开。进行试点的单位是经过机构改革、人员优化组合的单位，试点的内容包括考试录用、职务晋升、考核奖惩等全套管理制度以及新旧体制过渡问题。也就是说，对新进机关的人员，按照有关法规的精神实行公开招考、择优录用的办法；实行功绩制，将公务员的实绩作为评价公务员的主要依据，在严格考核的基础

① 陈维伟：《人事部部长赵东宛答记者问 国务院“三定”方案审议完毕 人员编制比改革前实有人数减少近万人》，《人民日报》，1989年1月6日。

上，把公务员的工作成绩与其职务升降、工资待遇和奖惩联系起来。

四、深化经济体制改革，扩大对外开放

中共十三大提出建立社会主义有计划的商品经济新体制，是计划与市场内在统一的体制。在这种体制下，计划和市场的作用范围都是覆盖全社会的。新的经济运行机制，总体上来说应当是“国家调节市场，市场引导企业”的机制。这就为下一步深化改革明确了方向，即围绕转变企业经营机制这个中心环节，分阶段地进行计划、投资、物资、财政、金融、外贸等方面体制的配套改革，逐步建立起有计划商品经济新体制的基本框架。按照这一精神，1988 年经济体制改革方面出台不少新的措施。

深化企业改革方面，明确重点是配套、完善、深化、发展承包制，进一步解决全民所有制大中型企业经营机制问题，提高经济效益。1988 年实行承包制的预算内全民所有制企业，由 1987 年底占企业总数的 83%，提高到 90% 以上。承包企业中，约 1/3 采取了竞争招标的办法，涌现出一批企业家人才，促进了企业内部的各项改革。超过半数的承包企业实行了工资总额同经济效益指标挂钩，特别是有不少企业积极推行优化劳动组合，这对于打破“铁饭碗”“铁交椅”，改变企业人浮于事的状况，起到了一定作用。

推进投资体制改革方面，为解决中央包揽过多、投资结构不合理、资金来源不稳定等问题，采取了划分中央与地方及企业的投资范围、实行基本建设基金制、建立专业投资公司、用经济办法管理经营性投资等措施。

物资体制改革方面，减少生产资料分配和管理的中间层次，促进生产资料市场的形成，解决物资分配的条块分割问题。

金融体制改革方面，主要是在搞好社会资金综合平衡的前提下，进一步发展和完善金融市场，提高资金使用效益，并强化中央银行的宏观管理职能，严格控制货币发行量和信贷规模，完善存款准备金制度，加强银行对企业的监督等。

此外，国家还启动了城镇住房制度改革。1986 年初，国务院成立住房制度改革领导小组，负责领导和协调全国的房改工作，并选定烟台、唐山、蚌埠、常州、江门 5 个城市进行住房商品化改革试点。1988 年 3 月，国务院印发《国务院住房制度改革领导小组关于在全国城镇分期分批推行住房制度改革实施方案》，宣布从 1988 年开始，住房制度改革正式列入中央和地方的改革计划，用三五年时间，在全国分期分批展开。1988 年以后，许多地方采取多种方式调整低租金、出售公有住房、集资建房等改革措施，不同程度地加快解决住房问题的步伐。

随着经济体制改革的深化，对外开放的步伐进一步加大。1988 年 3 月 18 日，国务院发出《关于扩大沿海经济开放区范围的通知》，决定适当扩大沿海经济开放区，新划入沿海经济开放区的有 140 个市、县，包括辽东半岛、山东半岛、河北省环渤海湾地区和广西北部湾地区一些市县，以及杭州、南京、沈阳 3 个省会城市。全国由经济特区、沿海开放城市和经济开放区构成的沿海对外开放前沿地带显著扩大，市、县增加到 288 个，面积约 32 万平方公里，人口增加到 1.6 亿。1988 年 4 月 13 日，七届全国人大一次会议通过国务院提出的关于设立海南省和建立海南经济特区的议案。4 月 26 日，海南省委省政府正式挂牌。4 月 14 日，国务院批转《关于海南岛进一步对外开放加快经济开发建设的座谈会纪要》，5 月 4 日公布《关于鼓励投资开发海南岛的规定》。海南经济特区的设立，揭开了扩大开放、深化改革、加快发展的新篇章。至此，中国形成从南到北由 5 个经济特区、14 个沿海开放城市、3 个沿海开放地区、2 个开放的半岛构成的对外开放格局。

改革开放的全面推开，促进了经济快速增长。1984 年至 1987 年，国民生产总值（按当年价格计算）由 5809 亿元增加到 10920 亿元，国民收入（按当年价格计算）由 5485 亿元增加到 9153 亿元。城乡人民生活水平得到大幅度提高。1984 年，城镇居民平均每人可用于生活费的收入为 608 元，农民平均每人纯收入为 355.3 元；到 1987 年，城镇居民平均每人可用于生活费的收入为 916 元，农民平均每人纯收入为 463 元。城乡储蓄存款由 1984 年的 1214.7 亿元增加到 1987 年的 3075 亿元。[①]

五、开展治理整顿

深入进行价格改革，是中共十三大以后经济体制改革的主要内容之一。当时的价格改革是在经济环境和经济秩序方面矛盾集中显现的情况下进行的。1984 年第四季度以后，中国经济运行出现过热的趋向，固定资产投资规模过大，信贷资金和消费资金增长过猛，物价上涨幅度很大。为了稳定经济，国家于 1985 年采取了收缩银行贷款、控制消费基金增长、压缩固定资产投资等措施。1986 年至 1987 年，中央努力运用行政的特别是经济的手段，从控制过旺需求和增加有效供给两方面来缓解经济生活中日趋严重的供求失衡矛盾，但是适度紧缩政策并没有达到预期的目的，经济仍然不断升温，通货膨胀逐步升级，1988 年突出表现为“四过一乱”，即过旺的社会需求、过快的工业发展速度、过多的信贷和货币投放、过高的物价涨幅、经济秩序特别是流通秩序混乱。经济生活中存在这些矛盾和问题，加上生产资料价格双轨制引发“官倒”和腐败现象，群众反映强烈。当时有一种意见认为，物价问题及其引发的负面现象，只能通过深化价格改革、理顺不合理的价格体系来解决。

1988 年 4 月至 5 月，中共中央多次召开会议，讨论生产资料价格双轨制改革、部分农产品价格改革等问题，提出在深化价格改革中解决物价问题的思路。5 月 16 日、19 日，中共中央政治局常委会讨论工资与物价问题，首次明确提出制定 5 年物价工资改革方案，即物价与工资挂钩，5 年内理顺价格。会议决定由国务院制定物价工资改革方案，提交中共中央政治局会议讨论。5 月 28 日，国务院决定成立国务院物价委员会，制定价格、工资改革方案。8 月 15 日至 17 日，中共中央在北戴河召开政治局全体会议，讨

① 《中华人民共和国国家统计局关于 1984 年国民经济和社会发展的统计公报》，《人民日报》，1985 年 3 月 10 日；《中华人民共和国国家统计局关于 1987 年国民经济和社会发展的统计公报》，《人民日报》，1988 年 2 月 24 日。

论并原则通过国务院《关于价格、工资改革的初步方案》。该方案提出，从1989年起用5年左右的时间，逐步放开原材料和加工产品的价格，基本上取消生产资料价格双轨制；较大幅度地提高能源、交通、通信、公用事业等基础设施的价格，有步骤地提高农产品的价格水平，消费品价格逐步实行市场调节。在价格改革过程中，通过调整工资和适当增加补贴，保证大多数职工生活水平不降低。实行以上改革后，5年内全国零售物价水平将大约上升70%，职工生活费指数上升90%左右，职工平均货币工资将增长1倍左右。计划1989年对一部分比价极不合理的重要商品如钢材、农产品等的价格，进行必要的调整。

8月19日清晨，中央人民广播电台播报了中央政治局讨论并原则通过《关于价格、工资改革的初步方案》的消息，同日，《人民日报》也进行了报道。尽管这个方案并不是马上部署实施，然而消息的发布仍引起广大人民群众的震动和恐慌。当天，全国各地出现抢购，进而出现挤兑。群众担心货币继续贬值，纷纷大量提取存款抢购商品，认为存货比存钱好。加上一些商家利用群众怕涨价的心理，趁机制造要涨价的谣言引诱群众抢购，从而使涨价风、抢购风愈演愈烈。受抢购影响，8月份，居民提取存款389.4亿元，比上年同期增长1.3倍；社会商品零售总额比上年同月猛增38.6%。

面对上述形势，中共中央认识到经济环境恶化、经济秩序混乱的严重性。9月15日至21日，中央政治局召开中央工作会议，讨论治理经济环境、整顿经济秩序、全面深化改革的问题。会议认为，深化改革不仅是价格、工资改革，而是多方面的改革，此后两年要把改革和建设的重点放到治理经济环境、整顿经济秩序上来，这既是深化改革的必要条件，也是深化改革的重要内容。会议提出坚决抵制通货膨胀、深化改革的若干重要政策建议。

9月26日至30日，中共中央召开十三届三中全会，批准中央政治局提出的治理经济环境、整顿经济秩序、全面深化改革的指导方针和政策、措施。全会确定：在坚持改革、开放总方向的前提下，把1989年和1990年两年改革和建设的重点放到治理经济环境和整顿经济秩序上，以扭转物价上涨幅度过大的态势，创造理顺价格的条件，使经济建设持续、稳步、健康地发展。全会原则通过《关于价格、工资改革的初步方案》，建议国务院在此后5年或较长一段时间内，根据严格控制物价上涨的要求，并考虑各方面的实际可能，逐步地、稳妥地组织实施。

按照中共中央的部署，从1988年9月开始，各部门、各地方开展治理整顿。治理经济环境，主要是压缩社会总需求，抑制通货膨胀；整顿经济秩序，主要是整顿经济生活特别是流通领域中出现的各种混乱现象。治理整顿很快取得初步成效，到1989年上半年，国民经济运行发生了明显变化，农业生产增收，工业发展速度逐步下降，固定资产投资规模有所控制，金融形势有所缓和，消费市场比较平稳，物价涨幅逐步回落。然而，在1989年春夏之交国内爆发的政治风波，对我国各方面工作产生了不小的影响。

第五节　在严峻考验中深化改革开放

20世纪80年代末90年代初，中国的改革和发展处在关键时刻，又面临着复杂的国内外形势。在国内，中国共产党和中央人民政府依靠广大人民群众平息政治风波，捍卫了中国特色社会主义；在国际上，经受住苏东剧变的冲击，并逐步打破西方“制裁”，站稳了脚跟。与此同时，中国在继续改革开放中完成了经济治理整顿的任务。

一、经受1989年政治风波的考验

1989年前后，东欧一些社会主义国家在改革方向和决策上发生严重失误，西方敌对势力趁机推行“和平演变”，各国共产党和工人党在短时间内纷纷丧失政权，社会主义制度最终演变为资本主义制度，政局剧烈动荡。

我国国内在改革开放过程中出现的资产阶级自由化思潮，利用人民群众对物价上涨的焦虑以及对一些党员干部存在腐败现象的不满情绪，大肆泛滥传播。

在这种复杂的国内外形势下，极少数人在北京高校密谋策划，要借1989年五四运动70周年、新中国成立40周年之机，煽动学潮，挑起事端，煽动反对中国共产党的领导、反对社会主义制度。

1989年4月15日，胡耀邦在北京逝世，中共中央发布讣告并举行追悼会，人民群众以各种形式表达自己的哀思。在举行悼念活动期间，出现了一些不正常情况。极少数人借机制造谣言，利用大字报、小字报指名攻击党和国家领导人，攻击党的领导和社会主义制度；蛊惑群众冲击党中央、国务院所在地中南海的新华门；在西安、长沙等城市发生一些不法分子打、砸、抢、烧的犯罪活动。

4月24日，中共中央政治局常委会议对事态发展进行分析研究，认为一场有计划、有组织的反党、反社会主义的政治动乱已经摆在面前，决定在中央成立制止动乱小组，由《人民日报》发表社论，向全党和全国人民指出这场斗争的性质。4月26日，《人民日报》发表社论《必须旗帜鲜明地反对动乱》，指出：极少数人“打着民主的旗号破坏民主法制，其目的是要搞散人心，搞乱全国，破坏安定团结的政治局面。这是一场有计划的阴谋，是一次动乱，其实质是要从根本上否定中国共产党的领导，否定社会主义制度。这是摆在全党和全国人民面前的一场严重的政治斗争”。

5月13日，极少数别有用心的人煽动一些学生到天安门广场进行绝食。学生绝食引起社会上部分人从各种不同角度出发的同情，加上一些新闻媒体舆论的错误引导，前往声援的人越来越多。5月17日，中共中央政治局常委扩大会议决定在北京部分地区实行戒严，以制止危及国家安全的动乱。5月19日晚，中共中央、国务院召开中央和北京市党政军干部大会，号召大家紧急动员起来，采取坚决果断措施，制止在首都已经发生的动乱，以迅速恢复各方面的正常秩序。根据国务院令，自5月20日10时起，北京部分地区实行戒严。动乱策划者利用政府和戒严部队采取的克制态度，继续鼓动学生占据天安门广场，组织各种非法活动，并殴打、杀害执行戒严任务的解放军官兵，最终发展成为一场反革命暴乱。

在党和国家生死存亡的紧要关头，中央政治局在邓小平和其他老一辈革命家坚决有力的支持下，依靠人民，旗帜鲜明地反对动乱，于 6 月 4 日采取果断措施，一举平息了北京地区的反革命暴乱。此后，北京和其他大中城市很快恢复正常秩序。这场斗争的胜利，捍卫了我国社会主义性质的国家政权，维护了人民的根本利益。

这场政治风波的发生，暴露了当时中央领导层存在的问题。中共中央时任总书记赵紫阳犯了支持动乱和分裂党的严重错误。1989 年 6 月 23 日至 24 日，中共中央召开十三届四中全会，审议并通过了《关于赵紫阳同志在反党反社会主义的动乱中所犯错误的报告》。会议认为，赵紫阳在党和国家生死存亡的关键时刻犯了支持动乱和分裂党的错误，对动乱的形成和发展负有不可推卸的责任，其错误的性质和造成的后果是极为严重的。会议决定，撤销其中央委员会总书记、中央政治局常务委员会委员、中央政治局委员、中央委员会委员和中共中央军事委员会第一副主席的职务。全会对中共中央领导机构的部分成员进行了必要的调整：选举江泽民为中央委员会总书记，增选江泽民、宋平、李瑞环为中央政治局常委，新的中央政治局常委会由江泽民、李鹏、乔石、姚依林、宋平、李瑞环组成。

全会强调，继续坚决执行十一届三中全会以来的路线、方针和政策，继续坚决执行十三大确定的“一个中心、两个基本点”的基本路线。四项基本原则是立国之本，必须毫不动摇、始终一贯地加以坚持；改革开放是强国之路，必须坚定不移、一如既往地贯彻执行，绝不回到闭关锁国的老路上去。全会重申，我国坚持独立自主的和平外交政策不变，我国将在和平共处五项原则的基础上继续同世界各国发展友好关系，对维护世界和平继续做出贡献。

新的中央领导集体组成后，立即采取一系列措施，努力克服面临的国内外困难局面。国内方面，1989 年 7 月 28 日，中共中央、国务院作出《关于近期做几件群众关心的事的决定》，提出近期在惩治腐败和带头廉洁奉公、艰苦奋斗方面先做七件事，包括：进一步清理整顿公司；坚决制止高干子女经商；取消对领导同志少量食品的“特供”；严格按规定配车，禁止进口小轿车；严格禁止请客送礼；严格控制领导干部出国；严肃认真地查处贪污、受贿、投机倒把等犯罪案件，特别要抓紧查处大案要案。这些惩治腐败的措施，取得了良好的社会效果。国际方面，面对 1989 年政治风波过后以美国为首的一些西方国家掀起的反华浪潮和经济“制裁”，中国政府进行有理、有利、有节的斗争，在苏东剧变的复杂国际风云中逐渐站稳了脚跟。

二、应对国际风云变幻

1989 年政治风波平息以后，西方国家纷纷向中国施压。6 月 5 日，美国总统布什宣布对中国采取中止一切中美政府间军售和商业性武器出口、中断中美两国军事领导人之间的互访活动等“制裁”措施。6 月 20 日，美国白宫发言人菲茨沃特在一篇书面声明中宣布，布什总统下令对中国采取新的“制裁”措施，包括美国政府停止与中华人民共和国政府官员的所有高层接触，美国将要求国际金融机构推迟考虑向中国提供新的贷款。这期间，美国国会先后通过 20 多项干涉中国内政的议案，试图进一步在政治和经济上对中国施加压力。在美国的带动下，6 月至 7 月，加拿大、欧共体 12 国、澳大利亚、新西兰、日本等几乎所有的西方发达国家公开宣布对中国进行各种形式的“制裁”，他们企图中止高层接触，以在政治和外交上孤立中国；试图通过延缓贷款、撤走技术人员、恶化经济贸易，在经济上加重中国的困难；试图通过中止高科技和军事方面的合作，达到以压促变的目的。

另一方面，从 1989 年下半年起，东欧各国长期执政的共产党先后失去执政地位。1989 年 10 月，匈牙利国会通过宪法修正案，删除关于共产党领导地位和国家社会主义性质的条文；11 月，被视为冷战时代象征的柏林墙被推倒；12 月，罗马尼亚发生推翻齐奥塞斯库的政变；1990 年 1 月，波兰统一工人党宣告停止活动。1991年底，苏联解体，世界格局发生巨大变化，持续几十年的冷战格局宣告结束。

面对复杂的国际局势，邓小平反复强调，要保持稳定和坚持改革开放，并提出了冷静观察、稳住阵脚、沉着应付、韬光养晦、善于守拙、决不当头、有所作为的指导方针。他指出：发达国家欺侮落后国家的政策没有变，中国自己要稳住阵脚；帝国主义肯定想要社会主义国家变质，东欧、苏联社会主义国家动乱，中国不能乱，中国肯定要沿着自己选择的社会主义道路走到底。谁也压不垮我们。只要中国不垮，世界上就有五分之一的人口在坚持社会主义。在对外关系的处理上，对于西方国家，邓小平强调，虽然发达国家对中国戒心更大，但是我们还是友好往来。朋友还要交，但心中要有数。对于苏东剧变，邓小平指出，不管苏联怎么变化，我们都要同它在和平共处五项原则的基础上从容地发展关系，包括政治关系，不搞意识形态的争论。①

根据上述方针，中国妥善处理了与原苏联各加盟共和国的关系。1991年12月，中国政府承认12个原苏联加盟共和国独立，到1992年6月，中国完成与所有的原苏联加盟共和国建立外交关系的任务。

为了冲破西方封锁，中国确定了90年代初外交工作的两个重点：一是开展睦邻外交，稳定和积极发展同周边国家的关系，加强同发展中国家的团结与合作；二是打破西方国家“制裁”，逐步恢复和稳定同西方国家的关系。经过努力，中国全面改善和发展了与周边国家的关系。1990年8月，中国与印度尼西亚恢复两国外交关系。10月，中国与新加坡政府签署联合公报，宣布两国从10月3日起建立外交关系。同月，中国和越南发表联合公报，宣布中越关系正常化，声明中越两国将在和平共处各项原则基础上发展睦邻友好关系。针对西方国家出于各自利益在“制裁”中国的政策、做法上不尽一致的情况，我国逐个突破，推动西方国家陆续取消对华“制裁”。1990年，日本政府率先宣布全面解除对日本人访华的限制，

① 参见《邓小平文选》第三卷，人民出版社1993年版，第320、321、353页。

两国重开经济、贸易等领域的合作和交往，1991 年，中日关系完全恢复正常。1990 年，西欧国家陆续采取一些措施，松动对华关系。1990 年 10 月 22 日，欧共体在卢森堡举行 12 国外长会议，决定取消 1989 年下半年起对中国采取的限制措施，恢复同中国在政治、经济和文化领域的正常关系；1991 年中英关系基本恢复。到 1991 年底，中国同大多数西方国家的关系基本回到正常轨道。

对于美国，中国始终坚持严正立场，反对美国干涉中国内政，申明中国不怕“制裁”、不怕孤立，决不会让步。为了促进中美关系回到正常轨道，一方面，中国政府利用中国的国际地位迫使美国采取主动。由于中国作为联合国安理会常任理事国，在国际事务中发挥着越来越重要的作用，许多国际问题没有中国的参与，是很难解决的。在 1990 年 11 月召开的联合国安理会部长级会议上，美国国务卿贝克主动邀请中国外交部部长钱其琛访美。钱其琛应邀对美国进行了为期两天的正式访问。这是自 1989 年 6 月以来中国外交部部长首次正式访问美国，布什总统于 11 月 30 日在白宫会见了钱其琛。这实际上表明美国中止高层互访的“制裁”已经被打破了。另一方面，中国政府趁热打铁，为进一步恢复和发展中美关系做出艰苦的努力。1991 年 11 月，受钱其琛邀请，美国国务卿贝克到北京进行了为期 3 天的正式访问。根据贝克访华期间双方达成的有关谅解，美国国务院于 1992 年 2 月 21 日宣布，美国政府打算取消 1991 年 6 月实施的对华“制裁”。这样，经过两年多的较量与谈判，美国对华的“制裁”措施虽然还没有完全解除，但在高层互访以及部分经济领域已有突破。1993 年 11 月 18 日至 21 日，亚太经合组织领导人非正式会议在美国西雅图召开。中美两国领导人借机在西雅图举行中美元首正式会晤，这标志着以美国为首的西方发达国家对中国的所谓“制裁”被完全打破。

三、推动进一步改革开放

1989 年下半年，中共中央着力解决经济困难。1989 年 11 月 6 日至 9

日，中共中央召开十三届五中全会，审议并通过《中共中央关于进一步治理整顿和深化改革的决定》，提出“用三年或者更长一些时间基本完成治理整顿任务”，并且“继续深化改革和扩大对外开放”，随后展开进一步治理整顿。在控制社会总需求方面，主要采取了继续压缩投资总规模、坚决调整投资结构、加强对消费基金的管理、控制消费需求过快增长等措施。在进一步整顿经济秩序方面，金融系统、外贸系统、商业系统、物资系统都认真开展了清理整顿公司的工作，生产资料市场、重要消费品流通领域都整肃了市场秩序，并且加强了农业基础产业，调整了经济结构。治理整顿很快取得明显成效，国民经济增长有较大幅度的回升，通货膨胀得到有效控制，物价指数大幅度回落；粮棉油等连年增产，农业总产值连年增长；投资结构有所改善，农业、基础工业投资有较大幅度增长；对外贸易保持了较好的增长势头，国家外汇结存增长较多。

坚持改革开放是决定中国命运的一招，[①] 在治理整顿经济的过程中，改革开放仍在继续推进。

第一，粮油统销价格改革取得突破。1991 年 4 月，国务院印发《关于调整粮油统销价格的决定》，从 1991 年 5 月 1 日起，适当提高粮油统销价格。国家定量供应城镇居民的 3 种粮食的统销价格每 500 克平均提价 0.10 元，6 种食油实行购销同价，全国平均每 500 克提高 1.35 元。这次改革，虽然没有彻底解决粮油购销价格倒挂问题，但毕竟是 20 多年来粮油价格的一次重大调整，在解决问题的道路上前进了一大步，为后来取消凭票定量供应粮油、实行敞开供应准备了条件。

第二，股票市场初步建立。1989 年，我国开始稳步试行以公有制为主的股份制，到 1991 年底，全国有各种类型股份制试点企业约 3220 家（不包括乡镇企业中的股份合作制和中外合资、国内联营企业），其中向社会公众发行股票的股份制试点企业 89 家，占将近 3%。[②] 股份制企业的发展，特

① 中共中央文献研究室编：《邓小平年谱（1975—1997）》下，中央文献出版社 2004 年版，第 1330 页。

② 刘鸿儒：《关于我国试行股份制的几个问题》，《人民日报》，1992 年 6 月 23 日。

别是股票的公开发行，必然推动股票市场的产生。1990 年 1 月 26 日，中国人民银行上海分行代上海市政府向国务院提交请示报告，提出“完善证券市场，建立证券交易所”的建议。5 月 4 日，上海市政府向国务院和中国人民银行总行上报《关于成立上海证券交易所的请示》。①11 月 26 日，经国务院授权、中国人民银行批准，上海证券交易所正式宣布成立。12 月 19 日，上海证券交易所开业，并进行首批 30 种证券上市交易，其中股票 8 种。这是新中国成立以来大陆新开业的第一家证券交易所。开业三个多月以后，各类证券交易量不断递增，仅股票交易额就达 1726 万元。②1991 年 4 月 11 日，中国人民银行批准成立深圳证券交易所。7 月 3 日，深圳证券交易所正式开业，实现了股票的集中交易。

第三，住房、养老、医疗改革进一步推进。1991 年初，国务院确定住房制度、社会保险制度和医疗制度改革是今后改革的三项重要任务，鼓励各地积极进行试点。这三项改革的基本方针是：资金和费用由国家全包改为国家、集体和个人共同负担。当年，这三项改革都有所推进。1991 年 6 月 7 日，国务院发出《关于继续积极稳妥地进行城镇住房制度改革的通知》，主要从合理调整公有住房的租金、出售公有住房、实行新房新制度、住房建设推行国家与集体及个人三方共同投资体制等方面，对下一步住房改革进行具体规划和部署。1991 年，民政部还在山东进行农村社会养老保险试点，实行以个人缴费为主，集体补助、国家扶持为辅，投保自愿，标准自选，量力而行，不搞整齐划一，受到群众欢迎。6 月，国务院启动企业职工养老保险制度改革，改变养老保险完全由国家、企业包下来的办法，实行国家、企业、个人三方共同负担，职工个人也要缴纳一定的费用；城镇集体所有制企业可参照执行；对外商投资企业中方职工、城镇私营企业职工和个体劳动者，也要逐步建立养老保险制度。10 月，民政部决定在全

① 参见中共上海市委党史研究室、上海市现代上海研究中心编：《口述上海——改革创新（1978—1992）》，上海教育出版社 2014 年版，第 341、342 页。

② 参见计泓赓、龚雯：《我国证券市场初具规模 专业证券公司已有四十六家》，《人民日报》，1991 年 4 月 19 日。

国 100 个县推广山东农村社会养老保险试点工作经验，逐步建立自我保险为主、集体补助为辅的农村社会养老保险制度。由于 1986 年中国政府承诺在 2000 年实现第 30 届世界卫生大会提出的“2000 年人人享有卫生保健”全球战略目标，1990 年 3 月，卫生部等部委联合制定并试行《我国农村实现“2000 年人人享有卫生保健”的规划目标》《初级卫生保健工作管理程序（试行）》《“2000 年人人享有卫生保健”评价标准》，开始实施“人人享有卫生保健”的工作。在这一过程中，为解决农村居民看病难、看病贵、因病致贫的问题，1991 年 1 月 17 日，国务院批转卫生部等部门《关于改革和加强农村医疗卫生工作的请示》，提出稳定推行农村合作医疗保健制度，为实现“人人享有卫生保健”提供社会保障。这样，农村合作医疗制度的重建被提上日程。

第四，开发、开放浦东。1990 年 1 月下旬至 2 月上旬，邓小平在上海过春节，其间提出请上海的同志思考一下，能采取什么大的动作，在国际上树立更加改革开放的旗帜。2 月 13 日，中共上海市委书记、市长朱镕基向邓小平汇报了开发、开放浦东的设想。邓小平给予支持，说：“你们搞晚了。但现在搞也快，上海条件比广东好，你们的起点可以高一点。……胆子要大一点，怕什么。”[①]1990 年，中共上海市委、市政府正式向中共中央、国务院提出《关于开发浦东、开放浦东的请示》。4 月 18 日，李鹏在上海大众汽车有限公司成立五周年大会上的讲话中宣布：中共中央、国务院同意上海市加快浦东地区的开发，在浦东实行经济技术开发区和某些经济特区的政策。4 月 30 日，上海市政府召开新闻发布会，宣布以引进外资为主的开发浦东十项政策。浦东新区立即成为投资的热土，仅 10 天内就有来自美国、联邦德国、英国、瑞士、日本、泰国等国家和香港、台湾等地区的 100 多位客商接踵而至，洽谈投资意向。到 1991 年 8 月，浦东的“三资”企业已从 10 年前的 37 家激增至 135 家；总投资 4.2 亿美元，引进外资 1.7 亿美

① 中共中央文献研究室编：《邓小平年谱（1975—1997）》下，中央文献出版社 2004 年版，第 1308 页。

元。一批国际著名的跨国公司已在浦东设点落户，并取得较快进展。[①]

在改革开放迈出较大步伐并推动整个经济继续发展的形势下，1991 年 9 月 23 日至 27 日，中共中央召开工作会议，认为经过三年努力，整个国民经济已经恢复到正常的增长速度，经济秩序有比较明显的改善，治理整顿的主要任务已经基本完成，经济工作的重点，应当是在保持总量基本平衡的基础上，进一步转向调整结构和提高效益，努力保持国民经济的持续、稳定、协调发展；经济生活中存在的经济效益下降趋势尚未扭转、一些主要经济关系还没有理顺等问题，涉及经济管理体制和经济运行的深层次矛盾，只有通过深化改革、综合治理来解决，需要一个过程。这样，治理整顿完成了历史使命，国民经济发展进入新的阶段。

① 《浦东新区开发取得进展》,《人民日报》, 1991 年 8 月 31 日。

第四章 建立社会主义市场经济体制和中国特色社会主义进入 21 世纪

中共十三届四中全会后，在世界社会主义出现严重曲折、我国社会主义事业发展面临空前巨大困难和压力的情况下，以江泽民为主要代表的中国共产党人攻坚克难，团结带领全国各族人民，坚持中共十一届三中全会以来的路线不动摇，确立了社会主义市场经济体制的改革目标，确立了邓小平理论在全党的指导地位、依法治国基本方略、党在社会主义初级阶段的基本纲领，提出“三个代表”重要思想，开创深化改革、扩大开放的新局面，推动中国改革开放取得丰硕成果。社会主义市场经济体制初步建立，社会主义民主法治建设成效显著，依法治国基本方略全面实施，人民生活总体上实现了由温饱到小康的历史性跨越。

第一节 社会主义市场经济体制目标的确立

1992 年，在决定党和国家前途命运的重大历史关头，邓小平发表南方谈话，指明了改革发展的方向。中共十四大确立了社会主义市场经济体制的改革目标，以江泽民同志为核心的中共中央领导集体紧紧依靠全党全国各族人民，成功地稳住了改革和发展的大局，捍卫了中国特色社会主义伟大事业，中国的改革开放和现代化建设进入新的阶段。

一、邓小平南方谈话

20 世纪 80 年代末 90 年代初，中国的改革和发展遇到一些困难：一方面，西方国家对中国实行“制裁”、封锁和孤立的政策，外商投资止步观望，有些外商甚至抽掉资金，将企业转移到东南亚等地，导致外贸出口额下降，旅游业萎缩；另一方面，在进行经济治理整顿过程中，有些措施的实施以指令性计划和行政命令为主，要求过急、力度过大，不少地方出现市场疲软、销售不畅、库存增加的现象，出现生产萎缩、经济下滑趋势。这种局面使一些人在思想上产生困惑：有的对社会主义前途缺乏信心，对改革开放产生疑虑；有的提出改革开放究竟是姓“社”还是姓“资”的问题，担心搞市场经济、创办经济特区、发展非公有制经济会导致资本主义；还有人认为，苏东剧变是改革引起的，认为“和平演变”的主要危险来自经济领域，改革开放就是引进和发展资本主义，等等。中国的改革开放又一次走到了重要的历史关头。

中共中央在积极应对错综复杂的国际局势，努力保持国内政治、经济、社会稳定的同时，认真思考研究加快经济发展和深化改革开放的重大问题。1992 年 1 月 18 日至 2 月 21 日，邓小平到武昌、深圳、珠海和上海等地视察，并发表重要谈话，从理论上深刻回答了长期困扰和束缚人们思想的许多重大认识问题，为中国改革开放注入新的生机和活力。

邓小平南方谈话的内容，主要集中在以下几个方面：

第一，毫不动摇地坚持“一个中心，两个基本点”的基本路线。针对人们对中国改革开放的担心和疑虑，邓小平旗帜鲜明地指出：“要坚持党的十一届三中全会以来的路线、方针、政策，关键是坚持‘一个中心，两个基本点’。不坚持社会主义，不改革开放，不发展经济，不改善人民生活，只能是死路一条。基本路线要管一百年，动摇不得。只有坚持这条路线，人民才会相信你，拥护你。谁要改变三中全会以来的路线、方针、政策，老百姓不答应，谁就会被打倒。”他还说：“在这短短的十几年内，我们国家发展得这么快，使人民高兴，世界瞩目，这就足以证明三中全会以来路线、方针、政策的正确性，谁想变也变不了。说过去说过来，就是一句话，坚持这个路线、方针、政策不变。”①

第二，进一步明确回答了什么是社会主义、怎样建设社会主义这一重大理论问题。针对人们对中国改革开放提出的姓“资”还是姓“社”的问题，邓小平一针见血地指出：“改革开放迈不开步子，不敢闯，说来说去就是怕资本主义的东西多了，走了资本主义道路。要害是姓‘资’还是姓‘社’的问题。判断的标准，应该主要看是否有利于发展社会主义社会的生产力，是否有利于增强社会主义国家的综合国力，是否有利于提高人民的生活水平。”关于计划与市场的关系及社会主义的本质，他指出：“计划多一点还是市场多一点，不是社会主义与资本主义的本质区别。计划经济不等于社会主义，资本主义也有计划；市场经济不等于资本主义，社会主义也有市场。计划和市场都是经济手段。社会主义的本质，是解放生产力，发展生产力，消灭剥削，消除两极分化，最终达到共同富裕。”②

第三，提出发展才是硬道理。邓小平说：“对于我们这样发展中的大国来说，经济要发展得快一点，不可能总是那么平平静静、稳稳当当。要注意经济稳定、协调地发展，但稳定和协调也是相对的，不是绝对的。发展才是硬道理。”他认为：“从我们自己这些年的经验来看，经济发展隔几年上一个台阶，是能够办得到的。”“从国际经验来看，一些国家在发展过程中，都曾经有过高速发展时期，或若干高速发展阶段。日本、南朝鲜、东南亚一些国家和地区，就是如此。现在，我们国内条件具备，国际环境有

① 《邓小平文选》第三卷，人民出版社1993年版，第370、371页。
② 《邓小平文选》第三卷，人民出版社1993年版，第372、373页。

利，再加上发挥社会主义制度能够集中力量办大事的优势，在今后的现代化建设长过程中，出现若干个发展速度比较快、效益比较好的阶段，是必要的，也是能够办到的。我们就是要有这个雄心壮志！”[①]

第四，强调坚持两手抓，两手都要硬。邓小平强调在抓改革开放的同时，还要打击各种犯罪活动，建设社会主义精神文明。他指出：“打击各种犯罪活动，扫除各种丑恶现象，手软不得。”“开放以后，一些腐朽的东西也跟着进来了，中国的一些地方也出现了丑恶的现象，如吸毒、嫖娼、经济犯罪等。要注意很好地抓，坚决取缔和打击，决不能任其发展。”“在整个改革开放过程中都要反对腐败。对干部和共产党员来说，廉政建设要作为大事来抓。还是要靠法制，搞法制靠得住些。总之，只要我们的生产力发展，保持一定的经济增长速度，坚持两手抓，社会主义精神文明建设就可以搞上去。”[②]

第五，提出正确的政治路线要靠正确的组织路线来保证，中国的事情能不能办好，社会主义和改革开放能不能坚持，经济能不能快一点发展起来，国家能不能长治久安，从一定意义上说，关键在人。说到底，关键是我们共产党内部要搞好。邓小平指出：“中国要出问题，还是出在共产党内部。对这个问题要清醒，要注意培养人，要按照‘革命化、年轻化、知识化、专业化’的标准，选拔德才兼备的人进班子。”“就是要选人民公认是坚持改革开放路线并有政绩的人，大胆地放进新的领导机构里，使人民感到我们真心诚意搞改革开放。人民，是看实践。人民一看，还是社会主义好，还是改革开放好，我们的事业就会万古长青！”[③]

第六，指出社会主义经历一个长过程发展后必然代替资本主义，这是社会历史发展不可逆转的总趋势，但道路是曲折的。针对有人对社会主义前途缺乏信心，邓小平说：“我坚信世界上赞成马克思主义的人会多起来的，因为马克思主义是科学。”他说：“所以，从一定意义上说，某种暂时复辟

① 《邓小平文选》第三卷，人民出版社 1993 年版，第 376—377 页。
② 《邓小平文选》第三卷，人民出版社 1993 年版，第 378—379 页。
③ 《邓小平文选》第三卷，人民出版社 1993 年版，第 380、381 页。

也是难以完全避免的规律性现象。一些国家出现严重曲折，社会主义好像被削弱了，但人民经受锻炼，从中吸取教训，将促使社会主义向着更加健康的方向发展。因此，不要惊慌失措，不要认为马克思主义就消失了，没用了，失败了。哪有这回事！”[①]

邓小平南方谈话深刻地分析了国际、国内形势，科学总结了中共十一届三中全会以来党的基本实践和基本经验，极大地促进了广大干部和群众的思想解放，有力地鼓舞了全党和全国各族人民的精神和干劲。

1992年2月28日，中共中央发出通知，要求全党传达、学习邓小平南方谈话。3月9日至10日，中央政治局召开全体会议，讨论中国改革和发展的若干重大问题。会议完全赞同邓小平的南方谈话，认为谈话不仅对中国当前的改革和建设、对开好党的十四大具有十分重要的指导作用，而且对中国整个社会主义现代化建设事业具有重大而深远的意义。

为了进一步用邓小平南方谈话精神统一全党思想，6月9日，江泽民在中共中央党校省部级干部进修班上发表重要讲话，论述了加快改革开放和经济建设的发展、改革是革命也是解放生产力、大胆向资本主义国家学习和借鉴有用的东西、加快经济体制改革、推进政治体制改革、坚持“两手抓”的方针等9个方面的问题。在谈到加快经济体制改革时，江泽民列举了关于计划与市场和建立新经济体制的几种不同提法，表示“我个人的看法，比较倾向于使用‘社会主义市场经济体制’这个提法”[②]。这一讲话，很好地阐明和发挥了邓小平南方谈话精神，从思想上、理论上为中共十四大的召开做了直接准备。6月12日，江泽民征求邓小平对使用“社会主义市场经济”这一提法的意见。邓小平赞成使用这个提法，他还说：“在党校的讲话可以先发内部文件，反映好的话，就可以讲。这样十四大也就有了一个主题了。”[③]

---

① 《邓小平文选》第三卷，人民出版社1993年版，第382、383页。

② 《江泽民文选》第一卷，人民出版社2006年版，第202页。

③ 中共中央文献研究室编：《邓小平年谱（1975—1997）》下，中央文献出版社2004年版，第1348页。

二、确立社会主义市场经济体制改革目标

把建立社会主义市场经济体制确立为我国经济体制改革的目标，是1992年10月中共十四大作出的一项具有深远意义的重大决定。十四大报告明确指出："实践的发展和认识的深化，要求我们明确提出，我国经济体制改革的目标是建立社会主义市场经济体制，以利于进一步解放和发展生产力。"①

经济体制改革确定什么样的目标模式，是关系中国社会主义现代化建设全局的一个重大问题，其核心是正确认识和处理计划与市场的关系。传统观念认为，市场经济是资本主义特有的东西，计划经济才是社会主义经济的基本特征。中共十一届三中全会以来，随着改革的不断深入，思想的不断解放，中国共产党逐步摆脱这种观念，形成新的认识，对推动改革和发展起了重要作用。中共十二大提出计划经济为主，市场调节为辅；中共十二届三中全会指出，商品经济是社会经济发展不可逾越的阶段，我国社会主义经济是公有制基础上的有计划的商品经济；中共十三大提出社会主义有计划的商品经济体制应该是计划与市场内在统一的体制；中共十三届四中全会后提出，建立适应有计划的商品经济发展的计划经济与市场调节相结合的经济体制和运行机制。

1992年，邓小平在南方谈话中对这个问题进行了精辟论述，为中共十四大确立经济体制改革的目标模式奠定了思想基础，提供了理论依据。对此，江泽民在中共十四大报告中作了明确阐述，他说："邓小平同志今年初重要谈话进一步指出，计划经济不等于社会主义，资本主义也有计划；市场经济不等于资本主义，社会主义也有市场。计划和市场都是经济手段。计划多一点还是市场多一点，不是社会主义与资本主义的本质区别。这个精辟论断，从根本上解除了把计划经济和市场经济看作属于社会基本制度范畴的思

---

① 《十四大以来重要文献选编》上，中央文献出版社2011年版，第16页。

想束缚，使我们在计划与市场关系问题上的认识有了新的重大突破。”①

社会主义市场经济体制是同中国社会主义基本制度结合在一起的。在所有制结构上，以公有制（包括全民所有制和集体所有制）经济为主体，多种经济成分长期共同发展，不同经济成分还可以自愿实行多种形式的联合经营。国有企业、集体企业和其他企业都进入市场，通过平等竞争发挥国有企业的主导作用。在分配制度上，以按劳分配为主体，多种分配方式并存。运用包括市场在内的各种调节手段，既能够鼓励先进，促进效率，合理拉开收入差距，又可以防止两极分化，逐步实现共同富裕。在宏观调控上，社会主义国家能够把人民的当前利益与长远利益、局部利益与整体利益结合起来，更好地发挥计划和市场两种手段的长处。国家计划是宏观调控的重要手段之一，重点是合理确定国民经济和社会发展的战略目标，搞好经济发展预测、总量调控、重大结构与生产力布局规划，集中必要的财力、物力进行重点建设，综合运用经济杠杆，促进经济更好、更快地发展。把社会主义制度与市场经济结合起来，是前无古人的伟大创举，是中国共产党人对马克思主义的重大发展，是社会主义发展史上的重大突破。

社会主义市场经济体制改革目标的确立，是对中共十二届三中全会提出的公有制基础上有计划的商品经济改革目标的进一步发展，它使中国经济体制改革和社会主义现代化建设的方向更加明确，对中国的经济体制改革具有重大指导意义。

三、宏观调控等改革举措与实行分税制

中共十四大后，在抓住机遇、加快发展方针指导下，1993 年，我国经济得到较快发展，国内生产总值首次突破 3 万亿元大关，比上年增长约 13.9%。

与此同时，在深化改革、扩大开放的过程中，由于一些地方和部门片

① 《江泽民文选》第一卷，人民出版社 2006 年版，第 226 页。

面追求高速度，也由于旧的宏观调控机制逐渐失效，新的调控机制尚未健全，以致出现了新的经济过热现象，具体表现为：货币投放过量，金融秩序混乱；投资需求和消费需求出现膨胀趋势；财政困难状况加剧；工业增长速度过快，基础设施和基础工业的瓶颈制约进一步加大；出口增长乏力，进口增长过快，国家外汇结存基本无增长；物价上涨过快，通货膨胀呈加速之势；等等。

中共中央和国务院及时发现了上述问题并果断采取一系列加强宏观调控的措施。1993 年 6 月，中共中央、国务院制定了《关于当前经济情况和加强宏观调控的意见》，提出了 16 条加强宏观调控的措施：（1）严格控制货币发行，稳定金融形势；（2）坚决纠正违章拆借资金；（3）灵活运用利率杠杆，大力增加储蓄存款；（4）坚决制止各种乱集资；（5）严格控制信贷总规模；（6）专业银行要保证对储蓄存款的支付；（7）加快金融改革步伐，强化中央银行的金融宏观调控能力；（8）投资体制改革要与金融体制改革相结合；（9）限期完成国库券发行任务；（10）进一步完善有价证券发行和规范市场管理；（11）改进外汇管理办法，稳定外汇市场价格；（12）加强房地产市场的宏观管理，促进房地产业的健康发展；（13）强化税收征管，堵住减免税漏洞；（14）对在建项目进行审核排队，严格控制新开工项目；（15）积极稳妥地推进物价改革，抑制物价总水平过快上涨；（16）严格控制社会集团购买力的过快增长。① 这些措施主要是实行适度从紧的财政政策和货币政策，整顿金融秩序和流通环节，控制投资规模，加强价格监督。

为确保宏观调控措施落实到位，中共中央、国务院在 1993 年 7 月连续召开了全国金融工作会议和全国财政、税收工作会议，提出了两个“约法三章”。

金融系统的“约法三章”是：第一，立即停止和认真清理一切违章拆借，已违章拆借出的资金要限期收回；第二，任何金融机构不得擅自或变相提高存贷款利率；第三，立即停止向银行自己兴办的各种经济实体注入

① 《十四大以来重要文献选编》上，中央文献出版社 2011 年版，第 273—280 页。

信贷资金，银行要与自己兴办的各种经济实体彻底脱钩。[①]财税部门的“约法三章”是：第一，严格控制税收减免；第二，严格控制财政赤字，停止银行挂账；第三，财税部门及所属机构，未经人民银行批准，一律不准涉足商业性金融业务，所办公司要限期与财税部门脱钩。[②]

实行分税制是中央实施宏观管理政策的财力保证。随着改革的深化，分灶吃饭、财政包干的体制已不能适应形势发展的需要。原来的财政体制导致中央财政收入在全国财政收入中的比例越来越小。中国是个大国，经济情况错综复杂，地区间经济发展不平衡，必须集中财力办大事，必须提高财政收入在国内生产总值中所占的比重和中央财政收入在全国财政收入中所占的比重，加强中央的权威。

1993年国务院决定实行分税制改革，主要是按照中央和地方政府的事权划分，合理确定各级财政的收支范围；根据事权和财权相结合的原则，将税种划分为中央税、地方税和中央与地方共享税，并建立中央税收和地方税收体系，由中央和地方两套税务机构分别征管。分税制改革，对于理顺中央与地方的分配关系，调动中央、地方两个积极性，加强税收征管，保证财政收入和增强宏观调控能力，都发挥了积极作用。

宏观经济体制改革的根本出发点，是为中国社会主义市场经济的发展提供一个相适应的体制性框架，以便从根本上解决中国经济周期性波动和政策变动的问题。改革于1992年着手设计，1993年出台方案，1994年正式推开。通过这次涉及价格、税收、财政、金融、外贸、投资等多个领域的整体性改革，以市场配置为基础的国家宏观调控新体制基本建立。

经过3年努力，宏观调控措施在全国得到切实贯彻实施，取得显著成效：经济结构得到调整，过度投资得到控制，金融秩序逐步好转，物价涨幅明显回落。到1996年，中国经济成功实现从发展过快到“高增长、低通

① 《十四大以来重要文献选编》上，中央文献出版社2011年版，第304页。
② 《十四大以来重要文献选编》上，中央文献出版社2011年版，第310—311页。

胀”的“软着陆”，避免了经济的大起大落。

四、初步建立社会主义市场经济体制

中共十四大作出建立社会主义市场经济体制的重大决策之后，中共中央和中央人民政府加快了建立社会主义市场经济体制的步伐。1993 年 11 月 14 日，中共十四届三中全会审议通过《中共中央关于建立社会主义市场经济体制若干问题的决定》，为社会主义市场经济体制的建立提供了一份纲领性的文件。

《决定》根据邓小平建设有中国特色社会主义理论和中共十四大精神，把十四大提出的经济体制改革的目标和基本原则具体化并进一步发展，是 20 世纪 90 年代中国进行经济体制改革的行动纲领。

《决定》明确了建立社会主义市场经济体制的基本任务和要求，指出：社会主义市场经济体制是同社会主义基本制度结合在一起的。建立社会主义市场经济体制，就是要使市场在国家宏观调控下对资源配置起基础性作用。建立新体制的目的是要最大限度地解放和发展生产力，增强国家的综合国力，提高人民的生活水平。为实现这个目标，必须坚持以公有制为主体、多种经济成分共同发展的方针，进一步转换国有企业经营机制，建立适应市场经济要求、产权清晰、权责明确、政企分开、管理科学的现代企业制度；建立全国统一开放的市场体系，实现城乡市场紧密结合，国内市场与国际市场相互衔接，促进资源的优化配置；转变政府管理经济的职能，建立以间接手段为主的健全的宏观调控体系，保证国民经济健康运行；建立以按劳分配为主体，效率优先、兼顾公平的收入分配制度，鼓励一部分地区、一部分人先富起来，走共同富裕的道路；建立多层次的社会保障制度，为城乡居民提供同中国国情相适应的社会保障，促进经济发展和社会稳定。[①] 这些主要环节是相互联系和相互制约的，构成社会主义市场

---

① 《十四大以来重要文献选编》上，中央文献出版社 2011 年版，第 452—466 页。

经济体制的基本框架。

《决定》制定了建立社会主义市场经济体制的总体规划，勾画了社会主义市场经济体制的基本框架，规定了国有企业改革的基本方向，总结了中国改革开放的基本经验，也借鉴了市场经济发达国家的有益经验，回答了改革实践中提出的许多重大问题，在理论和政策上都有新的突破，思想性和指导性都很强。《决定》的通过，标志着中国经济体制改革开始向着建立社会主义市场经济体制的目标整体性推进。

按照中共十四大和十四届三中全会《决定》的要求，中国加快了建立社会主义市场经济体制的步伐。经过不懈努力，到2000年，中国成功实现了由计划经济体制向社会主义市场经济体制的转变，社会主义市场经济体制基本框架初步建立。其显著标志是：国有大中型企业建立现代企业制度的改革取得重要进展，三年脱困的目标基本实现；在公有制经济进一步发展的同时，私营经济、个体经济也得到较快发展，多种所有制经济共同发展的格局迅速形成；市场体系建设继续推进，资本、技术、劳动力等生产要素市场迅速发展，市场在资源配置中的基础性作用明显增强；财税体制改革继续深化，金融改革步伐加快，以养老、失业、医疗保险为主要内容的社会保障体系初步建立，城镇住房制度和政府机构等方面改革取得重大进展，国家宏观调控体系进一步健全；以市场价格为主的价格形成机制逐步建立。1993年10月，中央农村工作会议作出粮食定购实行“保量放价”的决定，即保留定购数量，收购价格随行就市，这意味着实行了多年的粮食价格双轨制结束。钢铁、煤炭等重要生产资料的价格也相继并轨。到1996年，价格双轨制基本结束。到2000年，市场调节价在社会商品零售总额、农副产品收购总额和生产资料销售总额中所占比例分别达到95.8%、92.5%和87.4%。[①]

为了推进社会主义市场经济体制建设，中共中央在全党和各级干部中

---

① 中共中央党史研究室：《中国共产党的九十年》，中共党史出版社、党建读物出版社2016年版，第847页。

开展什么是中国特色市场经济的普及教育，组织专家撰写《什么是社会主义市场经济》，对传播社会主义市场经济理论和理念起了积极作用。

社会主义市场经济体制的初步建立，意味着中国经济发展的体制环境发生了重大变化。“在社会主义条件下发展市场经济，是前无古人的伟大创举，是中国共产党人对马克思主义发展做出的历史性贡献，体现了我们党坚持理论创新、与时俱进的巨大勇气。由计划经济体制向社会主义市场经济体制的转变，实现了改革开放新的历史性突破，打开了我国经济、政治和文化发展的崭新局面。”①

第二节　改革开放的深入推进和经济平稳发展

随着中国进入深化改革、扩大开放新的发展阶段，中共中央、国务院先后出台了一系列重大改革举措，推动以国有企业为重点的经济体制改革向纵深领域拓展，应对亚洲金融危机扩大内需，实施跨世纪发展战略，加入世界贸易组织，扩大开放，保证了经济平稳发展和总体小康目标的基本实现。

一、推进以国有企业为重点的改革

中共十四大后，经济体制改革进入整体推进、重点突破的新阶段。国有企业改革从以往的放权让利、政策调整进入转换机制、制度创新阶段。

国有企业改革的主要任务，是引导国有企业确立与市场经济要求相适应的资本和产权的观念，建立现代企业制度，通过国有经济布局与结构战略性调整，解决整个国有经济部门如何适应市场竞争优胜劣汰的问

① 《十六大以来重要文献选编》上，中央文献出版社 2005 年版，第 5 页。

题，改变国有经济量大面广、经营质量良莠不齐和国家财政负担过重的局面。

中共十四大后，按照“产权清晰、权责明确、政企分开、管理科学”的要求，国务院开始在100家大中型国有企业中进行建立现代企业制度的试点，在18个城市进行优化资本结构和资产重组的配套改革试点。对试点企业进行了公司制、股份制改造，使企业成为自主经营、自负盈亏、自我发展、自我约束的市场主体。

国有企业的改革围绕两条主线展开：一是从单一企业视角建立现代企业制度，二是从整个国有经济视角实施国有经济战略性改组。前者贯穿整个时期，而后者主要从1996年以后开始全面展开。

从1993年开始，国有企业改革以建立现代企业制度为主。1994年11月，国务院批准了100家企业进行现代企业制度试点，另外还有2343家地方企业进行试点。这些改革到1997年初见成效。

除了积极推进公司股份制改造、建立现代企业制度外，国家还启动了一系列改革措施，主要包括：优化资本结构试点，积极推进试点城市国有企业兼并破产；降低切换国有债务，分离企业办社会职能；减员增效，实施下岗职工再就业工程；实施“三改一加强”（改组、改制和改造有机结合并加强企业内部管理）；学习邯郸钢铁总厂经验①，提高管理科学化水平；探索国有资产管理有效形式；设立国有控股公司；进一步进行企业集团试点；“抓大放小”搞活国有小型企业；等等。

中共十五大以后，中央提出要用三年左右的时间在大多数国有大中型骨干企业初步建立现代企业制度，开展国有企业三年脱困的改革攻坚战。为此，一方面对纺织、煤炭、冶金、建材等行业进行结构调整，另一方面

① 河北省邯郸钢铁总厂是1958年建设的老厂。该厂从1991年开始推行以“模拟市场核算、实行成本否决”为核心的企业内部改革，加大了企业技术改造力度，加强了企业内部经营管理，坚持走集约化经营的道路，使效益大幅度提高，实力迅速增强。这一做法为国有企业实行从传统的计划经济体制向社会主义市场经济体制、从粗放经营向集约经营两个具有全局意义的根本性转变提供了借鉴经验。

从 1999 年下半年开始全面推进“债转股”，以减轻企业债务负担、促进企业扭亏为盈。同时，深化养老、失业、医疗等社会保障制度改革，推进下岗职工再就业。

到 2000 年，国有大中型企业建立现代企业制度的改革取得重要进展。大多数国有重点企业进行了公司制改革，其中相当一部分在境内外上市。2000 年，国有及国有控股工业企业实现利润 2392 亿元，为 1997 年的 2.9 倍。国有大中型企业改革和脱困的三年目标基本实现。

从 1995 年开始，中央不断强调从战略上调整国有经济布局和“抓大放小”的方针，发挥国有经济的主导作用。其中，中共十五届四中全会明确指出，国有经济需要控制的领域包括涉及国家安全的行业、自然垄断性行业、提供重要公共产品和服务的行业，以及支柱产业和高新技术产业中的重要骨干企业。在这个方针指导下，国有经济布局和结构不断调整和优化，国有经济活力、控制力和影响力不断增强。同时，这些战略性调整也为下一步国有资产管理体制改革奠定了实践基础。

在公有制经济进一步发展的同时，非公有制经济发展环境也进一步得到改善，私营、个体经济有了较快发展，多种所有制经济共同发展的格局快速形成。市场体系建设继续推进，资本、技术和劳动力等要素市场迅速发展，市场在资源配置中的基础性作用明显增强。

与此同时，财政、税收、金融、外贸、外汇、计划、投资、价格、流通、住房和社会保障等方面的改革不断推进。比如：

在金融改革方面，1994 年开始，逐步建立起在国务院领导下独立执行货币政策的中央银行宏观调控体系，以及政策性金融与商业性金融分离、以国有商业银行为主体、多种金融机构并存的金融组织体系。同时，加强中央银行在宏观调控中的职能和作用。

在外贸改革方面，将外贸进口的指令性计划改为指导性计划，逐步降低关税总水平，建立适应国际经济通行规则的运行机制，加快外贸体制与国际接轨，同时赋予具备条件的企业进出口经营权，提高其应对国际市场竞争的能力。

在外汇改革方面，1994年1月1日，国家开始实行普遍的银行结汇售汇制，取消外汇双重汇率，实行人民币牌价与外汇调剂市场价并轨，建立起以市场供求为基础的有管理的单一浮动汇率制度。1996年12月1日，国家又实行人民币经常项目下的可兑换，进一步沟通了国内外市场。

在投资体制改革方面，按照不同投资主体的投资范围和各类建设项目的不同情况，分别实行不同的投资方式，进一步强化企业的投资主体地位，在投资融资领域更多地引入市场竞争机制。

在价格改革方面，从1993年起，国家陆续开放竞争性的商品价格，有计划地提高了粮食、棉花、石油、煤炭等基础产品价格，大部分生产资料价格由双轨制并轨为单一的市场价格，逐步确立起市场价格在价格体系中的主体地位，以经济手段为主的价格调控体系开始建立。

通过上述改革，中国加快了由计划经济体制向社会主义市场经济体制转轨的步伐，经济活力明显增强，经济建设呈现蓬勃发展的良好景象。

二、应对亚洲金融危机等风险挑战

1997年下半年，东南亚国家爆发金融危机，很快波及整个亚洲和世界其他地区，造成国际金融市场持续动荡，世界经济受到严重冲击。中国外贸进出口总额呈下降趋势，经济建设遇到严重困难。

面对金融危机冲击，中共中央在1998年2月明确提出“坚定信心，心中有数，未雨绸缪，沉着应付，埋头苦干，趋利避害”的指导方针，果断采取扩大国内需求的措施，实行积极的财政政策和稳健的货币政策，决定由中央财政向商业银行增发长期建设国债，增加投资，加强基础设施建设。同时，增加中低收入者的生活保障，改善人民生活。中国采取提高出口退税率、打击走私等措施，千方百计增加出口，从多方面拉动经济增长。

这些对策措施取得了明显的效果。国家经济持续增长，外贸出口从1999年下半年开始大幅回升，国家外汇储备增加。到2000年，国民经济

▲ 1998年抗洪斗争中，武汉市江汉区龙王庙码头曾经有一块防汛“生死牌”，目前是中国国家博物馆里的永久展品。

稳步回升。在许多国家因这场危机出现经济衰退、货币大幅度贬值的危急情况下，中国兑现了人民币不贬值的承诺，为缓解这场影响全球的金融危机做出了贡献。在克服金融危机中，中国增强了应对挑战和抵御风险的能力。

1998年夏，中国遭遇历史罕见的特大洪涝灾害。长江、嫩江、松花江爆发超历史纪录的特大洪水，珠江流域的西江和福建闽江也一度发生大洪水，受灾人口达2.3亿。面对特大灾害的考验，中共中央、国务院、中央军委正确决断，周密部署，广大军民不畏凶险、奋力抗灾。党和国家领导人多次到抗洪一线，各级领导干部纷纷奔赴抗洪现场。人民解放军和武警部队出动30余万官兵参加抗洪斗争，起到了中流砥柱的作用。全国上下万众一心，夺取了抗洪抢险斗争的全面胜利。

1999年，针对极少数人利用“法轮功”蛊惑人心、破坏社会稳定的事件，中共中央领导人民及时果断地进行了反对“法轮功”邪教组织的重大政治斗争，及时依法取缔“法轮功”邪教组织，发动社会各界揭批邪教歪理邪说，对被“法轮功”邪教组织裹胁、蒙蔽的人员进行教育转化，维护了社会政治稳定。

应对亚洲金融危机和一系列重大斗争的胜利，充分显示了中国特色社会主义制度的优越性，体现了党和政府驾驭全局、解决复杂问题的能力，使中国人民在推进改革开放和社会主义现代化建设、实现跨世纪发展奋斗目标的道路上更加充满信心。

三、跨世纪发展战略的制定与实施

20世纪90年代中期，适应当代世界经济、科技发展潮流和中国现代化建设需要，中共中央提出了可持续发展战略、西部大开发战略等一系列经济发展重大战略，对中国特色社会主义事业跨世纪发展起到了有力的推动作用。

1995年9月，中共十四届五中全会正式将可持续发展战略写入《关于制定国民经济和社会发展“九五”计划和2010年远景目标的建议》，提出“必须把社会全面发展放在重要战略地位，实现经济与社会相互协调和可持续发展”[①]。这是在党的文件中第一次使用“可持续发展”的概念。1997年，中共十五大进一步明确将可持续发展战略作为我国经济发展的战略之一。2002年，中共十六大将“可持续发展能力不断增强，生态环境得到改善，资源利用效率显著提高，促进人与自然的和谐，推动整个社会走上生产发展、生活富裕、生态良好的文明发展道路”[②]，作为全面建设小康社会的四大目标之一。

实施可持续发展战略的实质，是要开创一条使国民经济和社会发展逐步走上良性循环的道路。其核心问题是实现经济社会和人口、资源、环境协调发展。

---

① 《十四大以来重要文献选编》中，中央文献出版社2011年版，第471页。
② 《十六大以来重要文献选编》上，中央文献出版社2005年版，第15页。

保护环境是中国的一项基本国策，是可持续发展战略的重要内容。1996年，国家将环境保护纳入经济社会发展的整体加以统筹规划和安排。从1997年开始，环境保护被纳入中央工作会议议题。国家先后制定出台了相关法律法规，制定和修改了200多项环境标准。2002年，全国人大通过了中国第一部循环经济法——《中华人民共和国清洁生产促进法》，标志着污染治理模式由末端治理开始向全过程控制转变。1998年到2002年，国家在环境保护和生态建设方面的投入达5800亿元，占同期国内生产总值的1.29%，是1950年至1997年这方面投入总和的1.8倍。①

2001年11月20日，历经20年，备受国人关注的全国土地资源调查工作圆满结束。此次调查摸清了我国各级行政区土地总面积为960多万平方公里，其中农民集体所有土地为439.03万平方公里，国有土地为505.48万平方公里；耕地占13.7%，林地占23.9%，牧草地占28.0%。此次调查提供了截至2001年最系统、全面、准确的土地国情国力资料。②

“九五”期间，国务院坚持污染防治和生态保护并重的方针，实施《“九五”期间全国主要污染物排放总量控制计划》和《中国跨世纪绿色工程规划》两大举措，颁布《关于环境保护若干问题的决定》，大力推进“一控双达标”（控制主要污染物排放总量、工业污染源达标和重点城市的环境质量按功能区达标）工作，全面展开三河（淮河、海河、辽河）、三湖（太湖、滇池、巢湖）水污染防治，“两控区”（酸雨污染控制区和二氧化硫污染控制区）大气污染防治，以及一市（北京市）、一海（渤海）的污染防治，简称“33211”工程，环境污染防治取得初步、阶段性进展。逐年加大生态环境保护工作的力度，启动和实施三北防护林体系建设、天然林保护、退耕还林（还草）、京津风沙源治理、湿地保护与恢复、野生动植物保护及自然保护区建设、速生丰产林建设等工程。以解决流域、区域和城市环境问

① 参见刘江：《从〈中国二十一世纪议程〉到〈可持续发展行动纲要〉》，《人民日报》，2003年7月25日。

② 参见中共中央党史研究室：《中华人民共和国大事记（1949—2009）》，人民出版社2009年版，第578页。

题为重点的大规模污染防治工作全面展开，部分城市和地区的环境质量有所改善。

20世纪90年代后期，人口问题被提到可持续发展战略的首要位置。中央制定了《中华人民共和国国民经济和社会发展“九五”计划和2010年远景目标纲要》《中共中央国务院关于加强人口与计划生育工作稳定低生育水平的决定》，发表了《中国21世纪人口与发展》白皮书，颁布了《中华人民共和国人口与计划生育法》等法律法规，对人口与计划生育工作作出了具体部署，明确了人口与计划生育工作的奋斗目标、主要任务和方针原则，将我国推行20多年的基本国策以基本法律的形式予以确认，向世界系统宣示21世纪中国在解决人口与发展问题上的政策措施和原则立场，提出人口、资源、环境协调发展模式，着力抓好农村和流动人口的计划生育工作，继续严格控制人口增长。

人口和计划生育工作，已探索建立起以宣传教育为先导，依法管理、村（居）民自治、优质服务、政策推动、综合治理的长效工作机制，基本形成了综合治理人口问题的格局。中国人口高出生率得到控制，1996年后，我国总和生育率一直保持在1.8左右，进入稳定低生育水平阶段。人口的出生率和自然增长率逐年下降，1992年人口出生率为18.24‰，2002年降至12.86‰。1998年，人口自然增长率首次降到10‰以下。[①]2000年，全国人口总数约为12.67亿，实现了到2000年将全国人口规模控制在13亿以内的目标。

新中国成立以后，国家对西部开发进行了积极探索，在西部地区构筑了交通、通信等基础设施的主要框架，形成和发展了一批中心城市，初步奠定了现代工业和科技基础。由于历史原因和各方面条件限制，西部地区与东部地区的发展差距较大，并有逐步扩大的趋势，区域发展不协调的矛盾日益突出。因此，进一步加快西部地区的开发与建设，便成为党和国家

① 国家统计局国民经济综合统计司编：《新中国五十五年统计资料汇编》，中国统计出版社2005年版，第6页。

面临的一项日益紧迫的战略任务。

对于西部地区的发展，20 世纪 90 年代中期，中共中央相继作出了一系列重大决策。中共十四届五中全会强调，坚持区域经济协调发展，逐步缩小地区发展差距。自 1996 年开始，中共中央组织沿海发达省、直辖市等对口帮扶少数民族比较集中的西部贫困地区，促进东西部地区优势互补，缩小贫困地区与发达地区的差距。1997 年 3 月，八届全国人大五次会议批准了中共中央和国务院关于设立重庆直辖市的决定。这是加快西部地区发展的一项重要举措。中共十五大明确要求，中西部地区要加快改革开放和开发，发挥资源优势，发展优势产业；国家要加大对中西部地区的支持力度，优先安排基础设施和资源开发项目，鼓励国内外投资者到中西部投资；进一步发展东部地区同中西部地区多种形式的联合和合作，从多方面努力，逐步缩小地区发展差距。国家实施了一系列有利于缓解地区差距扩大趋势的政策，并逐步加大工作力度。

世纪之交，随着综合国力显著增强，1999 年 3 月，江泽民在九届全国人大二次会议和全国政协九届二次会议的党员负责人会议上，正式提出了西部大开发的战略思想。9 月，中共十五届四中全会明确提出，国家要实施西部大开发战略，要通过优先安排基础设施建设、增加财政转移支付等措施，支持中西部地区和少数民族地区加快发展。11 月，中共中央、国务院召开中央经济工作会议，宣布实施西部大开发战略。

2000 年 1 月，国务院成立由朱镕基总理、温家宝副总理任正、副组长的国务院西部地区开发领导小组。10 月，国务院颁布了《关于实施西部大开发若干政策措施的通知》，标志着西部大开发战略的正式实施。《通知》把巩固农业基础地位、调整工业结构、发展特色旅游业作为实施西部大开发的重点任务之一，明确规定需要实现的目标是：力争用 5 年到 10 年时间，使西部地区基础设施和生态环境建设取得突破性进展，使西部开发有一个良好开局；到 21 世纪中叶，要建成一个经济繁荣、社会进步、生活安定、民族团结、山川秀美的新西部。

随着西部大开发战略的启动，国家制定了一系列政策，鼓励外商向西部投资，积极引导国际援助项目向西部倾斜。在中央政策的推动下，西部各省、自治区、直辖市陆续成立了开发领导小组，国家各有关部委也相继宣布实行“西部行动”计划，东部发达地区许多单位和企业纷纷到西部地区进行开发洽谈。西部大开发战略的实施得到扎实推进，特别是加快了基础设施建设，2000年，西部地区的十大重点工程①全部开工。2001年，包括青藏铁路在内的一批重点工程相继开工。②

西部地区开发，注意综合实施各项生态建设和环境保护工程。从2000年起，国家投入巨资先后实施退耕还林、退牧还草、天然林资源保护、防护林建设和京津风沙源治理五大生态建设工程，努力遏制环境恶化的趋势，加强对西部地区生态状况、环境质量、资源变化、灾害性天气和地质地震灾害的监测、预报和防治。

西部开发投资对西藏、新疆作了重点安排：至2001年，直接安排援藏建设项目117个，组织有关省市对口支援建设项目70个，总投资400多亿元；在新疆安排了一批重点项目，涉及西气东输、水利开发、流域治理、退耕还林、交通建设、商品棉基地建设、优势资源开发等多个方面。

2002年2月，国家计委、国务院西部开发办印发了《“十五”西部开发总体规划》，明确了“十五”时期西部开发的主要任务、重点区域和政策措施。3月至5月，江泽民在西安和重庆两次主持召开西部大开发工作座谈会，对实施西部大开发的情况进行总结，确定了下一步工作的方向。

实施西部大开发战略，有力地推动了西部地区的经济发展和社会进步，对加强民族团结，保持社会稳定，发展中国同相邻国家的经贸合作，平衡地缘政治力量，巩固西部边防，确保国家的发展与安全获得战略纵深和广阔的回旋余地，都具有十分重大的意义。

---

① 十大重点工程，即西安至南京铁路西安至合肥段、重庆至怀化铁路、西部地区公路建设、西部地区机场建设、重庆高架轻轨交通（较场口至新山村一期工程）、柴达木盆地涩北—西宁—兰州天然气输气管道、四川紫坪铺和宁夏黄河沙坡头水利枢纽、中西部退耕还林（草）和生态建设及种苗工程、青海钾肥工程、西部高校基础设施建设。

② 中共中央党史研究室第三研究部编：《中国改革开放史》，辽宁人民出版社2002年版，第440—441页。

四、加入世界贸易组织与扩大开放

中国加入世界贸易组织，是中共中央、国务院从经济发展和改革开放需要出发作出的重大战略决策，标志着中国的对外开放进入了一个新阶段。1986 年 7 月，中国政府作出申请恢复我国关税贸易总协定缔约国地位的决定，并成立专门机构组织对外谈判工作。1995 年，关贸总协定改为世界贸易组织，此项谈判随之成为加入世贸组织谈判。

中国“复关”和“入世”谈判始终是在中共中央领导下进行的。1993 年 11 月，江泽民同美国总统克林顿首次会晤时，阐明了中国处理“复关”问题的三项总原则：第一，关贸总协定是一个国际性组织，如果没有中国这个最大的发展中国家参加是不完整的；第二，中国要参加，毫无疑问是作为发展中国家参加；第三，中国加入这个组织，其权利和义务一定要平衡。[①]

▲ 2001 年 11 月 11 日中国加入世界贸易组织签字仪式现场

① 《江泽民文选》第二卷，人民出版社 2006 年版，第 584 页注［13］。

经过15年艰难谈判，2001年11月10日，在卡塔尔首都多哈举行的世贸组织第四届部长级会议通过中国加入世贸组织的决定。12月11日，中国正式成为世贸组织第143个成员。

加入世贸组织，使中国不仅有分享经济全球化成果的权利，还能参加制定有关贸易规则，在建立国际经济新秩序中把握主动权，并且可以利用世贸组织争端解决机制在国际贸易战中占据有利位势，是中国进一步推进全方位、多层次、宽领域对外开放的重要契机，对于中国扩大开放、促进国内改革发展具有十分重大的意义。

顺应经济全球化的新趋势，中国以申请加入世贸组织为契机，不断扩大对外开放。中共中央、国务院在实施沿海经济发展战略的同时，出台了沿边开发、沿江开放和内陆开放等一系列重大政策措施，大力推动对外开放。1992年，中国决定开放长江沿岸的芜湖、九江、岳阳、武汉、重庆5个沿江城市和三峡库区，形成了以上海浦东为龙头的长江开放带，此后又陆续开放了太原、合肥、南昌、郑州、长沙、成都、贵阳、西安、兰州、西宁、银川11个内陆省会城市，开放珲春、绥芬河、黑河、满洲里、二连浩特、伊宁、塔城、博乐、瑞丽、畹町、河口、凭祥、东兴13个沿边城市。随后，又陆续开放了一批符合条件的内陆市县。[①] 全国大陆所有地区都有对外开放旅游的城市。为满足中国大陆公民出境旅游的需要，经国务院批准的可以由指定的旅行社组织中国大陆公民出境旅游目的国（地区）不断增加，到2001年底已达18个。到20世纪90年代中后期，在全国形成了全方位、多层次、宽领域的对外开放新格局。2000年后，随着西部大开发等战略的实施，对外开放进一步向全国腹地扩展，全方位的对外开放格局更加完善。

为了加快内陆地区对外开放步伐，促进中西部地区大开发和社会经济发展，1999年开始，国家允许内陆地区省会城市设立一个国家级的经济技

① 中共中央党史研究室：《中国共产党的九十年》，中共党史出版社、党建读物出版社2016年版，第820页。

术开发区。从1992年初到2002年3月，国务院在全国先后分3批批准设立国家级经济技术开发区。截至2002年9月29日，全国共设立了49个国家级经济技术开发区。此外，经国务院批准，全国还建立了53个国家级高新技术产业开发区、15个国家级出口加工区、14个国家级保税区和14个国家级边境经济合作区。这些经济、技术开发的特别区域，成为所在地区经济发展的新增长点和外商投资集中的热点地区，并像经济特区一样，在扩大开放、发展外向型经济、调整产业结构等方面起到了窗口、辐射、示范和带头作用。至2001年底，全国经济技术开发区和浦东、苏州、洋浦等特殊开放区的进出口额合计达512.3亿美元，在当年中国对外贸易总额中所占的比重上升到10%。开放一类口岸243个，比1989年末增加了105个。同时，中国主动改善与周边国家和地区的关系，中苏、中蒙、中尼、中缅、中越边境的小额贸易、边民互市贸易和边境旅游得到迅速发展。

中国的对外开放由南到北、由东到西层层推进，基本上形成了“经济特区—沿海开放城市—沿海开放经济带—沿江和内陆开放城市—沿边开放城市”这样一个全方位、多层次、宽领域、有重点、点线面结合的对外开放格局。中国的对外开放城市遍布全国所有省区，标志着中国全面对外开放新格局的最终确立。对外开放水平不断提高，外向型经济迅速发展。

中共十四大报告第一次明确提出了“积极扩大我国企业的对外投资和跨国经营”的战略方针，制定“走出去”的对外经济战略，为中国经济的持续稳定发展拓展了更加广阔的国际空间。在2000年3月召开的九届人大三次会议上，中国政府再次提出必须不失时机地实施“走出去”战略，更好地利用国内、国外两种资源和两个市场。加入世贸组织后，党和政府适时提出并实施了“引进来”和“走出去”相结合的战略，推动对外开放迈上新台阶。到2001年底，我国累计参与境外资源合作项目195个，总投资46亿美元；累计设立各种境外企业6610家，其中中方投资84亿美元。[①]“引进来”和

① 中共中央党史研究室：《中国共产党的九十年》，中共党史出版社、党建读物出版社2016年版，第832页。

“走出去”相结合战略的实施，促进了开放型经济的发展，完善了全方位、多层次、宽领域的对外开放格局，提高了利用国内与国外两个市场、两种资源的能力和水平。

20世纪90年代，外商直接投资和对外贸易出现高潮。1990年至2001年，中国实际利用外资5108.07亿美元，其中外商直接投资3780.20亿美元，占改革开放以来全部外商直接投资的96%。[①] 2001年，中国进出口贸易总额达5098亿美元，比1990年增长3.4倍，在世界贸易中的排名由1990年的第16位上升到第6位。2001年，中国经常项目顺差174亿美元，资本和金融项目顺差348亿美元，国际储备增加了473亿美元。2001年，中国外汇储备由1989年的55.50亿美元增至2121.65亿美元，居世界第二位。[②] 由于外资的积极参与，中国成为世界重要的生产制造基地之一，很多产品包括高新技术产品的产量跃居世界第一。

许多中国企业积极到境外投资办厂，进行经贸合作，多种形式的对外经济合作业务持续稳定增长。对外承包工程和劳务合作迅速发展，中国进入国际工程承包的世界十强。中国通过境外合资、境外借贷等直接方式，或者境外发行有价证券、离岸金融市场运作等间接方式，吸收外资，用以收购兼并外国企业，开设跨国公司的海外机构及子企业。中国石油天然气集团公司、中国石油化工集团公司等一批大型骨干企业在实施海外投资战略中发挥了龙头作用，初具跨国公司雏形。

“引进来”和“走出去”相结合的开放战略促进了开放型经济的发展。在对外开放中，中国通过引进外资，弥补了自身发展资金的不足；通过充分利用国际市场，促进了国内产业的发展；通过引进先进技术和设备及管理经验，提高了企业的生产技术和管理水平；通过积极开展国际经济合作，增强了企业的国际竞争力；与世界共同分享人类文明成果，提高了人力资源的素质。中国经济进一步融入经济全球化进程，获得了更广阔的

① 国家统计局编：《中国统计年鉴（2002）》，中国统计出版社2002年版，第629页。
② 国家统计局编：《中国统计年鉴（2002）》，中国统计出版社2002年版，第664页。

发展空间。

五、基本实现总体小康目标

邓小平提出的小康目标，是到2000年实现国民生产总值比1980年翻两番，人均国民生产总值达到1000美元，人民物质文化生活总体达到小康水平。

2000年是“九五”计划收官之年，完成“九五”计划与到20世纪末基本实现小康目标在时间节点上高度契合。2000年，“九五”计划的主要任务完成或超额完成，国内生产总值达89404亿元，人均国民生产总值比1980年翻两番的目标在1997年提前3年完成。在经济持续增长和效益提高的基础上，2000年国家财政收入达13395亿元，主要工农业产品产量位居世界前列，商品短缺状况基本结束，产业结构调整取得积极进展。①粮食等主要农产品生产能力明显提高，实现了农产品供给由长期短缺到总量基本平衡、丰年有余的历史性转变。淘汰落后和压缩过剩工业生产能力取得成效，重点企业技术改造不断推进，信息产业等高新技术产业迅速成长。基础设施建设成绩显著，能源、交通、通信和原材料的“瓶颈”制约得到缓解。

农村居民人均纯收入和城镇居民人均可支配收入，2000年分别达到2253元和6280元。市场商品丰富，人民群众衣、食、住、行、用消费水平不断提高。城乡居民住房、电信和用电等生活条件有较大改善。居民储蓄存款余额、股票、债券等其他金融资产迅速增加。农村贫困人口大幅度减少，“八七扶贫攻坚计划”目标基本实现②。

科技、教育加快发展，社会事业全面进步。国家高技术研究发展计划

---

① 中共中央党史研究室：《中国共产党新时期历史大事记》（增订本）（1978.12—2002.5），中共党史出版社2002年版，第613页。

② 1994年4月15日，国务院发出《关于印发〈国家八七扶贫攻坚计划〉的通知》。这个计划力争在20世纪最后7年，集中力量，基本解决全国农村8000万贫困人口的温饱问题。

（通称“863”计划）顺利实施。航空航天、信息、新材料和生物工程等高技术领域获得一批重要成果。基础研究和应用研究取得新进展。部门所属应用型科研院所企业化改革基本完成，其他科研院所体制改革全面展开。科技成果市场化、产业化进程加快。各级各类教育全面发展。基本普及九年义务教育和基本扫除青壮年文盲的目标初步实现，高等教育管理体制改革取得重大进展，扩大高校招生规模受到群众普遍欢迎。

人口和计划生育工作取得新成绩，生态建设和环境保护的力度明显加大，文化、卫生、体育等各项社会事业继续发展，廉政建设和反腐败斗争不断取得成效，社会治安综合治理进一步加强，社会主义精神文明建设和民主法制建设取得新的进展，国防和军队建设迈出新的步伐。

“九五”计划的完成，小康目标的基本实现，人民生活总体上实现了由温饱到小康的历史性跨越，是改革开放和社会主义现代化建设事业取得的伟大成就，是中华民族发展史上一个新的里程碑。现代化建设第二步战略目标的顺利实现，为实施“十五”计划、实现第三步战略目标奠定了良好基础。

“九五”期间，我国经济社会发展存在一些亟待解决的问题，主要是：产业结构不合理，地区经济发展不协调；国民经济整体素质不高，国际竞争力不强；社会主义市场经济体制尚不完善，阻碍生产力发展的体制因素仍很突出；科技、教育比较落后，科技创新能力较弱；重要资源短缺，部分地区生态环境恶化；就业压力加大，农民和城镇部分居民收入增长缓慢，收入差距拉大；一些领域市场经济秩序相当混乱，重大安全事故时有发生；贪污腐败、奢侈浪费现象和形式主义、官僚主义作风还比较严重。

面对即将到来的21世纪，中共中央准确把握国际形势的发展变化，适应我国社会主义市场经济体制初步建立和第二步战略目标实现以后的新要求，顺应人民群众的新期待，为经济和社会发展制定了新的蓝图。2000年10月，中共十五届五中全会通过《中共中央关于制定国民经济和社会发展第十个五年计划的建议》。《建议》指出：从21世纪开始，我国将进入全面建设小康社会，加快推进社会主义现代化的新的发展阶段；今后 5 年到 10 年，是我国经济和社会发展的重要时期，是进行经济结构战略性调整的重要时期，也是完善社会主义市场经济体制和扩大对外开放的重要时期。《建议》提出“十五”期间经济和社会发展的主要目标是：国民经济保持较快发展速度，经济结构战略性调整取得明显成效，经济增长质量和效益显著提高，为到 2010 年国内生产总值比 2000 年翻一番奠定坚实基础；国有企业建立现代企业制度取得重大进展，社会保障制度比较健全，完善社会主义市场经济体制迈出实质性步伐，在更大范围内和更深程度上参与国际经济合作与竞争；就业渠道拓宽，城乡居民收入持续增加，物质文化生活有较大改善，生态建设和环境保护得到加强；科技教育加快发展，国民素质进一步提高，精神文明建设和民主法制建设取得明显进展。

根据中共中央的建议，国务院制定了《中华人民共和国国民经济和社会发展第十个五年计划纲要（草案）》。2001 年 3 月，九届全国人大四次会议批准了这个计划纲要。

第三节　推进政治文明建设和先进文化建设

在确立和发展社会主义市场经济体制的过程中，中共中央提出要依法治国、建设社会主义法治国家，政治体制改革和民主法治建设得到加强，国家政治制度和行政管理体制不断完善，基层群众自治制度逐步推广，各项民主制度和法律体系建设不断推进，精神文明和先进文化建设稳步发展。

一、建设社会主义政治文明

为适应建立社会主义市场经济体制的需要，中共十四大后，中国社会主义民主政治建设扎实推进。中共十五大决定继续推进政治体制改革，提出了发展民主、加强法制、实行政企分开与精简机构、完善民主监督制度、维护安定团结这五项任务。十五大之后，政府机构改革、党的机构改革、干部人事制度改革、反腐倡廉工作都加大了力度，取得了明显的进展。

人民代表大会制度、中国共产党领导的多党合作和政治协商制度、民族区域自治制度继续健全和完善。1995 年，八届全国人大常委会通过了修改选举法和地方组织法的两个决定。修改后的选举法，缩小了农村与城市每一代表所代表的人口数的比例；修改后的地方组织法，进一步完善了地方各级人大选举和决定国家机关组成人员的程序。这些修改，进一步提高了选举的民主程度，对完善我国选举制度和人民代表大会制度具有重要意义。1993 年 3 月，八届全国人大一次会议将“中国共产党领导的多党合作和政治协商制度将长期存在和发展”载入宪法，使多党合作制度有了明确的宪法依据。1994 年 3 月，全国政协八届二次会议审议通过《中国人民政治协商会议章程修正案》，第一次把“参政议政”与原来的“政治协商、民主监督”并列为人民政协的主要职能，使人民政协的主要职能得到了拓展和延伸，工作的视野更加开阔，内容更加丰富。2001 年 2 月，九届全国人大常委会第二十次会议对《中华人民共和国民族区域自治法》进行了修改，这是 21 世纪初我国社会主义民主和法治建设在民族领域取得的一项新成果。修改后的民族区域自治法，对于进一步坚持和完善民族区域自治制度，加快民族自治地方经济和社会发展，进一步巩固和发展平等、团结、互助的社会主义民族关系，具有重要意义。

基层群众自治更加活跃并进一步发展。在农村，1998 年 11 月，九届全国人大常委会第五次会议通过了新修订的《中华人民共和国村民委员会组织法》，从法律上进一步确立了村民自治作为我国一项政治制度的地位，有力地推动了农村基层民主建设进程。在城市，居民自治取得重要进展。2000 年 11 月，中共中央办公厅、国务院办公厅转发《民政部关于在全国推进城市社区建设的意见》，为社区建设的全面推进指明了方向，开启了城市社区居民自治发展的新阶段。1999 年 9 月，中共十五届四中全会通过了《中共中央关于国有企业改革和发展若干重大问题的决定》，明确提出：“发挥工会和职工代表大会在民主决策、民主管理、民主监督中的作用。坚持和完善以职工代表大会为基本形式的企业民主管理制度，实行民主评议企业领导人和厂务公开。”① 该决定的通过，有力地保障了职工在企业管理中的民主权利，促进了基层民主的健康发展。

人权事业不断推进。尊重和保障人权是发展社会主义民主政治、建设社会主义政治文明的内在要求。江泽民明确主张，我们尊重国际社会关于人权的普遍性原则，但普遍性原则必须与各国国情相结合。人权是具体的、相对的，不是抽象的、绝对的，与一个国家的政治状况、经济发展、历史传统、文化结构和整个社会的发展水平有很大关系。实现人权的根本途径是经济发展和社会进步。对于发展中国家，生存权、发展权是最基本、最重要的人权，保护和促进人权的努力，必须从这个环节入手，否则其他一切权利都无从谈起。要根据本国的国情把集体人权和个人人权，经济、社会、文化权利和公民、政治权利，统一起来加以推进。人权是一个国家主权范围内的问题。针对国际上有人提出“人权高于主权”和“国家主权有限”的新干涉主义，江泽民鲜明地指出，国家主权是一国人民充分享受人权的前提和保障。这两者不是对立的，而是相辅相成的。人权要靠主权来保护，不是人权高于主权，而是没有主权就没有人权。我们反对借口人权干涉一个国家的内政，也反对把人权作为实现对别国的某种政治企图的工具。国际社会应在平等和相互尊重的基础上进行合作，共同推进世界人权事业。

行政管理体制和机构改革持续推进。为适应发展社会主义市场经济的要求，中共十四大报告提出要“按照政企分开和精简、统一、效能的原则，下决心对现行行政管理体制和党政机构进行改革。综合经济部门的工作重点要转到加强宏观调控上来。撤并某些专业经济部门和职能交叉重复或业

---

① 《十五大以来重要文献选编》中，中央文献出版社 2011 年版，第 183 页。

务相近的机构，大幅度裁减非常设机构。精减机关人员，严格定编定员”[①]。

根据十四大报告精神，转变政府职能成为行政管理体制改革的重点。通过政企分开，把属于企业的权力放给了企业，把应该由企业解决的问题，交给企业自己去解决。同时加强了宏观调控和监督部门，强化了社会管理职能部门，减少了具体审批事务和对企业的直接管理，努力做到宏观管好、微观放开。政府的行政管理职能转变为主要是统筹规划、掌握政策、信息引导、组织协调、提供服务和检查监督。这为加快建立社会主义市场经济体制创造了重要条件。

在机构改革方面，经过这次改革，国务院组成部门41个，直属机构13个，办事机构5个，一共59个，比原有的86个减少了27个，非常设机构由85个减至26个，不再设置部委归口管理的国家局，同时完成了精简人员20%的任务。[②]与此同时，地方机构改革也全面推进并取得预期效果。

1997年中共十五大以后，深化行政管理体制和机构改革工作继续推进。按照社会主义市场经济的要求，进一步转变政府职能，建立办事高效、运转协调、行为规范的行政管理体系，提高为人民服务水平；把综合经济部门改组为宏观调控部门，调整和减少专业经济部门，加强执法监管部门，培育和发展社会中介组织。行政体制改革，主要是实现国家机构组织、职能、编制、工作程序的法定化，严格控制机构膨胀，坚决裁减冗员。人事制度改革，主要是引入竞争激励机制，完善公务员制度，建设一支高素质的专业化国家行政管理干部队伍。

根据十五大精神，国务院进行了机构改革。这次国务院机构改革的重点，是调整和撤销那些直接管理经济的专业部门，加强宏观调控和执法监管部门，按照权责一致的要求，调整部门的职责权限，明确划分部门之间职责分工，完善行政运行机制。经过改革，除国务院办公厅外，国务院组

---

① 《十四大以来重要文献选编》上，中央文献出版社2011年版，第26页。
② 《十四大以来重要文献选编》上，中央文献出版社2001年版，第161—162页。

成部门从40个减少到29个，由政府转交给企业、社会中介组织和地方的职能有200多项，在部门之间调整的职能有100多项，部门内设的司局级机构减少200多个，精简了25%，机关人员编制总数减少47.5%，国务院办公厅工作人员精简了50.1%，国务院系统的机关干部从33000多人减少到16000多人。[①]

1999年1月，中共中央、国务院制定了《关于地方政府机构改革的意见》，7月，地方政府机构改革正式启动。各省、自治区、直辖市的政府机构也进行了精简，市、县一级政府机构按照20%的比例进行了精简。通过改革，政府机构更加精简，政府职能进一步转变，各级政府机构的办事效率大幅度提高，为推动社会主义市场经济的发展奠定了坚实基础。

按照中共十四大和十五大确定的方针，中国的政治体制改革迈出了新步伐。中共十四大报告指出，同经济体制改革和经济发展相适应，必须按照民主化和法制化紧密结合的要求，积极推进政治体制改革，在发展社会主义民主、健全社会主义法制方面取得明显进展，以巩固和发展稳定的社会政治环境，保证经济建设和改革开放的顺利进行。[②]中共十五大报告进一步指出，推进政治体制改革，必须有利于增强党和国家的活力，保持和发挥社会主义制度的特点和优势，维护国家统一、民族团结和社会稳定，充分发挥人民群众的积极性，促进生产力发展和社会进步。政治体制改革的主要任务是：发展民主，加强法制，实行政企分开、精简机构，完善民主监督制度，维护安定团结。[③]在上述方针的指导下，我国政治体制改革迈出了新步伐。除了政治制度不断健全和完善外，在推进党的领导体制建设方面，形成了党委领导人大在组织人事安排上的主流格局，中共十五大之后，党委书记兼任人大常委会主任的现象呈不断扩展之势。

在完善监督制度方面，八届全国人大常委会第三次会议通过了《关于加强对法律实施情况检查监督的若干规定》，对执法检查计划的制定、检查

① 《十六大以来重要文献选编》上，中央文献出版社2004年版，第177—178页。
② 《十四大以来重要文献选编》上，中央文献出版社2011年版，第24页。
③ 《十五大以来重要文献选编》上，中央文献出版社2011年版，第27页。

组的组成、检查的方法和步骤、执法检查报告的审议等，都作了较为具体的规定。按照这一规定，全国人大和地方各级人大在履行监督职能时，重点对法律执行情况进行监督检查，保证了宪法和法律的有效实施。

在工作监督方面，全国人大常委会听取“一府两院”工作报告已形成制度。为充分发挥民主党派民主监督的作用，各级政府聘请了大批民主党派成员、无党派人士担任特约监察员、检查员、审计员和教育督导员等职务，对政府工作进行监督。群众监督和舆论监督也得到进一步加强。

在干部人事制度改革方面，从1995年起，各地逐步试行面向社会公开招考党政领导干部的做法，一大批德才兼备、年富力强的领导人才脱颖而出。2000年6月，中共中央颁发《深化干部人事制度改革纲要》。这是新中国成立以来第一次作出干部人事制度改革的总体规划，标志着我国干部人事制度改革的进一步深化。《纲要》指出，要通过不断推进和深化干部人事制度改革，到2010年，逐步建立起一套与建设有中国特色社会主义经济、政治、文化相适应的干部人事制度。这个《纲要》的基本目标是：建立起能上能下、能进能出、有效激励、严格监督、竞争择优、充满活力的用人机制；完善干部人事工作统一领导、分级管理、有效调控的宏观管理体系；形成符合党政机关、国有企业和事业单位不同特点、科学分类的管理体制，建立各具特色的管理制度；健全干部人事管理法规体系，努力实现干部人事工作的依法管理，有效遏制用人上的不正之风和腐败现象；创造尊重知识，尊重人才，有利于优秀人才脱颖而出、健康成长的社会环境，实现人才资源的整体开发与合理配置。2002年7月，中共中央正式颁布《党政领导干部选拔任用工作条例》，标志着领导干部选拔工作向制度化、规范化、程序化迈进了一大步。通过深化干部人事制度改革，一支高素质的专业化行政管理干部队伍开始形成。

二、提出依法治国基本方略

依法治国基本方略，是以江泽民为核心的中共中央领导集体，在新时期社会主义法制建设的进程中逐步提出并于中共十五大正式确立的。

1989 年 9 月 26 日，江泽民当选为中共中央总书记后不久，在中外记者招待会上回答《纽约时报》记者提问时郑重宣布："我们绝不能以党代政，也绝不能以党代法。这也是新闻界讲的究竟是人治还是法治的问题，我想我们一定要遵循法治的方针。"① 这向世界公开表明了中共中央领导集体实施法治的坚定立场和坚强决心。

1994 年 12 月 9 日，江泽民在第一次中央领导同志法制讲座开始前的讲话中首次提出"以法治国"。他指出："建设社会主义法制，实行以法治国，是为了把我们国家建设成为富强、民主、文明的社会主义现代化国家。"②

1996 年 2 月 8 日，江泽民在第三次中央领导同志法制讲座结束时的讲话中，又把"以法治国"的提法改为"依法治国"，并将其确定为"党和政府管理国家和社会事务的重要方针"。他说："加强社会主义法制建设，依法治国，是邓小平建设有中国特色社会主义理论的重要组成部分，是我们党和政府管理国家和社会事务的重要方针。"在这次讲话中，江泽民首次阐述了依法治国的具体内容。他指出："实行和坚持依法治国，就是使国家各项工作逐步走上法制化的轨道，实现国家政治生活、经济生活、社会生活的法制化、规范化；就是广大人民群众在党的领导下，依照宪法和法律的规定，通过各种途径和形式，管理国家事务，管理经济和文化事业，管理社会事务；就是逐步实现社会主义民主的制度化、法律化。"③ 这一论述，表明新的中央领导集体关于依法治国基本方略的设想已渐趋成熟。

同年 3 月 17 日，八届全国人大四次会议通过的《中华人民共和国国民经济和社会发展"九五"计划和 2010 年远景目标纲要》，把"依法治国，建设社会主义法制国家"作为一项重大方针确定下来，并提出了具体任务和要求。

① 《就我国内政外交问题江泽民等答中外记者问》，《人民日报》，1989 年 9 月 27 日。
② 《中共中央举办法律知识讲座》，《人民日报》，1994 年 12 月 10 日。
③ 《江泽民文选》第一卷，人民出版社 2006 年版，第 511 页。

1997年9月12日，中共十五大报告对依法治国作了论证和概括，将依法治国正式确定为党领导人民治理国家的基本方略。报告指出："依法治国，就是广大人民群众在党的领导下，依照宪法和法律规定，通过各种途径和形式管理国家事务，管理经济文化事业，管理社会事务，保证国家各项工作都依法进行，逐步实现社会主义民主的制度化、法律化，使这种制度和法律不因领导人的改变而改变，不因领导人看法和注意力的改变而改变。依法治国，是党领导人民治理国家的基本方略，是发展社会主义市场经济的客观需要，是社会文明进步的重要标志，是国家长治久安的重要保障。"[①] 中共十五大报告还把依法治国的目标由"建设社会主义法制国家"改为"建设社会主义法治国家"，极其鲜明地突出了法治。报告指出："我国经济体制改革的深入和社会主义现代化建设跨越世纪的发展，要求我们在坚持四项基本原则的前提下，继续推进政治体制改革，进一步扩大社会主义民主，健全社会主义法制，依法治国，建设社会主义法治国家。"[②]1999年3月15日，九届全国人大二次会议通过的宪法修正案，将"依法治国，建设社会主义法治国家"载入宪法，上升为国家意志，使其具有了法律效力。

依法治国基本方略的提出和建设社会主义法治国家奋斗目标的确立，是新时期法治建设史上的里程碑。以此为标志，我国法治建设进入以贯彻和实施依法治国基本方略为主要内容、以建设社会主义法治国家为奋斗目标的新的发展阶段，法治建设不断取得新成就。

在立法工作方面，2000年，九届全国人大三次会议通过并当年施行了《中华人民共和国立法法》，此法规范了立法活动，健全了国家立法制度，将宪法立法行为具体化，在建立和完善国家法律体系中具有十分重要的地位和作用。这一阶段，国家健全法律体系的工作成绩很大，到2003年3月九届全国人大任期结束前，构成中国特色社会主义法律体系的各

① 《江泽民文选》第二卷，人民出版社2006年版，第28—29页。

② 《江泽民文选》第二卷，人民出版社2006年版，第28页。

个法律部门已经齐全，每个法律部门中的主要法律基本制定出来，中国特色社会主义法律体系初步形成。从法律的构成来看，既有规定国家根本制度、国家机关设置、公民基本权利和义务的宪法和宪法性法律，也有规定国家行政机关组织、职权、行为、职权程序的行政法，规定对国家行政机关侵犯公民、法人的权利进行救济的行政诉讼法，又有规定犯罪和刑罚的刑法，规定公开有效惩治犯罪和保护无辜者的刑事诉讼法，还有规定市场经济主体制度、公司、企业、物权、债权、合同、担保、银行、票据、海商、保险、破产、期货交易、房地产、专利、不正当竞争、继承、人身权等的民商法，规定国家从整体利益出发干预经济生活、维护经济秩序和宏观调控市场的经济法，规定解决民事、商事、经济纠纷的民事诉讼法，以及规定保护劳动者权益，提供劳动就业、社会养老、医疗、失业、意外事故保险、救助社会弱者的社会法等。这些法律规范初步构成了中国特色社会主义法律体系的基本内容。1993 年和 1999 年，全国人大对我国现行宪法个别条款和部分内容作了重要修正，使我国宪法在保持稳定性和权威性的基础上紧跟时代步伐，不断与时俱进。

在依法行政方面，一系列规范和监督政府行为的法律制度逐步建立。1989 年 4 月七届全国人大二次会议通过并于 1990 年 10 月实施的《中华人民共和国行政诉讼法》，标志着“民告官”行政诉讼制度的正式确立，我国依法行政开始进入重视保护公民权利和监督行政权力的新阶段。1994 年 5 月《中华人民共和国国家赔偿法》的颁布，确立了我国国家赔偿的法律制度，在保障公民的基本权利和促进国家机关及其工作人员依法行使职权方面迈出了重要步伐。1996 年 3 月通过的《中华人民共和国行政处罚法》是关于行政处罚制度的第一部通则性法典。1999 年 4 月通过的《中华人民共和国行政复议法》，把行政复议制度作为行政机关内部自我纠正错误的一种监督制度加以法律化和规范化。通过建立这些法律制度，各级人民政府的行政权力已逐步纳入法制化轨道，依法行政的观念在国家行政机关及其工作人员中基本确立。

在司法和司法行政工作方面，司法和司法行政机关健全组织机构，拓展工作领域，加强队伍建设，司法和司法行政工作得到持续发展，为落实依法治国基本方略、建设社会主义法治国家做出了重要贡献。

一是刑事、民事、经济、行政、海事等各项审判工作全面开展。1993年至1997年，全国法院共审结一审刑事、民事、经济、行政、海事案件近2242万件；[①] 1998年至2002年，全国法院共审结和执行各类案件4050万余件。[②] 这些审判活动，依法打击了各类犯罪，维护了社会治安和经济秩序，依法保护了各类公民的民主权利和其他合法权益，为改革开放和社会主义现代化建设提供了稳定的社会环境。

二是检察工作得到很大发展。1993年至1997年，全国法院共受理检察机关起诉的贪污、贿赂、挪用公款案件的被告人169433人，1998年至2002年，共查办贪污贿赂等职务犯罪人员83308人。在开展检察工作的过程中，检察机关自身及队伍建设也有很大发展。到2001年12月底，我国共有各类检察干部213269人。[③] 全国检察机关认真履行批捕、起诉职责，依法查办和积极预防职务犯罪，强化对诉讼活动的法律监督，维护司法公正，在新时期法制建设进程中做出了重要贡献。

三是司法行政工作全面恢复和开展。到2001年底，我国已有律师事务所10225个，律师工作人员122585人；公证处3186个，公证人员19303人。[④] 到2002年6月，全国已建立各级法律援助机构2299个，专职法律援助工作人员已达8000多名，其中50%为法律援助专职律师，基本担负起了组织和实施法律援助的职能。我国法律援助基本框架已形成，法律援助的范围不断扩大，受援人数日益增多，全国法律援助办案数量持续上升。1997年初至2002年6月，各级法律援助机构共接待、解答法律咨询489

① 《最高人民法院工作报告》,《人民日报》, 1998年3月24日。

② 《法院审判工作五年进展明显》,《人民日报》, 2002年12月23日。

③ 中国法律年鉴社编辑委员会:《中国法律年鉴（2002年）》, 中国法律年鉴社2002年版，第1241页。

④ 中国法律年鉴社编辑委员会:《中国法律年鉴（2002年）》, 中国法律年鉴社2002年版，第1253页。

万余人次，办理各类法律援助案件 63 万余件，有 70 余万人次通过法律援助维护了自己的合法权益。这些司法行政工作在化解社会矛盾、维护公平正义、服务经济发展、维护社会稳定中发挥了重要作用。

在普法工作方面，从 1986 年起，全国人大常委会在全民中连续实施普及法律知识的五年规划。经过全国规模的普法运动，全体公民的法律素质明显提高。依法维护自身合法权益的能力不断增强；履行法律义务的自觉性不断提高；运用法律武器同各种违法犯罪行为作斗争的现象不断增多；遇到问题找法、解决问题靠法的观念开始确立。所有这些都极大地推动了社会主义法治国家的建设进程。

三、实施科教兴国战略

1995 年 5 月 6 日，中共中央、国务院作出《关于加速科学技术进步的决定》，第一次明确提出实施科教兴国战略。1996 年八届全国人大四次会议通过的《中华人民共和国国民经济和社会发展“九五”计划和 2010 年远景目标纲要》，具体规划和部署了科教兴国战略。1997 年，中共十五大报告把发展教育和科学作为文化建设的基础工程，专门论述了实施科教兴国战略。

科教兴国战略，把科技和教育纳入优先发展的战略地位，建设国家创新体系，优化教育结构，大力加强基础教育，增强高等教育综合实力，并促进教育同经济、科技的密切结合，积极探索建设面向 21 世纪的中国特色社会主义科技与教育体系。科教兴国战略，提出把我国经济建设和社会发展真正转移到依靠科技进步和提高劳动者素质的轨道上来，为在激烈的国际竞争中如何提升竞争力、如何保持发展动力指明了方向。

根据科教兴国战略，国家致力于科技创新体系建设，推进研究机构改革，实施国家重点基础研究发展计划（通称“973 计划”），推进以中国科学院为中心的知识创新工程试点，大力推进科技成果转化，促进中国科技事业实现跨越式发展。

为了加强教育立法,1995 年，全国人大通过《中华人民共和国教育法》，初步建立起教育法律法规的基本框架。

为了改革教育投资体制，全面推进素质教育，加快高等教育改革发展，国家实施了“211 工程”[①]和“985 工程”[②]，积极改善知识分子的工作、学习和生活条件，对有突出贡献的知识分子给予重奖，并形成规范化的奖励制度。1999 年 1 月 13 日，国务院批转教育部《面向二十一世纪教育振兴行动计划》，提出了我国到 2000 年和 2010 年实现两个阶段性的目标，为实施科教兴国战略奠定坚实的人才和知识基础。

加大科技和教育投入力度。自 1998 年起至 2002 年，国家先后启动了重点基础研究项目 132 个。国家重视科技工业园区建设，推动科技成果迅速产业化，催生了北京市中关村试验区这样的以高新技术产业为核心的知识产业群园区。1998 年到 2002 年，国家财政用于科技的投入累计 2500 亿元，比前 5 年增长 1 倍多。[③] 2002 年，全国教育投入总额达 5480 亿元，比 1997 年的 2532 亿元增加 2948 亿元，年均增幅达 16.7%，高于国民经济的增长速度。[④] 中央财政主要增加国家高技术研究发展计划、国家自然科学基金、国家创新体系建设等专项投入，同时改革投入方式，实行公开、公平评估选题制，由对科研机构、科技人员的一般支持，变为以课题和项目为主的重点支持。

到 2002 年底，全国实现基本普及九年制义务教育和基本扫除青壮年文盲的人口地区覆盖率达到 91%。1999 年，中共中央和国务院隆重表彰为

---

① “211 工程”，指面向 21 世纪，重点建设 100 所左右的高等学校和一批重点学科，使其在教育质量、科学研究、管理水平和办学效益方面有较大提高，成为立足国内培养高层次人才、解决经济建设和社会发展重大问题的基地。建设内容包括重点学科、公共服务体系和配套基础设施建设三大部分。

② “985 工程”，1998 年 5 月 4 日，江泽民在庆祝北京大学建校 100 周年大会上提出：“为了实现现代化，中国要有若干所具有世界先进水平的一流大学。”建设世界一流大学和一大批一流学科计划，纳入《面向二十一世纪教育振兴行动计划》实施。

③《十六大以来重要文献选编》上，中央文献出版社 2004 年版，第 173 页。

④《我国义务教育取得长足进展——教育部负责人就当前我国义务教育和教育经费投入等问题答记者问》，《人民日报》，2003 年 11 月 3 日。

“两弹一星”做出突出贡献的23位科技专家，并授予他们功勋奖章。2000年8月，人事部下发《关于鼓励海外高层次留学人才回国工作的意见》，加大吸引高层次留学人才回国工作的力度，鼓励银行、保险、证券、国有大型企业以及高等院校、科研院所自主引进海外高层次留学人才，为优秀留学人员回国服务提供良好的条件和便捷的方式。至2002年底，中国留学回国人员总数达15.3万。

四、社会主义先进文化建设稳步发展

20世纪90年代，中共中央坚持“两手抓，两手都要硬”的方针，采取一系列重大措施，动员全党全社会的力量，继续推进社会主义精神文明建设，大力发展中国特色社会主义文化，文化建设取得新的重大进展。1996年3月，八届全国人大四次会议通过的《中华人民共和国国民经济和社会发展“九五”计划和2010年远景目标纲要》，把精神文明建设的具体目标列入国民经济和社会发展规划，社会主义精神文明建设在全社会得到普遍重视，推动了物质文明建设和精神文明建设的相互促进、协调发展。

为繁荣发展社会主义文化，中共中央宣传部从1991年开始组织实施精神文明建设“五个一工程”[①]奖评选活动，评选各省市、中央部分部委以及解放军总政治部等单位组织生产、推荐申报的精品佳作，鼓励文化艺术坚持正确的创作思想，深入生活，深入群众，满足广大群众精神文化需求，为进一步坚持“二为”方向和贯彻“双百”方针，弘扬主旋律、提倡多样化，繁荣社会主义文化，发挥了导向作用。

根据中共十四大关于加强爱国主义教育的精神，1994年8月23日，中共中央印发《爱国主义教育实施纲要》，要求各级有关部门把爱国主义作为加

① “五个一工程”，指一本好书、一台好戏、一部优秀影片、一部优秀电视剧（片）、一篇或几篇有创见有说服力的文章。从1995年起，一首好歌和一部好的广播剧也被列入评选范围。

强社会主义精神文明建设的基础工程来抓。8 月 31 日，中共中央又印发《关于进一步加强和改进学校德育工作的若干意见》，要求教育战线站在历史的高度，以战略的眼光来认识新时期学校德育工作的重要性，大力加强青年学生的思想道德建设。

精神文明建设取得的积极进展和明显效果，对促进改革、发展、稳定起了重要作用。

针对在一些地方和部门的领导工作中，仍然存在忽视思想教育、忽视精神文明建设，一些领域道德失范，拜金主义、享乐主义、个人主义滋长，一些地方腐败现象蔓延，一部分人国家观念淡薄的问题，为了加强新形势下社会主义精神文明建设，1996 年 10 月，中共十四届六中全会作出《关于加强社会主义精神文明建设若干重要问题的决议》，对新形势下社会主义精神文明建设作出部署。《决议》提出，要以科学的理论武装人，以正确的舆论引导人，以高尚的精神塑造人，以优秀的作品鼓舞人，培育有理想、有道德、有文化、有纪律的社会主义公民，提高全民族的思想道德素质和科学文化素质，团结和动员全国各族人民把我国建设成为富强、民主、文明的社会主义现代化国家。为从组织上保证决议精神的贯彻落实，1997 年 4 月成立了中央精神文明建设指导委员会。随后，各省、自治区、直辖市也相继建立了相应机构。

中共十四届六中全会后，以创建文明城市、文明村镇、文明行业为主要内容的群众性活动在全国各地进一步开展。1997 年 3 月，中共中央宣传部在已经确定 300 个文明行业示范点的基础上，又确定了 100 个创建文明城市示范点和 200 个创建文明村镇示范点，使这项活动形成了各方面齐抓共建、广大群众积极参与的良好局面。在不断推进精神文明建设过程中，形式多样的精神文明建设活动在社会各界广泛开展，包括推广文明服务用语、制定市民与村民公约、开展“五好文明家庭”创建活动、开展“百城万店无假货”活动、实行社会服务承诺制、文明上岗优质服务等。一些窗口行业还开展了“为人民服务，树行业新风”等活动，收到良好效果。1993 年底，共青团中央发起实施中国青年志愿者行动，组织各级团组织建立青年志愿服务队，成立青年志愿者协会，推动青年志愿者行动迅速在全国展开。共青团中央、中国青少年发展基金会实施的救助贫困地区失学少年儿童的“希望工程”①，中国儿童少年基金会组织实施的救助贫困地区失学女童重返校园的“春蕾计划”②，中国社会服务促进会发起的旨在提高孤儿素质、改善其生活状况的“救孤计划”③等活动，在全社会进一步弘扬了扶危济困的美德。

为大力推进农村精神文明建设，促进农村文化建设，满足广大农民的精神文化生活需求，改善农村社会风气，密切党群干群关系，1996 年 12 月，中共中央宣传部、国家科委、农业部、文化部等十部委联合发出《关于开展文化科技卫生“三下乡”活动的通知》。农村尤其是“老少边穷”地区缺医少药，信息闭塞，科技落后，文化生活贫乏。文化、科技、卫生下乡，是农村所缺、农民所盼。“三下乡”活动如雪中送炭，使广大农村群众获得了致富信息和技术，获得了健康知识和医疗服务，获得了精神文化享受。

公民思想道德建设是精神文明建设的重要内容。2001 年 9 月，中共中央印发的《公民道德建设实施纲要》提出，要把法制建设与道德建设、依法治国与以德治国紧密结合起来，通过公民道德建设的不断深化和拓展，逐步形成与发展社会主义市场经济相适应的社会主义道德体系。通过道德建设，在全民族牢固树立建设有中国特色社会主义的共同理想和正确的世界观、人生观、价值观，在全社会大力倡导“爱国守法、明礼诚信、团结友善、勤俭自强、敬业奉献”的基本道德规范，提高公民道德素质，促进

① “希望工程”，是共青团中央、中国青少年发展基金会以救助贫困地区失学少年儿童为目的，于 1989 年发起的一项公益事业，其宗旨是建设希望小学，资助贫困地区失学儿童重返校园，改善贫困地区办学条件，促进基础教育的发展。

② “春蕾计划”，是一项旨在帮助因生活贫困而辍学或濒临辍学的女童重返校园接受学校教育的爱心工程。1989 年，在全国妇联领导下，由中国儿童少年基金会发起并组织实施。为了加强女童素质教育，培养女童自力更生建设家乡的本领，中国儿基会还设立了“春蕾计划实用技术培训专项基金”。

③ “救孤计划”，是在民政部指导下，由中国社会服务促进会于 1993 年 10 月推出的。它主要面向社会募集款物，对孤儿进行助养助学，改造福利院危旧房屋，添置医疗设备，致力于提高孤儿素质。

人的全面发展，培养一代又一代有理想、有道德、有文化、有纪律的社会主义公民。在党中央的号召下，各地区各部门加强领导、重在建设，各行各业注意以人为本、教育引导，广大群众注重道德培养，全社会逐渐形成重视思想道德建设的氛围和良好风尚。

中共十五大提出“建设有中国特色社会主义文化”的新命题，并把它作为中国共产党在社会主义初级阶段基本纲领的重要组成部分。十五大报告强调：“有中国特色社会主义的文化，是凝聚和激励全国各族人民的重要力量，是综合国力的重要标志。”[①]

中共十五大以后，中国特色社会主义文化建设以实施“精品战略”为核心，通过加强管理和深化改革，出现了文化繁荣发展的新局面。国家陆续制定和完善出版、印刷、音像制品、营业性演出以及广播电视等方面的管理条例，为文化精品进入市场提供法律保障和政策扶持，使健康的文化产品占据文化市场的主导地位。到2000年底，全国广播、电视人口覆盖率分别达到92.5%和93.7%，比1995年分别提高13.7%和9.2%。反映时代精神、贴近人民生活的优秀作品不断涌现，群众文化生活日益丰富多彩，健康文明的社会氛围逐渐形成，社会主义文化阵地更加巩固。对外文化交流不断扩大，中国文化的国际影响力显著增强。

文化体制机制和传播手段不断改革创新，在经营性文化事业单位转企改制、完善文化工作管理体系、建设现代文化市场体系和文化政策法规体系等方面也取得了显著进展。“截至2000年底，文化部门主管的文化娱乐业、音响业、演出业、艺术品经营等门类的产业单位有22.3万个，从业人员达91.9万人，创增加值118.9亿元。”[②]党和政府还把发展公益性文化事业作为保障人民群众基本文化权益的主要途径，不断加大财政投入力度，加强文化基础设施建设和重大文化项目建设。

① 《十五大以来重要文献选编》上，中央文献出版社2011年版，第30页。

② 中共中央党史研究室：《中国共产党的九十年》，中共党史出版社、党建读物出版社2016年版，第843页。

第四节　祖国统一事业与军事、外交工作的新进展

完成祖国统一大业，是中华民族的根本利益，是全体中国人民包括台湾同胞、港澳同胞和海外侨胞在内的共同愿望。在“一国两制”方针的指导和推动下，20 世纪末，香港、澳门顺利回归祖国，海峡两岸人员往来和经济文化交流不断加强。与此同时，中国的国防和军队建设不断迈出新步伐，外交工作取得了新进展。

一、恢复对香港、澳门行使主权

1984 年 12 月《中华人民共和国政府和大不列颠及北爱尔兰联合王国政府关于香港问题的联合声明》（简称《中英联合声明》）正式签署后，中英两国政府在解决香港问题上前期合作基本顺利。1989 年后英国政府错估形势，违背《中英联合声明》规定的双方在过渡时期后半段要加强磋商与合作的精神，在香港平稳过渡问题上设置重重障碍。1991 年 12 月英国政府突然宣布更换香港总督。新任总督抛出要对香港现行政制进行重大改变的“宪制改革”方案。这一方案实际上是试图制造一个既成事实：把香港变成独立或半独立的政治实体，以阻挠和对抗中国政府对香港恢复行使主权。

在中国政府反复与英方磋商无果的情况下，中共中央从确保香港平稳过渡和维持香港长期繁荣稳定大局出发，于 1992 年底提出“另起炉灶，两手准备”的方针。在这个方针指导下，中国政府根据《中华人民共和国香港特别行政区基本法》，加紧了对香港恢复行使主权和筹建香港特别行政区的有关工作。

1996 年 1 月 26 日，香港特别行政区筹备委员会成立，标志着中国政府对香港恢复行使主权的准备工作进入具体实施阶段。

香港回归经历了 12 年的过渡期。1997 年，中国恢复对香港行使主权进

入了倒计时阶段。1997 年 6 月 30 日，中华人民共和国主席江泽民发布中国人民解放军驻香港部队进驻香港的命令。同日，江泽民率中国政府代表团抵达香港，出席中英香港政权交接仪式。6 月 30 日午夜至 7 月 1 日凌晨，中英香港政权交接仪式在香港会议展览中心举行。中华人民共和国国旗和中华人民共和国香港特别行政区区旗在香港升起。江泽民代表中国政府庄严宣告："中国政府对香港恢复行使主权。中华人民共和国香港特别行政区正式成立。"交接仪式后，举行了中华人民共和国香港特别行政区成立暨特区政府宣誓就职仪式，香港特别行政区首任行政长官董建华和第一届政府主要成员宣誓就职，国务院总理李鹏宣布《中华人民共和国香港特别行政区基本法》从 7 月 1 日起实施。

中国人民解放军驻香港部队于 1997 年 7 月 1 日零时整接管了香港防务。当天，香港特别行政区成立庆典、庆祝香港回归招待会和首都各界庆祝香港回归祖国大会分别在香港会议展览中心、北京人民大会堂、北京工人体育场举行。历经沧桑的香港回到祖国怀抱，结束了被英国殖民统治一百多年的屈辱历史，这是世界和平与正义的胜利，也是用"一国两制"方式解决历史遗留问题和国家争端的范例，标志着香港同胞从此成为祖国这块土地上的真正主人，香港的发展从此进入一个崭新的时代。

在香港回归的各项准备工作紧张进行的同时，澳门回归问题也提上日程。由于中葡双方一直保持着较好的合作关系，关于澳门回归问题的谈判进展顺利，《中华人民共和国澳门特别行政区基本法》的制定也进行得平稳顺利。1998 年 4 月 29 日，九届全国人大常委会第二次会议审议并通过了澳门特别行政区筹备委员会组成人员名单。5 月 5 日，筹委会正式成立。从 9 月起，筹委会就澳门特别行政区第一届政府推选委员会的具体产生办法在澳门开展了广泛的咨询活动，在充分吸纳澳门居民意见的基础上，制定了《中华人民共和国澳门特别行政区第一届政府推选委员会具体产生办法》。1999 年 4 月 10 日，筹委会全体会议以无记名和差额选举的方式，选举产生了澳门特别行政区第一届政府推选委员会。5 月 15 日，推选委员会在澳门举行第三次全体会议，以无记名投票方式，选举何厚铧为澳门特别行政区首任行政长官人选。5 月 20 日，国务院总理朱镕基签署国务院第 264 号令，任命何厚铧为澳门特别行政区第一任行政长官。筹委会经过一年多的努力，顺利完成了澳门回归祖国的各项准备工作。

1999 年 12 月 19 日午夜至 20 日凌晨，中葡两国政府举行澳门政权交接仪式。葡萄牙国旗和澳门市政厅旗降下，中华人民共和国国旗和中华人民共和国澳门特别行政区区旗冉冉升起。中华人民共和国主席江泽民庄严宣告："中国政府对澳门恢复行使主权。历史将永远记住这一举世关注的重要时刻。从这一刻起，澳门的发展进入了一个崭新的时代。"① 澳门的回归，是中国人民在完成祖国统一大业道路上树立的又一座丰碑。

同年 12 月 28 日，国务院将新华社香港分社、澳门分社正式更名为中央人民政府驻香港、澳门特别行政区联络办公室，作为中央政府授权的工作机构继续在香港、澳门地区履行职责。

中国政府恢复对香港、澳门行使主权，祖国和平统一大业取得历史性进展。香港、澳门回归祖国后，"一国两制"方针和基本法得到全面贯彻执行。两地的特别行政区政府工作卓有成效，面对亚洲金融危机的严重冲击和国际经济环境变化的不利影响，在中央政府的有力支持下，特区政府沉着应对，香港、澳门各界人士携手努力，妥善处理一系列经济和社会问题，保持了社会稳定、经济发展。事实充分证明，"一国两制"在香港、澳门两个特别行政区的实践是成功的。

二、推动海峡两岸关系发展

在香港、澳门回归过程中，中共中央稳步推进海峡两岸关系的发展。

自 1987 年蒋经国批准解除戒严、开放党禁、允许台胞回大陆省亲后，两岸人员往来和经济文化交流迅速展开，两岸双方分别授权的民间团体开始进行商谈。

---

① 《江泽民文选》第二卷，人民出版社 2006 年版，第 484 页。

1990年9月，两岸红十字会就双方居民遣返事宜达成了“金门协议”。11月，台湾成立财团法人海峡交流基金会（简称台湾海基会），授权其与大陆方面联系、商谈，董事长为辜振甫。1991年12月，大陆海峡两岸关系协会（简称海协会）在北京成立，汪道涵出任理事长。海协会和台湾海基会通过民间渠道建立了双方往来。1992年3月，两会开始事务性商谈，11月达成“海峡两岸同属一个中国，共同努力谋求国家统一”的“九二共识”[①]。

在此基础上，1993年4月，汪道涵、辜振甫在新加坡成功举行会谈，签署《汪辜会谈共同协议》《两岸公证书使用查证协议》《两岸挂号函件查询、补偿事宜协议》《两会联系与会谈制度协议》四项协议。“汪辜会谈”是海峡两岸高层人士在长期隔绝之后的首度正式接触，由此突破了以往台湾当局规定的同大陆“不接触、不谈判、不妥协”的“三不”政策，标志着两岸关系迈出了历史性的重要一步。

从1993年8月至1995年1月，海协会和台湾海基会先后举行三次副会长、副董事长级的会谈及六次副秘书长级的工作商谈，以解决两岸交往中的若干具体问题，推进协商进程。1994年3月5日，八届全国人大常委会第六次会议通过《中华人民共和国台湾同胞投资保护法》，将保护台商投资纳入法制化轨道，进一步促进了两岸经济关系的发展。4月，中共中央、国务院专门召开对台经济工作会议，要求各地区各部门高度重视对台经济工作，采取切实措施保护台商在祖国大陆的合法权益，改善台商在祖国大陆的投资环境，为台商投资创造更为有利和方便的条件。

为进一步促进两岸关系的发展，中共中央科学分析台湾局势和两岸关系发展趋势，深入思考新形势下如何继续推进对台工作。1995年1月，江泽民发表题为《为促进祖国统一大业的完成而继续奋斗》的重要讲话，提出现阶段发展两岸关系、推动祖国和平统一进程的八项主张：（1）坚持一个中国原则，坚决反对“台湾独立”“两个中国”“一中一台”；（2）对于

① 1992年，海协会和台湾海基会经过当年10月的香港会谈及其后一系列函电往来，达成了各自以口头方式表述“海峡两岸均坚持一个中国原则”的共识，后来被概括为“九二共识”。其核心意涵是大陆和台湾同属一个中国，两岸不是国与国关系，从而明确界定了两岸关系的根本性质。

台湾同外国发展民间性经济文化关系，我们不持异议；（3）进行海峡两岸和平统一谈判；（4）努力实现和平统一，中国人不打中国人；（5）大力发展两岸经济交流与合作，以利于两岸经济共同繁荣，造福整个中华民族；（6）两岸同胞要共同继承和发扬中华文化的优秀传统；（7）充分尊重台湾同胞的生活方式和当家作主的愿望，保护台湾同胞一切正当权益；（8）欢迎两岸领导人以适当身份互访，中国人的事我们自己办，不需要借助任何国际场合。①

这个讲话，既体现了中国政府完成祖国统一大业的坚定决心，又充分考虑到2100万台湾同胞的愿望和台湾的实际情况，体现了中央对台工作大政方针的一贯性、连续性和新发展，引起海内外高度关注和积极反响。

正当两岸关系处在积极发展的关头，台湾当局在李登辉鼓动下开始背离一个中国的原则，并采取了一系列分裂步骤，破坏两岸关系发展。李登辉1988年刚主政台湾时，曾许诺反对“台独”，但其1995年以所谓“私人”名义访美，发表“民之所欲，长在我心”的演讲，公开鼓吹“中华民国在台湾”“在台湾的中华民国”，声称要打破所谓“外交上”的孤立，将台湾当局在国际上制造“两个中国”的分裂活动推向高潮。李登辉在1999年接受“德国之声”记者采访时，又提出“两国论”，声称两岸关系是“国家与国家，至少是特殊的国与国的关系”，否定一个中国原则，致使两岸关系迅速降温。1999年，海协会通知台湾海基会中止双方联系。

2000年3月，台湾民进党候选人陈水扁赢得选举后作出“四不一没有”②的承诺，但拒不接受一个中国原则，否认“九二共识”。2002年8月，他公然声称“台湾跟对岸中国一边一国”，鼓吹要用“公民投票”方式决定“台湾的前途、命运和现状”。

针对台湾岛内“台独”分裂活动，中央人民政府果断采取措施，从政

---

① 《江泽民文选》第一卷，人民出版社2006年版，第421—423页。

② 2000年5月20日，陈水扁在台湾地区领导人就职典礼上承诺：不会宣布“台湾独立”，不会改变“国号”，不会推动李登辉的“两国论”入“宪”，不会推动改变现状的统独“公投”，也没有废除“国统纲领”与“国统会”的问题。

治、军事、外交、舆论等方面开展反分裂反“台独”斗争，1995年下半年至1996年3月，中国人民解放军在台湾海峡和台湾附近海域进行了四次大规模军事演习，打击了台湾分裂势力的气焰。大陆改革开放和现代化建设的发展，进一步推动了两岸人员往来以及经济、文化、体育等各领域的交流，进一步提高了中国的国际地位，营造了遏制“台独”分裂势力、推进两岸交流的宏观环境。

三、推进中国特色军事变革

1991年初爆发的海湾战争，向世界展示了一幅全新的军事作战图景：陆、海、空、天、电多维一体，指挥控制系统和侦察监视系统、精确制导武器、隐身飞机等高技术武器装备成为制约战争胜负的重要因素。海湾战争是机械化战争迈向信息化战争的转折点，引发了世界性军事变革浪潮。1999年5月8日发生的中国驻南联盟大使馆遭到北约飞机轰炸事件，2001年4月1日中美战机在南海上空发生的撞机事件，也促使中国对国防安全加以警觉和反思。打赢高技术条件下的局部战争，推进中国特色的军事变革，成为我国国防和军队建设无法回避的重大而紧迫的课题。

江泽民担任中央军委主席后，顺应世界新军事变革发展趋势，主持制定新时期军事战略方针，紧紧抓住“打得赢”“不变质”两个重大历史性课题，相继对军队建设和军事斗争准备作出一系列战略规划和部署，积极推进中国特色的军事变革。中国的国防和军队建设在改革中不断迈出新步伐。

1990年12月，江泽民在全军军事工作会议上提出新时期军队建设的总要求，即全军部队要做到政治合格、军事过硬、作风优良、纪律严明、保障有力。这个总要求，对全军尤其是领导机关、领导干部通盘筹划和推进军队建设，具有重要指导意义。1993年1月，中央军委扩大会议在军事战略上实行重大调整，把军事斗争准备的基点放在打赢现代技术特别是高技术条件下的局部战争上。这一新时期军事战略方针，为国防和军队建设提供了科学依据，指明了发展方向。2000 年 12 月召开的中央军委扩大会议又提出了军队建设要完成机械化和信息化建设双重任务，以及实现跨越式发展的新思路。

人民解放军始终把思想政治建设摆在各项建设的首位，不断加强和改进思想政治工作、加强部队思想政治建设。1995 年 5 月，中共中央、中央军委修订《中国人民解放军政治工作条例》，为开展军队政治工作提供了基本法规。1999 年 7 月，全军政治工作会议通过的《关于改革开放和发展社会主义市场经济条件下军队思想政治建设若干问题的决定》，成为军队思想政治建设的指导性文件。人民解放军始终坚持党对军队绝对领导的根本原则和制度，中央军委制定颁布《中国共产党军队委员会工作条例》和《中国共产党军队党支部工作条例》，严格执行政治纪律和组织纪律，不断强化官兵的军魂意识，确保同党中央和中央军委的高度一致。全军广泛开展“四个教育”①、中国特色军事变革主题教育，使全军官兵保持政治上的坚定性和思想道德上的纯洁性，保持坚强的革命意志和旺盛的战斗精神，保证以军事斗争准备为龙头的各项任务的完成。军队从 20 世纪 80 年代中期开始从事生产经营活动，随着时间的推移，弊端逐渐显现。1998 年 7 月，中共中央果断作出各军兵种和武警部队一律停止经商活动的重大决策，消除了很多隐患，对于维护军队良好形象、促进军队党风廉政建设、巩固军政军民团结，具有十分重大的意义。

为推进中国特色军事变革，走中国特色精兵之路，1992 年下半年至 1994 年底，全军体制编制进行了初步调整精简。1997 年 9 月，中共十五大宣布中国在 20 世纪 80 年代裁减军队员额 100 万的基础上，将在 3 年内再裁减军队员额 50 万。② 通过精简和调整，陆军部队的比重下降，海军、空军、第二炮兵部队的比重上升，向合成和小型化、轻型化、多样化的方向迈进了一步。装备管理体制和后勤保障体制初步理顺。体制编制调整改革

① “四个教育”，即爱国奉献教育、革命人生观教育、尊干爱兵教育和艰苦奋斗教育。
② 《十五大以来重要文献选编》上，人民出版社 2000 年版，第 39 页。

取得实质性进展，初步达到了精简员额、收缩摊子、优化结构的目的，为进一步实现“精兵、合成、高效”创造了条件。

1995 年 12 月，中央军委扩大会议通过《“九五”期间军队建设计划纲要》，明确提出科技强军战略和“两个根本性转变”的战略思想，即在军事斗争准备上，由准备应付一般条件下局部战争向准备打赢现代技术特别是高技术条件下局部战争转变；在军队建设上，由数量规模型向质量效能型、由人力密集型向科技密集型转变。实行“两个根本性转变”，要求重点加强国防科研，改善武器装备，提高官兵的科技素质，建立科学的体制编制，提高科技创新能力和科学管理水平，是对人民解放军建设新模式的确定。

全军积极探索军事训练的新路子、新模式。1995 年 7 月至 1996 年 3 月，人民解放军在东南沿海地区组织系列军事演习，探索高技术条件下联合作战的重点和难点问题，既锻炼和检验了部队的作战能力，又对遏制“台独”分裂势力、维护国家主权和领土完整产生了重要而深远的影响。1997 年，沈阳军区某集团军开展高技术条件下“以劣胜优三两招”活动，这是新时期群众性科技练兵的雏形。1998 年 9 月，总参谋部在沈阳军区某集团军举办全军运用高科技知识、普及深化训练改革成果的集训活动。2000 年 10 月，总参谋部在四个地区联合进行科技练兵成果交流活动——“砺剑 -2000”演习。这次演习应用计算机网络技术、侦察传感技术、电子对抗技术、仿真模拟技术等高新技术手段，演练和检验新的作战思想、武器装备和训练方法，交流全军部队科技练兵的最新成果。这是 1964 年大比武以来演练层次最高、运用技术最新、涉及范围最广的全军性军事训练成果交流活动，标志着人民解放军军事训练的组织形式和方法迈出了历史性的新步伐。

国家通过各种途径加快武器装备和国防科技发展，努力提高武器装备现代化水平。20 世纪 90 年代中期以后，在经济持续高速发展的基础上，国家逐步增加对国防和军队建设的投入。人民解放军科技强军、质量建军取得令人瞩目的成就。1998 年 4 月，中央军委决定成立总装备部。全军装备建设取得令人鼓舞的成绩。国防科技方面，坚持科研先行，积极开发国防关键技术，在航空、航天、船舶、兵器、军用电子、工程物理等方面取得了具有世界先进水平的成果，在微电子、信息、传感、通信技术等方面取得了突破性进展，为军队武器装备的现代化建设奠定了技术基础。中央军委对全军院校体系进行了重大调整，军事人才培养逐步走上军队培养和依托国民教育并行的道路，全军各级指挥员的专业文化素质大为提高。1998年，中央军委作出先实行军区联勤体制，再逐步向大联勤体制过渡，最终建立三军后勤保障一体化体制的战略决策，大规模调整军队后勤保障体制。全军从 2000 年 1 月 1 日起试行三军联勤体制。

适应改革开放和发展社会主义市场经济新形势，国家改革兵役制度和士官制度。1998 年 12 月，九届全国人大常委会第六次会议通过关于修改《中华人民共和国兵役法》的决定，对兵役制度作了重大调整，实行“两个结合”兵役制度，把志愿兵制度提升到与义务兵制度同等重要的地位，缩短了义务兵服现役期限，完善了预备役制度。这是保证新形势下兵役工作顺利进行的重大举措。1999 年 6 月，新修订的《中国人民解放军现役士兵服役条例》颁布，对现役士兵服役制度特别是士官制度进行了重大改革。12 月 1 日起，新的士官制度开始实施，人民解放军士兵队伍专业化程度不断提升，士官成为军队建设的一支重要力量。人民解放军广大官兵在保家卫国的同时，积极参加国家经济建设，参与大量扶贫和抢险救灾工作。在保护国家、集体和人民群众生命财产、筑路修桥和抗洪抢险第一线，都有解放军官兵奋不顾身、冲锋在前的身影。

四、开拓外交工作新局面

20 世纪 90 年代是中国外交承前启后的一个关键时期。中国的改革开放和快速发展引起世界大国的广泛关注。这一时期，虽然有以美国为首的西方国家的干涉，但总体而言，中国政府在推动和发展与大国关系方面仍然取得了积极成果。中国政府坚持在和平共处五项原则基础上积极发展同世界各国的友好关系，主张不以社会制度和意识形态的异同作为处理国家关系的依据，使中国与世界主要大国的关系得到了迅速发展。

面对复杂多变的国际环境，中共中央创造性地运用邓小平外交思想，坚持“和平与发展是时代主题”的判断，全面把握世界形势的发展变化，在继承20世纪80年代开启的全方位外交的同时，以更为积极、主动的姿态致力于营造一个有利于中国社会主义现代化建设的外部环境，以更为开放的大国姿态融入世界。

中国始终坚持中国共产党对外交工作的领导，始终把维护国家主权、安全与领土完整作为党和国家的中心任务。2001年，江泽民在庆祝建党80周年讲话中说：“在新的世纪，继续推动现代化建设，完成祖国统一，维护世界和平与促进共同发展，是我们党肩负的重要历史任务。”①2002年在中共十六大上，江泽民进一步明确指出：“我们党必须坚定地站在时代潮流的前头，团结和带领全国各族人民，实现推进现代化建设、完成祖国统一、维护世界和平与促进共同发展这三大历史任务，在中国特色社会主义道路上实现中华民族的伟大复兴。这是历史和时代赋予我们党的庄严使命。”②

由于苏联解体引发社会主义运动陷入低潮，同时受1989年中国国内政治风波影响，西方各国政府纷纷宣布“制裁”中国，掀起了反华浪潮。面对严峻的形势，中共中央根据邓小平提出的“冷静观察、稳住阵脚、沉着应付”的指导原则，创造性地继承和发展了邓小平外交思想，一如既往地执行独立自主的和平外交政策，坚持反对霸权主义和强权政治，坚持在和平共处五项原则的基础上同世界上一切国家发展友好关系。同时，科学把握世界变化趋势和特点，在实践中不断总结经验，对中国外交方针作出新的调整。中国不以社会制度和意识形态的异同作为处理国家关系的依据，向国际社会表明对不同社会制度、不同文化及价值观多样性的立场，率先倡导国际关系民主化的思想；高举和平、发展、合作的旗帜，坚持走和平发展的道路，强调世界和平发展的客观趋势，强调中国是一支维护世界和

① 《江泽民文选》第三卷，人民出版社2006年版，第272页。
② 《江泽民文选》第三卷，人民出版社2006年版，第528—529页。

平与稳定的重要力量；在和平共处五项原则的基础上，大力拓宽中国外交平台，打破西方资本主义国家对华“制裁”，外交工作的基本任务和根本目标紧紧围绕中国改革开放和经济建设的大局，努力争取有利的和平国际环境；充分利用外部世界一切可以利用的条件和资源，集中精力进行社会主义现代化建设。

中国积极发展与不同国家的伙伴关系，构筑新的对外关系框架。在探索发展与美国、俄罗斯等大国关系的同时，努力与周边国家以及发展中国家建立良好的合作伙伴关系，开始尝试建立各种伙伴关系。20 世纪 90 年代中期，中国开始构筑伙伴关系的对外关系框架。这种伙伴关系不同于过去的结盟关系，是一种新型的国家关系，其主要特征是不结盟、不对抗、不针对第三国。

伙伴关系的建立，推动了中国与国际社会的良性互动，拓宽了中国外交的新局面，为中国营造良好的国际环境发挥了积极的作用。中国分别同俄罗斯、美国、法国、英国、日本及欧盟等建立了发展面向 21 世纪双边关系的基本框架；同加拿大、澳大利亚、新西兰等发达国家的关系也取得新进展；同周边国家的睦邻友好关系积极发展，1996 年中国成为东盟全面对话伙伴国，1997 年中国—东盟双方确立了建立面向 21 世纪睦邻互信伙伴关系的方向和指导原则。2000 年 9 月 7 日，在中国倡议下，出席联合国千年首脑会议的中、美、俄、英、法五个安理会常任理事国首脑举行联合国历史上的首次会晤。为促进同东盟国家的经济交流与发展，2001 年，中国首倡并大力推动建立中国—东盟自由贸易区，得到东盟国家的积极响应。1996 年 4 月，中国、俄罗斯、哈萨克斯坦、吉尔吉斯斯坦、塔吉克斯坦五国首脑在上海签署《关于在边境地区加强军事领域信任的协定》，正式形成“上海五国”机制，2001 年 6 月，五国又加上乌兹别克斯坦，共六国签署《上海合作组织成立宣言》，这是第一个由中国参与推动建立并以中国城市命名的地区性合作组织。2001 年 10 月，亚太经济合作组织第九次领导人非正式会议在上海成功举办，与会各成员国领导人围绕“新世纪、新挑战：参与、合作，促进共同繁荣”的主题，达成广泛共识。

▲ 2001年6月15日成立的上海合作组织徽标

在立足中国融入国际社会的大背景下，根据国际形势的新发展与新变化，江泽民提出了“平等协作、互利共赢”的新安全观。他指出：“历史告诉我们，以军事联盟为基础、以加强军备为手段的旧安全观，无助于保障国际安全，更不能营造世界的持久和平。”① “维护国际安全，必须彻底摒弃冷战思维，努力把国际社会的持久和平建立在促进各国相互信任和共同利益的新安全观的基础上。应该通过对话增进信任，通过合作谋求安全，相互尊重主权，和平解决争端。”② 新安全观体现了中国建立国际新秩序的基本理念和新型国家关系准则，成为中国对外政策的一项重大理论创新，是对邓小平外交战略思想体系的丰富和发展。

在广泛参与国际主流社会及其制度体系的过程中，中国日益重视经济外交，广泛融入国际主流社会，寻求多边合作。中国转变参与多边组织和多边国际制度的态度，完成了从被动参与向主动参加、积极筹建的转变。尤其是在平衡推进核裁军、防扩散等国际安全事务方面，中国发挥了建设性作用，积极与亚太各国开展安全对话与合作，不断增强中国在国际政治舞台上的影响力。

中国成功打破了西方资本主义国家的经济封锁，抵制了形形色色的“中国威胁论”，开拓了外交空间，取得外交领域丰硕成果。至2002年，中国所处的国际环境得到了极大改善，中国同世界上绝大多数国家建立了经贸关系，和171个国家建立了正式外交关系，在联合国等重要国际组织中发挥着越来越重要的作用。

---

① 《江泽民文选》第二卷，人民出版社2006年版，第313页。
② 《江泽民文选》第二卷，人民出版社2006年版，第407页。

第五节 推进党的建设新的伟大工程

在确立和发展社会主义市场经济体制过程中，中共中央确立邓小平理论作为党的指导思想，提出“三个代表”重要思想，采取一系列重大措施加强和改进党的建设，提出党的建设总目标和总任务，加强党的执政能力建设和党的作风建设，增强和扩大党执政的阶级基础及群众基础，成功地把党的建设新的伟大工程推向21世纪。

一、明确党的建设的总目标和总任务

1982年，中共十二大首次提出新时期党的建设总目标和总要求，即把党建设成为领导建设社会主义现代化事业的坚强核心。根据中国共产党所处的历史方位，总结改革开放以来党的建设成功经验，1994年9月，中共十四届四中全会专门研究了新形势下党的建设问题，作出《关于加强党的建设几个重大问题的决定》，提出了加强党的建设的总目标和总任务。这就是：“把党建设成为用建设有中国特色社会主义理论武装起来、全心全意为人民服务、思想上政治上组织上完全巩固、能够经受住各种风险、始终走在时代前列的马克思主义政党。”①

为了实现这一目标和任务，《决定》在要求继续抓好党的思想建设和作风建设的同时，特别提出了在组织建设方面三个需要解决的突出问题：一是必须进一步坚持和健全民主集中制，特别要注重制度建设，以完备的制度保障党内民主，维护中央权威，保证全党在重大问题上统一行动；二是必须进一步巩固和加强数以百万计的党的基层组织，使之成为能够团结和带领群众进行改革开放和现代化建设的战斗堡垒；三是必须进一步培养和

① 《十四大以来重要文献选编》中，中央文献出版社2011年版，第4页。

锻炼数以万计的党的中高级领导干部，特别是培养和选拔大批德才兼备的年轻干部，形成坚定走建设有中国特色社会主义道路、善于研究新情况、解决新问题、干练而充满活力的领导层。

1997年2月19日，中国社会主义改革开放和现代化建设的总设计师邓小平逝世。中国共产党能否继续沿着邓小平开辟的中国特色社会主义道路走下去，引起全世界的关注。

在2月25日的追悼大会上，江泽民明确指出，邓小平留给我们的最可贵的财富，就是他创立的建设有中国特色社会主义理论和在这个理论指导下制定的党在社会主义初级阶段的基本路线，这是我们必须遵循的行动指南。在跨越世纪的新征途上，更高地举起邓小平建设有中国特色社会主义理论的伟大旗帜，更好地贯彻执行党的基本路线，是我们党中央领导集体坚定不移的决心和信念，也是全党全军全国各族人民的共识和愿望。我们一定要更加自觉地用这个理论武装头脑，统一认识，同心同德，开拓创新，战胜前进道路上的一切困难，排除各种错误倾向的干扰，在任何情况下都坚持党的基本路线不动摇。

5月29日，江泽民在中共中央党校发表重要讲话，再次强调高举旗帜的问题。他指出，在社会主义改革开放和现代化建设的新时期，在跨越世纪的新征途上，一定要高举邓小平建设有中国特色社会主义理论的伟大旗帜，用这个理论来指导我们的整个事业和各项工作。这是党从历史和现实中得出的不可动摇的结论。旗帜问题至关紧要。旗帜就是方向，旗帜就是形象。在邓小平逝世后，我们全党特别是高级领导干部，在这个问题上尤其要有高度的自觉性和坚定性。无论遇到什么困难，什么风险，都不能动摇。江泽民的讲话充分表达了把邓小平开创的中国特色社会主义事业全面推向21世纪的决心和信心，集中反映了全党和全国人民的共同心愿，也为中共十五大的召开做了重要准备。

1997年9月12日至18日，中共十五大通过《高举邓小平理论伟大旗帜，把建设有中国特色社会主义事业全面推向二十一世纪》的报告和《中国共产党章程修正案》。报告指出，中国共产党把马克思列宁主义同中国实际相结合有两次历史性飞跃，产生了两大理论成果。第一次飞跃的理论成果是毛泽东思想，第二次飞跃的理论成果是邓小平理论。这两大理论成果都是党和人民实践经验和集体智慧的结晶。作为毛泽东思想的继承和发展的邓小平理论，是当代中国的马克思主义，是马克思主义在中国发展的新阶段。邓小平理论围绕什么是社会主义、怎样建设社会主义这个根本问题，第一次比较系统地初步回答了中国社会主义的发展道路、发展阶段、根本任务、发展动力、外部条件、政治保证、战略步骤、党的领导和依靠力量以及祖国统一等一系列基本问题，指导中国共产党制定了在社会主义初级阶段的基本路线。它是贯通哲学、政治经济学、科学社会主义等领域，涵盖经济、政治、科技、教育、文化、民族、军事、外交、统一战线、党的建设等方面比较完备的科学体系，又是需要从各方面进一步丰富发展的科学体系。邓小平理论是指导中国人民在改革开放中胜利实现社会主义现代化的正确理论。

报告系统论述了党在社会主义初级阶段的基本路线和基本纲领，明确指出：建设有中国特色社会主义的政治，就是在中国共产党领导下，在人民当家作主的基础上，依法治国，发展社会主义民主政治。这就要坚持和完善工人阶级领导的、以工农联盟为基础的人民民主专政；坚持和完善人民代表大会制度和共产党领导的多党合作、政治协商制度以及民族区域自治制度；发展民主，健全法制，建设社会主义法治国家。实现社会安定，政府廉洁高效，全国各族人民团结和睦、生动活泼的政治局面。报告强调，建设有中国特色社会主义的经济、政治、文化的基本目标和基本政策，有机统一，不可分割，构成党在社会主义初级阶段的基本纲领。这个纲领，是邓小平理论的重要内容，是党的基本路线在经济、政治、文化等方面的展开，是这些年来最主要经验的总结。

大会通过的《中国共产党章程修正案》把邓小平理论确立为党的指导思想，明确规定：中国共产党以马克思列宁主义、毛泽东思想、邓小平理论作为自己的行动指南。作出这个历史性决策，是中共十五大的重要贡献，对此后中国的发展进步产生了极其重大而深远的影响。

▲ 1993 年，读者在新华书店排队购买《邓小平文选》第三卷。

中共十五大把中共十四届四中全会提出的党的建设的总目标和总任务进一步概括为："把党建设成为用邓小平理论武装起来、全心全意为人民服务、思想上政治上组织上完全巩固、能够经受住各种风险、始终走在时代前列、领导全国人民建设有中国特色社会主义的马克思主义政党。"[①] 中共十五大报告强调，加强党的思想建设，根本的是坚定不移地用邓小平理论武装全党，充分发挥党的思想政治优势；加强党的组织建设，根本的是把党建设成坚强的领导核心，充分发挥党的组织优势；加强党的作风建设，根本的是坚持全心全意为人民服务的宗旨，充分发挥党密切联系群众的优势。这就进一步明确了党的建设的总目标，确立了党的思想、组织和作风建设的根本原则，为推进党的建设新的伟大工程进一步指明了方向。中共十五大号召全党要按照新的伟大工程的总目标，

① 《十五大以来重要文献选编》上，中央文献出版社 2011 年版，第 39 页。

从思想上、组织上、作风上全面加强党的建设，不断提高领导水平和执政水平，不断增强拒腐防变的能力，以新的面貌和更强大的战斗力，带领人民完成新的历史任务。

二、加强党的执政能力建设，提高党的执政水平

推进党的建设新的伟大工程的重点是加强党的执政能力建设，不断提高科学判断形势的能力、驾驭市场经济的能力、应对复杂局面的能力、依法执政的能力、总揽全局的能力。中共中央着眼于提高拒腐防变和抵御风险能力这两大历史性课题，通过加强党的思想建设、组织建设和制度建设，改革和完善党的领导方式和执政方式、领导体制和工作制度，不断提高党的领导水平和执政水平。

在加强党的思想建设过程中，中共中央坚持用马克思列宁主义、毛泽东思想、邓小平理论和“三个代表”重要思想武装全体党员，坚持以马克思主义作为自己的世界观和行动指南。同时，要求全体党员干部，特别是党员领导干部在努力改造客观世界的同时改造自己的主观世界，寓改造主观世界于改造客观世界的过程中，用改造主观世界的成效推进改造客观世界的进程，在中国特色社会主义的伟大实践中不断加强党性锻炼。

在加强党的制度建设过程中，中共中央坚持以保障党员民主权利为基础，以完善党的代表大会制度和党的委员会制度为重点，从改革体制机制入手，建立健全充分反映党员和党组织意愿的党内民主制度，同时按照集体领导、民主集中、个别酝酿、会议决定的原则，完善党委内部的议事和决策机制，进一步发挥党的委员会全体会议的作用，完善集体领导下的个人分工负责制。

在加强党的组织建设过程中，中共中央坚持正确的用人导向，用好的作风选人，选作风好的人，注重在改革和建设的实践中考察和识别干部，把那些德才兼备、实绩突出和群众公认的人及时选拔到领导岗位上来，同时加强干部交流，注意把年轻干部放到一些关键岗位、艰苦环境和情况复

杂、矛盾突出、困难较多的地方去锻炼和培养。

中国共产党的基层组织是党的全部工作和战斗力的基础。基础不牢，地动山摇。中共中央适应新形势新任务的要求，坚持围绕中心、服务大局，拓宽领域、强化功能，扩大党的工作覆盖面，不断提高党的基层组织的凝聚力和战斗力，使中国共产党的基层组织成为贯彻党的路线方针政策的组织者、推动者和实践者。

三、开展“三讲”教育与加强党风建设

执政党的党风，关系党的形象，关系人心向背，关系党和国家的生死存亡。中共十三届四中全会后，中共中央把作风建设摆在党的建设更加突出的位置，通过开展以“讲学习、讲政治、讲正气”为主要内容的党性党风教育、出台《中共中央关于加强和改进党的作风建设的决定》等措施，推动党的作风建设取得明显成效。

1996年10月10日，中共十四届六中全会作出决定，对县处级以上领导干部集中进行一次以“讲学习、讲政治、讲正气”为主要内容的党性党风教育（通称“三讲”教育）。1997年9月12日，中共十五大报告提出“要继续在县级以上领导干部中深入进行以讲学习、讲政治、讲正气为主要内容的党性党风教育”。1998年11月21日，中共中央发出《关于在县级以上党政领导班子、领导干部中深入开展以“讲学习、讲政治、讲正气”为主要内容的党性党风教育的意见》，要求通过“三讲”教育推动县级以上党政领导班子和领导干部深入学习邓小平理论和党的十五大精神。

按照《意见》的要求和部署，“三讲”教育在全党展开。山东、广西、内蒙古及国土资源部、教育部、广电总局、团中央作为试点单位先行开展。1999年3月19日，中共中央召开全国“三讲”教育工作会议，决定各省部级单位的“三讲”教育分两批进行。列入第一批的有北京、湖北等16个省（自治区、直辖市）和最高人民检察院等70个中央国家机关部委办局；列入第二批的有浙江、宁夏等12个省（自治区、直辖市）和财政部等60个

部委办局。中共中央政治局常委对“三讲”教育高度重视，于1999年底专门集中时间进行“三讲”学习，带头查找工作中的不足，开展批评和自我批评，提出整改措施，有力地推动了“三讲”教育的深入开展。在活动开展过程中，中共中央陆续派出若干巡视组、检查组，对各单位开展“三讲”教育情况进行检查和督导。

省部级单位“三讲”教育结束后，县市级“三讲”教育随即展开。中共中央政治局常委分赴7个县市，深入调查研究，进行具体指导。到2000年9月底，全国县级以上党政领导班子、领导干部的“三讲”教育基本告一段落，开始进入总结提高、深入整改阶段。在整改阶段，参加“三讲”教育的地方和单位按照中央的要求，又开展了“回头看”活动，巩固和扩大了“三讲”教育的成果。

从1998年11月到2000年底，为期两年的“三讲”教育活动进展顺利，发展健康，成效明显。通过“三讲”教育，广大干部普遍受到一次深刻的马克思主义教育，经受了一次严格的党内生活的锻炼，贯彻党的基本路线和民主集中制原则的自觉性得到提高。

2001年9月召开的中共十五届六中全会通过了《中共中央关于加强和改进党的作风建设的决定》，这是中共中央加强党风建设的又一项重大举措。《决定》把党的作风建设的主要任务确定为“八个坚持、八个反对”，即坚持解放思想、实事求是，反对因循守旧、不思进取；坚持理论联系实际，反对照抄照搬、本本主义；坚持密切联系群众，反对形式主义、官僚主义；坚持民主集中制原则，反对独断专行、软弱涣散；坚持党的纪律，反对自由主义；坚持清正廉洁，反对以权谋私；坚持艰苦奋斗，反对享乐主义；坚持任人唯贤，反对用人上的不正之风。

按照“八个坚持、八个反对”的要求，中共中央领导机关和地方各级党组织，紧紧围绕保持党同人民群众的血肉联系这个核心问题，把加强和改进党的作风建设摆上重要日程，制定具体措施，认真贯彻落实。

第一，坚决克服因循守旧、不思进取、照抄照搬、本本主义的思想作风。面对充满机遇和挑战的21世纪，中共中央向全党同志特别是各级领导干部提出，要在经济全球化和科技进步日新月异的背景下参与世界竞争，要在各种文明和社会制度相互激荡中建设中国特色的社会主义，要在应对各种风险和考验的条件下坚持和改善党的领导，就必须始终站在时代前列，开动脑筋，努力探索，大胆进行理论、制度和科技创新，把马克思主义不断推进到时代的新水平。

第二，坚决克服脱离群众、脱离实际的形式主义、官僚主义歪风。形式主义的要害是，贪图虚名，不务实效，劳民伤财。官僚主义的要害是，脱离群众，脱离实际，做官当老爷。官僚主义引发形式主义，形式主义助长官僚主义，已经成为影响我们事业发展的一大祸害。中共中央痛下决心，从领导机关、领导干部做起，深入实际、深入群众搞调查研究，不搞不切实际的高指标，不搞虚报浮夸的假政绩，不搞劳民伤财的达标升级活动，不搞沽名钓誉的“形象工程”。同时把评判干部政绩的标准交给群众，把是否得到群众公认，是否取得让群众满意的实实在在的政绩，作为选拔任用干部的重要依据。对那些搞形式主义、官僚主义、不负责任、弄权渎职，给党和人民事业造成严重损害的干部严肃查处。

第三，坚决克服独断专行、软弱涣散和自由主义现象。有的领导干部不按民主集中制原则办事，不能自觉接受监督，在重大决策和领导工作中搞“一言堂”，独断专行，家长作风严重；有的领导班子软弱涣散，各自为政，工作不协调，影响了班子团结和正确决策；有的地方和部门对上级政策和规定有令不行，有禁不止，搞“上有政策，下有对策”，地方和部门保护主义严重；有的党员干部无视党的纪律，各行其是，存在搞自由主义等问题。针对上述现象党中央坚持民主集中制原则，强调严明党的纪律，反对独断专行和软弱涣散，确保决策的正确制定和有效执行，确保党的团结统一和生机活力。

第四，坚决克服以权谋私、贪图享乐等消极腐败现象和用人上的不正之风。有的党员领导干部思想堕落，精神颓废，道德沦丧，贪图享受，追求腐朽的生活方式；有的领导任人唯亲，拉帮结伙，不搞五湖四海，在用人问题上个人说了算，甚至徇私舞弊；有的谋官不谋事，拉关系、找靠山，跑官要官，甚至买官卖官。针对这些问题，中共中央一贯强调解决干部作风问题的重要性和必要性，深入研究具有中国特色的预防和治理腐败的治本之策。

通过贯彻《决定》精神，中国共产党的作风有了新的进步，党群关系和干群关系有了明显改善。

在发展社会主义市场经济的条件下，中共中央坚持把党风廉政建设和反腐败斗争作为关系党和国家生死存亡的大事来抓。1993 年，中共中央作出加大反腐败斗争力度的重大决策，此后每年都对党风廉政建设和反腐败工作进行专门研究，通过中央纪律检查委员会全会向全党作出部署。

中共中央、国务院着重抓了对各级党政领导干部廉洁自律情况的监督检查、集中力量查办大案要案、狠刹群众反映强烈的不正之风三个方面的工作，逐步形成了反腐败三项工作格局。

为确保党政领导干部做到廉洁自律，中央先后作出一系列规定，如建立党政机关县处级以上领导干部收入申报制度、党和国家机关工作人员在国内公务活动中收受礼品登记制度、国有企业业务招待费使用情况向职工代表大会报告制度等。

为加强反腐倡廉工作，1993 年 1 月，中央纪委、监察部开始合署办公，实行“一套工作机构履行党的纪律检查和行政监督两项职能”的体制。1995 年 11 月，最高人民检察院反贪污贿赂总局（即国家反贪总局）正式成立；1997 年 2 月，中共中央制定《中国共产党纪律处分条例（试行）》；1998 年 11 月，中共中央、国务院印发《关于实行党风廉政建设责任制的规定》。截至 2002 年，全国省部级以上机关共制定党风廉政方面的党内法规及其他规范性文件 2000 余件。

反腐败斗争取得重要阶段性成果。1992 年 10 月至 1997 年 6 月，全国纪检监察机关共立案 73.1 万多件，结案 67 万多件，给予党纪政纪处分的 66.93 万多人，其中开除党籍的 12.15 万多人，被开除党籍又受到刑事处分的 3.7 万多人。1997 年 10 月至 2002 年 9 月，全国纪检监察机关共立案 86 万多件，结案 84 万多件，给予党纪政纪处分的 84 万多人，其中开除党籍的13.7万多人，被开除党籍又受到刑事追究的3.7万多人。[1]

四、增强和扩大党执政的阶级基础和群众基础

中国共产党是中国工人阶级的先锋队，同时是中国人民和中华民族的先锋队。中国共产党从诞生之日起，就坚持以工人阶级作为自己的阶级基础。随着改革开放和社会主义现代化建设的不断推进，特别是随着国有企业改革的不断深化，我国工人阶级的队伍发生了许多新的变化。一是工人阶级的外延发生了变化，工人阶级队伍不断壮大。二是工人阶级的内涵发生了变化。进入知识经济时代，传统产业工人大大减少，脑力劳动者、技术劳动者、管理劳动者的比重大大增加。劳动不再只是人使用劳动工具作用于劳动对象、参与直接生产进程，而大量处于直接生产过程之外，成为生产的设计者、监督者和调节者。三是工人阶级的特点发生了变化，工人阶级的年龄结构不断优化，职工队伍的科学文化素质日益提高；产业结构在不断优化，既有从事第二产业的职工，也有从事第三产业的职工。四是随着经济结构的战略性调整，一些职工群众的工作岗位发生了变化，甚至出现了职工下岗的现象。

但是，无论工人阶级的队伍发生怎样的变化，我国工人阶级主人翁的地位没有变，整个工人阶级是我国先进生产力的主要代表这一事实没有变。因此，执政党要继续保持先进性，就必须继续坚持以工人阶级作为自己的阶级基础，不断增强党执政的阶级基础。为此，中共中央采取了一系列有效措施，使我国工人阶级队伍不断壮大，思想道德素质和科学文化素质日益提高，工人阶级的先进性不断发展，党的阶级基础不断增强。

建设中国特色社会主义事业需要最大限度凝聚社会各方面的力量共同推进。因此，党在坚持工人阶级先锋队性质，不断增强党的阶级基础的同

---

① 中共中央党史研究室：《中国共产党的九十年》，中共党史出版社、党建读物出版社2016年版，第879页。

时，必须注重吸收社会其他方面的优秀分子入党，以扩大党的群众基础和社会影响力。

改革开放以来，我国的社会阶层构成发生了新的变化，出现了民营科技企业的从业人员和技术人员、受聘于外资企业的管理技术人员、个体户、私营企业主、中介组织的从业人员、自由职业人员等社会阶层。而且，许多人在不同所有制、不同行业、不同地域之间流动频繁，流动人员的职业、身份经常变动。在党的路线方针政策指引下，这些新的社会阶层的构成者，通过诚实劳动和合法经营，为发展社会主义社会的生产力和其他事业做出了贡献。他们与工人、农民、知识分子、干部和解放军指战员团结在一起，也是中国特色社会主义事业的建设者。

中共中央准确把握时代特征，适应社会发展变化，及时把承认党的纲领和章程、自觉为党的路线和纲领而奋斗、经过长期考验、符合党员条件的社会其他方面优秀分子吸收到党内来，并通过中国共产党这个大熔炉不断提高广大党员的思想政治觉悟，从而不断增强党在全社会的影响力和凝聚力，扩大了中国共产党的群众基础。

在新的社会阶层中发展党员，是一项政治性、政策性很强的工作。为此，中共中央在开展这项工作时，坚持了以下原则：一是在吸收新的社会阶层优秀分子入党时坚持标准，严格程序，确保质量。党在吸收私营企业主入党时，注重把考察现实表现同考察入党动机结合起来，严格入党手续，成熟一个，发展一个，严防那些入党动机不纯的人混进党内。二是高度重视在思想上建党，加强对党员的教育和管理，不断提高广大党员的思想政治素质。教育私营企业主党员要模范遵守国家的政策法规、守法经营、照章纳税；要坚持党的理想和宗旨，增强党的意识和组织观念，严格履行党员义务，自觉接受党组织的监督；要致富不忘回报社会，把税后利润主要用于扩大再生产，热心社会公益事业；要平等对待工人，尊重工人的合法权益，真心实意为工人谋福利。三是正确处理在新的社会阶层中发展党员与在工人、农民、知识分子、军人和干部中发展党员的关系，继续把工人、农民、知识分子、军人和干部作为发展党员的重点，做好在他们中发展党员的工作。

在推进中国特色社会主义伟大事业和中国共产党建设进程中，以江泽民为主要代表的中国共产党人，科学分析国内外形势和党所处的历史方位，深入思考面临的新情况新问题，以马克思主义的巨大勇气进行理论创新，提出了“三个代表”重要思想这一系统的科学理论。

2000年2月20日，江泽民出席广东省高州市领导干部“三讲”教育会议并发表重要讲话，提出了“五个始终”的要求，即“我们要使党始终保持工人阶级先锋队性质，始终代表最广大人民群众的利益，始终成为社会先进生产力的代表，始终领导全国各族人民促进社会生产力的发展，始终坚强有力地发挥好领导核心作用，也必须结合新的历史条件进一步从思想上、组织上和作风上把党建设好”①。2月21日至25日，江泽民在广东考察工作，对加强新时期党的建设和推进高新技术产业发展两个问题进行调研，完整地提出了“三个代表”的重要思想。他指出：“总结我们党七十多年的历史，可以得出一个重要结论，这就是：我们党所以赢得人民的拥护，是因为我们党在革命、建设、改革的各个历史时期，总是代表着中国先进生产力的发展要求，代表着中国先进文化的前进方向，代表着中国最广大人民的根本利益，并通过制定正确的路线方针政策，为实现国家和人民的根本利益而不懈奋斗。”他要求“所有共产党员和领导干部，都要深刻认识和牢牢把握这‘三个代表’，用以指导自己的思想和行动”②。

2000年5月至2001年6月，江泽民先后到北京、吉林、黑龙江、上海、江苏、浙江等地进行考察，主持召开了近30次党建工作座谈会，听取各方面的意见和建议。他在考察过程中强调指出：“始终做到‘三个代表’，是我们党的立党之本、执政之基、力量之源。按照‘三个代表’的要求抓党的建设，同新时期党的建设新的伟大工程的总目标、总要求是一致的。推进党的思想建设、政治建设、组织建设和作风建设，都应贯穿‘三个代

---

① 江泽民：《论党的建设》，中央文献出版社2001年版，第381页。
② 《江泽民文选》第三卷，人民出版社2006年版，第2—3页。

表’要求。”[①] 在此期间，江泽民还多次从不同角度对新形势下加强和改进党的建设问题进行了论述，使“三个代表”重要思想不断得到充实和完善。

2001 年 7 月 1 日，江泽民在庆祝中国共产党成立 80 周年大会上发表讲话，系统阐述了“三个代表”重要思想的科学内涵和基本内容，深刻回答了新的历史条件下加强和改进党的建设的重大理论和实践问题。他指出，中国共产党 80 年的奋斗历程和基本经验，“归结起来，就是必须始终代表中国先进生产力的发展要求，代表中国先进文化的前进方向，代表中国最广大人民的根本利益”[②]。

始终代表中国先进生产力的发展要求，就是党的理论、路线、纲领、方针、政策和各项工作，必须努力符合生产力发展的规律，体现不断推动社会生产力的解放和发展的要求，尤其要体现推动先进生产力发展的要求，通过发展生产力不断提高人民群众的生活水平。

始终代表中国先进文化的前进方向，就是党的理论、路线、纲领、方针、政策和各项工作，必须努力体现面向现代化、面向世界、面向未来的，民族的科学的大众的社会主义文化的要求，促进全民族思想道德素质和科学文化素质的不断提高，为我国经济发展和社会进步提供精神动力和智力支持。

始终代表中国最广大人民的根本利益，就是党的理论、路线、纲领、方针、政策和各项工作，必须坚持把人民的根本利益作为出发点和归宿，充分发挥人民群众的积极性主动性创造性，在社会不断发展进步的基础上，使人民群众不断获得切实的经济、政治、文化利益。

“三个代表”是统一的整体，相互联系，相互促进。发展先进生产力，发展先进文化，是实现最广大人民根本利益的基础条件。人民群众是先进生产力和先进文化的创造主体，也是实现自身利益的根本力量。不断发展先进生产力和先进文化，归根到底都是为了满足人民群众日益增长的物质

---

① 《江泽民文选》第三卷，人民出版社 2006 年版，第 15 页。
② 《江泽民文选》第三卷，人民出版社 2006 年版，第 272 页。

文化生活需要，不断实现最广大人民的根本利益。

“三个代表”重要思想，回答了在新的历史条件下建设一个什么样的党、怎样建设党这个重大问题，既坚持了马克思主义的基本原理，又反映了当代世界和中国的发展变化对党和国家工作的新要求，继承、丰富和发展了马克思列宁主义、毛泽东思想和邓小平理论，是加强和改进党的建设、推进社会主义制度自我完善和发展的强大思想武器。“三个代表”重要思想的提出，在国内外引起强烈反响，全党和全国上下兴起了学习贯彻“三个代表”重要思想的热潮，有力地推动了改革开放和现代化建设的跨世纪发展。

第五章

全面建设小康社会和在新的历史起点上坚持发展中国特色社会主义

2002 年中共十六大以后，以胡锦涛为主要代表的中国共产党人，带领全党全国各族人民，根据新的发展要求，深刻认识和回答了新形势下实现什么样的发展、怎样发展等重大问题，形成了科学发展观，中国进入全面建设小康社会、加快推进社会主义现代化的新阶段。在全面建设小康社会进程中，中国共产党抓住重要战略机遇期，坚持以人为本、全面协调可持续发展，构建社会主义和谐社会，加快生态文明建设，形成中国特色社会主义事业总体布局。在复杂的国内外形势下，成功应对各种挑战，着力保障和改善民生，促进社会公平正义，推动建设和谐世界，推进党的执政能力建设和先进性建设，在新的历史起点上坚持和发展了中国特色社会主义。

第一节　全面建设小康社会与转变经济发展方式

新世纪新阶段，中国共产党制定了全面建设小康社会的宏伟纲领，加快推进社会主义现代化。在全面建设小康社会的进程中，转变经济发展方式，经济体制改革向纵深发展，推动经济又好又快发展，走上科学发展道路。

一、全面建设小康社会纲领的制定

在迈向21世纪的征途上，全党和全国各族人民经过共同努力，胜利完成了国民经济和社会发展的第九个五年计划，实现了社会主义现代化建设“三步走”战略的第一步、第二步目标。到2000年底，初步建立起社会主义市场经济体制，人民生活总体上达到小康水平。但必须看到，我国正处于并将长期处于社会主义初级阶段，达到的还是低水平、不全面、发展很不平衡的小康。

2002年11月8日至14日，中国共产党第十六次全国代表大会在北京召开。大会通过了江泽民所作的《全面建设小康社会，开创中国特色社会主义事业新局面》的报告。江泽民在报告中明确回答了在新世纪新阶段党举什么旗、走什么路、实现什么样的发展目标等重大问题。报告指出：在新世纪新阶段，中国共产党高举的旗帜，就是马克思列宁主义、毛泽东思想和邓小平理论的旗帜，就是“三个代表”重要思想的旗帜；中国共产党要走的道路，就是中国特色社会主义道路；中国共产党带领人民在21世纪前50年所要实现的目标，就是全面建设小康社会进而实现现代化的目标。

大会报告提出了全面建设小康社会的奋斗目标，并从经济、政治、文化等方面勾画了宏伟蓝图。报告指出：21世纪前20年是一个必须紧紧抓住并且可以大有作为的重要战略机遇期。要集中力量，全面建设惠及十几亿人口的更高水平的小康社会，使经济更加发展、民主更加健全、科教更加进步、文化更加繁荣、社会更加和谐、人民生活更加殷实。这是实现现代化建设第三步战略目标必须经过的承前启后的发展阶段，也是完善社会主义市场经济体制和扩大开放的关键阶段。经过这个阶段的建设，再继续奋斗几十年，到21世纪中叶基本实现现代化。[①] 大会通过《中国共产党章程

① 《十六大以来重要文献选编》上，中央文献出版社2005年版，第14—15页。

（修正案）》，把“三个代表”重要思想作为党的行动指南写入党章，使“三个代表”重要思想同马克思列宁主义、毛泽东思想、邓小平理论一道，作为党必须长期坚持的指导思想。

在中共十六大提出“社会更加和谐”的目标后，中国共产党对社会和谐的认识不断深化。2006 年 10 月，中共十六届六中全会专门作出《关于构建社会主义和谐社会若干重大问题的决定》，提出到 2020 年，实现全面建设惠及十几亿人口更高水平小康社会的目标，努力形成全体人民各尽其能、各得其所而又和谐相处的局面。[①] 构建社会主义和谐社会重大战略目标的提出，使中国特色社会主义事业的总体布局由经济建设、政治建设、文化建设“三位一体”发展为经济建设、政治建设、文化建设、社会建设“四位一体”。

2007 年 10 月 15 日至 21 日，中国共产党第十七次全国代表大会在北京召开。大会通过了胡锦涛所作的报告《高举中国特色社会主义伟大旗帜，为夺取全面建设小康社会新胜利而奋斗》，鲜明地向党内外、国内外宣示了在改革发展关键阶段我们党举什么旗、走什么路、以什么样的精神状态、朝着什么样的发展目标继续前进等重大问题，清晰地勾画了我国未来改革发展的宏伟蓝图。大会全面系统地阐述了科学发展观的科学内涵、精神实质、根本要求，并一致同意把科学发展观写入党章。大会根据国内外形势的新变化，顺应各族人民过上更好生活的新期待，把握经济社会发展趋势和规律，在中共十六大确立的全面建设小康社会目标的基础上，对中国发展提出了新的更高要求。

二、经济体制改革向纵深发展

经过中共十四大以后十多年的奋斗探索，我国初步建立起社会主义市场经济体制，极大地促进了社会生产力的发展，经济发展总体上保持了较好的势头。同时，经济结构转型加快，经济增长的资源环境约束强化，经济生活中还存在结构不合理、分配关系尚未理顺、农民收入增长缓慢、就

① 《十六大以来重要文献选编》下，中央文献出版社 2008 年版，第 651 页。

业矛盾突出、资源环境压力加大、经济整体竞争力不强等问题，需要通过转变经济发展方式和进一步推动经济体制改革加以解决。

2003年10月，中共十六届三中全会明确提出，要“坚持以人为本，树立全面、协调、可持续的发展观”，并将其确定为深化经济体制改革、统领经济和社会发展的指导思想和原则。会议通过了《关于完善社会主义市场经济体制若干问题的决定》。《决定》提出完善社会主义市场经济体制的主要目标，是“按照统筹城乡发展、统筹区域发展、统筹经济社会发展、统筹人与自然和谐发展、统筹国内发展和对外开放的要求，更大程度地发挥市场在资源配置中的基础性作用，增强企业活力和竞争力，健全国家宏观调控，完善政府社会管理和公共服务职能，为全面建设小康社会提供强有力的体制保障”①。《决定》是21世纪完善社会主义市场经济体制的纲领性文件。

2005年10月，中共十六届五中全会审议通过了《中共中央关于制定国民经济和社会发展第十一个五年规划的建议》，明确“十一五”时期中国经济社会发展和改革开放的主要任务是建设社会主义新农村，推进经济结构调整和经济增长方式转变，促进区域协调发展，增强自主创新能力和加快科技教育发展，深化体制改革和提高对外开放水平，加强和谐社会建设。《建议》强调坚持以科学发展观统领经济社会发展全局，把科学发展观贯穿到改革开放和现代化建设全过程。根据《建议》，国务院制定了《中华人民共和国国民经济和社会发展第十一个五年规划纲要（草案）》。2006年3月，十届全国人大四次会议审议通过“十一五”规划纲要，强调在优化结构、提高效益、降低能耗的基础上，实现2010年人均国内生产总值比2000年翻一番。

为巩固和扩大应对国际金融危机冲击成果，促进经济长期平稳较快发展和社会和谐稳定，2010年10月，中共十七届五中全会审议通过了《中共中央关于制定国民经济和社会发展第十二个五年规划的建议》。按照以科学发

① 《十六大以来重要文献选编》上，中央文献出版社2005年版，第465页。

展为主题、以加快转变经济发展方式为主线的要求，《建议》从经济发展、结构调整、人民生活、社会建设、改革开放等方面，提出了“十二五”时期经济社会发展的主要目标、方向和重点。2011 年 3 月，十一届全国人大四次会议批准了《中华人民共和国国民经济和社会发展第十二个五年规划纲要》。

为完善社会主义市场经济体制，中共中央、国务院相继作出一系列重大决策和部署，经济体制改革向重点领域和关键环节稳步推进。

一是进一步完善社会主义基本经济制度。中共十六大提出“两个毫不动摇”的方针，即“毫不动摇地巩固和发展公有制经济”，“毫不动摇地鼓励、支持和引导非公有制经济发展”。2003 年，国务院成立国有资产监督管理委员会，从机构设置上实现政企分开、政资分开，以保证国有资产保值增值的责任得到落实。其后，中央、省、市三级国有资产监管机构基本建立，国有资产监管法规体系逐步完善，出资人财务监管体系基本形成。随着国有企业股份制、公司制改革步伐加快，国有资产监管体制逐步建立和完善，国有企业数量有所减少，但实力大为增强。2005 年 2 月，国务院制定了《关于鼓励支持和引导个体私营等非公有制经济发展的若干意见》，有关部门又相继出台 40 多个配套文件，形成了一整套鼓励非公有制经济发展的政策法规。2007 年 3 月，十届全国人大五次会议通过了《中华人民共和国物权法》，保障一切市场主体的平等法律地位和发展权利，维护社会主义市场经济秩序。在一系列政策措施推动下，多种所有制经济都实现了新的发展。“到 2008 年，在规模以上工业企业中，国有及国有控股工业企业占全部规模以上工业总产值的比重下降到 28.3%，集体企业占 2.4%，非公企业比重上升到 65.6%。”

二是进一步加强和完善宏观调控体系。从 2003 年下半年开始，国家进一步加强和完善宏观调控。2004 年，中共中央和国务院在信贷、土地、农业生产等方面采取有针对性的调控措施，抑制了经济运行中的不健康不稳定因素，避免了经济发展大的起落，保持了国民经济持续快速增长的势头。

在财税体制改革方面，国家围绕推进基本公共服务均等化，逐步规范和调整财政转移支付办法，推动省以下财政管理的创新，在全国许多省份推进"省直管县"和"乡财县管"改革试点，深化预算管理制度改革、出口退税机制改革以及实施由生产型增值税向消费型增值税转型改革，逐步规范省以下财政分配关系；修改《中华人民共和国个人所得税法》，优化个人所得税制；进一步调整和完善消费税，2003年国务院首次明确提出将生产型增值税改为消费型增值税，2007年通过、2008年起施行的《中华人民共和国企业所得税法》统一了内外资企业所得税制等。

在金融体制改革方面，国家加快推进国有商业银行股份制改造，全面推进农村金融改革，加强金融调控，健全金融监管体制。从2002年起，四大国有商业银行相继建立健全法人治理结构。2003年，中国银行业监督管理委员会成立，专司银行业金融机构监管职能，使中国金融管理形成了"一行三会"[①]的分业监管格局。2005年7月，中国开始实行以市场供求为基础，参考"一篮子货币"进行调节、有管理的浮动汇率制度。

在投资体制方面，2004年7月，国务院制定了《关于投资体制改革的决定》。此后，有关部门制定发布了一系列配套规章文件，使企业投资主体地位逐步确立，投资管理日益规范，投资宏观管理调控方式进一步转变。通过改革，国家计划和财政政策、货币政策等相互配合的宏观调控体系得到进一步健全。

三是进一步健全了市场要素体系。2004年5月，国务院批准在深圳交易所主板市场设立中小企业板块，标志着建设多层次资本市场体系建设迈出关键步骤。同时，合资证券经营机构大量设立，合格境外机构投资者和合格境内机构投资者投资机制相继建立。为使资本市场进入规范化发展轨道，国务院于2004年制定了《关于推进资本市场改革开放和稳定发展的若干意见》。国务院还出台了一系列针对土地使用权出让的规定和政策性文件。2006年，有关部门制定实施了《招标拍卖挂牌出让国有土地使用权规范》和《协议出让国有土地使用权规范》，基本建立起国有土地"招拍

① "一行三会"，指的是中国人民银行、中国证券监督管理委员会、中国保险监督委员会、中国银行业监督管理委员会。

挂”出让制度。

三、推动经济又好又快发展与成功应对国际金融危机

在全面建设小康社会、加快推进社会主义现代化新的发展阶段，我国经济保持平稳较快增长，经济结构加速调整，同时我国长期积累的结构性矛盾和粗放型经济增长方式尚未根本改变，能源、资源、环境、技术的瓶颈制约日益突出，实现可持续发展受到的压力增大。

为缓解和克服传统工业化道路大量消耗资源能源的弊端，中共十六大第一次对我国走新型工业化道路作出明确部署。2006 年 10 月 11 日，胡锦涛在中共十六届六中全会上提出“扎实促进经济又好又快发展”的新要求。又好又快发展，既要保持经济平稳较快增长，防止大起大落，又要坚持好中求快，注重优化结构，努力提高质量和效益，体现了科学发展的本质要求。

随着科技事业不断发展，科学技术作为第一生产力在经济社会发展中的作用越来越大，同时许多重要领域的核心技术和关键产品仍大量依靠进口，自主创新能力亟待提高。2005 年 10 月，中共十六届五中全会提出“把建设创新型国家作为面向未来的重大战略”。2006 年，国务院印发《国家中长期科学和技术发展规划纲要（2006—2020 年）》，提出中国到 2020 年进入创新型国家行列的发展目标，重点任务包括重点领域、优先主题、重大专项、前沿技术和基础研究等方面。2007 年 10 月，中共十七大进一步强调要坚持走中国特色新型工业化道路，要求坚持走中国特色自主创新道路，加快建设国家创新体系，深化科技体制改革。①

在中国推动经济又好又快发展、全面建设小康社会的进程中，爆发了一场席卷全球的金融危机。从 2007 年开始的美国次贷危机，到 2008 年急剧恶化，迅速由金融领域扩散到实体经济领域，由美国波及世界主要经济

① 《十七大以来重要文献选编》上，中央文献出版社 2009 年版，第 17 页。

体。这场危机与中国转变经济发展方式、调整经济结构的关键时期不期而遇。受其影响，中国经济2008年第四季度增速急剧下滑，大批企业停产、半停产甚至倒闭，就业压力迅速加大，经济社会发展面临很大困难。

中国政府密切关注危机的发展态势，特别是可能对我国经济发展带来的风险和产生的冲击，积极参与国际合作，共同应对金融危机，同时采取一系列方针政策和措施，做好应对危机的预案。2008年7月25日，中央政治局召开会议，明确将宏观调控的首要任务从年初的“防止经济增长由偏快转为过热、防止价格由结构性上涨演变为明显通货膨胀”，调整为“保持经济平稳较快增长、控制物价过快上涨”①。从9月开始，国际金融危机冲击严重加剧。中共中央、国务院从容应对，将宏观调控的着力点转到防止经济增速过快下滑上来。10月，中共十七届三中全会强调要采取灵活审慎的宏观经济政策，着力扩大国内需求特别是消费需求，保持经济稳定、金融稳定、资本市场稳定。11月5日，国务院常务会议研究部署进一步扩大内需、促进经济平稳较快增长的十项措施，决定在未来两年投资4万亿元以刺激经济。同时，为刺激内需、改善民生、促进经济可持续发展，国家综合运用行政、经济、法律等手段，以保证资金的使用安全和工程质量。

中国政府积极参与国际合作，共同化解危机。2008年11月15日，胡锦涛出席在华盛顿举行的二十国集团领导人金融市场和世界经济峰会，发表题为《通力合作 共度时艰》的讲话，呼吁世界各国“增强信心，加强协调，密切合作”。中国与有关国家和地区签署了5800亿元人民币的双边货币互换协议；参与清迈倡议多边化项下的货币储备库建设；参与国际金融公司贸易融资计划；建立“与美洲开发银行合作联系机制”；等等。2009年初，国家又出台一系列政策措施，形成了应对国际金融危机、促进经济平稳较快增长的一揽子计划，主要包括：大规模增加政府支出和实施结构性减税，大频度降息和增加银行体系流动性，大范围实施产业结构调整振

---

① 《十七大以来重要文献选编》上，中央文献出版社2009年版，第919页。

兴规划，大力推进科技创新和技术改造，大幅度提高社会保障水平。

从 2009 年第二季度起，中国经济止跌回升，2009 年末在全球率先实现回升向好，全年经济增长 9.2%，与世界经济下降 0.6% 形成鲜明对照。“十一五”期间，中国国内生产总值年均实际增长 11.2%，远高于同期世界经济年均增速。2010 年，中国国内生产总值按平均汇率折算达到 58791 亿美元，超过日本，成为仅次于美国的世界第二大经济体。

在成功应对各种挑战的同时，随着改革开放不断深化，中国加快建设国家创新体系，并积极探索新型工业化道路。2010 年 10 月，国务院作出《关于加快培育和发展战略性新兴产业的决定》，重点发展节能环保、新一

▲ 2003 年 10 月 15 日 9 时，神舟五号载人飞船发射成功，将中国首飞航天员杨利伟送上太空，并在飞行 21 小时后安全返回。

代信息技术、生物、高端装备制造、新能源、新材料和新能源汽车七大战略性新兴产业。2012年7月，国务院印发的《“十二五”国家战略性新兴产业发展规划》进一步明确了到2020年的相关发展目标。

在创新战略推动下，我国科技投入持续增加，重要学科前沿和战略必争领域取得一批重大自主创新成果，载人航天、探月工程、北斗导航、超级计算机等实现重大突破。千万亿次超级计算机系统“天河一号”研制成功，载人潜水器“蛟龙”号创下7062米的下潜纪录，百亩超级杂交稻试验田亩产突破900公斤，嫦娥一号、二号探月卫星成功发射，神舟系列飞船实现了发射、空间出舱活动以及空间科学试验等重大突破。2003年10月，航天员杨利伟乘坐神舟五号飞船，在太空翱翔21小时，实现了中华民族的千年飞天梦想。到2011年，我国已成为世界第一电子信息产品制造大国，计算机、移动电话、电视机等电子产品产量居世界第一，建成了全球最大的宽带通信网络，互联网网民数量居世界第一位。

四、统筹城乡、区域协调发展

城乡、区域发展不平衡，是制约我国经济社会发展的突出问题。中共十六大以后，对统筹城乡、区域协调发展作出新的决策部署。

农业、农村和农民问题是关系改革开放和现代化建设全局的重大问题，建设现代农业，发展农村经济，增加农民收入，是全面建设小康社会的重大任务。进入21世纪，中国经济社会发展进入加速转型阶段，城乡差距扩大，城乡之间及其内部都存在矛盾与冲突，“三农”问题更加突出和严峻，要求统筹城乡经济社会协调发展。2002年，中共十六大在总结改革发展经验的基础上，首次提出了实施城乡统筹发展战略的要求，指出：“统筹城乡经济社会发展，建设现代农业，发展农村经济，增加农民收入，是全面建设小康社会的重大任务。”2003年，《中共中央国务院关于做好农业和农村工作的意见》指出，要把解决好农业、农村和农民问题作为全党工作的重中之重，放在更加突出的位置。2004年9月，胡锦涛在中共十六届四中全会上提出“两个趋向”，即“在工业化初始阶段，农业支持工业、为工业提供积累是带有普遍性的趋向；但在工业化达到相当程度以后，工业反哺农业、城市支持农村，实现工业与农业、城市与农村协调发展，也是带有普遍性的趋向”。[①]经过几十年的发展，中国总体上已到了以工促农、以城带乡的发展阶段。

2005年10月，中共十六届五中全会通过《中共中央关于制定国民经济和社会发展第十一个五年规划的建议》，提出：“要从社会主义现代化建设全局出发，统筹城乡区域发展。坚持把解决好‘三农’问题作为全党工作的重中之重，实行工业反哺农业、城市支持农村，推进社会主义新农村建设，促进城镇化健康发展。”[②]

2005年12月29日，十届全国人大常委会第十九次会议决定，自2006年1月1日起取消农业税，正式废止1958年6月3日通过的《中华人民共和国农业税条例》，终结了中国历史上广大农民持续上缴2000多年的“皇粮国税”。这一举措，每年减轻农民负担超过1335亿元。与此同时，中央密集出台了对种粮农民生产实行直接补贴等一系列强农惠农富农政策。国家增加农业和农村基础设施建设投入，对种粮农民和购买良种、农机具者实行直接补贴。农村社会事业的进步和各项社会保障制度的建立，增强了广大农民的幸福感、尊严感和安全感。农民种田，不仅不交公粮，还能获得各种各样的种粮补贴，这在中国历史上是从未有过的大事。

2005年12月、2006年12月，中共中央、国务院接连出台《关于推进社会主义新农村建设的若干意见》《关于积极发展现代农业扎实推进社会主义新农村建设的若干意见》，扎实稳步推进新农村建设。

2007年，中共十七大报告提出要建立以工促农、以城带乡长效机制，形成城乡经济社会发展一体化新格局。[③]自2008年1月1日起施行的《中华人民共和国城乡规划法》统筹城乡规划建设，通过优化城乡结构和布局，

---

① 《胡锦涛文选》第二卷，人民出版社2016年版，第247页。

② 《十六大以来重要文献选编》中，中央文献出版社2006年版，第1064页。

③ 《十七大以来重要文献选编》上，中央文献出版社2009年版，第19—20页。

▲ 2006年1月，中国全面取消农业税。宁夏回族自治区粮农马海福说：我家每亩地年净收益达到1000多元，真是赶上了好政策。

引导城镇化健康有序发展。同年10月召开的中共十七届三中全会提出，要把加快形成城乡经济社会发展一体化新格局作为根本要求，必须统筹城乡经济社会发展，始终把着力构建新型工农、城乡关系作为加快推进现代化的重大战略。① 全会通过《中共中央关于推进农村改革发展若干重大问题的决定》，要求大力推进改革创新，加强农村制度建设，积极发展现代农业，提高农业综合生产能力，加快发展农村公用事业，促进农村社会全面进步。

2011年3月14日，十一届全国人大四次会议通过了《关于国民经济和社会发展第十二个五年规划纲要的决议》，提出统筹城乡发展，建立城乡社会经济一体化的体制机制，实现城乡基本公共服务均等化。同年，中共中央、国务院印发《中国农村扶贫开发纲要（2011—2020年）》，将国家扶贫标准由2009年的1196元提高到2300元（2010年不变价），1.22亿农村低收入人口由此被纳入扶贫开发范围。

为推进现代农业和社会主义新农村建设，从2004年至2012年，中央

① 《十七大以来重要文献选编》上，中央文献出版社2009年版，第673页。

连续下发9个有关“三农”问题的“一号文件”，对完善促进农民增加收入、提高农业综合生产能力、深化农村改革、统筹城乡发展等作出部署，提出了一系列支农惠农政策，加快社会主义新农村建设的步伐。到2011年，农民人均纯收入实现连续8年较快增长，其中2010年、2011年连续两年收入增速超过城镇。农村社会保障体系趋于完善，2011年底，农村最低生活保障制度覆盖了5313.5万人和2662.6万个农户，比2007年分别增长53.9%和69.3%，月人均最低生活保障平均标准和月人均支出水平比2007年分别增长1倍和1.6倍。

根据世界经济社会发展的普遍规律和中国经济与社会发展的阶段性特点，从中共十六大首次提出要统筹城乡经济社会发展开始，到中共十六届三中全会提出的“五个统筹”，再到“十二五”规划提出实现城乡基本公共服务均等化，城乡一体化格局逐步形成。

区域发展差距的历史存在和扩大，是一个长期困扰中国经济和社会健康发展的全局性问题。为了推动区域协调发展，除了继续实施西部大开发战略，中共中央又作出振兴东北地区等老工业基地、促进中部地区崛起等重大决策。

西部大开发战略在世纪之交实施后，按照中央提出的重点先行、适当超前的方针，通过优先安排基础设施建设、增加财政转移支付等措施，支持中西部地区和少数民族地区加快发展。西部地区基础设施建设取得重要进展，一些对西部地区发展产生重要深远影响的重大项目相继开工，建设了青藏铁路、西电东送、西气东输等标志性工程。2006年7月1日，经过工人、技术人员在恶劣的自然条件下完成的一系列极其艰苦的施工，在攻克了多年冻土、高寒缺氧、生态脆弱三大世界性工程技术难题后，青藏铁路终于全线建成通车。青藏铁路全长1956公里，是世界上海拔最高、线路最长的高原铁路。这些工程的建成，有利于将西部能源资源优势转化为经济优势。

实施西部大开发战略伊始，国家就十分注意处理开发与环境保护之间的关系，相继实施退耕还林、退牧还草和三江源保护工程，并加强对江河上游和西部中心城市的污染治理，生态建设和环境保护取得了显著成效。

同时，国家加大对西部地区教育、科技、文化、社会保障等领域的投入，注意培育特色优势产业，陆续启动了“两基”[①]攻坚计划等。

中共十六大作出了支持东北地区等老工业基地加快调整和改造的战略部署。2003年10月，中共十六届三中全会提出要振兴东北地区等老工业基地。同月，中共中央、国务院印发《关于实施东北地区等老工业基地振兴战略的若干意见》。中央有关部门、东北三省制定了一系列相关政策，推动东北地区改革发展。在一系列政策措施的综合作用下，东北地区经济社会发展加快，以国有企业改革为重点的体制机制创新取得重大突破，重点民生问题得到逐步解决。

为解决制约中部地区发展的问题，2004年9月，中共十六届四中全会明确提出促进中部地区崛起的意见。2006年4月，中共中央、国务院印发《关于促进中部地区崛起的若干意见》。国务院有关部门就促进中部地区崛

▲ 2006年7月1日，青藏铁路全线建成通车，从青海格尔木出发的青1次列车经过海拔4767米的昆仑山口。

① “两基”，即基本普及九年制义务教育、基本扫除青壮年文盲。

起提出相应的配套措施，加大了对促进中部地区发展的支持力度。中部地区改革发展迈出新步伐，承东启西的区位优势进一步凸显。

国家继续支持东部地区率先发展，东部地区加快调整经济结构，发展方式转变和产业升级步伐明显加快。在继续发挥经济特区、上海浦东新区改革开放示范作用的基础上，还积极推动长江三角洲、珠江三角洲、台湾海峡西岸等重点地区的开发开放，提出了关于进一步推进长江三角洲地区改革开放和经济社会发展的指导意见。

随着以上发展战略的实施，区域协调发展取得明显成效。中西部地区、东北地区均呈现加速发展态势。在此基础上，2010 年 12 月，为加快转变经济发展方式，推进形成人口、经济和资源环境相协调的国土空间开发格局，国务院制定印发了《全国主体功能区规划》，为区域协调发展进一步指明了方向。“2011 年，中部地区、西部地区生产总值占全国的比重分别为 22.1%、21.2%，分别比 2002 年提高了 3.2、3.8 个百分点。”[①]

第二节　发展社会主义民主政治和繁荣社会主义文化

进入 21 世纪，随着改革开放的深化和经济社会的发展，人民群众的政治参与积极性不断提高，中国坚持把党的领导、人民当家作主和依法治国统一起来，把民主法治建设和政治体制改革摆在改革发展全局的重要位置加以推进，坚持走中国特色社会主义政治发展道路。在推动经济社会发展的同时，正确认识和准确把握文化改革发展的特点和规律，作出建设社会主义文化强国的重大战略决策，中国特色社会主义文化建设不断向前迈进。

---

① 中共中央党史研究室：《中国共产党的九十年》，中共党史出版社、党建读物出版社 2016 年版，第 909 页。

一、走中国特色社会主义政治发展道路

新世纪新阶段，随着改革开放的深化和经济社会的发展，中国坚持走中国特色社会主义政治发展道路，把民主法治建设和政治体制改革摆在改革发展全局的重要位置。中共十六大把发展社会主义民主政治、建设社会主义政治文明，作为全面建设小康社会的重要目标之一，强调发展社会主义民主政治，最根本的是要把坚持党的领导、人民当家作主和依法治国有机统一起来。[①] 在此基础上，中共十七大要求坚定不移发展社会主义民主政治，提出人民民主是社会主义的生命，发展社会主义民主政治是我们党始终不渝的奋斗目标；强调要坚持中国特色社会主义政治发展道路，坚持党的领导、人民当家作主、依法治国有机统一，坚持和完善人民代表大会制度、中国共产党领导的多党合作和政治协商制度、民族区域自治制度以及基层群众自治制度，不断推进社会主义政治制度自我完善和发展。[②] 中共中央、国务院在积极推动经济发展的同时，努力推进中国社会主义民主政治建设不断向前发展。

坚持和完善人民代表大会制度。自 2002 年起，全国人大常委会逐步实行听证会制度。2004 年，十届全国人大常委会对《中华人民共和国全国人民代表大会和地方各级人民代表大会选举法》进行修改，将乡镇人大任期由 3 年改为 5 年；在基层人大代表选举中引入预选制度；规定严惩贿选；让被选举人与选民见面，确保人大代表选举公正。2005 年 6 月，中共中央转发《中共全国人大常委会党组关于进一步发挥全国人大代表作用 加强全国人大常委会制度建设的若干意见》。2006 年 8 月，十届全国人大常委会第二十三次会议通过《中华人民共和国各级人民代表大会常务委员会监督法》，为人大对“一府两院”的监督提供了法律依据。《意见》和监督法明确规定加强人民代表大会制度建设，进一步发挥人大代表的作用，保障全

① 《十六大以来重要文献选编》上，中央文献出版社 2005 年版，第 24 页。
② 《胡锦涛文选》第二卷，人民出版社 2016 年版，第 634—635 页。

国人大及其常委会、地方各级人大及其常委会依法行使对同级政府、法院、检察院的监督权。2007 年，十届全国人大五次会议通过《关于十一届全国人大代表名额和选举问题的决定》，从法律上更好地保障了一亿多农民工的选举权。中共十七大报告提出逐步实行城乡按相同人口比例选举人大代表。[①] 2010 年 3 月，十一届全国人大三次会议通过第五次修正的《中华人民共和国全国人民代表大会和地方各级人民代表大会选举法》规定，实行城乡按相同人口比例选举人大代表，更好地体现了人人平等、地区平等、民族平等原则，进一步完善了中国特色社会主义选举制度。

完善中国共产党领导的多党合作和政治协商制度。2005 年 2 月，中共中央颁布《关于进一步加强中国共产党领导的多党合作和政治协商制度建设的意见》，推动多党合作和政治协商的制度化、规范化和程序化，为各民主党派和无党派人士参政议政和发挥监督作用创造了更为广阔的空间。2006 年 2 月，中共中央印发《关于加强人民政协工作的意见》，进一步推进人民政协政治协商、民主监督、参政议政的制度化、规范化和程序化建设，更好发挥人民政协协调关系、汇聚力量、建言献策、服务大局的作用。中共中央在作出重大决策之前，把政治协商纳入决策程序，邀请各民主党派中央领导人和无党派人士参加民主协商会、座谈会，通报情况，听取意见。2006 年 7 月，第二十次全国统战工作会议强调，政党关系、民族关系、宗教关系、阶层关系和海内外同胞关系，是政治领域和社会领域中涉及党和国家工作全局的一些重大关系，也是统一战线需要全面把握和正确处理的重大关系。中共十七大以后，专题协商、对口协商、界别协商、提案办理协商等协商平台得以创立和广泛运用，协商民主在实践中有了进一步发展，人民政协作为中国共产党领导的多党合作和政治协商重要机构的作用日益突出。

巩固和完善民族区域自治制度。各民族共同团结奋斗、共同繁荣发展，平等团结互助和谐的社会主义民族关系得到不断巩固和发展，民族地区经济

---

① 《十七大以来重要文献选编》上，中央文献出版社 2009 年版，第 678 页。

实现了跨越式发展。2005年5月27日，中共中央、国务院召开第三次中央民族工作会议暨国务院第四次全国民族团结进步表彰大会，提出“促进民族地区实现全面建设小康社会的宏伟目标，进一步开创我国各民族共同团结奋斗、共同繁荣发展的新局面”[①]的任务。《中共中央国务院关于进一步加强民族工作 加快少数民族和民族地区经济社会发展的决定》中提出6个方面30项政策原则和工作要求，对加快少数民族和民族地区经济社会发展进程中面临的一系列新问题作出具体部署。2005年，国务院正式颁布《实施〈中华人民共和国民族区域自治法〉若干规定》，以制定自治条例和单行条例为主要内容的地方民族立法也取得了新的进展，推动制定贯彻实施民族区域自治法的配套规定，修订《城市民族工作条例》和《民族乡行政工作条例》，依法办事逐渐成为处理民族问题、开展民族工作的重要原则。2012年，全国民族自治地方地区生产总值5.9万亿元，民族地区总体呈现经济繁荣、政治安定、文化发展、社会和谐、民族团结的景象。

确立基层群众自治为国家基本政治制度。2002年，中共十六大提出“扩大基层民主，是发展社会主义民主的基础性工作”，要求健全基层自治组织和民主管理制度，完善村民自治，完善城市居民自治，坚持和完善职工代表大会和其他形式的企事业民主管理制度，保证人民群众依法直接行使民主权利。[②]2007年，中共十七大首次将基层群众自治制度纳入中国特色社会主义民主政治制度的基本范畴，作为发展社会主义民主政治的基础性工程重点推进。[③]随着城市化进程加快，村民委员会数量继续减少，居民委员会则逐年增加，截至2011年底，全国共有村民委员会59万个，居民委员会8.9万个。亿万群众依法管理自己的事情。2010年10月28日，十一届全国人大常委会第十七次会议修订通过了《中华人民共和国村民委员会组织法》，除再次规定村委会由村民直选外，还强调任何组织和个人不得指定候选人，同时，将村民委员会定位为“村民自我管理、自我教育、自我

① 《改革开放三十年重要文献选编》下，中央文献出版社2008年版，第1501页。

② 《十六大以来重要文献选编》上，中央文献出版社2005年版，第25页。

③ 《十七大以来重要文献选编》上，中央文献出版社2009年版，第23页。

服务的基层群众性自治组织，实行民主选举、民主决策、民主管理、民主监督”，进一步完善了村民自治制度。随着城乡基层群众自治制度的日益完善，中国已经建立起以农村村民委员会、城市居民委员会和企事业单位职工代表大会为主要内容的基层民主自治体系。

二、推进依法治国基本方略

1997 年，中共十五大确立了“依法治国，建设社会主义法治国家”的基本方略，明确提出到 2010 年形成中国特色社会主义法律体系。进入 21 世纪，中国的法治建设继续向前推进。2002 年，中共十六大对新时期的法制建设和立法工作提出了新的任务和更高的要求，把“社会主义法制更加完备，依法治国基本方略得到全面落实”[①]作为全面建设小康社会的目标之一，要求到 2010 年“形成中国特色社会主义法律体系”[②]。

加强和改进立法工作，社会主义法律体系基本形成。2003 年 3 月，十届全国人大常委会第一次会议工作报告指出，构成中国特色社会主义法律体系的各个法律部门已经齐全，以宪法为核心的中国特色社会主义法律体系已经初步形成。在初步形成的基础上，十届全国人大及其常委会要完成每个法律部门中支架性的现实急需的条件成熟的法律的制定和修改工作。2004 年 3 月，国务院印发了《全面推进依法行政实施纲要》，确立了建设法治政府的目标，要求“切实解决人民群众通过信访举报反映的问题”[③]。2007 年召开的中共十七大明确提出全面落实依法治国基本方略，加快建设社会主义法治国家，并对加强社会主义法治建设作出了全面部署。到 2010 年底，中国特色社会主义法律体系如期形成，建立了以宪法为统帅，以宪法相关法、民法商法等多个法律部门的法律为主干，由法律、行政法规、地方性法规等多个层次的法律规范构成的中国特色社会主义法律体系，国

① 《十六大以来重要文献选编》上，中央文献出版社 2005 年版，第 15 页。
② 《十六大以来重要文献选编》上，中央文献出版社 2005 年版，第 26 页。
③ 《十六大以来重要文献选编》中，中央文献出版社 2006 年版，第 12 页。

家和社会生活各方面总体上实现了有法可依。截至2011年8月底，中国已制定宪法和现行有效法律240部、行政法规706部、地方性法规8600多部[①]，涵盖社会关系各个方面的法律部门已经齐全，各法律部门中基本的、主要的法律已经制定，相应的行政法规和地方性法规比较完备。这个法律体系立足中国国情，部门齐全、数量适度、体例科学、质量较高、内在统一、外在协调，适应改革开放和社会主义现代化建设需要，使社会主义各项建设有法可依，使依法治国、建设社会主义法治国家有了重要保障。

确立依法执政，实现了中国共产党执政方式的历史性跨越。自新中国成立以来，党与法治的关系就成为整个法治建设的核心问题，发展社会主义民主政治，最根本的是要把坚持党的领导、人民当家作主和依法治国有机统一起来。2002年，中共十六大指出，改革和完善党的领导方式和执政方式，对于推进社会主义民主政治建设具有全局性作用。要坚持依法执政，实施党对国家和社会的领导。[②]党的领导是人民当家作主和依法治国的根本保证，依法治国是党领导人民治理国家的基本方略。为适应建立社会主义市场经济体制和依法治国、建设社会主义法治国家的客观需要，不断认识和把握共产党执政规律，认真总结和运用执政经验，2004年召开的中共十六届四中全会提出"科学执政、民主执政、依法执政"的理念，强调"依法执政是新的历史条件下党执政的一个基本方式"。2006年6月，胡锦涛主持中共十六届中央政治局第三十二次集体学习时指出："依法执政，就是坚持依法治国、建设社会主义法治国家，领导立法，带头守法，保证执法，不断推进国家经济、政治、文化、社会生活法制化、规范化，以法治的理念、法治的体制、法治的程序保证党领导人民有效治理国家。"[③]党依法执政基本方式的提出，在中外共产党执政史上，第一次科学解决了共产党执政的基本方式问题。

作为依法治国的重要组成部分，建设法治政府、依法行政也取得了明

---

① 国务院新闻办公室：《中国特色社会主义法律体系》，人民出版社2011年版，第9页。

② 《十六大以来重要文献选编》上，中央文献出版社2005年版，第26页。

③ 《胡锦涛文选》第二卷，人民出版社2016年版，第463页。

显进展。中共十六大提出“加强对执法活动的监督，推进依法行政”。为适应推进依法治国和依法行政的要求，2004 年 3 月 22 日，国务院印发《全面推进依法行政实施纲要》，强调各级政府要坚持执政为民，全面推进依法行政，建设法治政府，明确提出了“经过十年左右坚持不懈的努力，基本实现建设法治政府的目标”[①]。为了贯彻落实《纲要》，国务院又先后重点抓了行政审批制度改革、行政执法责任制、行政复议、市县基层政府依法行政等工作，于 2008 年 5 月颁布了《关于加强市县政府依法行政的决定》，在全面推进依法行政、加快建设法治政府方面取得了显著成就。自行政处罚法、行政许可法等一系列重要法律颁布之后，国家一批规范行政行为的法律法规相继出台，行政听证、告知和申辩、信息公开等行政程序相继确立，标志着我国在依法行政、建设法治政府方面取得了初步成果。

适应实施依法治国方略的需要，国家稳步推进司法建设与司法改革，树立社会主义法治理念。中共十六大作出了“推进司法体制改革”的决策，明确了司法体制改革的任务和要求。2003 年，中央司法体制改革领导小组成立，具体负责领导和部署司法体制改革。从 2004 年起，大规模司法改革启动。2004 年 12 月，中共中央转发《中央司法体制改革领导小组关于司法体制和工作机制改革的初步意见》，提出了 10 个方面 35 项改革措施。2007 年，中共十七大报告进一步作出“深化司法体制改革”的决策。从 2008 年开始启动第二轮司法改革，以“优化司法职权配置、完善宽严相济刑事政策、加强政法队伍建设、改革司法保障体制”为重点，司法体制改革进入重点深化、系统推进的阶段。最高人民法院、最高人民检察院分别颁布《人民法院第二个五年改革纲要（2004—2008）》《人民法院第三个五年改革纲要（2009—2013）》《最高人民检察院关于进一步深化检察改革的三年实施意见》。实施依法治国基本方略，建设社会主义法治国家，既要进一步加强法治建设，又要牢固树立社会主义法治理念。

① 《十六大以来重要文献选编》中，中央文献出版社 2006 年版，第 4 页。

2005年底，在总结我国法治建设实践经验、借鉴世界法治文明优秀成果的基础上，中共中央作出树立社会主义法治理念的重大决策。树立社会主义法治理念，就是坚持以依法治国为核心内容，以执法为民为本质要求，以公平正义为价值追求，以服务大局为重要使命，以党的领导为根本保证。2007年底，中共中央进一步提出要坚持党的事业至上、人民利益至上、宪法法律至上的要求。

在这一阶段，依法治国方略的全面实施，有力推动了法治观念的普及，推动了中国特色社会主义法律体系的形成，促进了法治政府建设和司法体制改革，我国法治建设在立法、行政、司法等各个领域都取得了重大进展和显著成就。

三、建设社会主义核心价值体系

新世纪新阶段，中国面临的发展机遇前所未有，面对的挑战也前所未有。世界多极化和经济全球化的趋势深入发展，科技进步日新月异，国际环境复杂多变，综合国力竞争日趋激烈，影响和平与发展的不稳定、不确定因素增多。随着改革开放的不断深化和社会主义市场经济的进一步发展，人们思想的独立性、选择性、多变性和差异性不断增强，迫切需要建设中国社会主义核心价值体系，进一步形成全社会共同的理想信念和道德规范，筑牢全党全国各族人民团结奋斗的思想道德基础。

建设和谐文化是构建社会主义和谐社会的重要任务，社会主义核心价值体系是建设和谐文化的根本，2006年10月召开的中共十六届六中全会，围绕构建和谐社会的主题，提出和阐发了建设社会主义核心价值体系的任务，指出“马克思主义指导思想，中国特色社会主义共同理想，以爱国主义为核心的民族精神和以改革创新为核心的时代精神，社会主义荣辱观，构成社会主义核心价值体系的基本内容”[①]；要求把社会主义核心价值体系融

① 《十六大以来重要文献选编》下，中央文献出版社2008年版，第661页。

入国民教育和精神文明建设全过程，贯穿现代化建设各方面。

2011 年 10 月，中共十七届六中全会通过的《中共中央关于深化文化体制改革推动社会主义文化大发展大繁荣若干重大问题的决定》设专节部署“推进社会主义核心价值体系建设”，把建设社会主义核心价值体系作为文化改革发展的根本任务，提出了“在全党全社会形成统一指导思想、共同理想信念、强大精神力量、基本道德规范”①的任务。

为推进社会主义核心价值体系建设，党和政府在全社会实施中国特色社会主义理论体系普及计划，广泛开展理想信念教育、国情教育和形势政策教育，引导干部群众增强对中国共产党的领导、社会主义制度、改革开放事业的信念和信心。哲学社会科学同样受到中共中央的高度重视，早在 2004 年 1 月，中共中央在印发的《关于进一步繁荣发展哲学社会科学的意见》中，就提出了实施马克思主义理论研究和建设工程。中共中央办公厅转发了《中央宣传思想工作领导小组关于实施马克思主义理论研究和建设工程的意见》。这一工程在全国范围内实施，持续推出马克思主义经典著作、党的创新理论成果和重点教材等国家重大出版项目和优秀理论读物。这对新形势下推进社会主义核心价值体系建设和繁荣发展哲学社会科学具有重大而深远的意义。

在全社会的共同努力下，公民思想道德建设工程也持续推进，全国上下开展了城市精神大讨论、道德模范评选等形式多样的活动，推动全社会逐步形成知荣辱、讲正气、树新风、促和谐的文明风尚。到 2011 年底，中央电视台推出的“感动中国”年度人物评选已整整 10 年。这一年参与此项评选投票的有近 7000 万人次，各网站总票数达 3.2 亿张。2012 年 3 月，随着第 49 个“学雷锋纪念日”的到来，全国各地掀起了学雷锋的热潮。建设社会主义核心价值体系任务的提出和贯彻落实，极大地凝聚了全国各族人民的思想和精神，推动了良好社会风尚的进一步形成，在加快全面建设小康社会进程中发挥了重要作用。

---

① 《十七大以来重要文献选编》下，中央文献出版社 2013 年版，第 564 页。

四、推动社会主义文化繁荣发展

进入21世纪，在推动经济社会发展的同时，中国共产党顺应形势发展变化和人民群众精神文化需求，正确认识和准确把握我国文化改革发展的特点和规律，作出建设社会主义文化强国的重大战略决策，深化文化体制改革，提升文化软实力，实施中华文化“走出去”战略，推动中国特色社会主义文化建设不断向前迈进。

2002年11月，中共十六大按照深化文化体制改革的部署，明确作出积极发展文化事业和文化产业的战略决策，要求“抓紧制定文化体制改革的总体方案”[①]。借鉴经济体制改革的经验，文化体制改革按照积极试点、慎重推广的思路，先从地方突破带有敏感性的改革[②]，由点到面、由易到难、由浅入深，着力解决束缚文化科学发展的思想观念和体制机制问题。2003年6月，全国文化体制改革试点工作正式启动。在总结经验的基础上，2005年，中共中央、国务院发布《关于深化文化体制改革的若干意见》，突出强调了发展与改革、社会效益与经济效益、文化事业与文化产业的协调关系，明确了区别对待、分类指导，循序渐进、逐步推开的原则要求，以加快文化领域结构调整。2006年3月，中共中央召开全国文化体制改革工作会议，新确定全国89个地区和170个单位进行文化体制改革试点。文化体制改革在试点基础上稳步推进、有序发展。

2006年9月，中共中央办公厅、国务院办公厅印发《国家“十一五”时期文化发展规划纲要》，将公共文化服务置于优先地位。这是新中国成立以来中央制定的第一个专门部署文化建设的中长期规划纲要。2007年，中共中央办公厅、国务院办公厅印发《关于加强公共文化服务体系建设的若干意见》，部署实施文化惠民工程，优先安排关系人民群众切身利益的重大公共文化服务项目。此后，许多文化团体定期或不定期到基层为群众义务

---

① 《十六大以来重要文献选编》上，中央文献出版社2005年版，第32页。

② 李长春：《文化强国之路：文化体制改革的探索与实践》上，人民出版社2013年版，第352页。

演出，并与民间文化活动相结合，受到广泛称赞。2007 年 10 月，中共十七大从中国特色社会主义事业总体布局的高度，强调了文化建设的重要战略地位，提出了推动社会主义文化大发展大繁荣的目标要求。

2011 年 10 月，中共十七届六中全会通过的《中共中央关于深化文化体制改革 推动社会主义文化大发展大繁荣若干重大问题的决定》，阐明了中国特色社会主义文化发展道路，明确提出建设社会主义文化强国目标，对新形势下的社会主义文化建设作出了全面部署，是推进文化体制改革的纲领性文件。2012 年 2 月，《国家“十二五”时期文化改革发展规划纲要》出台，提出公共文化服务建设的四方面内容以及七项公共文化服务建设工程，将公共文化服务体系建设放在文化建设的战略位置来抓。

到中共十八大前夕，文化体制改革阶段性任务基本完成，文化行政管理部门职能转变逐步到位，国有经营性文化事业单位转企改制取得决定性进展，做大做强了一批骨干文化企业，推动文化与科技、商贸、旅游、金融等深度融合。据统计，2005 年至 2012 年，文化产业法人单位增加值年均增长超过 23%，高于同期国内生产总值年均增速。① 社会主义文化事业快速发展，2010 年底，有线电视用户 18730 万户，有线数字电视用户 8798 万户，广播节目综合人口覆盖率为 96.8%，电视节目综合人口覆盖率为 97.6%，极大丰富了人民群众的文化生活。到 2011 年，公共博物馆、纪念馆、美术馆、公共图书馆、文化馆（站）都实行免费开放。同时，文化产品的创作生产得到加强，中国文化的吸引力和影响力不断增强。这一时期，网络文学、微电影等新的形式也发展迅猛。

2002 年中共十六大提出，在内容和形式上积极创新，不断增强中国特色社会主义文化的吸引力和感召力，增强中国文化产业的整体实力和竞争力。② 为推动中华文化走向世界，增强中华文化在世界上的感召力和影响力，国家决定实施中华文化“走出去工程”。2006 年 9 月，《国家“十一五”时

① 参见白瀛、周玮、璩静：《文化体制改革取得历史性成就》，《人民日报》，2013 年 6 月 14 日。

② 《十六大以来重要文献选编》上，中央文献出版社 2005 年版，第 29—30 页。

表 5-1　2002 年至 2012 年全国文化事业机构数

单位：个

	2002 年	2003 年	2004 年	2005 年	2006 年	2007 年	2008 年	2009 年	2010 年	2011 年	2012 年
公共图书馆	2697	2709	2720	2762	2778	2799	2820	2850	2884	2952	3076
文化馆、站	42516	41816	41402	41650	40088	40601	41156	41959	43382	43675	43876
博物馆	1511	1515	1548	1581	1671	1722	1893	2252	2435	2650	3069
艺术表演团体	2587	2618	2759	2805	2866	4512	5114	6139	6864	7055	7321
文化部门所属艺术表演场馆数	1829	1900	1928	1866	1839	1732	1662	1499	1461	1429	1279
广播电视台	1526	1579	1913	1932	1935	1993	2069	2087	2120	2153	2185

数据来源：《辉煌 70 年》编委会编：《辉煌 70 年：新中国经济社会发展成就（1949—2019）》，中国统计出版社 2019 年版，第 462 页。

期文化发展规划纲要》部署实施“走出去”重大工程项目，加快文化“走出去”的步伐，扩大中国文化的覆盖面和国际影响力。11 月，胡锦涛在中国文联第八次全国代表大会、中国作家协会第七次全国代表大会上指出，要把文化看作综合国力的重要组成部分，谁占据了文化发展制高点，谁就能够更好地在激烈的国际竞争中掌握主动权[①]。同月，国务院办公厅转发《关于鼓励和支持文化产品和服务出口的若干政策》，确定了中国文化“走出去”政策的基本思路和框架。

2007 年 10 月，中共十七大提出提高文化软实力的任务，要求“加强对外文化交流，吸收各国优秀文明成果，增强中华文化国际影响力”[②]。2011 年 3 月，十一届全国人大四次会议批准了《中华人民共和国国民经济和社会发展第十二个五年规划纲要》，要求增强文化国际竞争力和影响力，提升国家软实力。4 月，文化部颁布《促进文化产品和服务“走出去”2011—2015 年总体规划》。10 月，中共十七届六中全会就推动中华文化走向世界作出具体部署，开展多渠道、多形式、多层次的对外文化交流，广泛参与世界文明对话，促进文化相互借鉴，增强中华文化在世界上的感召力和影响力，共同维护文化多样性。[③]

在具体领域，中国文化领域各部门制定发布了一系列专项政策和专题规划，如《国家广播电影电视总局关于广播影视“走出去工程”的实施细则》（2001 年）、《文化部关于促进商业演出展览文化产品出口的通知》（2004 年）、《新闻出版业“十二五”时期发展规划》（2011 年）、《关于加快我国新闻出版业走出去的若干意见》（2012 年）等，积极落实文化“走出去”工程。在政策支持体系方面，2005 年文化部分别在北京和深圳设立国家对外文化贸易理论研究基地；2007 年起，商务部、财政部发起，国家新闻出版总署、国家广电总局和文化部共同参与设立了推动文化企业“走出去”的文化产业发展专项资金；2009 年，文化部牵头建立对外文化

① 《胡锦涛文选》第二卷，人民出版社 2016 年版，第 538 页。
② 《十七大以来重要文献选编》上，中央文献出版社 2009 年版，第 28 页。
③ 《十七大以来重要文献选编》下，中央文献出版社 2013 年版，第 578 页。

工作部际联席会议制度，联合各部委形成合力，共同推动中华文化“走出去”。

通过在海外举办综合性文化大展示项目，采取文化资源整合、资金整合，集中推动中华文化“走出去”。继2003年中法推出互办文化年后，到2012年中国同145个国家签订政府间文化合作协定和近800个年度文化交流执行计划，与上千个文化组织保持着密切的合作关系。

对外文化贸易显著增长。2012年中国出口文化产品217.3亿美元，较上年增长16.3%。[①]中国文化企业逐步采用境外直接投资等方式扩大文化出口，2011年，首个国家级对外文化贸易基地在上海揭牌。

推进海外中国文化中心建设。2000年到2011年底，中国相继与21个国家的政府签署设立文化中心的政府文件。2004年至2012年底，中国在世界108个国家建立400所孔子学院和500多个孔子课堂，汉语学员总数达到65.5万，多个国家将汉语教学纳入国民教育体系。2012年10月11日，瑞典皇家科学院首次将诺贝尔文学奖授予中国籍作家莫言，这既是中国文学繁荣进步的体现，也是中国综合国力和国际文化影响力不断提升的体现。

第三节　推动以民生为重点的社会建设

新世纪新阶段，为着力解决经济社会发展“一条腿长、一条腿短”的问题，在发展经济的同时，中国加快了以改善民生为重点的社会建设步伐，推动社会主义和谐社会建设。各级党委和政府坚持民生优先，把保障和改善民生作为一切工作的出发点和落脚点，逐步健全公共服务体系，加强和创新社会管理，保障全体人民切实共享改革发展成果。

① 《去年我国文化产品出口同比增长16.3%》，《光明日报》，2013年2月13日。

一、切实保障和改善民生

为了更好地解决经济社会发展中的突出矛盾，中共中央、国务院从中国特色社会主义总体布局的高度出发，在经济发展基础上逐步提高人民物质文化生活水平，大力加强社会建设，切实保障和改善民生。

优先发展教育，建设人力资源强国。2003 年 12 月，中共中央、国务院作出《关于进一步加强人才工作的决定》，对大力实施人才强国战略、建设高素质人才队伍作出部署。2006 年 6 月，新修订的《中华人民共和国义务教育法》为全国义务教育长期持续发展提供了制度保证。同时，国家还大力发展职业教育，通过建立中职学生资助、免费制度和推进“双证书”来增强职业教育的吸引力，重点支持一批中等职业学校和高职学院。党和政府坚持以教育公平为重点，加快教育事业改革发展。2008 年，实现城乡义务教育全部免费，确保了所有义务教育适龄儿童都能“不花钱，有学上”。2010 年 7 月，中共中央、国务院印发《国家中长期教育改革和发展规划纲要（2010—2020 年）》，提出“优先发展、育人为本、改革创新、促进公平、提高质量”[①] 的方针，绘制了未来 10 年基本实现教育现代化的宏伟蓝图。这一时期，中国国民受教育程度大幅度提升，国民平均受教育年限达到 9 年以上，职业教育快速发展，高等教育大众化水平进一步提高。

实施积极的就业政策。21 世纪初，中国就业形势依然十分严峻，尤其是下岗职工再就业问题已经成为带有全局性影响的重大社会问题。2002 年 9 月，中共中央、国务院发出《关于进一步做好下岗失业人员再就业工作的通知》，2005 年 11 月，国务院发出《关于进一步加强就业再就业工作的通知》，要求努力开辟就业门路，积极创造就业岗位。中共十七大把鼓励创业、支持创业摆在就业工作更加突出的位置，确立“促进以创业带动就业”的方针。从 2008 年开始，受国际金融危机和国内重大自然灾害的双重冲击，就业局势愈发紧张。对此，中国政府实施更加积极的就业政策。2008

① 《十七大以来重要文献选编》中，中央文献出版社 2011 年版，第 865 页。

年1月，《中华人民共和国就业促进法》正式施行，为实施积极、稳定的就业政策提供了法律保障。2009年2月，国务院发出《关于做好当前经济形势下就业工作的通知》，提出要紧密结合实施扩大内需促进经济增长的措施，千方百计扩大就业。在此基础上，2012年1月国务院批转的《促进就业规划（2011—2015年）》提出了“十二五”时期城镇新增就业4500万人、转移农业劳动力4000万人、城镇登记失业率控制在5%以内的发展目标。我国逐步建立起覆盖城乡的公共就业体系，劳动者自主择业、市场调节就业和政府促进就业的市场就业格局初步形成。在世界各国失业率居高不下的背景下，中国保持了就业形势总体稳定。

积极的就业政策收到明显成效，城镇就业人数从2002年的2.51亿增加到2011年末的3.59亿，增长43%；城镇登记失业率从2003年至2011年始终保持在4.3%以下的较低水平。农民工数量也不断增加，2011年总量达到2.53亿。

加快推进收入分配制度改革。完善分配制度，是提高人民生活水平的重要保障。中共十六大确立了劳动、技术和管理等生产要素按贡献参与分配的原则，完善按劳分配为主体、多种分配方式并存的分配制度；提出“初次分配注重效率，再分配注重公平”。国家采取一系列重要措施，普遍提高城乡居民收入，重点改善低收入群体和困难群众生活，连续几年提高基本养老金，特别是持续提高企业退休人员基本养老金，适当提高优抚对象等人员抚恤和生活补助标准，提高城市低保对象的补助水平，并逐步提高扶贫标准和最低工资标准，建立企业职工工资正常增长机制和支付保障机制。同时，创造条件让更多群众拥有财产性收入，并在保护合法收入的同时，调节过高收入，取缔非法收入，采取切实措施扩大转移支付，强化税收调节，打破经营垄断，创造机会公平，整顿分配秩序，努力扭转收入分配差距扩大的趋势。推进收入分配制度改革，以税收、转移支付、社会保障等为主要手段的再分配调节制度框架初步建立。健全公共财政体制，不断扩大中央财政转移支付的规模。

在经济发展和收入分配体制改革基础上，国家多次提高个人所得税减除费用标准，从2005年起逐步提高个人所得税起征点，从每月800元先后提高到1600元、2000元和3500元，使广大中低收入人群更多获益。2011年，城镇居民人均可支配收入2.2万元，比2002年增长1.8倍，年均实际增长9.2%；农村居民人均纯收入6977元，比2002年增长1.8倍，年均实际增长8.1%。城乡居民收入年均增速超过1979年至2011年7.4%的年均增速，这是新中国历史上增长最快的时期。

表5–2　2002年至2012年城乡居民人均可支配收入

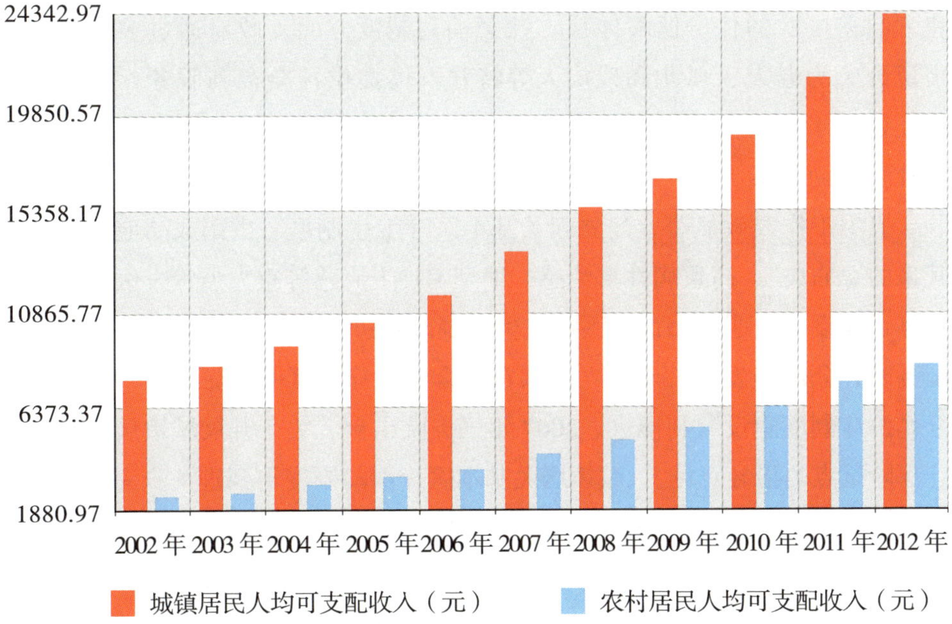

数据来源:《辉煌70年》编委会编:《辉煌70年：新中国经济社会发展成就（1949—2019）》，中国统计出版社2019年版，第382页。

加快建立覆盖城乡居民的社会保障体系。中共十六届六中全会把到2020年基本建立覆盖城乡居民的社会保障体系，作为构建社会主义和谐社会的重要目标，提出到2020年要基本形成以社会保险为主体，包括社会救助、社会福利、优抚安置、住房保障和社会慈善事业在内的社会保障制度框架。社会保险方面，国有企业下岗职工基本生活保障制度向失业保险并轨；全国人大颁布了《中华人民共和国社会保险法》，国务院修订了《工伤保险条例》，逐步构建起由城镇职工基本医疗保险、城镇居民基本医疗保险、新型农村合作医疗和城乡医疗救助制度组成的基本医疗保障网；进一步扩大社会保障体系的涵盖范围，2009年初将农民工纳入城镇职工基本养老保险体系；建立和完善新型农村社会养老保险制度。社会救助方面，不仅在城镇建立起居民最低生活保障制度，而且部分有条件地区的农民也从2007年起开始享受最低生活保障。住房保障方面，积极推进以住房公积金制度、保障房制度、廉租住房制度为主要内容的城镇住房保障制度建设，建立起多层次的住房保障体系。社会福利制度方面，政府通过多种渠道筹集资金，为老人、孤儿和残疾人等特殊群体提供社会福利服务。此外，政府还建立了针对突发性自然灾害的应急体系和灾民救助制度，基本形成新型社会救助体系。

卫生工作成效显著，建立起了基本医疗卫生制度。中国成功应对了突如其来的“非典”、高致病性禽流感、甲型H1N1流感等重大疫情，医疗卫生服务体系建设步伐明显加快，医疗卫生体制改革进入实质性启动阶段。2003年国务院办公厅转发《关于建立新型农村合作医疗制度的意见》后，新型农村合作医疗制度建设顺利推进。2007年国务院出台《关于开展城镇居民基本医疗保险试点的指导意见》，城镇居民基本医疗保险制度得到进一步完善。2009年3月，中共中央、国务院印发《关于深化医药卫生体制改革的意见》，提出建立健全覆盖城乡居民的基本医疗卫生制度，为群众提供安全、有效、方便、价廉的医疗卫生服务，促进公共医疗卫生事业落实公益性质。[①] 4月，国家启动新一轮医改，提出把基本医疗卫生制度作为公共产品向全民提供，并向城乡居民统一提供疾病预防控制、妇幼保健、健康教育等基本公共卫生服务。全国医保基本实现，城乡基本医疗卫生制度初步建立。严重威胁居民健康的重点传染病、地方病得到有效控制，卫生应急预案体系得到进一步健全。

① 中共中央、国务院《关于深化医药卫生体制改革的意见》，《人民日报》，2009年4月7日。

二、加强和创新社会管理

随着改革发展进入关键时期，经济容易失调，社会容易失序，人们心理容易失衡，社会管理面临新的形势和任务。2002 年，中共十六大为了深化行政管理体制改革，提出“完善政府的经济调节、市场监管、社会管理和公共服务的职能，减少和规范行政审批”[①]，把社会管理和公共服务作为政府职能。2003 年 3 月，十届全国人大一次会议第三次全体会议通过了《国务院机构改革方案》，提出对国有资产管理、宏观调控、金融监管、流通管理、食品安全、人口与计划生育等方面的体制进行调整的方案。

在不断探索、实践的基础上，2004 年中共十六届四中全会提出要“加强社会建设和管理，推进社会管理体制创新，深入研究社会管理规律，完善社会管理体系和政策法规，整合社会管理资源，建立健全党委领导、政府负责、社会协同、公众参与的社会管理格局”[②]。2006 年 10 月，中共十六届六中全会通过《中共中央关于构建社会主义和谐社会若干重大问题的决定》，提出创新社会管理体制，整合社会管理资源，提高社会管理水平，在服务中实施管理，在管理中体现服务[③]。2007 年 10 月，中共十七大进一步提出要“完善社会管理体制，维护社会安定团结”，并对如何完善社会管理进行了全面部署。2010 年 10 月，中共中央政法委员会、中央社会治安综合治理委员会确定 35 个市、县（市、区）作为全国社会管理创新综合试点，并制定了《全国社会管理创新综合试点指导意见》，细化了社会管理创新的主要内容。2011 年 7 月 5 日，中共中央、国务院印发《关于加强和创新社会管理的意见》，进一步明确了加强和创新社会管理的指导思想、基本原则、目标任务和主要措施。

各地积极探索完善新形势下社会管理和服务的新路子、新举措，创新社会管理体系、体制和运行机制。

---

① 《十六大以来重要文献选编》上，中央文献出版社 2005 年版，第 21 页。
② 《十六大以来重要文献选编》中，中央文献出版社 2006 年版，第 287 页。
③ 《十六大以来重要文献选编》下，中央文献出版社 2008 年版，第 662 页。

进一步加强和完善社会管理格局，切实加强党的领导，强化政府社会管理职能，强化各类企事业单位社会管理和服务职责，引导各类社会组织加强自身建设、增强服务社会的能力，支持人民团体参与社会管理和公共服务，发挥群众参与社会管理的基础作用。2007年10月召开的中共十七大进一步提出要加快行政管理体制改革，建设服务型政府，健全部门协调配合机制。2008年，中共十七届二中全会通过的《关于深化行政管理体制改革的意见》，要求到2020年建立起比较完善的中国特色社会主义行政管理体制。[①] 围绕转变政府职能和理顺部门职责关系，各地方、各部门不断创新行政许可方式和行政许可实施机制，采取“一个窗口对外”“一站式办公”“一门受理、简化表格、并联审核、一口收费”等方式，简化办事程序，方便人民群众，服务型政府建设取得重要进展。

加强和完善党和政府主导的维护群众权益机制，逐步建立科学有效的利益协调机制、诉求表达机制、矛盾调处机制、权益保障机制，统筹协调各方面利益关系，修订了《信访条例》，积极完善信访制度，加强社会矛盾源头治理，妥善处理人民内部矛盾，把矛盾化解在基层，化解在萌芽状态。浙江省诸暨市等地加强人民调解、行政调解、司法调解相衔接的社会矛盾纠纷“大调解”工作体系建设，探索完善了第三方调解机制，建立了医患纠纷、征地拆迁纠纷、交通事故等行业性、专业性调解组织和工作平台。

进一步加强和完善公共安全体系，健全食品药品安全监管机制，建立健全安全生产监管体制，完善社会治安防控体系，完善应急管理机制。2003年“非典”危机以来，中国危机管理的法律法规体系不断完善，为突发公共危机事件处理提供了制度保障。2003年，国务院公布了《突发公共卫生事件应急条例》，将防治工作纳入依法、科学、规范、有序的轨道。2006年，国务院发布《国家突发公共事件总体应急预案》，其后又发布了9件事故灾难类突发公共事件专项应急预案。2007年11月1日，《中华人民共和国突发事件应对法》开始实施。2008年，在经历了南方雪灾和汶川地震之后，国家

---

① 《十七大以来重要文献选编》上，中央文献出版社2009年版，第269页。

应急管理工作上了一个新台阶，以“一案三制”（应急预案，应急体制、应急机制、应急法制）和“一网五库”（应急工作联络网，法规库、救援队伍库、专家库、典型案例库、救援物资库）为主要框架的全国应急管理体系基本建立。食品药品安全方面，2007 年《国务院关于加强食品等产品安全监督管理的特别规定》施行，2009 年《中华人民共和国食品安全法》颁布施行，从制度上加强食品等产品安全监督管理，保证食品安全，保障公众身体健康和生命安全。

为继续强化安全生产管理和监督，国务院于 2004 年和 2011 年先后下发《关于进一步加强安全生产工作的决定》和《关于坚持科学发展安全发展促进安全生产形势持续稳定好转的意见》，推进安全生产治理行动，推进安全生产法制体制机制建设。进一步加强社会治安综合治理，坚持打防结合、预防为主、专群结合、依靠群众的方针，完善社会治安防控体系，制定治安管理处罚法，广泛深入开展平安建设活动，依法打击违法犯罪活动，着力整治突出治安问题和治安混乱地区。

国家进一步加强和完善社会管理和服务体系，把人力、财力、物力更多地投到基层，强化城乡社区自治和服务功能，健全新型社区管理和服务体制。加强和完善流动人口和特殊人群管理和服务，建立健全实有人口动态管理机制，完善特殊人群管理和服务政策。加强和完善非公有制经济组织、社会组织管理，明确非公有制经济组织管理和服务员工的社会责任，推动社会组织健康有序发展。加强和完善信息网络管理，提高对虚拟社会的管理水平，健全网上舆论引导和法律管控机制。

三、推进生态文明建设

建设生态文明，是关系人民福祉、关乎民族未来的长远大计。进入 21 世纪以来，在全面建设小康社会进程中，中共中央坚持以人为本、全面协调可持续发展，统筹人与自然和谐发展，进一步推进生态文明建设。

2002 年中共十六大在全面建设小康社会的目标中指出：可持续发展

能力不断增强，生态环境得到改善，资源利用效率显著提高，促进人与自然的和谐，推动整个社会走上生产发展、生活富裕、生态良好的文明发展道路。[①] 2003年6月，中共中央、国务院作出《关于加快林业发展的决定》，确立了以生态建设为主的林业可持续发展战略，明确提出建立以森林植被为主体、林草结合的国土生态安全体系，建设山川秀美的生态文明社会。[②] 随后，中共中央提出"统筹人与自然和谐发展"的方针，把建设资源节约型、环境友好型社会确立为国民经济与社会发展的战略任务。2007年，中共十七大将建设生态文明确定为全面建设小康社会的重要目标，对建设生态文明进行具体部署。环境保护工作逐步得到加强，环保事业不断发展。

国家不断加强和完善环保立法，加强环保规划，全国人大相继制定通过了《中华人民共和国清洁生产促进法》《中华人民共和国环境影响评价法》《中华人民共和国放射性污染防治法》《中华人民共和国循环经济促进法》，修订了《中华人民共和国固体废物污染环境防治法》《中华人民共和国水污染防治法》等法律，国务院出台了《规划环境影响评价条例》等行政法规。经过不懈努力，中国已初步形成适应经济社会发展需要的环境法律和标准体系。2006年通过的"十一五"规划纲要提出：到2010年，要使重点地区和城市的环境质量得到改善，生态环境恶化趋势基本遏制；单位国内生产总值能源消耗比"十五"期末降低20%左右；主要污染物排放总量减少10%；森林覆盖率提高到20%；将环保目标纳入五年规划之中。各地结合实际，制定出台生态文明建设的总体规划，截至2012年上半年，已有8个省（自治区）出台了建设生态文明的文件；创新完善生态文明的体制机制，很多省成立领导小组，多部门联动，并建立相应的考核体系；大力推行生态示范创建活动，已有15个省（自治区、直辖市）、1000多个县（市、区）开展生态省市县建设。

---

① 《十六大以来重要文献选编》上，中央文献出版社2005年版，第15页。

② 《十六大以来重要文献选编》上，中央文献出版社2005年版，第326页。

中国的环保管理机构逐步建立健全，环保投入力度不断加大。国家环境保护局1998年先升格为总局，2008年进一步升格为环境保护部。与此相对应，省、市、县人民政府成立环境保护行政主管部门，并充实人员编制，加强机构队伍建设。各级财政对环保的投入逐年增加。“十一五”时期，中央财政环保投资是“十五”时期的近3倍，带动全社会环保投入达2.16万亿元，有力推动了环保基础设施建设和能力建设。

加大环境保护执法力度。2005年底，因严重违反环保法律法规，国家环保总局叫停了30个总投资1179多亿元的在建项目。对此，群众拍手称快，称赞环保行动开始动真格的了。“十一五”期间，环保部门在国家层面对不符合要求的822个项目环评文件作出不予受理、不予审批或暂缓审批等决定，涉及投资近3.2万亿元。环保宣传大大加强，公民的环保意识进一步增强。2007年，国务院印发《节能减排综合性工作方案》，有关部门制定了《节能减排全民行动实施方案》，在全国范围内组织开展“节能减排全民行动”。“十一五”期间，全国二氧化硫和化学需氧量排放总量累计分别下降14.29%和12.45%，均超额完成10%的减排任务。

大力加强生态工程建设。全国森林覆盖率由第七次森林资源清查（2004—2008年）时的20.36%增长到第八次森林资源清查（2009—2013年）时的21.63%，超过“十一五”规划目标。在一些重大工程建设中，从设计到施工都注意对生态环境的保护。在青藏铁路建设中，为藏羚羊迁徙预留了33条通道。为积极应对全球气候变化问题，国家加快发展绿色低碳能源，建立健全法规制度和相关政策，加大对发展清洁能源和可再生能源的支持力度，有序发展水电，积极发展核电，鼓励和支持农村、边远地区和条件适宜地区大力发展生物质能、太阳能、地热、风能、水能等新能源。到2010年，我国核电在建规模、水电装机容量、可再生能源装机容量、农村沼气用户量均居世界第一位，风电装机容量居世界第二位。

经过不懈努力，我国环境保护事业取得积极成效。生态文明、环境保护不再是一个空洞的概念，而是变成实实在在的行动。很多人自觉提着环保袋购物，争当环保志愿者，全民环保意识不断增强。但是，随着经济快速发展，我国环境形势依然十分严峻。实现天更蓝、水更清，实现人与自然的和谐相处，仍然是有待努力的方向。

四、成功应对各种挑战与举办奥运会、世博会

进入21世纪，正值加快改革开放和发展的步伐，并准备迎接2008年北京奥运会的时候，中国先后经受了多场历史上罕见自然灾害的考验。

2003年，一场突如其来的“非典”疫情袭来。2月中下旬，“非典”疫情在广东局部地区流行，3月上旬在华北地区传播和蔓延。中国内地24个省（自治区、直辖市）先后发生“非典”疫情，共波及266个县和市（区），累计报告病例5327例，治愈出院4959例，死亡349例。[①]全球有30多个国家和地区也陆续发生这种疫情。面对严峻的疫情，中共中央、国务院将防治“非典”列为各项工作的重中之重，发出坚持“两手抓”、夺取抗击“非典”和促进发展“双胜利”的号召，及时作出一系列重大部署。国务院先后召开十多次常务会议，分别于4月13日和5月6日召开全国非典型肺炎防治工作会议、全国农村防治非典型肺炎电视电话会议，研究制定了一系列重要防治措施。4月24日，国务院组建了由30多个中央国家机关部门组成的全国防治非典型肺炎指挥部，统一领导全国防治工作，按照“沉着冷静、措施果断，依靠科学、有效防治，加强合作、完善机制”的总体要求，全力以赴开展防治工作。5月，国务院公布实施《突发公共卫生事件应急条例》，将防治工作纳入依法、科学、规范、有序的轨道。经过不懈努力，逐步有效控制住了“非典”疫情。从5月中旬开始，疫情形势趋于平缓。6月24日，世界卫生组织宣布解除对北京的旅行警告，中国取得抗击“非典”的胜利。8月16日，中国内地最后一批“非典”合并症患者结束在北京地坛医院的治疗，康复出院。

2008年1月中旬至2月上旬，中国南方遭遇一场50年来罕见的低温雨

① 参见白剑峰：《我国内地已无非典患者》，《人民日报》，2003年8月17日。

雪冰冻灾害，先后造成21个省（自治区、直辖市）不同程度受灾。京广、沪昆铁路因断电运输受阻，京珠高速公路出现严重阻塞，近22万公里的普通公路不能正常通车，14个民航机场被迫关闭；电网设施大面积受损，13个省（区、市）输电线路因覆冰发生电塔垮塌断线事故，170个县（市）供电中断。农作物受灾面积2.17亿亩，工业企业大面积停产，居民正常生活受到严重影响。灾情发生后，中共中央、国务院迅速部署开展大规模抗灾救灾工作。胡锦涛、温家宝等党和国家领导人先后深入灾区指导抗灾救灾。国务院成立煤电油运和抢险抗灾应急指挥中心，领导部署具体工作。在全社会共同努力下，抗击低温雨雪冰冻灾害斗争取得了重大胜利。

2008年5月12日，四川省汶川县发生里氏8.0级特大地震，地震波及四川、甘肃、陕西、重庆等10个省（自治区、直辖市），灾区总面积约50万平方公里，造成69227人遇难，17923人失踪，受灾群众达4625万多人，直接经济损失8451亿多元，引发的崩塌、滑坡、泥石流、堰塞湖等次生灾害举世罕见。中共中央、国务院及时启动应急响应机制。当晚，中共中央政治局常务委员会召开会议，全面部署抗震救灾工作，决定设立由温家宝总理为总指挥的国务院抗震救灾总指挥部，并立即启动应对突发事件的国家一级预案，在全国范围内组织军队、公安民警、抢险救灾专业队伍和医疗救援队伍以及设备、物资等，赶赴四川地震灾区抗震、抢险、救人。举国上下形成了全党动员、全军集结、全民行动的救灾局面，组织开展了中国历史上救援速度最快、动员范围最广、投入力量最大的抗震救灾斗争，最大限度地挽救了受灾群众生命，最大限度地降低了灾害造成的损失。84017名群众被从废墟中抢救出来，149万名被困群众得到解救，430多万名伤病员得到及时救治，1510万名紧急转移安置的受灾群众基本生活得到妥善安排，881万名灾区受困群众得到救助，中小学校在新学期开始时全面复课开学。[①]震后第14天，中共中央又作出“建立对口支援机制，举全国之

① 《十七大以来重要文献选编》上，中央文献出版社2009年版，第631—632页。

力，加快恢复重建”[①]的决策。在夺取抗震救灾斗争胜利后，国家迅速制定了灾区灾后恢复重建计划，决定用三年时间完成灾后恢复重建任务，并动员全国力量实行对口支援。到2010年9月底，三年重建任务在两年内基本完成，受灾地区的基础设施和群众的生产生活大大超过灾前水平，创造了灾后重建的奇迹。

2010年，我国又接连发生了严重自然灾害，再一次考验着中国人民战胜灾难的意志和能力。4月14日，青海省玉树藏族自治州玉树县发生了里氏7.1级地震，造成2698人遇难，270人失踪。[②]8月8日，甘肃省舟曲县发生特大山洪泥石流灾害，造成1471人遇难，294人失踪。[③]按照中共中央的决策和部署，各地区各部门一方面全力以赴支援灾区渡过难关，一方面继续推进经济社会各项建设。在抗击特大自然灾害的斗争中，我国能够迅速动员前所未有的大量人力、物力和财力，在较短的时间内渡过难关，把灾害的损失降到最低限度，充分体现了中国特色社会主义制度的优越性：在短时间内能够动员如此巨大的力量投入赈灾，既包括自上而下的政府动员，也包括自下而上的社会自发动员；还在于经过30年的改革开放和现代化建设，中国已经拥有了空前强大的综合国力和雄厚的物质基础。

在应对各种挑战的同时，我国改革开放不断深化，现代化建设顺利推进，成功地举办了北京奥运会、残奥会和上海世界博览会。这不仅引起世界各国的关注，更使中国人民看到了国家振兴的希望，增强了全国各族人民的民族自豪感、自信心和凝聚力。

举办奥运会是中华民族的百年期盼。从2001年7月13日中国北京获得2008年第二十九届夏季奥运会主办权起，中国政府和人民就开始积极扎实地准备举办这一盛典。2002年，北京市政府和北京奥组委共同制定的《北京奥运行动规划》，提出了“绿色奥运、科技奥运、人文奥运”的理念。2008年8月8日至24日，以“同一个世界、同一个梦想”为口号的第

① 《中共中央政治局召开会议 研究部署抗震救灾后重建工作》，《人民日报》，2011年7月23日。
② 参见周东平：《玉树地震已造成2698人遇难》，《人民日报》，2010年6月1日。
③ 参见中共中央党史研究室：《中国共产党新时期简史》，中共党史出版社2009年版，第201页。

▲ 2008 年 8 月 8 日晚，第二十九届夏季奥运会在北京国家体育场（鸟巢）隆重开幕。

二十九届夏季奥运会在北京举行。204 个国家和地区的 11438 名运动员参加了北京奥运会，成为奥运会历史上参赛国家、地区及运动员最多的一届。在这届奥运会上，多个国家和地区实现了奥运会金牌和奖牌零的突破，刷新了 38 项世界纪录和 85 项奥运会纪录。中国体育代表团取得了 51 枚金牌、21 枚银牌、28 枚铜牌的优异成绩，首次位居奥运会金牌榜第一位。中国人民为办成一届有特色、高水平奥运会付出的巨大努力，赢得了奥林匹克大家庭和国际社会广泛的好评和赞誉。8 月 24 日，国际奥委会主席罗格在奥运会闭幕式上高度评价："这是一届真正的、无与伦比的奥运会！"

2008 年 9 月 6 日晚，北京夏季残奥会在国家体育场隆重举行。来自全世界 147 个国家和地区的 4000 多名残疾人运动员参加了残奥会。在 11 天的比赛中，有 1700 人次创造了残奥会或残疾人运动世界纪录，展现出高超的竞技水平，诠释了"超越、融合、共享"这一北京残奥会主题。中国体育代表团以 89 枚金牌、70 枚银牌和 52 枚铜牌的骄人成绩居于奖牌榜首位。国际残奥会主席克雷文称赞"北京残奥会是有史以来最伟大的一届残奥会"。

2010年5月1日至10月31日，上海市举办了以“城市，让生活更美好”为主题的世界博览会。这是中国首次举办综合性世界博览会，也是历史上第一次在发展中国家举行注册类世界博览会。在184天的时间里，有246个国家和国际组织参展，7308万人次参观展览，创造了世博会历史上的新纪录。为了兑现“给中国一个机会，世界将添一份异彩”的承诺，中国人民举全国之力，集世界之智慧，创造和演绎了一场精彩纷呈、美轮美奂的世界文明大展示。

第四节　维护国家统一与推动和谐世界建设

进入21世纪，中国社会主义现代化建设迎来一个新的战略机遇期，民族工作、国防和军队建设、外交工作取得新的进展。在新形势下进一步加强了民族团结和促进民族地区经济社会发展，促进了民族地区加速实现全面建成小康社会的宏伟目标。香港、澳门回归后与祖国内地的联系日益密切，海峡两岸关系出现积极变化。中国在加速发展经济的同时，注重军队与国防的现代化建设，积极开展外交工作，推动建设和谐世界。

一、加强民族团结和促进民族地区经济社会发展

自1999年第二次中央民族工作会议召开以来，加快少数民族和民族地区经济发展和社会进步成为民族工作的重心。在世纪之交实施的西部大开发战略，促进了中西部地区和少数民族地区加快发展。

2005年5月，中共中央、国务院召开第三次中央民族工作会议暨国务院第四次全国民族团结进步表彰大会，提出了“促进民族地区实现全面建成小康社会的宏伟目标，进一步开创我国各民族共同团结奋斗、共同繁荣发展的新局面”的任务。会后，中共中央、国务院作出《关于进一步加强

民族工作，加快少数民族和民族地区经济社会发展的决定》，系统阐述了党和国家关于民族问题的基本观点、政策原则和工作要求。

召开第三次中央民族工作会议之后，国家民委联合组织国务院有关部门编写了《扶持人口较少民族发展规划（2005—2010 年）》《少数民族事业“十一五”规划》《兴边富民行动规划》三个国家级专项规划。中国的“兴边富民”行动从 2000 年正式启动，2005 年开始纳入国家“十一五”规划。国家资金投入不断增多，2011 年、2012 年两年安排“兴边富民”行动专项资金达 24.2 亿元，超过前 10 年的总和。

巩固全国各族人民的大团结，是中国能够经受住各种困难和风险考验、不断胜利前进的重要保证。随着冷战结束后国际形势的变化，民族因素和宗教因素对国家政治生活的影响明显上升，各种民族主义思潮和活动趋于活跃，分裂势力、敌对势力内外勾连，策动了一系列有预谋有组织的严重暴力犯罪事件。2008 年 3 月 14 日，拉萨等地发生严重打砸抢烧暴力犯罪事件，2009 年 7 月 5 日，乌鲁木齐发生严重打砸抢烧事件。随后引发一系列后续影响，达赖集团提出了所谓“中间道路”的“高度自治”方案，一些藏族聚居地区持续出现个别僧人“自焚”的极端行为，新疆地区多次发生暴力恐怖事件。为了维护民族团结和社会稳定，国家采取了一系列重大措施，坚决打击暴力恐怖势力、民族分裂势力和宗教极端势力的破坏活动。民族工作部门配合有关部门及时深入寺庙开展法制宣传教育，对民族宗教界人士和宗教信徒及各族群众进行积极引导，协助有关部门为维护社会稳定发挥了重要作用。

国家加大对少数民族地区加快发展的支持力度。在推进西藏、新疆跨越式发展和长治久安方面，中共中央作出了一系列重大决策部署。2009 年 9 月，第五次全国民族团结进步表彰大会充分肯定了新中国的民族团结进步事业，提出“四个不动摇”：必须坚持中国特色社会主义道路不动摇，必须坚持党的民族政策不动摇，必须坚持共同团结奋斗、共同繁荣发展不动摇，必须坚持维护祖国统一不动摇。2010 年 1 月，中央召开第五次西藏工作座谈会。会议提出，人民群众日益增长的物质文化需要同落后的社会生产之间的矛盾仍然是西藏社会的主要矛盾。同时，西藏还存在着各族人民同以达赖集团为代表的分裂势力之间的特殊矛盾。会议强调西藏自治区要坚持走有中国特色、西藏特点的发展路子，以经济建设为中心，以民族团结为保障，以改善民生为出发点和落脚点，紧紧抓住发展和稳定两件大事，确保西藏经济社会跨越式发展，确保国家安全和西藏长治久安，确保各族人民物质文化生活水平不断提高，确保生态环境良好，努力建设团结、民主、富裕、文明、和谐的社会主义新西藏。会议还对加快四川、云南、甘肃、青海省藏区经济社会发展作出全面部署，切实加大了有关政策扶持力度。

2010 年 5 月，中央召开新疆工作座谈会，强调坚持民族区域自治制度，坚持各民族共同团结奋斗、共同繁荣发展，深入实施稳疆兴疆、富民固边战略，始终把推动科学发展作为解决一切问题的基础，始终把改革开放作为促进发展的强大动力，始终把保障和改善民生作为全部工作的出发点和落脚点，始终把加强民族团结作为长治久安的根本保障，始终把维护社会稳定作为发展进步的基本前提，努力推进新疆跨越式发展和长治久安。在中央正确部署、全国人民大力支援下，经过西藏、新疆各族人民的共同努力，推进西藏、新疆跨越式发展和长治久安工作全面有序展开。2010 年至 2012 年，中央相继召开三次全国对口支援新疆工作会议，建立起人才、技术、管理、资金等方面援助新疆的有效机制。

围绕《中华人民共和国民族区域自治法》的实施，逐步建立健全了与之配套的法规体系和监督机制：截至 2012 年 10 月，全国民族自治地方共制定自治条例、单行条例和变通或补充规定近 700 个，中国民族法律法规体系初步建立。对破坏民族关系、民族团结和社会稳定的突发事件，中共中央、国务院及有关部门及时采取措施，坚决将其解决在萌芽状态，保持了民族关系的和睦。

二、港澳回归后的发展和海峡两岸交流的扩大

香港、澳门回归后，中央政府贯彻“一国两制”、“港人治港”、“澳人

治澳”、高度自治的方针，严格按照宪法和基本法办事，支持特别行政区政府依法施政，着力发展经济、改善民生、推进民主；同时，加强内地与香港、澳门的合作，实现优势互补、共同发展。在香港、澳门遭受 1997 年亚洲金融危机、2003 年发生“非典”疫情、2008 年受到国际金融危机冲击时，中央政府努力维护港澳经济发展和社会大局稳定，集中推出支持港澳稳定金融、发展经济、改善民生的政策措施，支持港澳参与国际和区域经济合作，坚决反对外部势力干预香港、澳门事务。

2007 年 12 月，十届全国人大常委会第三十一次会议决定，2012 年香港特别行政区第四任行政长官和第五届立法会的具体产生办法可以作出适当修改；2017 年香港特别行政区第五任行政长官的选举可以实行由普选产生的办法；在行政长官由普选产生以后，香港特别行政区立法会的选举可以实行全部议员由普选产生的办法。这就为行政长官和立法会全体议员普选设定了时间表。2011 年 12 月，十一届全国人大常委会对《中华人民共和国澳门特别行政区基本法》附件一第七条、附件二第三条作出解释，明确了澳门特别行政区长官、立法会产生办法的程序。澳门特区 2013 年及以后的立法会、2014 年及以后的行政长官产生办法的修改进入具体操作阶段。

进入 21 世纪以后，中央政府推出内地与香港建立更紧密经贸关系的安排、开放内地部分城市居民个人赴港旅游、扩大香港人民币业务、推动内地企业在港上市、深化粤港合作、启动泛珠合作、推动沪港与京港合作等一系列措施，促进了香港经济的恢复和发展。中央政府实施一系列支持澳门经济发展的政策措施，包括开放内地部分城市居民赴澳门个人游、内地与澳门建立更紧密经贸关系的安排等，促进了澳门经济的快速发展。

为加强内地和香港、澳门的交流合作，深化粤港澳合作，促进区域经济发展，2003 年，中央政府先后与香港、澳门特别行政区政府签署了内地与香港、澳门《关于建立更紧密经贸关系的安排》协议，此后又签署了多个补充协议。2006 年，国家明确把香港、澳门纳入“十一五”总体规划中，充分体现了中央政府对香港、澳门发展的关心和支持，也反映了香港、澳门在国家发展战略中的重要地位。国务院先后颁布实施《珠江三角洲地区改革发展规划纲要（2008—2020年）》（2008年）、《横琴总体发展规划》（2009年），为保持港澳地区长期繁荣稳定提供了有力支撑。2010年4月，广东省与香港特别行政区签署《粤港合作框架协议》，首次明确提出粤港两地金融合作以香港为龙头。2011年3月，广东省又与澳门特别行政区签署《粤澳合作框架协议》。2011年，国家“十二五”规划首次将港澳部分独立成章，从国家整体战略的高度为香港、澳门发展提供新的机遇和发展空间。香港回归后，人均地区生产总值从1997年的2.7万美元提升到2011年的3.4万美元；2004年至2011年，地区生产总值平均增速达到5%，是同期其他发达经济体平均值的近2倍，同时继续保持着国际金融、贸易、航运中心的地位。截至2009年底，回归10年的澳门，地区生产总值以年均近15%的增幅快速增长，人均地区生产总值达到3.9万美元，是全球最活跃的微型经济体之一。

中国共产党和中华人民共和国中央人民政府坚定不移地按照“和平统一、一国两制”的方针推进祖国和平统一大业。香港、澳门回归后的繁荣发展，显示了“一国两制”方针强大的生命力。2000年5月民进党在台湾执政后，逐步推动“台独”分裂活动升级。陈水扁当局2002年8月抛出两岸“一边一国”的分裂主张，2003年9月宣称“催生台湾新宪法”的“台独时间表”，2007年4月以后又将重点转向推动所谓“以台湾名义加入联合国”的“入联公投”，使台海局势进入高危期。鉴于进入21世纪海峡两岸关系的新形势，中华人民共和国中央人民政府将反对和遏制“台独”摆在对台工作更为突出的位置上，把“文攻武备”作为反“台独”斗争的总方略，综合运用政治、经济、外交、法律等手段，全面开展反“台独”斗争。

2005年3月，胡锦涛就发展两岸关系提出四点意见，表示坚持一个中国原则决不动摇、争取和平统一的努力决不放弃、贯彻寄希望于台湾人民的方针决不改变、反对“台独”分裂活动决不妥协。[①] 为了反对和遏制“台独”分裂势力分裂国家，促进祖国和平统一，3月14日，十届全国人大三

① 《十六大以来重要文献选编》中，中央文献出版社2006年版，第761—764页。

次会议通过《反分裂国家法》，当天就签署并立即予以实施。该法明确规定：“‘台独’分裂势力以任何名义、任何方式造成台湾从中国分裂出去的事实，或者发生将会导致台湾从中国分裂出去的重大事变，或者和平统一的可能性完全丧失，国家得采取非和平方式及其他必要措施，捍卫国家主权和领土完整。”[①] 这部法律的公布实施，对反对和遏制“台独”分裂活动、推动祖国和平统一进程、促进两岸关系和平发展，发挥了十分重要的作用。

2005 年 4 月下旬至 5 月中旬，中共中央总书记胡锦涛先后邀请台湾的中国国民党主席连战、亲民党主席宋楚瑜率团访问大陆，开展政党交流与对话。胡锦涛分别同他们会见、会谈，共同发表公报，达成坚持“九二共识”、反对“台独”、谋求台海和平稳定、促进两岸关系发展等多项两岸和平发展的共同愿望。2006 年 4 月，大陆举办首届两岸经贸论坛[②]，至 2012 年 7 月共举办了 8 届。通过论坛平台，大陆方面推出多项促进两岸交流合作、惠及台湾同胞的政策措施。

2008 年 3 月，陈水扁当局的“台独”活动遭到挫败，国民党在台湾地区举行的选举中获胜并重新执政。2008 年 6 月，海协会与台湾海基会在相互致函确认“九二共识”的基础上恢复协商。12 月 31 日，胡锦涛在纪念《告台湾同胞书》发表 30 周年座谈会上提出推动两岸关系和平发展的六点主张。2010 年 6 月《海峡两岸经济合作框架协议》的签署，启动了两岸经济合作制度化建设。2011 年 1 月，两岸经济合作委员会成立并开始运作。截至 2012 年 12 月已签署 18 项协议，解决了事关两岸同胞切身利益的诸多问题，对两岸人民交往、经济合作、权益保障等作出一系列制度化安排。

2008 年 7 月 4 日，两岸正式开通周末包机直航。12 月 15 日，两岸空运直航、海运直航、直接通邮全面启动。2009 年 6 月，台湾当局开放大陆企业赴台投资。8 月 31 日，两岸定期航班正式开通，两岸民众企盼 30 年之久的全面直接双向“三通”终于实现。到 2012 年底，两岸空中直航的

① 《十六大以来重要文献选编》中，中央文献出版社 2006 年版，第 829 页。

② 从 2007 年开始，此类论坛统一命名为“两岸经贸文化论坛”。

总班次每周达616班，两岸直航航点达64个。两岸经济合作不断深化，贸易投资稳步增长。2012年8月，两岸货币管理机构签署货币清算合作备忘录，建立了两岸货币清算机制。2012年两岸贸易额为1689.6亿美元，占大陆对外贸易总额的4.4%。截至2012年12月底，大陆方面批准台商投资达570.5亿美元，占吸收境外投资的4.5%。截至2013年1月30日，大陆企业赴台投资项目共143个，投资金额共计9.11亿美元。

在两岸经贸关系逐渐迈入正常化的基础上，大陆方面不断制定实施对台惠民政策措施，两岸在学术、文化、教育、新闻、体育、宗教等方面的交流交往不断深化。从2009年开始，大陆每年举办一届海峡论坛，邀请两岸各界人士广泛参与，共商扩大民间交流、加强两岸合作、促进共同发展的大计。2006年4月16日，国家旅游局、公安部与国务院台湾事务办公室联合发布施行《大陆居民赴台湾地区旅游管理办法》。2008年6月，两岸签署《海峡两岸关于大陆居民赴台湾旅游协议》。7月，两岸周末包机正式启动，陆客团队游正式实施。2011年6月，两岸促成大陆居民赴台个人旅游。大陆还妥善处理了台湾当局参加世界卫生大会、亚太经合组织领导人非正式会议等问题，并协助处理台胞涉外纠纷等事务，切实维护台胞的合法权益。

三、履行新世纪新阶段军队历史使命

中共十六大以后，党中央准确把握新世纪新阶段对国防和军队建设提出的新要求，深刻揭示军队力量建设与运用应遵循的基本指导规律，推进党的军事指导理论创新发展，人民解放军在军事、政治、后勤、装备各领域的建设取得巨大进步，有效履行了党和人民赋予的历史使命。

2004年9月，中共十六届四中全会同意江泽民辞去中共中央军事委员会主席职务的请求，决定胡锦涛任中共中央军事委员会主席。2006年10月，胡锦涛提出“建设一支听党指挥、服务人民、英勇善战的革命军队”①

① 《十六大以来重要文献选编》下，中央文献出版社2008年版，第730页。

的要求。2007年10月，中共十七大指出，必须站在国家安全和发展战略全局的高度，统筹经济建设和国防建设，在全面建设小康社会进程中实现富国和强军的统一。[①] 中央军委密切关注世界军事发展的新动向，坚持开拓创新，加快推进中国特色军事变革，努力实现富国与强军的统一。

从思想上、政治上、组织上确保人民解放军始终成为党绝对领导下的人民军队，确保国防和军队建设科学发展，确保有效履行新世纪新阶段军队历史使命，是新形势下军队思想政治建设面临的时代课题。

2003年科学发展观提出后，中央军委和解放军总政治部及时印发《深入学习贯彻科学发展观的意见》，推动全军学习贯彻科学发展观步步深入、扎实推进。2003年12月，中共中央、中央军委再次修订《中国人民解放军政治工作条例》。2008年12月，胡锦涛在中央军委扩大会议上提出“忠诚于党、热爱人民、报效国家、献身使命、崇尚荣誉”的当代革命军人核心价值观。2009年3月，解放军总政治部印发《关于加强非战争军事行动政治工作意见》，进一步拓宽了政治工作的服务保障领域和功能。全军涌现出北京军区某集团军防空旅、载人航天英雄集体、“科学发展好九连”和杨业功、华益慰、龚曲此里、向南林等一大批先进集体和个人。

为适应中国特色军事变革的要求，进一步推进军队体制编制调整，2003年，中共中央批准《2005年前军队体制编制调整改革总体方案》，决定2005年前再裁减军队员额20万，军队总员额控制在230万以内。这是改革开放以来继20世纪80年代中期百万大裁军和90年代中后期裁军50万之后的第三次大裁军，也是一次军队体制编制的重大调整改革。经过改革，压缩了军队总的规模，调整了各军兵种的比例；精简了机关、直属单位和院校；优化了军兵种内部编成；改革了领导指挥体制；深化了联勤保障体制；改善了官兵比例。强化军委总部战略管理功能，组建人民解放军战略规划部，将总参通信部改编为信息化部，将总参军训和兵种部改编为军训部。推进新型作战力量建设，调整优化各军兵种规模结构，改革部队

① 《十七大以来重要文献选编》上，中央文献出版社2009年版，第32页。

编组模式，推动作战力量编成向精干、联合、多能、高效方向发展。这次调整改革，有力地推进了中国特色军事变革和军事斗争准备工作，提升了人民军队在信息化条件下的作战能力。

实施人才战略工程，建立和完善军队人才培养体系。2003 年 8 月，中央军委颁发《实施军队人才战略工程规划》，部署实施军队人才战略工程。为适应军事斗争准备和军队现代化发展对人才的需求，加大培养科学家和技术专家队伍的力度，2005 年 9 月，教育部、解放军总政治部有关部门研究决定，从 2006 年起继续实施“高层次人才强军计划”。从 2000 年至 2008 年，中国已有 117 所地方大学招收国防生。军队在全国遴选近 1000 所省市普通中学，建立国防生源基地。与此同时，人民解放军干部人事制度改革也加快了步伐。其中最重要的就是建立和实行了文职人员制度。从 2006 年起，军队部分岗位开始面向社会招聘非现役文职人员。2011 年 4 月，中央军委颁发的《2020 年前军队人才发展规划纲要》，对未来 10 年军队人才建设和发展作出中长期战略规划。

推进信息化条件下的军事训练。21 世纪战争形态正在由机械化条件下的协同作战向信息化条件下的一体化联合作战转变，根据中央军委部署，以南京军区、成都军区为试点，率先迈开一体化训练的实践探索步伐。2006 年 6 月，全军军事训练会议作出《关于加强新世纪新阶段军事训练的决定》，对军事训练创新发展作出全面部署。此后，总参谋部印发《关于加强复杂电磁环境下训练的意见》，2008 年颁发新的《军事训练与考核大纲》，2012 年 5 月出台《基于信息系统集成训练指导纲要》，对信息化条件下军事训练进行具体规范和指导。全军成功组织了一系列重大联合战役、战术训练和演习。2007 年举行“砺剑-2007”复杂电磁环境下联合火力打击研究性演习；2009 年 8 月举行“跨越-2009”演习，开启大规模跨区远程机动训练。2011 年 3 月召开的全军深化军事训练改革会议上，进行了一场信息化条件下由十多个训练基地和全军数十个作战单位参加的网上同台对抗演练。

建立和完善武器装备科研生产体系。2005 年 5 月，国防科技工业开始实行分类管理的武器装备科研生产许可制度，在保持国家对武器装备科研生产控制力的同时，允许非公有制经济进入武器装备科研生产领域，参与研制与生产任务竞争。2007 年，国务院批准《深化国防科技工业投资体制改革的若干意见》，开放性国防科技工业发展格局逐步形成。基本建成以第二代为主体、第三代为骨干的武器装备体系，大批高新技术装备快速进入序列。2009 年 10 月，中国第一台千万亿次超级计算机——“天河一号”在国防科技大学研制成功。2012 年 9 月，中国第一艘航空母舰辽宁舰正式交付海军。

深化联勤保障体制改革，全面建设现代后勤。继 2000 年以军区为基础的联勤改革后，中央军委于 2004 年 7 月在济南军区启动大联勤试点，主要内容是联勤机关三军一体、保障内容三军一体、保障力量三军一体、保障渠道三军一体。在试点的基础上，首个三军联勤保障互动平台于 2006 年在北京军区正式启动。按照“政府部门主导，军队组织实施，社会力量参与，市场机制运行”的原则，加大基础设施和边海防部队建设投入，提高军人工资津贴标准，完善住房、医疗、保险等保障，推广军人保障卡系统，换发新式军装，逐步扩大军队社会化保障范围，建立融合式的军队保障系统。2003 年以后，中央军委提出军队保障社会化改革的要求。从 2005 年 1 月起，大幅度提高全军士兵伙食标准。同时，建立士官休假制度，完善干部休假疗养制度，从制度上保证了官兵的权益。2007 年 8 月，大幅度提高军队医疗经费标准。2012 年 4 月，《中华人民共和国军人保险法》颁布，军人保险事业迈入法制化轨道。

为维护世界和平，推动建设和谐世界，人民解放军同 150 多个国家的军队开展军事交往，形成了全方位、多层次、宽领域的对外交往格局。通过适度开放部队营区和军事演习，定期发布国防白皮书，建立国防部新闻发言人制度，开通国防部网站，对外开放呈现新局面。人民解放军先后与 30 多个国家的军队举行了近 60 次双边和多边联合演习和训练。从 2005 年开始具有战略影响、战略层次的较大规模“和平使命”系列联合军事演习，上海合作组织框架内联合反恐军事演习向机制化方向发展。人民解放军积极参加国际人道主义援助、联合国维和行动以及赴亚丁湾、索马里海域护航等，展示了中国军队的过硬素质和良好形象。

进入21世纪后，非战争军事行动已成为和平时期军事力量运用的重要方式，人民解放军执行任务种类之多、用兵规模之大、出兵频率之高，是改革开放时期少有的。人民解放军积极参加抗击“非典”以及汶川、玉树地震等抢险救灾行动，圆满完成庆祝中华人民共和国成立60周年首都阅兵，以及北京奥运会、上海世博会安保支援等重大任务。人民解放军还积极参加和支援地方经济建设，如参加西部大开发、社会主义新农村建设、地方基础设施重点工程和生态环境建设等。

四、为建设和谐世界而努力

进入21世纪，顺应世界求和平、谋发展、促合作的时代潮流，中国始终不渝地走和平发展道路，致力于维护世界和平，促进各国共同发展繁荣。2005年4月22日，胡锦涛在雅加达亚非峰会上提出推动建设“和谐世界”的主张。7月1日，中俄首脑将“和谐世界”的表述写入《中俄关于21世纪国际秩序的联合声明》。2006年8月，中央召开的全国外事工作会议提出，推动建设和谐世界，是中国坚持走和平发展道路的必然要求，也是实现和平发展的重要条件。2007年10月，中共十七大提出“各国人民携手努力，推动建设持久和平、共同繁荣的和谐世界”①，推动建设“和谐世界”在中共代表大会文件中得到确认。2005年、2011年，中国政府先后发表《中国的和平发展道路》白皮书、《中国的和平发展》白皮书，系统阐述中国的和平发展道路。

为推动建设“和谐世界”，中国坚持独立自主的和平外交政策，提出“大国是关键，周边是首要，发展中国家是基础，多边是重要舞台”的外交总体布局，积极开展一系列富有成效的外交活动。

中国同主要大国的关系保持稳定并有所发展。中美关系总体上保持稳定和发展，两国建立了多种对话合作机制，在经济、科技、反恐、防扩散、

① 《十七大以来重要文献选编》上，中央文献出版社2009年版，第36页。

地区安全等领域的对话与合作有所加强。2011 年 1 月，《中美联合声明》发表，双方就建设相互尊重、互利共赢的合作伙伴关系达成共识。

中俄战略协作伙伴关系继续深化，两国在政治、经济、军事、能源等领域的互利合作不断加强，在国际和地区问题上密切配合、协作，共同推动多边主义和国际关系民主化。2004 年和 2008 年，中俄签署《关于中俄国界东段的补充协定》和《关于中俄国界线东段的补充叙述议定书》及其附件，解决了中俄历史遗留的边界问题。2011 年，中俄宣布致力于发展中俄全面战略协作伙伴关系，制定了中俄关系未来 10 年发展规划。

中国同欧盟和欧洲大国的合作进一步加强，中国和欧盟之间建立了领导人年度会晤机制，建立起全面战略伙伴关系。中国与欧盟及其成员国保持密切的高层往来，中欧在经济、文化、科技、教育、环保等领域的交流与合作都有所发展。

中日关系经历复杂变化，两国在政治层面保持交往和接触，经贸合作继续推进。2001 年至 2006 年，由于日本首相小泉纯一郎多次以首相身份参拜靖国神社，中日两国关系陷入低谷。2008 年两国共同发表《中日关于全面推进战略互惠关系的联合声明》，中日关系逐步回升。2012 年 9 月，日本政府签署钓鱼岛“购买合同”，实施所谓钓鱼岛“国有化”，中国政府发表《关于钓鱼岛及其附属岛屿领海基线的声明》和《钓鱼岛是中国的固有领土》白皮书，并通过派海警船常态化执法巡航等措施，对钓鱼岛及其附近海域实施管理，坚决捍卫国家主权。中国还同各主要大国启动了战略对话磋商机制，定期对各自关切的现实和长远问题交换意见，探寻解决办法。这一机制成为联系和稳定中国同各主要大国双边关系的纽带。

同周边国家的睦邻友好合作关系进一步扩大和深化。中国同几乎所有周边国家实现高层互访和交流，增加了同周边国家的政治互信，深化了各领域互利合作。2005 年 4 月，中国同巴基斯坦、印度、孟加拉国和斯里兰卡四个近邻宣布确定战略合作伙伴关系或全面合作伙伴关系。中印两国签署《关于解决中印边界问题政治指导原则的协定》，首次认同对各自在边界问题上的主张作出富有意义、双方均能接受的调整。2010 年 1 月，中国—

东盟自由贸易区全面建成，使世界上近1/3人口得到实惠。中国与东盟国家于2002年11月4日签署《南海各方行为宣言》，就共同维护南海和平稳定达成重要共识。中国还积极促进和发展同越南、老挝、韩国、泰国、柬埔寨、缅甸等国家的睦邻友好关系。

中国继续加强同发展中国家的团结合作。2004年，中国与阿拉伯国家和阿拉伯国家联盟共同成立了中阿合作论坛，双方于2010年第4届部长级会议上宣布建立“全面合作、共同发展”的战略合作关系。2006年1月，中国政府发表《中国对非洲政策文件》。11月，中非合作论坛北京峰会召开，通过《中非合作论坛北京峰会宣言》和《中非合作论坛——北京行动计划（2007—2009年）》，正式宣布建立中非新型战略伙伴关系。2008年11月5日，中国政府发表《中国对拉丁美洲和加勒比政策文件》，提出同拉美国家建立和发展平等互利、共同发展的全面合作伙伴关系。中国同拉美、加勒比和南太平洋国家的合作不断深化。中国与广大发展中国家的团结合作的不断加强，有效拓展了国际合作空间。

通过多边舞台积极参与国际事务。中国更加全面、深入地参与以联合国为重点的国际组织多边活动，维护联合国及发挥安理会的重要作用，积极承担应尽的国际责任，参与多边机制建设和联合国改革进程，参与国际宏观经济政策协调。在气候变化、粮食安全、安全反恐、公共卫生、减少贫困等事关人类前途命运的全球性问题上，在朝鲜半岛无核化、伊朗核问题、达尔富尔问题等地区热点问题的处置上，中国都积极参与，推动妥善解决，发挥了独特的建设性作用。中国在地区性国际组织中发挥了建设性作用，在中非合作论坛、亚太经济合作组织、亚欧首脑会议、东亚合作系列峰会以及世界经济合作论坛年会中，也积极开展多边外交活动。此外，中国与巴西、俄罗斯、印度、南非等新兴市场国家在经济领域、气候变化、减贫等全球性和地区性问题上积极合作，形成“金砖国家”合作机制。中国推动二十国集团成为国际经济合作的主要论坛，不断完善全球经济治理，推动国际货币金融体系改革取得实质性成果，提高新兴市场和发展中国家的代表性和发言权。中国在世界银行和国际货币基金组织的投票权均从第 6 位上升至第 3 位。由中国参与推动建立的上海合作组织于 2012 年召开的北京峰会上发表《上海合作组织成员国元首关于构建持久和平、共同繁荣地区的宣言》，对加强地区安全、经济和人文合作发挥越来越大的作用。截至 2010 年底，中国参加了 100 多个政府间国际组织，签署了 300 多个国际公约。截至 2011 年 7 月底，中国已经同 172 个国家建立了外交关系。

从大国外交到周边外交，从巩固与发展中国家的关系到多边事务，中国都坚持独立自主的和平外交政策，在国际事务中积极发挥建设性作用，推动构建更加公正合理的国际政治、经济新秩序。中国的国际地位显著提高，国际影响日益扩大，与世界各国友好合作关系全面发展。中国外交双边与多边并行，传统安全与非传统安全并重，政治、经济、外交、军事、文化等各方面相互促进、全面发展的新型模式已经初步形成。中国通过自身的发展日益深刻地影响着世界，为建设一个持久和平、共同繁荣的和谐世界做出了应有的贡献。

第五节　加强党的执政能力建设和先进性建设

进入 21 世纪，面对执政条件和社会环境的深刻变化，中国共产党要带领全国各族人民全面建设小康社会、加快推进社会主义现代化，必须加强执政能力建设。中国共产党以执政能力建设和先进性建设为主线，结合改革发展实践，采取了一系列加强和改进执政党自身建设的举措，全面推进党的建设。

一、加强党的执政能力建设

中共十六大立足于中国共产党所处的历史地位和时代赋予的历史使命，着眼于中国特色社会主义事业的长远发展，根据党的执政条件和社会环境发生的深刻变化，向全党明确提出了加强执政能力建设、提高党的领导水平和执政水平的要求。2002 年 11 月，中共十六大提出“加强党的执政能力建设”的命题，要求各级党委和领导干部要增强执政意识，不断提高科学判断形势的能力、驾驭市场经济的能力、应对复杂局面的能力、依法执政的能力和总揽全局的能力。[①]

2004年9月，中共十六届四中全会着重研究了加强党的执政能力建设的若干重大问题，通过了《中共中央关于加强党的执政能力建设的决定》。《决定》总结了55年来中国共产党执政的主要经验，明确概括了党执政能力的基本内涵，提出了加强中国共产党执政能力建设的指导思想、总体目标和主要任务。《决定》提出，要通过全党的努力，使党始终成为立党为公、执政为民的执政党，成为科学执政、民主执政、依法执政的执政党，成为求真务实、开拓创新、勤政高效、清正廉洁的执政党；要不断提高驾驭社会主义市场经济的能力、发展社会主义民主政治的能力、建设社会主义先进文化的能力、构建社会主义和谐社会的能力、应对国际局势和处理国际事务的能力。[②]围绕上述目标任务，要不断研究新情况、解决新问题、创建新机制、增长新本领，全面加强和改进党的建设，使党的执政方略更加完善、执政体制更加健全、执政方式更加科学、执政基础更加巩固。

为贯彻落实中共十六大和十六届四中全会要求，中国共产党加强领导国家立法机关科学立法、民主立法，修订了宪法和人民代表大会选举法、组织法，颁布了各级人大常委会监督法，完善了国家根本政治制度，使党的执政体制更加健全，为加强党的执政能力建设提供了规范的法律框架。中共中央还先后出台关于深化行政管理体制和机构改革、加强人大制度建设、加强人民政协工作以及加强人民法院、人民检察院工作的文件，把党的领导、人民当家作主和依法治国有机统一起来，扩大了人民民主，使党的执政能力建设有了更加强有力的支持和保证。

推进干部人事制度改革。2004年4月，中央办公厅印发《公开选拔党政领导干部工作暂行规定》《党政机关竞争上岗工作暂行规定》《党的地方委

---

① 《十六大以来重要文献选编》上，中央文献出版社2005年版，第95页。

② 《十六大以来重要文献选编》中，中央文献出版社2006年版，第272—273页。

员会全体会议对下一级党委、政府领导班子正职拟任人选和推荐人选表决办法》《党政领导干部辞职暂行规定》《关于党政领导干部辞职从事经营活动有关问题的意见》五个文件，进一步推进干部人事工作的科学化、民主化、制度化，促使优秀人才脱颖而出，加强干部的监督管理，防止和克服用人上的不正之风。为了进一步深化干部选拔任用制度改革，实现干部人事的依法管理，2005 年 4 月全国人大常委会通过《中华人民共和国公务员法》，并于 2006 年 1 月 1 日实施。在推进领导班子配备改革，创新干部管理体制，加大干部交流力度，推行公开选拔、公推直选，健全来自一线干部的培养选拔链，建立符合科学发展观要求的党政领导班子和领导干部考核评价机制等方面，都取得了新的进展。党还十分重视加强人才的培养和使用工作，把这项工作纳入党的组织工作之中。2003 年 12 月，中共中央、国务院作出《关于进一步加强人才工作的决定》，强调人才问题是关系党和国家事业发展的关键问题，进一步明确了党管人才的原则。

进一步加强基层党组织建设。中央对农村、企业、城市社区和机关、学校、新社会组织等基层党组织建设作出一系列部署，进一步明确党的基层组织建设的总体目标和工作思路，把围绕中心、服务大局作为根本要求，形成各司其职、密切配合、齐抓共管、资源整合的工作格局。为了扶持、帮助基层党组织开展活动，针对全国近 10 万个村级党组织没有活动场所的问题，由中央财政和中央管理的党费拿出 17.5 亿元，地方计划配套 64 亿元，用两年时间集中解决。到中共十七大之前，各地已新建村级活动场所 7.3 万个，完成建设任务的 74.3%。

为抓好县乡村领导班子建设，国家还选派大学生到农村任职，并在全国稳步推进农村党员现代远程教育工作。农村党的建设以“三级联创”① 活动为总抓手，结合本地实际，积极探索创新。为适应建立现代企业制度的要求，国有企业基层党组织完善工作机制，从 2004 年起，通过深入开展创

① “三级联创”，指基层党建工作中，以“领导班子好、党员干部队伍好、工作机制好、小康建设业绩好、农民群众反映好”为主要内容的“五个好”村党组织、“五个好”乡镇党委和农村基层组织先进县（市）的创建活动。

建政治素质好、经营业绩好、团结协作好、作风形象好的“四好”领导班子活动，充分发挥政治核心作用。在城市社区党建工作中，坚持以服务群众为重点，初步形成条块结合、资源共享、优势互补、共驻共建的城市社区党建工作新格局，以社区党组织为核心的社区组织体系得到进一步健全。

中共十六大通过的新党章规定其他社会阶层符合入党条件的先进分子可以入党，第一次把非公有制企业党组织的职责任务写入党章。根据这一精神，各地依托街道、社区党组织，加大在新经济组织、新社会组织中建立党组织的工作力度，把推进规模以上非公有制企业组建党组织工作作为基层党建工作的重点工程来抓，把社会组织和中介组织党建工作纳入基层党的建设总体规划，城市街道、社区党建工作协调机制初步建立，基层党组织建设呈现蓬勃生机和旺盛活力。

党内民主建设取得新进展。中共十六大以后，每逢重大问题，中央政治局都召开会议进行讨论，集体作出决策部署。作为发展党内民主的一项重要举措，从中共十六届二中全会开始，中央政治局向中央全会报告工作。各地积极探索改进党内选举提名方式、扩大差额选举的范围和比例，使党内选举制度不断完善。在干部选拔工作中，民主推荐、民主测评成为必经程序和基础环节，考察预告、任前公示、试用期和党的地方委员会全体会议无记名投票表决选拔重要干部等制度全面推行。

2003 年 12 月，中共中央颁布《中国共产党党内监督条例（试行）》，把党内监督的重点明确为党的各级领导机关和领导干部，为开展党内民主监督提供了根本依据。按照中共十六届四中全会关于“逐步推进党务公开”的要求，各地党务公开逐步推开。各部门积极建立党委新闻发言人制度，2010 年 6 月 30 日，中共中央纪律检查委员会以及中共中央组织部等 10 个部门的新闻发言人首次集体亮相，向外界展示了执政党公开透明的形象。

二、开展保持共产党员先进性教育活动

为切实加强党的执政能力建设，确保党始终走在时代前列，更好地肩

负起历史使命，中共中央又把加强党的先进性建设问题提上了日程，作为全面推进党的建设的重点工作。

中国共产党的先进性是党的生命所系、力量所在，事关党执政地位的巩固和执政使命的完成。在全党开展先进性教育活动，是中共中央着眼于改革开放和发展社会主义市场经济条件下始终保持党的先进性而作出的重大战略决策。2000 年上半年，中共中央组织部开展了对 30 万党员思想状况的调查。中共中央政治局常委会议和中央政治局会议对党员思想状况先后作了专题研究。在此基础上，中共十六大作出开展保持共产党员先进性教育活动的决定。

为开展好保持共产党员先进性教育活动，中共十六大以后，中共中央选择 19 个单位进行试点，积累了经验。中共十六届四中全会对开展保持共产党员先进性教育活动进一步提出要求。2004 年 11 月 7 日，中共中央印发《关于在全党开展以实践“三个代表”重要思想为主要内容的保持共产党员先进性教育活动的意见》，对开展保持共产党员先进性的教育活动作出部署。《意见》指出，保持共产党员先进性教育活动，从目标要求上，就是要提高党员素质，加强基层组织，服务人民群众，促进各项工作。①

《意见》下发之后，2005 年 1 月 5 日至 6 日，中共中央召开了保持共产党员先进性教育活动工作会议，对这项活动进行具体部署。按照中共中央的总体安排，中央政治局常委参加第一批先进性教育活动。1 月 14 日，在新时期保持共产党员先进性教育专题报告会上，胡锦涛就加强党的先进性建设、开展先进性教育活动的重要性和必要性、新时期共产党员保持先进性的基本要求等问题发表讲话，要求全体共产党员积极投身先进性教育活动，领导干部尤其要发挥表率作用，切实把先进性教育活动抓好。

从 2005 年 1 月起，中国共产党开展了为期一年半的以实践“三个代表”重要思想为主要内容的保持共产党员先进性教育活动。先进性教育活动分三批进行，每批大约半年时间，分为学习动员、分析评议、整改提高

① 《十六大以来重要文献选编》中，中央文献出版社 2006 年版，第 567 页。

▲ 共产党员、四川省凉山彝族自治州木里藏族自治县邮递员王顺友，2005 年被评选为《感动中国》十大人物之一。

三个阶段。第一批是县及县以上党政机关和部分企事业单位，时间从 2005 年 1 月开始，到 6 月基本结束。第二批是城市基层和乡镇机关，时间从 7 月开始，到 12 月基本结束。第三批是农村和部分党政机关，时间从 2006 年 1 月开始，到 6 月基本结束。

在一年半的时间里，全党共有 350 多万个基层党组织、近 7000 万名党员参加了先进性教育活动。[①] 通过这一活动，广大党员受到一次深刻的马克思主义教育，先锋模范作用进一步发挥，基层党组织的创造力、凝聚力、战斗力进一步增强。有群众称赞身边的党员“日常工作能看得出来，关键时刻能站得出来，生死关头能豁得出来”。

① 参见中共中央党史研究室：《中国共产党新时期简史》，中共党史出版社 2009 年版，第 201 页。

在先进性教育活动中，新建基层党组织 13 万个，整顿软弱涣散、不起作用的基层党组织 15.6 万个。在先进性教育活动期间，各级党组织和广大党员与困难群众结成帮扶对子 1347 万个。[①] 在先进性教育活动中，涌现出以“人民的好公仆”郑培民、“人民的忠诚卫士”任长霞等为代表的一大批优秀共产党员，他们用行动践行了“三个代表”重要思想，体现了当代中国共产党人的先进性。

2006 年 6 月 30 日，在庆祝中国共产党成立 85 周年暨总结保持共产党员先进性教育活动大会上，胡锦涛回顾 85 年来党保持和发展先进性的创造性实践，总结了先进性建设经验，要求全党紧密围绕党的历史使命和中心任务，进一步推进党的先进性建设：第一，要紧密结合贯彻落实科学发展观的实践加强党的先进性建设；第二，要紧密结合构建社会主义和谐社会的实践加强党的先进性建设；第三，要紧密结合加强党的执政能力建设的实践加强党的先进性建设；第四，要紧密结合保持党同人民群众血肉联系的实践加强党的先进性建设。[②]

中共中央及时对先进性教育活动经验进行总结，提出建立保持共产党员先进性的长效机制。2006 年 6 月，中央办公厅印发《关于加强党员经常性教育的意见》《关于做好党员联系和服务群众工作的意见》《关于加强和改进流动党员管理工作的意见》《关于建立健全地方党委、部门党组（党委）抓基层党建工作责任制的意见》四个保持共产党员先进性长效机制文件，为巩固和发展先进性教育成果、进一步推进党的先进性建设提供了制度依据。

三、贯彻科学发展观和建设马克思主义学习型政党

为巩固先进性教育活动成果，贯彻落实科学发展观，中共十七大明确提出在全党开展深入学习实践科学发展观活动。十七大之后，中共中央选择 23

① 盛若蔚、宋嵩：《永远引领时代潮流》，《人民日报》，2011 年 5 月 10 日。
② 《十六大以来重要文献选编》下，中央文献出版社 2008 年版，第 531—535 页。

个单位进行试点，取得了丰富的经验。在试点的基础上，2008 年 9 月 5 日，中共中央政治局会议决定从 2008 年 9 月开始，用一年半左右的时间，在全党分批开展深入学习实践科学发展观活动。2008 年 9 月 14 日，中共中央印发《关于在全党开展深入学习实践科学发展观活动的意见》。在全党开展深入学习实践科学发展观活动，是用中国特色社会主义理论体系武装全党的重大举措，是“三个代表”重要思想学习教育活动和保持共产党员先进性教育活动的继续，是深入推进改革开放、推动经济社会又好又快发展、促进社会和谐稳定的迫切需要，是提高党的执政能力、保持和发展党的先进性的必然要求。

学习实践科学发展观活动自上而下分三批进行，每批历时半年左右，于 2010 年 2 月底基本结束。共有 370 余万个党组织、7500 余万名党员参加。这次学习实践活动，紧紧围绕党员干部受教育、科学发展上水平、人民群众得实惠的总要求，牢牢把握坚持解放思想、突出实践特色、贯彻群众路线、正面教育为主的原则。活动期间，各地党组织为群众办实事好事 1780 万件，解决党员干部党性党风党纪方面群众反映强烈的突出问题 140 余万个，使人民群众得到更多实惠。活动期间，各地党组织共修订完善各类规章制度 250 多万项，进一步健全完善了保障和促进科学发展的体制机制；各地共新建党组织 6 万多个，整顿软弱涣散基层党组织 5 万多个。各地区各部门还制定了一些推动科学发展的政策措施，建立健全了保障和促进科学发展的体制机制。

在学习实践科学发展观活动中，中共中央就如何加强和改进新形势下党的建设作出新的决策部署，提出了提高党的建设科学化水平的重大命题。中共十六大以后，新一届中央政治局建立了集体学习制度，中央政治局 2002 年 12 月 22 日举行第一次集体学习，此后共举行了 44 次集体学习。2009 年 9 月，中共十七届四中全会作出建设马克思主义学习型政党的重大决策。会议通过了《关于加强和改进新形势下党的建设若干重大问题的决定》，强调要建设马克思主义学习型政党，坚持和健全民主集中制，深化干部人事制度改革，做好抓基层打基础工作，弘扬党的优良作风，加快推进惩治和预防腐败体系建设，不断提高党的建设科学化水平。

为贯彻落实十七届四中全会精神，中共中央及有关部门主要采取了以下措施：一是 2009 年 12 月，中共中央办公厅印发《关于推进学习型党组织建设的意见》，进一步明确了建设学习型党组织的重要意义、总体要求、主要原则、工作内容和途径方法；二是先后于 2010 年 2 月和 11 月召开座谈会，对学习型党组织建设工作进行全面部署；三是经中共中央批准，成立由中央宣传部牵头的建设学习型党组织工作协调小组，并在中共中央和省、自治区、直辖市两级成立建设学习型党组织工作协调小组办公室，加强对学习型党组织建设工作的指导、协调和服务；四是推荐学习书目。这些措施有力地促进了学习型党组织建设。各地区各部门把学习创新工作思路、破解发展难题、推动科学发展作为学习型党组织建设的切入点，推动建设学习型党组织取得初步成效。2011 年 7 月 1 日，胡锦涛在庆祝中国共产党成立 90 周年大会上发表讲话，进一步阐述了在新的历史条件下提高党的建设科学化水平的要求。

加强党的基层组织建设是提高党的建设科学化水平的一项重要内容。中共十七大提出在党的基层组织和党员中深入开展“创建先进党组织、争做优秀共产党员”的活动。2010 年 4 月 5 日，中央办公厅转发中央组织部、中央宣传部《关于在党的基层组织和党员中深入开展创先争优活动的意见》，对开展创先争优活动作出部署。中共十七届五中全会以后，各地区各部门各单位基层党组织进一步围绕科学发展和加快转变经济发展方式，开展创先争优活动，为实现“十二五”规划目标任务提供了组织保障。

按照中共十七大和十七届四中全会的部署，各级党组织坚持党要管党、从严治党的方针，以改革创新精神加强和改进党的建设，还重点抓了以下工作。

一是推进民主集中制建设，完善地方党委领导体制和工作机制，实行常委会向全委会汇报工作，重大问题全委会票决制；健全部门党组（党委）工作机制，健全对国有企业和事业单位领导的体制机制；落实 2008 年 5 月中共中央印发的《中国共产党全国代表大会和地方各级代表大会代表任期制暂行条例》。

二是加强领导班子建设，以实施全国党政领导班子建设规划纲要、全国党政领导班子后备干部队伍建设规划为抓手，坚持德才兼备、以德为先的用人标准，重视做好培养选拔年轻干部和后备干部工作，推进新一轮大规模培训干部工作。

三是深化干部人事制度改革，2009年12月中央办公厅印发《2010—2020年深化干部人事制度改革规划纲要》，健全有利于促进科学发展的选人用人机制，建立符合科学发展观的干部考评体系。

四是健全党的基层组织体系，加强基层党建工作，落实2009年6月中央办公厅印发的《2009—2013年全国党员教育培训工作规划》和2012年3月中央办公厅印发的《关于加强和改进非公有制企业党的建设工作的意见（试行）》，建设覆盖百万基层党组织书记、村干部的手机信息系统，推进基层党组织工作信息化。

五是加强党的制度建设。中共十七大以来中共中央高度重视党内制度建设，修订和出台党和国家机关基层组织工作条例、高等学校基层组织工作条例和防止干部任职年龄层层递减、从严管理干部、加强村级组织运转经费保障等制度文件。2012年5月，中共中央印发《中国共产党党内法规制定条例》，通过规范党内法规的制定、审批、备案和清理活动，推进科学执政、民主执政、依法执政。

四、加强党风廉政建设和反腐败斗争

与保持党的先进性、提高党的执政能力建设相辅相成的，是加强党风廉政建设和反腐败工作。增强拒腐防变和抵御风险能力，是执政党长期面临的历史性课题。中共中央对党风廉政建设和反腐败斗争的长期性、复杂性、艰巨性始终保持清醒的认识，着眼于保持党的先进性和纯洁性，始终把党风廉政建设和反腐败斗争放在突出位置，逐步确立标本兼治、综合治理、惩防并举、注重预防的方针，建立健全惩治和预防腐败体系，走出了一条中国特色反腐倡廉道路。

中共十六大以后，中共中央注重反腐败制度的建设和创新，着力从源头上预防和解决腐败问题。2003 年 10 月，中共十六届三中全会提出“建立健全与社会主义市场经济体制相适应的教育、制度、监督并重的惩治和预防腐败体系”的目标。[①] 2004 年 9 月，中共十六届四中全会提出在新形势下党风廉政建设和“标本兼治、综合治理，惩防并举、注重预防”的方针。2005 年 1 月，中共中央印发了《建立健全教育、制度、监督并重的惩治和预防腐败体系实施纲要》，要求各级党委和政府切实把反腐倡廉的各项工作落到实处，明确了建立惩治和预防腐败体系的指导思想、主要目标和工作原则。《纲要》提出，建立健全惩治和预防腐败体系的主要目标是：到 2010 年，建成惩治和预防腐败体系基本框架。再经过一段时间的努力，建立起思想道德教育的长效机制、反腐倡廉的制度体系、权力运行的监控机制，建成完善的惩治和预防腐败体系。中共十七大将反腐倡廉建设作为党的建设的重要内容之一。为推动建立惩治和预防腐败体系的建设，2008 年，中共中央印发《建立健全惩治和预防腐败体系 2008—2012 年工作规划》。《纲要》和《规划》是推进惩治和预防腐败体系建设的指导性文件，它们的颁布标志着中国共产党惩治和预防腐败体系建设进入了新的阶段。

在反腐倡廉建设基本思路方面，逐步确立了领导干部廉洁自律、查办违法违纪案件、纠正部门和行业不正之风的反腐败工作格局。在反腐倡廉的领导体制和工作机制方面，形成了党委统一领导、党政齐抓共管、纪委组织协调、部门各负其责、依靠群众支持和参与的体制机制。在权力运行机制方面，按照结构合理、配置科学、程序严密、制约有效的原则，逐步建立健全决策权、执行权、监督权既相互制约又相互协调的权力结构和运行机制，推进权力运行程序化和公开透明，加强对权力的制约和监督，逐步形成了由党内监督、人大监督、政府内部监督、政协民主监督、司法监督、公民监督和舆论监督组成的具有中国特色的监督体系。中共十六大提出，要改革和完善党的纪律检查体制，建立和完善巡视制度。为了规范巡视工作，2004 年中共中央

① 《胡锦涛文选》第二卷，人民出版社 2016 年版，第 148 页。

纪律检查委员会、中共中央组织部制定了《关于巡视工作的暂行规定》。2007年，中共十七大明确提出“完善巡视制度”的要求。2009年7月，中共中央颁布《中国共产党巡视工作条例（试行）》，标志着党内巡视制度正式形成。

在推动反腐倡廉制度体系建设的过程中，党和国家还先后出台了一系列法规，不断充实和完善反腐倡廉制度体系的内容。2003年12月，中共中央颁布实施《中国共产党党内监督条例（试行）》和《中国共产党纪律处分条例》。2004年9月，中共中央颁布实施《中国共产党党员权利保障条例》。中共中央办公厅也先后印发了《党政领导干部选拔任用工作监督检查办法（试行）》《公开选拔党政领导干部工作暂行规定》等法规。2005年7月，中共中央纪律检查委员会讨论通过了《关于纪委协助党委组织协调反腐败工作的规定（试行）》。2007年4月，国务院公布《行政机关公务员处分条例》。2010年1月，中共中央印发《中国共产党党员领导干部廉洁从政若干准则》；5月，中共中央办公厅、国务院办公厅印发《关于领导干部报告个人有关事项的规定》《关于对配偶子女均已移居国（境）外的国家工作人员加强管理的暂行规定》；10月，中共中央办公厅、国务院办公厅印发《党政主要领导干部和国有企业领导人员经济责任审计规定》；11月，中共中央、国务院印发新修订的《关于实行党风廉政建设责任制的规定》。

为从源头上防治用人腐败，2010年3月，中共中央办公厅印发《党政领导干部选拔任用工作责任追究办法（试行）》，中共中央组织部印发《党政领导干部选拔任用工作有关事项报告办法（试行）》《地方党委常委会向全委会报告干部选拔任用工作并接受民主评议办法（试行）》《市县党委书记履行干部选拔任用工作职责离任检查办法（试行）》，形成了干部工作四项监督制度。此外，中共中央纪律检查委员会还会同有关部门先后制定了《关于中共中央纪委、中共中央组织部巡视工作的暂行规定》《关于中共中央纪委派驻纪检组履行监督职责的意见》等一系列配套规定。这些法规和规定的出台，初步形成了以党章为核心、以监督条例为主干、以一系列配套规定为重要补充的党内监督法规制度体系。

在依法查处大案要案方面，在坚持查处重点案件的同时，着重查办领导干部利用人事权、司法权、行政审批权、行政执法权等搞官商勾结、权钱交易、索贿受贿的案件，为黑恶势力充当“保护伞”的案件，严重侵害群众利益的案件，群体性事件和重大责任事故背后的腐败案件。自 2007 年 11 月至 2012 年 6 月，全国纪检监察机关共立案查办 64.37 万多件，结案 63.9 万多件，给予党纪政纪处分 66.8 万多人，涉嫌犯罪被移送司法机关处理 2.4 万多人。全国共查办商业贿赂案件 8.13 万多件，涉案金额 222 亿多元，[①] 坚决查处了陈良宇、薄熙来等一批重大违纪违法案件，彰显了中国共产党反对腐败的坚强决心。

在纠正损害群众利益的不正之风方面，针对一些地方和部门存在的乱涨价、乱收费、乱罚款、乱摊派等损害群众利益的行为，党和国家采取专项治理措施。着力解决群众反映强烈的问题，陆续开展制止公款出国（境）旅游、工程建设领域突出问题、“小金库”等专项治理工作。同时，针对农村土地征收、城镇房屋拆迁、国有企业重组改制、医药购销和医疗服务中出现的损害群众切身利益，以及拖欠农民工工资、工程建设领域特别重大生产安全事故等突出问题，采取专项检查等措施予以纠正，切实维护人民群众合法权益，取得了良好的社会效果。

在反腐倡廉教育方面，中共中央办公厅印发的《2010—2020 年干部教育培训改革纲要》将党性党风党纪教育纳入干部教育培训整体规划，列入各级党校、行政学院和干部培训院校课程。《建立健全惩治和预防腐败体系 2008—2012 年工作规划》要求加强领导干部党风廉政教育，加强面向全党全社会的反腐倡廉宣传教育，把反腐倡廉宣传教育纳入全党宣传教育总体部署。按照《工作规划》中关于加强廉政文化建设的要求，中共中央纪律检查委员会等六部委印发了《关于加强廉政文化建设的意见》，建立全国廉政教育基地，编写廉洁从政教材，有针对性地开展岗位廉政教育培训。对新任领导干部和新录用的国家工作人员，进行任职和上岗前的廉政培训，建立廉政培训档案。在领导干部任职前进行廉政谈话，做到防范在先。

① 《十八大以来重要文献选编》上，中央文献出版社 2014 年版，第 52 页。

强国篇

（2012—2019）

新中国经过 70 年的发展，已经基本实现了工业化，不仅改变了贫穷落后的面貌，整体达到小康水平，社会结构也发生了很大变化，中国已经成为世界第二大经济体、第一制造业大国。中国提出的“一带一路”倡议成效显著，中国首倡的构建人类命运共同体在世界上产生巨大影响，标志着中国正日益走近世界舞台中央。以信息化、人工智能、新能源、新材料为代表的第四次工业革命方兴未艾，为中国发展提供了新机遇。特别是中共十八大以来，以习近平同志为核心的党中央高瞻远瞩，及时、科学地把握国内外发展大势，顺应实践要求和人民愿望，举旗定向，谋篇布局，迎难而上，开拓进取，取得了改革开放和社会主义现代化建设的巨大历史成就，推动党和国家事业发生历史性变革，中国特色社会主义进入新时代。新时代，全面从严治党和依法治国取得明显成效，反腐败斗争取得压倒性胜利，国防和军队现代化发生深刻变革，“创新、协调、绿色、开放、共享”的新发展理念深入人心，生态文明建设成效显著，中国特色大国外交全面推进。在习近平新时代中国特色社会主义思想指引下，中国正沿着中国特色社会主义康庄大道，向着“两个一百年”的目标奋勇前进。

第六章 中国特色社会主义进入新时代（一）

中共十八大以来，以习近平同志为核心的党中央团结带领全党全国各族人民，推进中国特色社会主义进入新时代，围绕新时代坚持和发展什么样的中国特色社会主义、怎样坚持和发展中国特色社会主义这一重大时代课题进行探索，创立了习近平新时代中国特色社会主义思想，更加自觉地增强中国特色社会主义道路自信、理论自信、制度自信、文化自信，明确了新时代的奋斗目标和战略部署，统筹推进“五位一体”总体布局、协调推进“四个全面”战略布局，取得了改革开放和社会主义现代化建设的历史性成就。

第一节 新时代奋斗目标和战略部署

中共十八大以来，以习近平同志为核心的党中央开启中国特色社会主义新时代，明确了新时代的奋斗目标和战略部署，引领全党全国人民踏上全面建设社会主义现代化国家新征程。

一、提出“两个一百年”奋斗目标和中国梦

2012年11月8日至14日，中国共产党第十八次全国代表大会召开。大会通过了胡锦涛代表第十七届中央委员会所作的《坚定不移沿着中国特色社会主义道路前进 为全面建成小康社会而奋斗》的报告。大会确立了科学发展观的历史地位，提出了夺取中国特色社会主义新胜利的基本要求，确定全面建成小康社会和全面深化改革开放的目标，对新的时代条件下推进中国特色社会主义事业作出了全面部署，对全面提高党的建设科学化水平提出了明确要求。大会通过关于《中国共产党章程（修正案）》的决议，选举产生第十八届中央委员会和中央纪律检查委员会。11月15日，中共十八届一中全会选举习近平为中央委员会总书记，决定习近平为中央军委主席。2013年3月，十二届全国人大一次会议选举习近平为国家主席、国家中央军委主席。

在中国进入全面建成小康社会决定性阶段，中共十八大提出了“两个一百年”的奋斗目标。大会报告指出，只要我们胸怀理想、坚定信念，不动摇、不懈怠、不折腾，顽强奋斗、艰苦奋斗、不懈奋斗，就一定能在中国共产党成立一百年时全面建成小康社会，就一定能在新中国成立一百年时建成富强民主文明和谐的社会主义现代化国家。

2012年11月29日，习近平率中共中央政治局的同志在国家博物馆参观《复兴之路》展览时首次提出为实现中国梦而奋斗。习近平指出，实现中华民族伟大复兴，就是中华民族近代以来最伟大的梦想。这个梦想，凝聚了几代中国人的夙愿，体现了中华民族和中国人民的整体利益，是每一个中华儿女的共同期盼。历史告诉我们，每个人的前途命运都与国家和民族的前途命运紧密相连。国家好，民族好，大家才会好。实现中华民族伟大复兴是一项光荣而艰巨的事业，需要一代又一代中国人共同为之努力。到新中国成立一百年时建成富强民主文明和谐的社会主义现代化国家的目标一定能实现，中华民族伟大复兴的梦想一定能实现。2013年3月17日，习近平在十二届全国人大一次会议上进一步阐明了中国梦的本质。他指出，

▲ 2013 年 4 月 23 日，南京市雨花台小学的学生代表在读书节启动仪式上拼贴“读书放飞中国梦”书形图板。

实现中华民族伟大复兴的中国梦，就是要实现国家富强、民族振兴、人民幸福。中国梦归根到底是人民的梦。

实现中华民族伟大复兴的中国梦，是以习近平同志为核心的党中央对全体中国人民的庄严承诺，是党和国家面向未来的政治宣言，充分体现了中国共产党高度的历史担当和使命追求，为新时代坚持和发展中国特色社会主义注入了崭新内涵。

中共十八大以来，以习近平同志为核心的党中央对新时代如何实现中国梦的历史性命题作出了科学回答。习近平在十二届全国人大一次会议上指出，实现中国梦必须走中国道路，实现中国梦必须弘扬中国精神，实现中国梦必须凝聚中国力量。2013 年 4 月 28 日，习近平在同全国劳动模范代表座谈时指出，实干才能梦想成真。“空谈误国，实干兴邦”，实干首先就要脚踏实地劳动。5 月，习近平在接受特立尼达和多巴哥、哥斯达黎加以及墨西哥拉美三国媒体联合书面采访时指出，实现中国梦不仅造福中国人民，而且造福世界人民。实现中国梦，必须坚持和平发展。中共十九大报告指出，中华民族伟大复兴，绝不是轻轻松松、敲锣打鼓就能实现的。全党必须准备付出更为艰巨、更为艰苦的努力。实现伟大梦想，必须进行伟大斗争。实现伟大梦想，必须建设伟大工程。实现伟大梦想，必须推进伟大事业。报告强调，实现“两个一百年”奋斗目标、实现中华民族伟大复兴的中国梦，不断提高人民生活水平，必须坚定不移把发展作为党执政兴国的第一要务，坚持解放和发展社会生产力，坚持社会主义市场经济改革方向，推动经济持续健康发展。

二、全面深化改革和十八届三中全会的划时代意义

中共十八大提出全面深化改革开放的要求。2012 年 12 月 31 日，十八届中共中央政治局第二次集体学习把主题聚焦到改革。习近平在主持学习时指出，改革开放是一项长期的、艰巨的、繁重的事业，必须以更大的政治勇气和智慧，不失时机深化重要领域改革。改革开放只有进行时，没有完成时。

2013 年 11 月，中共十八届三中全会对全面深化改革进行研究，审议通过《中共中央关于全面深化改革若干重大问题的决定》。这次全会是划时代的[①]，在全面总结改革开放 35 年来的伟大成就和重要经验的基础上，对全面深化改革的战略重点、优先顺序、主攻方向、工作机制、推进方式和时间表、路线图进行了总部署，改革理论和政策实现一系列新的重大突破，开启了全面深化改革、系统整体设计推进改革的新时代，开创了中国改革开放的全新局面，对推动中国特色社会主义事业发展产生了重大而深远的影响。

全会发出了全面深化改革的总动员。《决定》指出，当前，中国发展进入新阶段，改革进入攻坚期和深水区。必须以强烈的历史使命感，最大限度集中全党全社会智慧，最大限度调动一切积极因素，敢于啃硬骨头，敢于涉险滩，以更大决心冲破思想观念的束缚、突破利益固化的藩篱，推动

---

① 《对标重要领域和关键环节改革 继续啃硬骨头确保干一件成一件》，《人民日报》，2019 年 1 月 24 日。

中国特色社会主义制度自我完善和发展。习近平在《关于〈中共中央关于全面深化改革若干重大问题的决定〉的说明》中指出，改革开放到了一个新的重要关头。我们在改革开放上决不能有丝毫动摇，改革开放的旗帜必须继续高高举起，中国特色社会主义道路的正确方向必须牢牢坚持。全党要坚定改革信心，以更大的政治勇气和智慧、更有力的措施和办法推进改革。

全会明确了全面深化改革的指导思想。《决定》指出，全面深化改革，必须高举中国特色社会主义伟大旗帜，以马克思列宁主义、毛泽东思想、邓小平理论、“三个代表”重要思想、科学发展观为指导，坚定信心，凝聚共识，统筹谋划，协同推进，坚持社会主义市场经济改革方向，以促进社会公平正义、增进人民福祉为出发点和落脚点，进一步解放思想、解放和发展社会生产力、解放和增强社会活力，坚决破除各方面体制机制弊端，努力开拓中国特色社会主义事业更加广阔的前景。

全会明确了全面深化改革的总目标。《决定》指出，全面深化改革的总目标是完善和发展中国特色社会主义制度，推进国家治理体系和治理能力现代化。必须更加注重改革的系统性、整体性、协同性，加快发展社会主义市场经济、民主政治、先进文化、和谐社会、生态文明，让一切劳动、知识、技术、管理、资本的活力竞相迸发，让一切创造社会财富的源泉充分涌流，让发展成果更多更公平惠及全体人民。“完善和发展中国特色社会主义制度，推进国家治理体系和治理能力现代化”，前后内容组成一个整体，前者规定了中国特色社会主义道路这一根本方向，后者规定了在根本方向指引下完善和发展中国特色社会主义制度的指向。从“管理”到“治理”，一字之变，是中国共产党在理论和实践上的重大发展。全会要求，到 2020 年在重要领域和关键环节改革上要取得决定性成果，形成系统完备、科学规范、运行有效的制度体系，使各方面的制度更加成熟、更加定型。

全会明确了全面深化改革的路线图。全会突出强调以经济体制改革为重点，发挥经济体制改革牵引作用，用六个“紧紧围绕”描绘了全面深化改革的路线图：紧紧围绕使市场在资源配置中起决定性作用深化经济体制改革，坚持和完善基本经济制度，加快完善现代市场体系、宏观调控体系、开放型经济体系，加快转变经济发展方式，加快建设创新型国家，推动经济更有效率、更加公平、更可持续发展；紧紧围绕坚持党的领导、人民当家作主、依法治国有机统一深化政治体制改革，加快推进社会主义民主政治制度化、规范化、程序化，建设社会主义法治国家，发展更加广泛、更加充分、更加健全的人民民主；紧紧围绕建设社会主义核心价值体系、社会主义文化强国深化文化体制改革，加快完善文化管理体制和文化生产经营机制，建立健全现代公共文化服务体系、现代文化市场体系，推动社会主义文化大发展大繁荣；紧紧围绕更好保障和改善民生、促进社会公平正义深化社会体制改革，改革收入分配制度，促进共同富裕，推进社会领域制度创新，推进基本公共服务均等化，加快形成科学有效的社会治理体制，确保社会既充满活力又和谐有序；紧紧围绕建设美丽中国深化生态文明体制改革，加快建立生态文明制度，健全国土空间开发、资源节约利用、生态环境保护的体制机制，推动形成人与自然和谐发展现代化建设新格局；紧紧围绕提高科学执政、民主执政、依法执政水平深化党的建设制度改革，加强民主集中制建设，完善党的领导体制和执政方式，保持党的先进性和纯洁性，为改革开放和社会主义现代化建设提供坚强政治保证。

全会明确了全面深化改革的重大问题和重大举措。这次全会是自中共十一届三中全会以来，首次围绕全面深化改革设立宏大目标，启动了共60条、300多项改革举措，涉及范围之广、力度之大，前所未有。其中涉及的重大问题和重大举措包括：使市场在资源配置中起决定性作用和更好发挥政府作用；坚持和完善基本经济制度；深化财税体制改革；健全城乡发展一体化体制机制；推进协商民主广泛多层制度化发展；改革司法体制和运行机制；健全反腐败领导体制和工作机制；加快完善互联网管理领导体制；设立国家安全委员会；健全国家自然资源资产管理体制和完善自然资源监管体制；成立中央全面深化改革领导小组。

2013年12月30日，中央全面深化改革领导小组成立，习近平任组长。2018年3月，中共中央将中央全面深化改革领导小组改为中央全面深化改革委员会，为中共中央直属决策议事协调机构，习近平为主任。

▲ 2014 年 11 月 15 日，国家博物馆工作人员搬走天津滨海新区 109 枚封存审批公章。滨海新区行政审批由“一颗印章管审批”取代了过去的 109 枚公章权限，投资项目、企业设立和单办事项的审批效率分别提高了 2 倍、3 倍和 4 倍，审批人员减少 80%，平均审批速度提升 75%。

以中共十八届三中全会和中央全面深化改革领导小组成立为标志，拉开了新时代中国全面深化改革的巨幕。新时代的改革，复杂程度、艰巨程度、敏感程度，丝毫不亚于 35 年前 1978 年开启的改革。中共十八大以来，蹄疾步稳推进全面深化改革，坚决破除各方面体制机制弊端，全面深化改革取得重大突破。改革全面发力、多点突破、纵深推进，着力增强改革的系统性、整体性、协同性，压茬拓展改革广度和深度。中共十八大后，中央全面深化改革领导小组先后召开 38 次会议，审议通过 365 个重要改革文件，确定 357 个重点改革任务，出台 1500 多项改革举措，重要领域和关键环节改革取得突破性进展，主要领域改革主体框架基本确立。狠抓改革督察落实，建立改革激励机制、容错机制，有效防止了改革沦入“空转”。

面对新时代新任务提出的新要求，党和国家的机构设置、职能配置与统筹推进“五位一体”总体布局、协调推进“四个全面”战略布局的要求还不完全适应，与实现国家治理体系和治理能力现代化的要求还不完全适应。鉴于此，2018 年 2 月，中共十九届三中全会研究深化了党和国家机构改革问题。全会提出，深化党和国家机构改革是推进国家治理体系和治理能力现代化的一场深刻变革。党和国家机构职能体系是中国特色社会主义制度的重要组成部分，是我们党治国理政的重要保障。全党必须统一思想、坚定信心、抓住机遇，在全面深化改革进程中，下决心解决党和国家机构职能体系中存在的障碍和弊端，加快推进国家治理体系和治理能力现代化，更好发挥我国社会主义制度优越性。全会审议通过《深化党和国家机构改革方案》，同意把方案的部分内容按法定程序提交十三届全国人大一次会议审议。3 月 17 日，十三届全国人大一次会议通过《关于国务院机构改革方案的决定》。3 月 19 日，中共中央印发《深化党和国家机构改革方案》。这场系统性、整体性、重构性的党和国家机构改革全面推进，全新的党和国家机构职能体系快速形成。

2019 年 1 月 23 日，习近平主持召开中央全面深化改革委员会第六次会议时强调，要对标到 2020 年在重要领域和关键环节改革上取得决定性成果，继续打硬仗，啃硬骨头，确保干一件成一件，为全面完成党的十八届三中全会部署的改革任务打下决定性基础。要抓紧完成党的十八届三中全会部署的改革任务，多抓根本性、全局性、制度性的重大改革举措，多抓有利于保持经济健康发展和社会大局稳定的改革举措，多抓有利于增强人民群众获得感、幸福感、安全感的改革举措，多抓对落实已出台改革方案的评估问效。会议审议通过了《中央全面深化改革委员会 2019 年工作要点》《中央全面深化改革委员会 2018 年工作总结报告》《党的十八大以来全面深化改革落实情况总结评估报告》。

中共十八大以来，中国共产党在更高起点、更高层次、更高目标上推进全面深化改革，主要领域改革主体框架基本确立，全面深化改革展现出新作为、实现了新突破，中国特色社会主义制度更加完善，国家治理体系和治理能力现代化水平明显提高，全社会发展活力和创新活力明显增强。中国共产党在实践中丰富和发展了改革的认识论和方法论，逐步形成并确立了内涵丰富、思想深邃、系统完善的全面深化改革的科学理论体系：明确了新时代全面深化改革的关键地位和重要作用，提出改革开放是决定当代中国命运的关键一招，也是决定实现“两个一百年”奋斗目标、实现中华民族伟大复兴的关键一招；坚定了全面深化改革的方向和道路，提出我们的改革是在中国特色社会主义道路上不断前进的改革，既不走封闭僵化的老路，也不走改旗易帜的邪路；确立了全面深化改革的总目标和价值取向，提出要完善和发展中国特色社会主义制度，推进国家治理体系和治理能力现代化，以促进社会公平正义、增进人民福祉为改革出发点和落脚点；谋划了全面深化改革的科学路径和有效方法，形成了改革开放以来最为丰富、全面、系统的改革方法论；厘清了改革发展稳定等重大关系，把抓改革落实同落实“四个全面”战略布局、落实新发展理念结合起来，同抓经济发展、社会稳定、民生改善、党的建设等工作结合起来，用改革带动和推动各项工作。全面深化改革理论的重大创新，科学回答了新时代为什么改、为谁改、怎么改等重大理论和实践问题，把新时代中国特色社会主义改革理论推进到新的广度和深度，为全面深化改革提供了强大的思想和理论武器。

三、“五位一体”总体布局和“四个全面”战略布局

中共十八大提出了全面落实经济建设、政治建设、文化建设、社会建设、生态文明建设“五位一体”的总体布局。2012 年 11 月 17 日，习近平在十八届中共中央政治局第一次集体学习时指出，我们要牢牢抓好党执政兴国的第一要务，始终代表中国先进生产力的发展要求，坚持以经济建设为中心，在经济不断发展的基础上，协调推进政治建设、文化建设、社会建设、生态文明建设以及其他各方面建设。[①] 中共十八届五中全会提出要统筹推进经济建设、政治建设、文化建设、社会建设、生态文明建设。中共十九大就“贯彻新发展理念，建设现代化经济体系”“健全人民当家作主制

① 《十八大以来重要文献选编》上，中央文献出版社 2014 年版，第 77 页。

度体系，发展社会主义民主政治”“坚定文化自信，推动社会主义文化繁荣兴盛”“提高保障和改善民生水平，加强和创新社会治理”“加快生态文明体制改革，建设美丽中国”进行了战略部署。中共十八大以来，以习近平同志为核心的党中央，从坚持和发展中国特色社会主义出发，高度重视统筹推进“五位一体”的总体布局，并把它与协调推进“四个全面”战略布局相互促进、统筹联动，强调用新发展理念来引领五大建设，顺应了广大人民对经济建设、政治建设、文化建设、社会建设和生态文明建设的需求，使社会主义建设事业更具全面性、丰富性和协调性，开创了中国经济建设、政治建设、文化建设、社会建设、生态文明建设新局面。

中共十八大以来，中共中央从坚持和发展中国特色社会主义出发，形成了全面建成小康社会、全面深化改革、全面依法治国、全面从严治党的战略布局。

从2012年11月中共十八大强调“全面建成小康社会”，到2013年11月中共十八届三中全会部署“全面深化改革”，再到2014年10月8日党的群众路线教育实践活动总结大会宣示“全面从严治党”、2014年10月中共十八届四中全会要求“全面依法治国”，引领中华民族伟大复兴的“四个全面”战略布局清晰展现。2014年11月，习近平到福建考察调研时提出要协调推进全面建成小康社会、全面深化改革、全面推进依法治国进程。12月13日至14日，习近平在江苏考察调研时提出，要协调推进全面建成小康社会、全面深化改革、全面推进依法治国、全面从严治党，推动改革开放和社会主义现代化建设迈上新台阶。2015年1月23日，习近平在主持十八届中共中央政治局第二十次集体学习时指出，我们提出要协调推进全面建成小康社会、全面深化改革、全面依法治国、全面从严治党，是当前党和国家事业发展中必须解决好的主要矛盾。2月2日，习近平在省部级主要领导干部学习贯彻十八届四中全会精神全面推进依法治国专题研讨班开班式上指出，“四个全面”战略布局，既有战略目标，也有战略举措，每一个“全面”都具有重大战略意义。全面建成小康社会是我们的战略目标，全面深化改革、全面依法治国、全面从严治党是三大战略举措，要努力做到“四个全面”相辅相成、相互促进、相得益彰。

2016 年 10 月 24 日，习近平在中共十八届六中全会上作关于《关于新形势下党内政治生活的若干准则（讨论稿）》和《中国共产党党内监督条例（讨论稿）》的说明时指出：协调推进“四个全面”战略布局，是党的十八大以来党中央从实现“两个一百年”奋斗目标、实现中华民族伟大复兴的中国梦的战略高度，统筹国内国际两个大局，把握我国发展新特征确定的治国理政新方略，是新的时代条件下推进改革开放和社会主义现代化建设、坚持和发展中国特色社会主义的战略抉择。

协调推进“四个全面”战略布局，是在全面总结改革开放以来经验的基础上，根据中国发展的现实需要提出来的，根据满足人民群众的热切期待提出来的。每一个“全面”，都是一整套结合实际、继往开来、勇于创新、独具特色的系统思想，闪耀着辩证唯物主义和历史唯物主义的理论光辉。协调推进“四个全面”战略布局，勾画出治国理政的新思路和蓝图，展示了中国发展的新愿景，是引领中华民族伟大复兴的战略布局，是中国共产党治国理政方略与时俱进的新创造，是马克思主义与中国实践相结合的新飞跃。

四、十九大部署全面建成小康社会和建设社会主义现代化强国

2017 年 10 月 18 日至 24 日，中国共产党第十九次全国代表大会召开。大会对中国发展新的历史方位作出科学判断，指出：经过长期努力，中国特色社会主义进入了新时代。大会系统阐述了习近平新时代中国特色社会主义思想，明确提出了新时代坚持和发展中国特色社会主义的基本方略，深刻回答了新时代坚持和发展中国特色社会主义的一系列重大理论和实践问题。大会认为，习近平新时代中国特色社会主义思想，是对马克思列宁主义、毛泽东思想、邓小平理论、“三个代表”重要思想、科学发展观的继承和发展，是马克思主义中国化的最新成果，是党和人民实践经验和集体智慧的结晶，是中国特色社会主义理论体系的重要组成部分，是全党全国人民为实现中华民族伟大复兴而奋斗的行动指南，必须长期坚持并不断发展。大会批准了习

▲ 2017 年 10 月 18 日，中国共产党第十九次全国代表大会在北京开幕。

近平代表第十八届中央委员会所作的《决胜全面建成小康社会 夺取新时代中国特色社会主义伟大胜利》的报告，批准了十八届中央纪律检查委员会工作报告，审议通过了《中国共产党章程（修正案）》，选举产生了新一届中央委员会和中央纪律检查委员会。10 月 25 日，中共十九届一中全会召开，习近平再次当选为中共中央总书记。

大会对从全面建成小康社会到基本实现现代化，再到全面建成社会主义现代化强国，作出了战略部署。

大会提出，从现在到 2020 年，是全面建成小康社会决胜期。要按照十六大、十七大、十八大提出的全面建成小康社会的各项要求，紧扣中国社会主要矛盾变化，统筹推进经济建设、政治建设、文化建设、社会建设、生态文明建设，坚定实施科教兴国战略、人才强国战略、创新驱动发展战略、乡村振兴战略、区域协调发展战略、可持续发展战略，突出抓重点、补短板、强弱项，特别是要坚决打好防范化解重大风险、精准脱贫、污染防治的攻坚战，使全面建成小康社会得到人民认可、经得起历史检验。

大会指出，从十九大到二十大，是“两个一百年”奋斗目标的历史交汇期。我们既要全面建成小康社会、实现第一个百年奋斗目标，又要乘势而上开启全面建设社会主义现代化国家新征程，向第二个一百年奋斗目标进军。

大会综合分析国际国内形势和中国发展条件，提出从 2020 年到 21 世纪中叶可以分两个阶段来安排。

第一个阶段，从 2020 年到 2035 年，在全面建成小康社会的基础上，再奋斗 15 年，基本实现社会主义现代化。到那时，我国经济实力、科技实力将大幅跃升，跻身创新型国家前列；人民平等参与、平等发展权利得到充分保障，法治国家、法治政府、法治社会基本建成，各方面制度更加完善，国家治理体系和治理能力现代化基本实现；社会文明程度达到新的高度，国家文化软实力显著增强，中华文化的影响更加广泛深入；人民生活更为宽裕，中等收入群体比例明显提高，城乡区域发展差距和居民生活水平差距显著缩小，基本公共服务均等化基本实现，全体人民共同富裕迈出坚实步伐；现代社会治理格局基本形成，社会充满活力又和谐有序；生态环境根本好转，美丽中国目标基本实现。

第二个阶段，从 2035 年到 21 世纪中叶，在基本实现现代化的基础上，再奋斗 15 年，把中国建成富强民主文明和谐美丽的社会主义现代化强国。到那时，中国物质文明、政治文明、精神文明、社会文明、生态文明将全面提升，实现国家治理体系和治理能力现代化，成为综合国力和国际影响力领先的国家，全体人民共同富裕基本实现，人民将享有更加幸福安康的生活，中华民族将以更加昂扬的姿态屹立于世界民族之林。

大会对中国特色社会主义经济建设、政治建设、文化建设、社会建设、生态文明建设作出战略部署。

五、着力解决新时代社会主要矛盾

中共十九大对中国社会主要矛盾作出新判断，指出“我国社会主要矛盾已经转化为人民日益增长的美好生活需要和不平衡不充分的发展之间的矛盾”。这个新判断是由中国现阶段的客观实际决定的。中共十九大报告指出，中国稳定解决了十几亿人的温饱问题，总体上实现了小康，不久将全面建成小康社会，人民美好生活需要日益广泛，不仅对物质文化生活提出了更高要求，而且在民主、法治、公平、正义、安全、环境等方面的要求日益增长。同时，中国社会生产力水平总体上显著提高，社会生产能力在很多方面进入世界前列，更加突出的问题是发展不平衡不充分，这已经成为满足人民日益增长的美好生活需要的主要制约因素。这一精辟论述，深刻反映了中国社会生产和社会需求发生的新变化。原来关于“人民日益增长的物质文化需要同落后的社会生产之间的矛盾”的表述中，“落后的社会生产”的提法已经不符合中国的实际，只讲“日益增长的物质文化需要”已经不能真实反映人民群众变化了的需求。

中共十九大报告强调，必须认识到，中国社会主要矛盾的变化，没有改变对中国社会主义所处历史阶段的判断，中国仍处于并将长期处于社会主义初级阶段的基本国情没有变，中国是世界最大发展中国家的国际地位没有变。全党要牢牢把握社会主义初级阶段这个基本国情，牢牢立足社会主义初级阶段这个最大实际。

中国社会主要矛盾的变化是关系全局的历史性变化，对党和国家工作提出了许多新要求。影响满足人民美好生活需要的因素很多，但主要是发展不平衡不充分问题，其他问题归根结底都是由此造成或衍生的。发展不平衡，主要指各区域各领域各方面发展不够平衡，存在“一条腿长、一条腿短”的失衡现象，制约了整体发展水平的提升。发展不充分，主要指一些地区、一些领域、一些方面还存在发展不足的问题，发展的任务仍然很重。在社会生产力方面，中国既有世界先进甚至世界领先的生产力，也有大量传统的相对落后的甚至原始的生产力，而且不同地区、不同领域的生产力水平和布局很不均衡。在“五位一体”总体布局上，经济社会发展取得重大成就，但各个领域仍然存在这样那样的短板，有些方面还面临不少突出问题。在城乡和区域发展上，中国城市和乡村之间，东部地区、中部地区、西部地区之间，发展水平差距仍然较大。在收入分配上，虽然中国人均国民收入在世界上处在中等偏上行列，绝大部分人已经解决了温饱问题，但收入分配差距仍然较大，农村有几千万人口尚未脱贫，城市还有不少困难群众。这些发展不平衡不充分问题相互掣肘，带来很多社会矛盾和问题，是各种社会矛盾、社会问题交织的主要根源。发展是动态过程，不平衡不充分是永远存在的，平衡是相对的，但当发展到了一定阶段后不平衡不充分成为社会主要矛盾的主要方面时，就必须下功夫去认识它、解决它，否则就会制约发展全局。

中共十九大报告提出，我们要在继续推动发展的基础上，着力解决好发展不平衡不充分的问题，大力提升发展质量和效益，更好满足人民在经济、政治、文化、社会、生态等方面日益增长的需要，更好推动人的全面发展、社会全面进步。

中共十八大以来，以习近平同志为核心的党中央以巨大的政治勇气和强烈的责任担当，以远见卓识的智慧和求真务实的作风，带领全党全国人民不断从理论和实践的结合上，着力解决新时代的社会主要矛盾，解决了许多长期想解决而没有解决的难题，办成了许多过去想办而没有办成的大事，使科学社会主义在21世纪的中国焕发出越来越强大的生机与活力，并不断结出丰硕果实。

第二节　贯彻新发展理念和推动高质量发展

以习近平同志为核心的党中央面对中国经济发展进入新常态、新一轮工业革命在全球范围内孕育兴起、全球贸易体系重构等国内外的一系列深刻变化，深刻回答了新时代中国实现什么样的发展、怎样发展的问题，形成了习近平新时代中国特色社会主义经济思想。中共十八大以来，中国坚定贯彻新发展理念，紧紧围绕使市场在资源配置中起决定性作用和更好发挥政府作用深化经济体制改革，以供给侧结构性改革为主线推进现代化经济体系建设，引领经济由高速增长阶段向高质量发展阶段转变。

一、加快完善社会主义市场经济体制

中共十八届三中全会审议通过的《中共中央关于全面深化改革若干重大问题的决定》，对坚持和完善中国特色社会主义基本经济制度、加快完善现代市场体系、加快转变政府职能、深化财税体制改革、健全城乡发展一体化体制机制、构建开放型经济新体制作出部署。中共十九大报告提出要加快完善社会主义市场经济体制。经济体制改革必须以完善产权制度和要素市场化配置为重点，实现产权有效激励、要素自由流动、价格反应灵活、竞争公平有序、企业优胜劣汰。

坚持和完善基本经济制度和分配制度，坚持"两个毫不动摇"。《中共中央关于全面深化改革若干重大问题的决定》指出，公有制为主体、多种所有制经济共同发展的基本经济制度，是中国特色社会主义制度的重要支柱，也是社会主义市场经济体制的根基。这次全会围绕积极发展混合所有制经济、推动国有企业完善现代企业制度、支持非公有制经济健康发展，提出了一系列改革举措。①

国有企业改革取得重大进展。2015 年 7 月 17 日，习近平在吉林调研时提出国有企业改革的"三个有利于"标准，即要有利于国有资本保值增值，有利于提高国有经济竞争力，有利于放大国有资本功能。8 月 24 日，中共中央、国务院印发《关于深化国有企业改革的指导意见》。之后，陆续出台《关于在深化国有企业改革中坚持党的领导加强党的建设的若干意见》《关于国有企业发展混合所有制经济的意见》《关于加强和改进企业国有资产监督防止国有资产流失的意见》《关于推动中央企业结构调整与重组的指导意见》《关于进一步完善国有企业法人治理结构的指导意见》等配套文件。中共十九大报告提出，要完善各类国有资产管理体制，改革国有资本授权经营体制，加

① 《十八大以来重要文献选编》上，中央文献出版社 2014 年版，第 514—517 页。

快国有经济布局优化、结构调整、战略性重组，促进国有资产保值增值，推动国有资本做强做优做大，有效防止国有资产流失。要深化国有企业改革，发展混合所有制经济，培育具有全球竞争力的世界一流企业。根据中共十九大的部署，进一步推进国有企业改革。在加强和完善国有资产管理制度上，2017 年 12 月，中共中央印发《关于建立国务院向全国人大常委会报告国有资产管理情况制度的意见》。在改革国有资产投资和运营机制方面，2018 年 7 月，国务院印发《关于推进国有资本投资、运营公司改革试点的实施意见》；2019 年 4 月，国务院印发《改革国有资本授权经营体制方案》。在调整国有资产布局方面，深化国有资本的战略性重组、专业化整合和区域资源整合，减少同质化竞争。在加大国企混合所有制改革方面，扩大混合所有制改革的范围并向垄断领域深化。此外，2018 年 5 月 13 日，国务院印发《关于改革国有企业工资决定机制的意见》。随着国有企业改革“1+N”文件顶层设计构建完成和“十项改革试点”深入推进，重大改革举措落地见效，国有企业体制机制发生了重大变革，与市场经济的融合更加紧密，规模实力和竞争力进一步增强，国有经济主导作用得到有效发挥。

鼓励、支持、引导非公有制经济发展。2016 年 3 月 4 日，习近平参加全国政协十二届四次会议民建、工商联界委员联组会时，深刻阐明了构建新型政商关系的原则和方向，为非公有制经济健康发展和民营企业家健康成长指明了道路。2018 年 11 月 1 日，习近平主持召开民营企业座谈会。会上，习近平强调，在全面建成小康社会、进而全面建设社会主义现代化国家的新征程中，民营经济只能壮大、不能弱化，而且要走向更加广阔的舞台。2019 年 3 月，习近平参加十三届全国人大二次会议福建代表团审议时强调，要帮助民营企业实现创新发展，在市场竞争中打造一支有开拓精神、前瞻眼光、国际视野的企业家队伍。2019 年，中共中央办公厅、国务院办公厅印发《关于促进中小企业健康发展的指导意见》。

使市场在资源配置中起决定性作用和更好发挥政府作用。中共十八届三中全会把市场在资源配置中的“基础性作用”修改为“决定性作用”，提出了“使市场在资源配置中起决定性作用和更好发挥政府作用”的重大理论观点。习近平在《关于〈中共中央关于全面深化改革若干重大问题的决定〉的说明》中指出，作出“使市场在资源配置中起决定性作用”的定位，有利于在全党全社会树立关于政府和市场关系的正确观念，有利于转变经济发展方式，有利于转变政府职能，有利于抑制消极腐败现象。①

建立统一开放、竞争有序的市场体系。中共十八届三中全会围绕建立公平开放透明的市场规则，采取了推进工商注册制度便利化、实行负面清单准入管理方式、完善市场监管体系等改革举措。中共十九大报告提出，全面实施市场准入负面清单制度，清理废除妨碍统一市场和公平竞争的各种规定和做法。深化商事制度改革，打破行政性垄断，防止市场垄断，加快要素价格市场化改革，放宽服务业准入限制，完善市场监管体制。中共十八大以来，在推进工商注册制度便利化、实行负面清单准入管理方式、完善市场监管体系方面取得重大进展。在简政放权方面，进一步取消一批行政许可事项，“证照分离”改革在全国推开，企业开办时间大幅压缩，工业生产许可证种类压减三分之一以上；“双随机、一公开”监管（在监管过程中随机抽取检查对象，随机选派执法检查人员，抽查情况及查处结果及时向社会公开）全面实施；清理规范各类涉企收费，推动降低用电、用网和物流等成本；深化“互联网 + 政务服务”，各地探索并推广了一批有特色的改革举措，使企业和群众办事便利度不断提高。

创新宏观调控方式，逐步形成新的宏观调控体系。2014 年 12 月 9 日，习近平在中央经济工作会议上阐述了稳中求进的内涵：“稳”的重点要放在稳住经济运行上，确保增长、就业、物价不出现大的波动，确保金融不出现区域性系统性风险；“进”的重点要放在调整经济结构和深化改革开放上，确保转变经济发展方式和创新驱动发展取得新成效。“稳”和“进”要相互促进，经济社会平稳才能为调整经济结构和深化改革开放创造稳定宏观环境。中共十九大报告提出，创新和完善宏观调控，发挥国家发展规划的战略导向作用，健全财政、货币、产业、区域等经济政策协调机制。中共十八大以来，探索

① 《十八大以来重要文献选编》上，中央文献出版社 2014 年版，第 499 页。

并形成了新的宏观调控体系，以稳中求进为总基调，从“区间调控”到“定向调控”再到“相机调控”，多种调控方式有机结合、灵活运用，防范化解重大风险，促进经济保持中高速增长，发展质量和效益不断提升。

二、新发展理念与制定“十三五”规划

理念先行是制定“十三五”规划最鲜明的特点和突出亮点。2015 年 3 月 23 日，习近平在主持召开中共十八届五中全会文件起草组第二次全体会议时明确提出，“十三五”规划建议要把发展理念梳理好、讲清楚，为“十三五”时期我国经济社会发展指好道、领好航。10 月 26 日，习近平在中共十八届五中全会上强调，“发展理念是发展行动的先导，是管全局、管根本、管方向、管长远的东西，是发展思路、发展方向、发展着力点的集中体现。发展理念搞对了，目标任务就好定了，政策举措也就跟着好定了”[①]。10 月 29 日，习近平在中共十八届五中全会第二次全体会议上的讲话中提出要以新的发展理念引领发展，并阐明创新、协调、绿色、开放、共享发展理念的内涵和相互关系。[②]十八届五中全会提出，坚持创新发展，必须把创新摆在国家发展全局的核心位置，不断推进理论创新、制度创新、科技创新、文化创新等各方面创新，让创新贯穿党和国家一切工作，让创新在全社会蔚然成风；坚持协调发展，必须牢牢把握中国特色社会主义事业总体布局，正确处理发展中的重大关系，重点促进城乡区域协调发展，促进经济社会协调发展，促进新型工业化、信息化、城镇化、农业现代化同步发展，在增强国家硬实力的同时注重提升国家软实力，不断增强发展的整体性；坚持绿色发展，必须坚持节约资源和保护环境的基本国策，坚持可持续发展，坚定走生产发展、生活富裕、生态良好的文明发展道路，加快建设资源节约型、环境友好型社会，形成人与自然和谐发展

① 《十八大以来重要文献选编》中，中央文献出版社 2016 年版，第 774 页。
② 《习近平谈治国理政》第二卷，外文出版社 2017 年版，第 197—200 页。

现代化建设新格局，推进美丽中国建设，为全球生态安全做出新贡献；坚持开放发展，必须顺应我国经济深度融入世界经济的趋势，奉行互利共赢的开放战略，发展更高层次的开放型经济，积极参与全球经济治理和公共产品供给，提高我国在全球经济治理中的制度性话语权，构建广泛的利益共同体；坚持共享发展，必须坚持发展为了人民、发展依靠人民、发展成果由人民共享，做出更有效的制度安排，使全体人民在共建共享发展中有更多获得感，增强发展动力，增进人民团结，朝着共同富裕方向稳步前进。

中共十八届五中全会审议通过《中共中央关于制定国民经济和社会发展第十三个五年规划的建议》。《建议》在谋篇布局上突破了既往，以新的发展理念为主线，突出了战略性、客观性、思想性。《建议》首次将生态文明建设在五年规划中单列一章，将“生态环境质量总体改善”列入全面建成小康社会新的目标要求；首次将“坚持开放发展”单列一章；首次单列一条强调确保“十三五”规划建议的目标任务落到实处，要求各级各类规划要增加明确反映创新、协调、绿色、开放、共享发展理念的指标。这次全会强调，实现“十三五”时期发展目标，破解发展难题，厚植发展优势，必须牢固树立并切实贯彻创新、协调、绿色、开放、共享的发展理念。这是关系中国发展全局的一场深刻变革。全党同志要充分认识这场变革的重大现实意义和深远历史意义。

根据《建议》，国务院制定了《中华人民共和国国民经济和社会发展第十三个五年规划纲要》，2016 年 3 月召开的十二届全国人大四次会议批准了这个纲要。

新发展理念是针对新时代中国发展面临的问题作出的回答，是改革开放以来中国改革发展经验的集中体现，是中国共产党对中国发展规律认识的深化拓展，是中国共产党治国理政思想的重大理论创新，是对中国特色社会主义政治经济学的丰富发展，是习近平新时代中国特色社会主义经济思想的重要组成部分。中共十九大把坚持新发展理念作为新时代坚持和发展中国特色社会主义的基本方略，明确“发展是解决我国一切问题的基础和关键，发展必须是科学发展，必须坚定不移贯彻创新、协调、绿色、开放、共享的发展理念”。2019 年《求是》杂志第 10 期发表习近平的文章《深入理解新发展理念》。这篇文章系统深刻地阐述了新发展理念的内涵和重大意义，提出了许多新观点，从理论上为中国的发展提供了正确的指导。

三、经济发展新常态和推进供给侧结构性改革

2011 年之后，中国经济增速下行。国内外热议，中国经济在经历了长时期高速增长之后，未来的发展态势究竟如何？

习近平作出中国经济发展进入新常态的重大判断，科学地回答了这个问题。2013 年 12 月 10 日，习近平在中央经济工作会议上首次提出要理性对待经济发展的新常态，指出：中国经济面临增长速度换挡期、结构调整阵痛期、前期刺激政策消化期“三期叠加”的状况；要注重处理好经济社会发展各类问题，既防范增长速度滑出底线，又理性对待高速增长转向中高速增长的新常态。2014 年 5 月，习近平在河南考察时阐述了如何认识经济发展新常态的问题，指出中国仍处于重要战略机遇期，要增强信心，从当前中国经济发展的阶段性特征出发，适应新常态，保持战略上的平常心态。11 月 9 日，习近平在亚太经合组织工商领导人峰会开幕式上指出，中国经济新常态主要有三个特点：一是从高速增长转为中高速增长；二是经济结构不断优化升级，第三产业、消费需求逐步成为主体，城乡区域差距逐步缩小，居民收入占比上升，发展成果惠及更广大民众；三是从要素驱动、投资驱动转向创新驱动。[①]12 月 9 日，习近平在中央经济工作会议上，从消费需求、投资需求、出口和国际收支、生产能力和产业组织方式、生产要素相对优势、市场竞争特点、资源环境约束、经济风险积累和化解、资源配置模式和宏观调控方式九个方面深入分析了新常态下中国经济发展的趋势性变化。

认识新常态，适应新常态，引领新常态，是中共十八大以来中国经济

① 《习近平关于社会主义经济建设论述摘编》，中央文献出版社 2017 年版，第 74 页。

发展的大逻辑。习近平提出中国经济发展进入新常态，是综合分析世界经济长周期和中国发展阶段性特征及其相互作用作出的重大判断，深刻揭示了中国经济发展的阶段性特征，使中国经济发展有了全新的历史坐标，既是理论创新，又对实践具有重大指导意义，为端正发展观念、完善政策体系提供了依据。

以推进供给侧结构性改革为主线，引领新常态，致力于增强中国经济质量优势。2015 年 11 月 10 日，习近平在中央财经领导小组第十一次会议上首次提出供给侧结构性改革。他强调，在适度扩大总需求的同时，着力加强供给侧结构性改革，着力提高供给体系质量和效率，增强经济持续增长动力，推动我国社会生产力水平实现整体跃升。12 月，习近平在中央经济工作会议上进一步强调，推进供给侧结构性改革，是适应和引领经济发展新常态的重大创新，是适应国际金融危机发生后综合国力竞争新形势的主动选择，是适应经济发展新常态的必然要求。2016 年 1 月 18 日，习近平在省部级主要领导干部学习贯彻中共十八届五中全会精神专题研讨班上阐述了供给侧结构性改革的内涵。他指出，供给侧结构性改革，重点是解放和发展社会生产力，用改革的办法推进结构调整，减少无效和低端供给，扩大有效和中高端供给，增强供给结构对需求变化的适应性和灵活性，提高全要素生产率。从政治经济学的角度看，供给侧结构性改革的根本，是使中国供给能力更好满足广大人民日益增长、不断升级和个性化的物质文化和生态环境需要，从而实现社会主义生产目的。他还指出，中国经济发展面临的问题，供给和需求两侧都有，但矛盾的主要方面在供给侧。事实证明，中国不是需求不足，或没有需求，而是需求变了，供给的产品却没有变，质量、服务跟不上。有效供给能力不足带来大量“需求外溢”，消费能力严重外流。解决这些结构性问题，必须推进供给侧改革。

习近平对供给侧结构性改革这一重大理论创新，回答了适应、引领经济发展新常态应该怎么干的问题。

供给侧结构性改革逐步深化。“十三五”规划纲要提出供给侧结构性改革是“十三五”时期的发展主线。2015 年以来，每年的中央经济工作会议就深化供给侧结构性改革进行研究并明确阶段性任务。2015 年底首次明确去产能、去库存、去杠杆、降成本、补短板的“三去一降一补”五大任务。2016 年底强调要在深入推进“三去一降一补”的基础上，深入推进农业供给侧结构性改革，着力振兴实体经济，促进房地产市场平稳健康发展。2017 年底提出深化供给侧结构性改革，重点在“破”“立”“降”上下功夫，强调要大力破除无效供给，把处置“僵尸企业”作为重要抓手，推动化解过剩产能；大力培育新动能，强化科技创新，推动传统产业优化升级，培育一批具有创新能力的排头兵企业；大力降低实体经济成本，降低制度性交易成本，继续清理涉企收费，加大对乱收费的查处和整治力度，深化电力、石油天然气、铁路等行业改革，降低用能、物流成本。2018 年底强调必须坚持以供给侧结构性改革为主线不动摇，更多采取改革的办法，更多运用市场化、法治化手段，在“巩固、增强、提升、畅通”上下功夫。

随着供给侧结构性改革的推进，实体经济活力不断释放，经济结构不断优化，数字经济等新兴产业蓬勃发展。服务业持续较快发展，成为第一大产业。2018 年服务业增加值在国内生产总值中所占比重为 52.2%，比 2012 年提高了 7.6 个百分点，对经济社会发展的支撑带动作用与日俱增。中国制造业加速迈向中高端，工业化和信息化深度融合，装备制造业和高技术产业增长明显快于传统产业，2018 年工业产能利用率为 76.5%，装备制造业和高技术制造业增加值占规模以上工业增加值的比重分别达到 32.9% 和 12.4%，比 2012 年提高 4.7 个和 4.5 个百分点。战略性新兴产业快速发展，2016 年至 2018 年工业战略性新兴产业增加值年均增长 10.1%，快于同期规模以上工业增加值增长 3.8 个百分点。2015 年至 2018 年，新能源汽车产量年均增长 79.7%，2018 年产量达 115 万辆；智能电视产量年均增长 11.9%，2018 年产量达 11376 万台。高铁、核电等重大装备竞争力居世界前列。农业基础更加稳固，粮食产量 2014 年至 2018 年连续 5 年稳定在 1.2 万亿斤以上，持续站稳新台阶。

中共十八大以来，以新的理念引领发展，以推进供给侧结构性改革为主线，经济实现中高速增长。2013 年至 2018 年，国内生产总值年均增长

互联网技术的发展，为人们的工作、学习和生活带来了便利。图为北京某小型超市里，顾客正使用刷脸支付功能结账。

7.0%，高于同期世界2.9%的平均增长水平，成为世界经济增长的动力之源、稳定之锚。经济总量连上新台阶，国内生产总值在2016年超过70万亿元，2017年超过80万亿元，2018年突破90万亿元，稳居世界第二位，在世界经济中的比重不断提高。

四、高质量发展和建设现代化经济体系

从满足人民日益增长的美好生活需要出发，推进高质量发展和建设现代化经济体系成为中共十八大以来经济发展新的亮点。2014年12月9日，习近平在中央经济工作会议上深入分析新常态下中国经济发展的趋势性变化后指出，中国经济正在向形态更高级、分工更复杂、结构更合理的阶段演化，经济发展方式正从规模速度型粗放增长转向质量效率型集约增长，经济结构正从增量扩能为主转向调整存量、做优增量并存的深度调整，经济发展动力正从传统增长点转向新的增长点。中共十八届五中全会将“以提高发展质量和效益为中心，加快形成引领经济发展新常态的体制机制和发展方式”纳入“十三五”时期发展的指导思想。中共中央“十三五”规划建议稿第三

部分讲“坚持创新发展，着力提高发展质量和效益”，提出了培育发展新动力、拓展发展新空间、深入实施创新驱动发展战略、大力推进农业现代化、构建产业新体系、构建发展新体制、创新和完善宏观调控方式七个方面的措施。

中共十九大以来，中国更加重视高质量发展和建设现代化经济体系的推进。十九大报告指出，中国经济已由高速增长阶段转向高质量发展阶段，正处在转变发展方式、优化经济结构、转换增长动力的攻关期，建设现代化经济体系是跨越关口的迫切要求和我国发展的战略目标。报告还明确了建设现代化经济体系的重要原则和方向，即必须坚持质量第一、效益优先，以供给侧结构性改革为主线，推动经济发展质量变革、效率变革、动力变革，提高全要素生产率，着力加快建设实体经济、科技创新、现代金融、人力资源协同发展的产业体系，着力构建市场机制有效、微观主体有活力、宏观调控有度的经济体制，不断增强我国经济创新力和竞争力。

全面推进现代化经济体系建设。2018 年 1 月 30 日，十九届中共中央政治局就建设现代化经济体系进行第三次集体学习。习近平在主持学习时指出，现代化经济体系，是由社会经济活动各个环节、各个层面、各个领域的相互关系和内在联系构成的一个有机整体。要建设创新引领、协同发展的产业体系，要建设统一开放、竞争有序的市场体系，要建设体现效率、促进公平的收入分配体系，要建设彰显优势、协调联动的城乡区域发展体系，要建设资源节约、环境友好的绿色发展体系，要建设多元平衡、安全高效的全面开放体系，要建设充分发挥市场作用、更好发挥政府作用的经济体制。以上几个体系是统一整体，要一体建设、一体推进。我们建设的现代化经济体系，要借鉴发达国家有益做法，更要符合中国国情、具有中国特色。[①] 随着认识的深化，中国大力推进发展方式转变、经济结构优化、增长动力转换，支持实体经济发展，加快建设创新型国家，实施乡村振兴战略，坚决打好脱贫攻坚战，实施区域协调发展战略，现代化经济体系建

① 习近平：《论坚持全面深化改革》，中央文献出版社 2018 年版，第 421—422 页。

设取得有效进展。

有效推进高质量发展。2018 年 9 月 20 日，中共中央全面深化改革委员会第四次会议审议通过《关于推动高质量发展的意见》。会议指出，推动高质量发展是当前和今后一个时期确定发展思路、制定经济政策、实施宏观调控的根本要求，要加快创建和完善制度环境，协调建立高质量发展的指标体系、政策体系、标准体系、统计体系、绩效评价和政绩考核办法。要抓紧研究制定制造业、高技术产业、服务业以及基础设施、公共服务等重点领域高质量发展政策，把维护人民群众利益摆在更加突出位置，带动引领整体高质量发展。中共十八大以来，中国践行“发展应该是科学发展和高质量发展的战略思想”①，推动高质量发展的制度体系逐步建立，高质量发展取得积极进展。2018 年经济社会发展情况表明，创新驱动、资源节约、生态保护、社会保障等反映高质量发展的指标进一步改善，19 个约束性指标中，18 个指标完成全年目标，仅万元国内生产总值用水量下降指标完成情况与全年目标存在差距。

五、加快建设创新型国家

中共十八大报告提出实施创新驱动发展战略。这是中共中央在新的发展阶段确立的立足全局、面向全球、聚焦关键、带动整体的国家重大发展战略。2014 年 6 月 9 日，习近平在中国科学院第十七次院士大会、中国工程院第十二次院士大会上的讲话指出，实施创新驱动发展战略，建设创新型国家，为实现“两个一百年”奋斗目标提供强大科技支撑，是时代赋予我国广大科技工作者的历史使命。

制定国家创新驱动发展战略纲要和构建创新型国家建设机制。2015 年 3 月，中共中央、国务院印发《关于深化体制机制改革加快实施创新驱动发展战略的若干意见》。2016 年 5 月，中共中央、国务院印发《国家创新

① 习近平：《在庆祝改革开放 40 周年大会上的讲话》，《人民日报》，2018 年 12 月 19 日。

驱动发展战略纲要》，提出到 2020 年进入创新型国家行列、到 2030 年跻身创新型国家前列、到 2050 年建成世界科技创新强国；明确了战略部署：实现创新驱动是一个系统性的变革，要按照“坚持双轮驱动、构建一个体系、推动六大转变”进行布局，构建新的发展动力系统；明确了创新驱动战略任务和战略保障措施。

中共十九大报告提出加快建设创新型国家，到 2035 年中国跻身创新型国家前列。报告指出，要瞄准世界科技前沿，强化基础研究，实现前瞻性基础研究、引领性原创成果重大突破；加强应用基础研究，拓展实施国家重大科技项目，突出关键共性技术、前沿引领技术、现代工程技术、颠覆性技术创新，为建设科技强国、质量强国、航天强国、网络强国、交通强国、数字中国、智慧社会提供有力支撑；加强国家创新体系建设，强化战略科技力量；深化科技体制改革，建立以企业为主体、市场为导向、产学研深度融合的技术创新体系，加强对中小企业创新的支持，促进科技成果转化；倡导创新文化，强化知识产权创造、保护、运用；培养造就一大批具有国际水平的战略科技人才、科技领军人才、青年科技人才和高水平创新团队。

中共十八大以来，深入实施创新驱动发展战略，创新型国家建设取得重要进展，创新能力和效率进一步提升。国家对科技创新的支持力度加大，研发投入快速增加。2018 年，研究与试验发展（R&D）经费支出 19657 亿元人民币，比 2012 年增长 90.9%，占国内生产总值的 2.18%，比 2012 年提高 0.21 个百分点。中国研发经费总量在 2013 年超过日本，成为仅次于美国的世界第二大研发经费投入国家，研发经费投入强度达到中等发达国家水平，居发展中国家前列。大力优化创新生态，调动各类创新主体积极性。2018 年技术合同成交额较上年增长 30% 以上。一批具有标志性意义的重大科技成果涌现，载人航天、探月工程、量子通信、射电望远镜、载人深潜、超级计算机等实现重大突破。世界知识产权组织 2018 年全球创新指数报告显示，中国创新能力综合排名由 2012 年的第 34 位上升到 2018 年的第 17 位，首次跻身全球前 20 位，成为唯一进入前 20 名的中等收入国家。

2016年9月25日，位于贵州省平塘县大窝凼的世界最大单口径射电望远镜——500米口径球面射电望远镜（FAST）宣告落成启用。

中国科技进步贡献率从2012年的52.2%迅速增至2018年的58.5%，[①] 与2020年中国全面跻身创新型国家行列、科技进步贡献率达到60%的目标日益趋近。

六、区域协调发展战略和乡村振兴战略

中共十八大以来，中共中央统筹内外、着眼全局，提出共建“一带一路”倡议以及京津冀协同发展、长江经济带发展、粤港澳大湾区建设等重大战略，推动形成东西南北纵横联动发展新格局，引领区域经济高质量发展。中共十九大根据社会主要矛盾的转化，以全方位、系统化的视角，提出实施区域协调发展战略。2018年11月，中共中央、国务院印发《关于建立更加有效的区域协调发展新机制的意见》。《意见》指出，实施区域协调发展战略是新时代国家重大战略之一，是贯彻新发展理念、建设现代化经济体系的重要组成部分。《意见》明确：到21世纪中叶，建立与全面建成

① 李克强：《政府工作报告——二〇一八年三月五日在第十三届全国人民代表大会第一次会议上》，《人民日报》，2018年3月23日。李克强：《政府工作报告——二〇一九年三月五日在第十三届全国人民代表大会第二次会议上》，《人民日报》，2019年3月17日。

社会主义现代化强国相适应的区域协调发展新机制，区域协调发展新机制在完善区域治理体系、提升区域治理能力、实现全体人民共同富裕等方面更加有效，为把我国建成社会主义现代化强国提供有力保障。《意见》对建立区域战略统筹机制、健全市场一体化发展机制、深化区域合作机制、优化区域互助机制、健全区际利益补偿机制、完善基本公共服务均等化机制、创新区域政策调控机制、健全区域发展保障机制、切实加强组织实施等，做了原则安排。

推动共建“一带一路”，促进区域发展战略创新实施。2014 年 12 月 9 日，习近平在中央经济工作会议上指出，实施“一带一路”倡议，东中西部地区都有很好的发展机遇，特别是西部一些地区，过去是边远地区，而一旦同周围国家实现了互联互通，就会成为辐射中心，发展机遇很大。“一带一路”倡议的实施，促进中国不断深化向东开放，加快扩大向西开放，构建全方位主动开放的格局，从而促使中西部地区把贴近内需市场，临近东盟、中亚、南亚、中东欧等贸易伙伴的地缘优势充分发挥，释放经济发展的内在潜力。

推动京津冀协同发展。2013 年，习近平先后到天津、河北调研，提出推动京津冀协同发展。2014 年 2 月 26 日，习近平在北京考察工作时强调京津冀协同发展是一个重大国家战略。2015 年 4 月，中共中央政治局审议通过《京津冀协同发展规划纲要》，指出有序疏解非首都功能是推动京津冀协同发展的“牛鼻子”。2017 年 4 月 1 日，中共中央、国务院决定设立河北雄安新区，规划范围涉及河北省雄县、容城、安新三个县及周边部分区域。设立雄安新区是以习近平同志为核心的党中央作出的一项重大的历史性战略抉择，是继深圳经济特区和上海浦东新区之后又一具有全国意义的新区，是千年大计、国家大事。9 月 27 日，中共中央、国务院批复《北京城市总体规划（2016 年—2035 年）》。该规划明确了核心区功能重组、中心城区疏解提升、北京城市副中心和河北雄安新区形成北京新的两翼等任务。2018 年 12 月 25 日，国务院批复《河北雄安新区总体规划（2018—2035 年）》；2018 年 12 月 27 日，中共中央、国务院批复《北京城市副中心控制性详细规划（街区层面）（2016年—2035年）》。雄安新区和北京城市副中心从顶层设计阶段转入实质性的开工建设阶段。河北雄安新区和北京城市副中心，以北京新两翼之势，为区域发展开拓新空间。

促进长江经济带和长三角区域一体化发展。2014年9月，国务院印发《关于依托黄金水道推动长江经济带发展的指导意见》。2016年1月5日，习近平在重庆召开推动长江经济带发展座谈会，指出推动长江经济带发展是国家一项重大区域发展战略，要从中华民族长远利益出发，坚持生态优先、绿色发展，共抓大保护、不搞大开发，把长江经济带建设成为我国生态文明建设的先行示范带、创新驱动带、协调发展带。3月25日，中共中

▲ 雄安新区发展面积规划示意图

央政治局会议审议通过《长江经济带发展规划纲要》。2018 年 3 月 10 日，习近平在参加十三届全国人大重庆代表团讨论时，进一步提出了长江经济带开发要科学、绿色、可持续的要求。4 月 26 日，习近平在武汉主持召开深入推动长江经济带发展座谈会，明确提出继续深入推动长江经济带发展需要正确把握整体推进和重点突破、生态环境保护和经济发展、总体谋划和久久为功、破除旧动能和培育新动能、自身发展和协同发展五个关系，强调要加强改革创新战略统筹规划引导，以长江经济带发展推动高质量发展。11 月 5 日，习近平在首届中国国际进口博览会开幕式发表演讲时提出，中国将支持长江三角洲区域一体化发展并上升为国家战略，着力落实新发展理念，构建现代化经济体系，推进更高起点的深化改革和更高层次的对外开放，同“一带一路”建设、京津冀协同发展、长江经济带发展、粤港澳大湾区建设相互配合，完善中国改革开放空间布局。2018 年 11 月，中共中央、国务院明确要求充分发挥长江经济带横跨东中西三大板块的区位优势，以生态优先、绿色发展为引领，依托长江黄金水道，推动长江上中下游地区协调发展和沿江地区高质量发展。

推进粤港澳大湾区建设。2016 年 3 月 3 日，国务院印发《关于深化泛珠三角区域合作的指导意见》，明确要求广州、深圳携手港澳，共同打造粤港澳大湾区，建设世界级城市群。国家“十三五”规划纲要明确提出支持香港、澳门在泛珠三角区域合作中发挥重要作用，推动粤港澳大湾区和跨省区重大合作平台建设。2017 年 7 月 1 日，国家发展和改革委员会、广东省人民政府、香港特别行政区政府、澳门特别行政区政府共同签署了《深化粤港澳合作 推进大湾区建设框架协议》，习近平出席签署仪式。中共十九大报告提出，要支持香港、澳门融入国家发展大局，以粤港澳大湾区建设、粤港澳合作、泛珠三角区域合作等为重点，全面推进内地同香港、澳门互利合作，制定完善便利香港、澳门居民在内地发展的政策措施。2018 年 10 月 23 日，港珠澳大桥开通仪式举行，习近平出席仪式，宣布大桥正式开通并巡览大桥。2019 年 2 月，中共中央、国务院印发《粤港澳大湾区发展规划纲要》。2019 年国务院的政府工作报告提出，支持香港、澳门抓住共建“一带一路”和粤港澳大湾区建设的重大机遇，更好发挥自身优势，全面深化与内地互利合作。推进粤港澳大湾区建设，是中共中央作出的重大决策，是新时代推动形成全面开放新格局的新举措，也是推动“一国两制”事业发展的新实践。

西部开发、东北振兴、中部崛起、东部率先的区域发展创新推进。2016年4月26日，中共中央、国务院发布《关于全面振兴东北地区等老工业基地的若干意见》。11月1日，国务院印发《关于深入推进实施新一轮东北振兴战略 加快推动东北地区经济企稳向好若干重要举措的意见》。2018年9月，习近平到东北三省考察，并主持召开深入推进东北振兴座谈会。习近平在座谈会上明确提出东北振兴是全面振兴、全方位振兴，并对东北地区经济发展、社会进步、生态文明建设等方面工作，作出全面部署，强调要解放思想、锐意进取、深化改革，破解新矛盾，以新气象、新担当、新作为推进东北振兴。2019年3月19日，中央全面深化改革委员会第七次会议审议通过《关于新时代推进西部大开发形成新格局的指导意见》。

实施乡村振兴战略。中共十八大提出促进工业化、信息化、城镇化、农业现代化同步发展。中共十九大提出实施乡村振兴战略，要求坚持农业农村优先发展，按照产业兴旺、生态宜居、乡风文明、治理有效、生活富裕的总要求，建立健全城乡融合发展体制机制和政策体系，加快推进农业农村现代化。2018年1月，中共中央、国务院印发《关于实施乡村振兴战略的意见》。9月21日，习近平在主持中央政治局关于乡村振兴战略的集体学习时强调，乡村振兴战略是党的十九大提出的一项重大战略，是关系全面建设社会主义现代化国家的全局性、历史性任务，是新时代“三农”工作总抓手。要加深对这一重大战略的理解，始终把解决好“三农”问题作为全党工作重中之重，明确思路，深化认识，切实把工作做好，促进农业全面升级、农村全面进步、农民全面发展。9月26日，新华社向全社会公开中共中央、国务院印发的《乡村振兴战略规划（2018—2022年）》。这是中国出台的第一个全面推进乡村振兴战略的五年规划。《规划》提出，到2050年，乡村全面振兴，农业强、农村美、农民富全面实现。2019年，中共中央、国务院印发《关于坚持农业农村优先发展做好“三农”工作的若干意见》，提出扎实推进乡村建设。为了加强对农村各方面建设的全面领导，健全党领导农村工作的组织体系、制度体系、工作机制，2019 年 6 月 24 日中共中央政治局会议召开，审议《中国共产党农村工作条例》，这是中共中央加快推进农村现代化建设的重要举措。该条例于 2019 年 8 月 19 日起施行。

第三节　全面依法治国和发展社会主义民主政治

中共十八大以来，以习近平同志为核心的党中央积极发展社会主义民主政治，全面推进依法治国，党的领导、人民当家作主、依法治国有机统一的制度建设全面加强，社会主义民主不断发展，社会主义协商民主全面展开。法治国家、法治政府、法治社会建设相互促进，中国特色社会主义法治体系日益完善，全社会法治观念明显增强；行政体制改革、司法体制改革、权力运行制约和监督体系建设有效实施。

一、总体部署推进全面依法治国

中共十八大以来，以习近平同志为核心的党中央全面推进依法治国，并将其纳入“四个全面”战略布局。法治在党和国家工作全局中的地位更加突出、作用更加重大。

中共十八大提出，法治是治国理政的基本方式，要加快建设社会主义法治国家，全面推进依法治国；到 2020 年，依法治国基本方略全面落实，法治政府基本建成，司法公信力不断提高，人权得到切实尊重和保障。

中共十八届三中全会将推进法治中国建设作为全面深化改革的重要内容，提出建设法治中国，必须坚持依法治国、依法执政、依法行政共同推进，坚持法治国家、法治政府、法治社会一体建设。

2014 年 10 月，中共十八届四中全会召开，研究全面推进依法治国若干重大问题。全会审议通过了《中共中央关于全面推进依法治国若干重大问题的决定》，提出全面依法治国的总目标是建设中国特色社会主义法治体系，建设社会主义法治国家；基本原则是坚持中国共产党的领导与坚持人民主体地位相统一，坚持法律面前人人平等，坚持依法治国和以德治国相结合，坚持从中国实际出发。围绕上述总目标，全面依法治国要求完善以宪法为核心的中国特色社会主义法律体系，加强宪法实施；深入推进依法行政，加快建设法治政府；保证公正司法，提高司法公信力；增强全民法治观念，推进法治社会建设；加强法治工作队伍建设；加强和改进党对全面推进依法治国的领导。全会确立了全面依法治国的总蓝图。这是中国共产党历史上第一次专题研究、专门部署全面依法治国的中央全会，在中国法治史上具有里程碑意义。

2017 年，中共十九大把坚持全面依法治国纳入新时代坚持和发展中国特色社会主义的基本方略，并对 2035 年法治中国建设作出战略部署，提出中国将于 2035 年基本建成法治国家、法治政府、法治社会，使人民平等参与、平等发展的权利得到充分保障，基本实现国家治理体系和治理能力现代化。大会还提出成立中央全面依法治国领导小组，加强对法治中国建设的统一领导。

中共十八大以来，中国特色社会主义法律体系更加完善。从 2013 年 3 月到 2018 年 3 月，十二届全国人大共制定法律 25 部，修改法律 127 件次，通过有关法律问题和重大问题的决定 45 件，作出法律解释 9 件，立法工作呈现数量多、分量重、节奏快、效果好的特点，弥补了许多领域的法律缺位。其中，《中华人民共和国立法法》于 2015 年修改后颁布，为中国特色社会主义法治建设提供重要遵循；《中华人民共和国民法总则》于 2017 年通过，为编纂民法典打下坚实基础；《中华人民共和国国家安全法》《中华人民共和国国家情报法》《中华人民共和国反间谍法》《中华人民共和国网络安全法》《中华人民共和国核安全法》等通过实施，构建起国家安全法律体系；《中华人民共和国环境保护法》《中华人民共和国大气污染防治法》《中华人民共和国水污染防治法》等完成修订，构建起最严格的生态环境保护法律制度；《中华人民共和国国歌法》《中华人民共和国国家勋章和国家荣誉称号法》等通过实施，将弘扬爱国主义精神法制化。

2018 年 3 月，十三届全国人大一次会议表决通过《中华人民共和国宪法修正案》，把习近平新时代中国特色社会主义思想、建设富强民主文明和谐美丽的社会主义现代化强国、实现中华民族伟大复兴、中国共产党领导是中国特色社会主义最本质的特征、完善国家主席任期任职制度、深化国家监察体制改革等内容，载入国家根本大法。

依宪治国提高到新水平。各类法规、规章、司法解释和规范性文件都被纳入备案审查范围，凡违反宪法法律的，均依法依规予以撤销和纠正，实行有件必备、有备必审、有错必纠。为弘扬宪法精神，2014 年 11 月，十二届全国人大常委会第十一次会议决定将每年的 12 月 4 日设立为“国家宪法日”。宪法宣誓制度建立并完善。2015 年，全国人大常委会以立法的

◀ 2014 年 12 月 4 日是我国首个“国家宪法日”。当天，西藏自治区及拉萨市各机关单位走上拉萨街头，向市民进行法律宣传。

形式作出关于宪法宣誓的决定；2018年，宪法宣誓被正式写入宪法。2018年3月17日，十三届全国人大一次会议第五次全体会议上，再次当选中华人民共和国主席、中华人民共和国中央军事委员会主席的习近平面对宪法庄严宣誓："我宣誓：忠于中华人民共和国宪法，维护宪法权威，履行法定职责，忠于祖国、忠于人民，恪尽职守、廉洁奉公，接受人民监督，为建设富强民主文明和谐美丽的社会主义现代化强国努力奋斗！"同年，新一届国务院和十三届全国人大常委会也分别举行宪法宣誓仪式。权力来自宪法、来自人民的理念日渐深入人心。

在司法领域，中共中央办公厅、国务院办公厅于2015年4月印发《关于贯彻落实党的十八届四中全会决定 进一步深化司法体制和社会体制改革的实施方案》，推动改革取得一系列突破：

司法责任制实施。法官、检察官、人民警察在职责范围内对办案质量终身负责。2015年，全国法院实行立案登记制，对依法应当受理的案件，做到有案必立、有诉必理，保证当事人的诉权。2017年，检察机关提起公益诉讼制度正式确立，走出了一条具有中国特色的公益司法保护道路。

司法独立性增强。2015年，最高人民法院在深圳成立第一巡回法庭，随后又在沈阳、南京、郑州、重庆、西安设立巡回法庭，确立与行政区划相分离的司法管辖制。同年，领导干部干预司法活动、插手具体案件处理的记录、通报和责任追究制度建立，确保审判权和检察权依法独立行使。

司法更加公正文明。2013年，实施50多年的劳教制度被依法废止。2016年，律师制度改革和以审判为中心的刑事诉讼制度开始实施，确保律师依法行使辩护权利，强化辩护与控告的相互制约机制，以及审判对侦查和起诉的制约力。同时，一批重大冤假错案，以及违法减刑、假释、暂予监外执行、判处实刑罪犯未执行刑罚等问题也得到坚决纠正。2015年和2019年，国家主席习近平两次根据全国人大常委会的决定签署主席特赦令，分别对四类和九类服刑罪犯实行特赦。特赦承续了中华文明慎刑恤囚的传统，弘扬了依法治国和以德治国的理念，展现了中国的人权司法保障水平与制度自信。

二、用制度体系保证人民当家作主

中共十八大提出，支持和保证人民通过人民代表大会行使国家权力，提高基层人大代表特别是一线工人、农民、知识分子代表比例。2013 年 2 月，十一届全国人大常委会第三十一次会议通过关于十二届全国人大代表的代表资格的审查报告。十二届全国人大代表选举，是 2010 年修改选举法后首次实行城乡按相同人口比例进行的选举。

2014 年 9 月 5 日，中共中央、全国人大常委会举行庆祝全国人民代表大会成立 60 周年大会。习近平在会上强调："在中国实行人民代表大会制度，是中国人民在人类政治制度史上的伟大创造，是深刻总结近代以后中国政治生活惨痛教训得出的基本结论，是中国社会一百多年激越变革、激荡发展的历史结果，是中国人民翻身作主、掌握自己命运的必然选择。"习近平还指出："人民代表大会制度是中国特色社会主义制度的重要组成部分，也是支撑中国国家治理体系和治理能力的根本政治制度。新形势下，我们要毫不动摇坚持人民代表大会制度，也要与时俱进完善人民代表大会制度。"①

人民代表大会的权力增强。2014 年和 2018 年，全国人大常委会两次修改预算法，强化人大预算决算审查监督职责。2015 年 4 月，全国人大常委会出台《关于改进完善专题询问工作的若干意见》，每年选择若干重大问题开展专题询问，由国务院领导同志向全国人大常委会作专项工作报告，回答询问，听取意见。2015 年 8 月，中央全面深化改革领导小组第十五次会议审议通过了《关于改进审计查出突出问题整改情况向全国人大常委会报告机制的意见》，强化人大审计监督权力。同时，坚持立法与改革决策相统一的原则，对与现行法律法规不一致、修改法律尚不成熟、需要先行先试的改革举措，由人大授权进行改革试点。十二届全国人大常委会按照法定程序先后作出 17 个有关改革试点的授权决定和相关决议，为改革提供法律支持和保障。2017 年 12 月，中共中央印发《关于建立国务院向全国人大常委会报告国有资产管

① 习近平：《在庆祝全国人民代表大会成立 60 周年大会上的讲话》，《人民日报》，2014 年 9 月 6 日。

理情况制度的意见》。2018年10月，国务院首次向全国人大常委会报告国有资产“家底”，成为加强和改进全国人大监督工作的重要体现。

人民代表大会的权威性得到坚定捍卫。2015年6月，中共中央转发中共全国人大常委会党组《关于加强县乡人大工作和建设的若干意见》，充分发挥基层国家权力机关和人大代表的作用，巩固党的执政基础，加强基层国家政权建设。中共十八大以来，中央先后通报了查处的湖南衡阳破坏选举案、四川南充拉票贿选案、辽宁拉票贿选案。其中辽宁拉票贿选案是中华人民共和国成立以来查处的第一起发生在省级层面严重违反党纪国法、严重违反政治纪律和政治规矩、严重违反组织纪律和换届纪律、严重破坏党内选举制度和人大选举制度的重大案件。2016年9月，十二届全国人大常委会第二十三次会议通过关于辽宁省人大选举产生的部分十二届全国人大代表当选无效的报告、关于成立辽宁省十二届人大七次会议筹备组的决定，依法确定45名拉票贿选的全国人大代表当选无效。

2016年11月，习近平参加北京市区人大代表换届选举投票并发表重要讲话，他强调：“这次县乡两级人大换届选举是全国人民政治生活中的一件大事”，“要加强对选举工作的监督，对违规违纪违法问题‘零容忍’”。[①] 2017年1月，习近平在十八届中央纪委第七次全体会议上严肃强调：“无论是党委换届还是人大、政府、政协换届，都要体现工人阶级领导的、以工农联盟为基础的人民民主专政的国体，要保证基本群众代表比例，党政干部、企业负责人不要挤占应该给基本群众的名额，不得搞偷天换日、移花接木的欺骗手段。在中国共产党领导的社会主义国家，一切权力属于人民，决不能依据地位、财富、关系分配政治权力！”[②] 在2016年开始的全国县乡两级人民代表大会换届选举中，共有9亿多选民参选，直接选举产生250多万名县乡两级人民代表大会代表。在当选为2018年十三届全国人大代表的2980人中，一线工人和农民代表468名，专业技术人员代表613名，妇

① 《习近平关于社会主义政治建设论述摘编》，中央文献出版社2017年版，第48、49页。
② 《习近平关于社会主义政治建设论述摘编》，中央文献出版社2017年版，第49页。

女代表742名，少数民族代表438名。

2017年，中共中央办公厅印发《关于健全人大讨论决定重大事项制度、各级政府重大决策出台前向本级人大报告的实施意见》，健全各级政府重大决策出台前向本级人大报告制度，加强人大讨论、决定重大事项的权力，使人民当家作主的制度建设又迈出重要一步。

中共十九大进一步强调，要发挥人大及其常委会在立法工作中的主导作用，健全人大组织制度和工作制度，各级党委要支持和保证人大依法行使立法权、监督权、决定权、任免权，更好地发挥人大代表作用，使各级人大及其常委会成为全面担负起宪法法律赋予的各项职责的工作机关，成为同人民群众保持密切联系的代表机关。

三、推动协商民主广泛、多层、制度化发展

中共十八大提出：健全社会主义协商民主制度，推进协商民主广泛、多层、制度化发展。中共十八届三中全会进一步提出，在党的领导下，以经济社会发展重大问题和涉及群众切身利益的实际问题为内容，在全社会开展广泛协商，坚持协商于决策之前和决策实施之中，构建程序合理、环节完整的协商民主体系。对于协商民主的意义，习近平在2014年9月庆祝中国人民政治协商会议成立65周年大会上的讲话给予了深刻阐释，他强调，协商民主深深嵌入中国社会主义民主政治全过程，人民不仅可以通过选举、投票行使权利，而且在作出重大决策之前进行充分协商，尽可能就共同性问题取得一致意见，这是中国社会主义民主的两种重要形式。

为落实中共十八届三中全会部署，中共中央于2015年2月印发《关于加强社会主义协商民主建设的意见》，明确提出社会主义协商民主包括政党协商、人大协商、政府协商、政协协商、人民团体协商、基层协商、社会组织协商等七种形式。这是中国共产党历史上第一份以协商民主为主题的中央文件，也成为指导社会主义协商民主建设的纲领性文件。中共十九大进一步提出，要“加强协商民主制度建设，形成完整的制度程序和参与实

践，保证人民在日常政治生活中有广泛持续深入参与的权利”。

根据中共中央的部署，中国国家政治生活中各种形式的协商民主在探索中取得了一系列成果。

政党协商继续加强。2015年12月，中共中央办公厅印发《关于加强政党协商的实施意见》，对政党协商的内容、形式、程序、保障机制等作出规定。根据《意见》，政党协商的参与者包括各民主党派、无党派人士、工商联。其中，中共中央同民主党派中央开展政党协商的主要内容包括：中共全国代表大会、中共中央委员会的有关重要文件；宪法的修改建议，有关重要法律的制定、修改建议；国家领导人建议人选；国民经济和社会发展的中长期规划以及年度经济社会发展情况；关系改革发展稳定等重要问题；统一战线和多党合作的重大问题；其他需要协商的重要问题。政党协商的形式包括会议协商、约谈协商、书面协商三种。为保证协商质量，《意见》还提出知情明政机制、考察调研机制、工作联系机制和协商反馈机制等四种保障机制。

人民政协作为协商民主的重要渠道和专门协商机构，作用进一步增强。全国政协形成了以全体会议为龙头、以专题议政性常委会议和专题协商会为重点、以双周协商座谈会、对口协商会、提案办理协商会等为常态的协商议政格局。其中，双周协商座谈会是一大创新。从2013年10月创建双周协商座谈会开始，十二届全国政协共举行76次双周协商座谈会，共邀请委员和专家约1500人次、部门负责同志约300人次，开展了“推进粮食定价机制”“营造风清气正的网络空间”“营改增执行情况和改进的建议”“提升中华老字号品牌质量”等协商，得到中共中央、国务院和有关部门高度重视，推动解决了一些重要问题。

监督性调研是全国政协从2015年开始探索的另一项创新举措。例如，围绕“精准扶贫”，全国政协连续两年组织召开专题议政性常委会议，对中央重大决策部署落实情况进行监督。2017年，6位全国政协副主席率队，赴75个贫困县开展监督性调研，最终完成了调研报告《实施精准扶贫中存在的问题和建议》。从2015年到2017年，十二届全国政协视察调研的监督性议题由12项占11%，增至20项占28%。2017年2月，中共中央办公厅印发《关于加强和改进人民政协民主监督工作的意见》，总结探索经验，规定人民政协民主监督包括会议监督、视察监督、提案监督、专项监督、其他监督等形式，民主监督的工作分为确定监督议题、组织监督活动、报送监督意见、办理监督意见等程序。《意见》还提出知情明政、协调落实、办理反馈、权益保障等工作机制。

人大、政府、基层民主、群团组织和社会组织协商同样取得成效。各级人大开展立法听证、立法草案征求公众意见、专家咨询，建立代表联络服务机构、代表定期下社区接待选民和群众等机制，夯实代表的群众基础。政府依据“法无授权不可为、法定职责必须为”的原则，制定协商事项目录，建立政府协商保障机制，把政府协商纳入政府决策程序，完善人大代表议案建议和政协委员提案办理联系机制，将办理情况列入政府年度督查计划。基层民主协商已经形成制度。截至 2016 年，全国约 85% 的村建立了村民会议或村民代表会议制度，89% 的社区建立了居民（成员）代表大会，64% 的社区建立了协商议事委员会，村民议事、小区协商、业主协商、村

▲ 2015 年 12 月 29 日，江苏省徐州市云龙区金骆驼社区召开康馨园 B、C 小区如何安装监控的协商民主议事会。

（居）民决策听证等协商形式在全国城乡社区逐步推广。群团组织、社会组织也发挥它们社会性、专业性强的优势，表达群众诉求。如工会、共青团、妇联等群团组织通过多种渠道反映民众诉求，在《中华人民共和国反家庭暴力法》《劳动保障监察条例》等法律法规的制定过程中积极建言献策。各种形式的协商民主，展现出“中国式商量”的独特优势。

四、加快法治国家、法治政府、法治社会一体建设

中共十八届四中全会提出，建设法治中国，必须坚持依法治国、依法执政、依法行政共同推进，坚持法治国家、法治政府、法治社会一体建设，不断开创依法治国新局面。

法治政府建设是共同推进依法治国的“着力点”，是法治国家、法治政府、法治社会一体建设的“支撑点”。建设法治国家、法治社会，需要充分发挥法治政府建设的先导、示范、支撑和带动作用。2015 年 12 月，中共中央、国务院印发《法治政府建设实施纲要（2015—2020 年）》，确立到 2020 年基本建成职能科学、权责法定、执法严明、公开公正、廉洁高效、守法诚信的法治政府的目标要求，并制定具体行动纲领。随着纲要的实施，法治政府建设的成果不断显现，主要表现在以下几个方面：

政府权责法定化。2016 年，国务院各部门开始权力和责任清单编制试点，此后试点范围不断扩大。到 2017 年，全国 31 个省（自治区、直辖市）均已公布省市县三级政府部门权力和责任清单，为法治政府建设确立了一项基本制度，政府依法履职的意识和能力不断增强。

行政决策科学化、民主化、法治化水平进一步提高。行政机关内部重大决策合法性审查机制建立，政府法律顾问制度推行，重大决策终身责任追究制度及责任倒查机制确立，政府依法决策机制不断健全。

公正文明执法水平明显提升。2016 年，行政执法“三项制度”（行政执法公示、执法全过程记录、重大执法决定法制审核）开展试点工作，2017 年试点范围扩大至全国 32 个地方和部门，初步形成了一套可复制、可推广的经

验。2019年“三项制度”全面推行，对推进公正执法起到了突破性带动作用。

公职人员法治意识显著增强。通过加强对政府工作人员的法治教育培训，完善政府工作人员法治能力考评制度，政府工作人员法治思维和依法行政能力明显提高。尤其针对领导干部这个“关键少数”，2016年12月，中共中央办公厅、国务院办公厅印发《党政主要负责人履行推进法治建设第一责任人职责规定》，强化考核评价和督促检查，逐层传导压力，构建法治政府建设的责任落实机制。

中共十九大总结法治中国建设的经验，提出到2035年基本建成法治国家、法治政府、法治社会，基本实现国家治理体系和治理能力现代化。实现这一目标，首先需要对党和国家机构作出相应调整。中共十九届三中全会通过《中共中央关于深化党和国家机构改革的决定》和《深化党和国家机构改革方案》。方案包括深化中共中央机构改革、深化全国人大机构改革、深化国务院机构改革、深化全国政协机构改革、深化行政执法体制改革、深化跨军地改革、深化群团组织改革、深化地方机构改革八个方面。

2018年3月，十三届全国人大一次会议审议通过《国务院机构改革方案》。这次国务院机构改革着眼于转变政府职能，构建职责明确、依法行政的政府治理体系。改革后，国务院组成部门调整为26个，正部级机构减少8个，副部级机构减少7个。新组建或重新组建自然资源部、生态环境部、农业农村部、退役军人事务部、应急管理部、国家移民管理局等部门，不再保留监察部、国土资源部、环境保护部、国家计生委等部门。按照法治政府和服务型政府要求，改革重塑治理格局，整合原本分散的相关职责，避免政出多门，使政府职能划分科学化、机构职责边界清晰化，从而提升政府运转效率，为建设法治政府完善了“硬件”基础。

2019年7月5日，习近平在深化党和国家机构改革总结会议上对深化党和国家机构改革提出了新要求，他强调：深化党和国家机构改革是对党和国家组织结构和管理体制的一次系统性、整体性重构。我们整体性推进中央和地方各级各类机构改革，重构性健全党的领导体系、政府治理体系、武装力量体系、群团工作体系，系统性增强党的领导力、政府执行力、武装力量战斗力、群团组织活力，适应新时代要求的党和国家机构职能体系主体框架初步建立，为完善和发展中国特色社会主义制度，推进国家治理体系和治理能力现代化提供了有力组织保障。

崇尚法治的社会风气日益浓厚。从2011年开始实施的“六五”普法规划，在中共十八大后得到全面推进。中共十八届四中全会提出，实行国家机关“谁执法谁普法”的普法责任制，各地各部门广泛开展法治宣传教育主题活动，深入推进法治创建活动，全民法治观念明显增强，社会治理法治化水平明显提高。全国有27个省（自治区、直辖市）制定了依法治省（自治区、直辖市）或法治建设纲要，推动依法治理在省、市、县、乡各层面不断深入。全国成立普法讲师团8250个，成员达13.4万名，成立志愿者队伍4.7万支，成员达157.3万名，举办普法骨干培训630万人次。全国共举办法治宣传广播栏目5200多个、电视栏目3800多个、报刊栏目6000多个，形成一批普法品牌栏目。全国普法办开通中国普法官方微博、微信和客户端，各地各部门创办普法网站3700多个，开通普法官方微博、微信2600多个，有效拓展了普法的广度和深度。

2016年，第七个五年法治宣传教育活动全面启动。此后，“七五”普法活动正在各级党委、政府的领导下蓬勃开展。日益法治化的社会，成为法治国家和法治政府植根的深厚土壤。法治国家、法治政府与法治社会建设相辅相成，共同将建设法治中国的理想一步步变为现实。

第四节　增强文化自信和提升国家文化软实力

中共十八大以来，思想文化建设取得重大进展。中国共产党牢牢掌握意识形态工作的领导权，社会主义意识形态的凝聚力和引领力持续增强；社会主义核心价值观和中华优秀传统文化得到弘扬；公共文化服务水平不断提高；中国特色哲学社会科学取得重要成果；文艺创作持续繁荣；文化事业和文化产业蓬勃发展；互联网建设管理运用不断完善；国家文化软实力和中华文化影响力大幅提升。全党全社会思想上的团结统一更加巩固。

一、建设具有强大凝聚力和引领力的社会主义意识形态

当今时代，社会意识多元化，传播手段多样化，意识形态领域斗争复杂尖锐。对此，中共十八大提出，要牢牢掌握意识形态工作领导权和主导权，坚持正确导向，提高引导能力，壮大主流思想舆论。中共十九大更明确提出，要建设具有强大凝聚力和引领力的社会主义意识形态，使全体人民在理想信念、价值理念、道德观念上紧紧团结在一起。

2013 年 8 月，全国宣传思想工作会议在北京召开。习近平在会上强调，经济建设是党的中心工作，而意识形态工作是党的一项极端重要的工作；宣传思想工作就是要巩固马克思主义在意识形态领域的指导地位，巩固全党全国人民团结奋斗的共同思想基础。根据会议部署，全党全国更加注重学习研究马克思主义理论。中共十八大后，十八届中共中央政治局先后就历史唯物主义、辩证唯物主义、马克思主义政治经济学、当代世界马克思主义思潮等问题进行集体学习。党校、干部学院、社会科学院、高校、理论学习中心组也纷纷强化马克思主义必修课，成为马克思主义学习、研究、宣传的重要阵地。

党校是社会主义意识形态的重要阵地。2015 年 12 月，全国党校工作会议在北京召开，习近平在会上强调“党校姓党”这个根本原则。根据会议精神，全国党校更加自觉地坚持一切教学活动、科研活动、办学活动都遵循党性原则，自觉同党中央保持高度一致。作为理论教育和党性教育的阵地，党校更好地承担起了为党员干部补钙壮骨、立根固本的重要任务。广大共产党员、领导干部强化共产主义信仰，更加注重理论学习，更自觉地运用马克思主义立场、观点、方法观察和解决问题，夯实马克思主义理论的看家本领。

学校是意识形态工作的前沿阵地。2016 年 12 月，全国高校思想政治工作会议召开。习近平在会上强调，要通过做好高校思想政治工作，巩固马克

思主义在高校意识形态领域的指导地位，更好地把高校师生凝聚在党的周围，履行好立德树人的职责。会后，全国各高校落实了党组织书记和行政负责人的意识形态工作责任制。2017 年，全国高校新增思想政治课专职教师岗位近 4000 个，新增经费近 2.7 亿元，高校思想政治工作质量进一步提升。2019 年 3 月，习近平又主持召开学校思想政治理论课教师座谈会，强调：办好思想政治理论课，最根本的是要全面贯彻党的教育方针，解决好培养什么人、怎样培养人、为谁培养人这个根本问题。中国特色社会主义教育就是要理直气壮开好思政课，用新时代中国特色社会主义思想铸魂育人。座谈会激发起全国教师培养社会主义建设者和接班人的使命意识与奉献热忱。在思想激荡的新时代，教师队伍将在引导、教育和凝聚青少年思想工作中发挥更大作用。

新闻舆论对意识形态工作关系重大，以习近平同志为核心的党中央将新闻舆论工作视为“治国理政、定国安邦的大事”。面对信息技术飞速发展、传播媒介不断更新的形势，中共十八届三中全会提出“整合新闻媒体资源，推动传统媒体和新兴媒体融合发展”战略。2014 年 8 月，中央全面深化改革领导小组第四次会议审议通过《关于推动传统媒体和新兴媒体融合发展的指导意见》，确立媒体融合发展顶层设计，将“媒体融合”变为国家战略。

根据战略部署，主流媒体将广播、电视、报纸等传统媒介和电脑、手机等新兴媒介按“资源通融、内容兼融、宣传互融、利益共融”的原则进行融合，并融入流行的 H5、AR、VR 等技术，实现“报、刊、台、网、微、端”传播全覆盖。2018 年，中央电视台（中国国际电视台）、中央人民广播电台、中国国际广播电台整合为中央广播电视总台，作为国务院直属事业单位，归口中共中央宣传部领导。力量整合后的中央广播电视总台，在传播力、引导力、影响力和公信力方面展现出更强大优势。

在整合硬件资源的同时，新闻舆论工作的指导思想进一步升华。2016 年 2 月，习近平集中调研三大中央媒体，并主持召开了党的新闻舆论工作座谈会。会上，习近平提出 48 字党的新闻舆论工作职责和使命，即“高举

▲ 传统媒体与新兴媒体融合发展，“文化上海云”平台于 2016 年 3 月上线，将公共文化送到家。图为工作人员在现场指导市民扫码登录该平台。

旗帜、引领导向，围绕中心、服务大局，团结人民、鼓舞士气，成风化人、凝心聚力，澄清谬误、明辨是非，联接中外、沟通世界”，并强调“坚持正确政治方向是第一位的”，“党性原则是党的新闻舆论工作的根本原则”。主流媒体以此为根本遵循，权威发声，激浊扬清，发挥了“定音鼓”“风向标”“压舱石”的作用，保持了舆论场内的风清气正，不断夯实全体人民同心同德、共建中国梦的思想基础。

为牢牢掌握意识形态工作领导权，2015 年 10 月，中共中央办公厅印发《党委（党组）意识形态工作责任制实施办法》。按此办法的要求，各级党委（党组）领导班子担负起了本地区本部门意识形态工作主体责任，党委（党组）书记是第一责任人，党委（党组）分管领导是直接责任人，党委（党组）其他班子成员对职责范围内的意识形态工作负领导责任，形成了党委统一领导、党政齐抓共管、宣传部门组织协调、其他部门分工负责的工作责任网络，也凝聚起勇于担当、敢抓敢管、勇于发声、敢于亮剑的强大正能量。意识形态工作的领导权牢牢掌握在坚定的马克思主义者手中，确保了意识形态安全和政治安全。

二、培育和践行社会主义核心价值观

核心价值观作为国家软实力的灵魂，其生命力、凝聚力、感召力的强弱，决定了一国能否有效整合社会意识、维护社会系统正常运转和社会秩序和谐稳定。中共中央对此高度重视，中共十八大提出，要倡导富强、民主、文明、和谐，倡导自由、平等、公正、法治，倡导爱国、敬业、诚信、友善，积极培育和践行社会主义核心价值观。中共十九大进一步提出，发挥社会主义核心价值观对国民教育、精神文明创建、精神文化产品创作生产传播的引领作用，把社会主义核心价值观融入社会发展各方面，转化为人们的情感认同和行为习惯。

2013 年 12 月，中共中央办公厅印发《关于培育和践行社会主义核心价值观的意见》，要求把培育和践行社会主义核心价值观融入国民教育全过程、落实到经济发展实践和社会治理中，加强宣传教育，开展实践活动，加强组织领导。2014 年 2 月，中共中央政治局就培育和弘扬社会主义核心价值观、弘扬中华传统美德进行集体学习。习近平在主持学习时强调，要把培育和弘扬社会主义核心价值观作为凝魂聚气、强基固本的基础工程；要切实把社会主义核心价值观贯穿于社会生活方方面面，通过教育引导、舆论宣传、文化熏陶、实践养成、制度保障等，使社会主义核心价值观内化为人们的精神追求，外化为人们的自觉行动；要形成有利于培育和弘扬社会主义核心价值观的生活情景和社会氛围，使核心价值观的影响像空气一样无所不在、无时不有。

根据中共中央的指示和部署，社会主义核心价值观融入国民教育全过程。它被纳入国民教育总体规划，贯穿于基础教育、高等教育、职业技术教育、成人教育等各领域；同时，各类校外实践教育基地纷纷建立，形成课堂教学、社会实践、校园文化多位一体的育人平台。青少年广泛参加力所能及的生产劳动、爱心公益活动、发明创造活动和勤工俭学活动，在潜移默化中培养起对社会主义核心价值观的认同。

社会主义核心价值观在社会生活各方面也得到普遍践行。2015 年 4 月，中共中央宣传部、中共中央文明办印发《培育和践行社会主义核心价值观行动方案》，要求紧密联系群众生产生活实际，结合各行业特点，广泛进行宣传教育和实践探索，努力在全社会形成共同的价值追求。根据《行动方案》，全社会普遍开展爱国主义教育活动、群众性精神文明创建活动、学雷锋志愿服务活动、节俭养德全民节约行动、公正文明执法司法活动、平安中国建设活动、民族团结进步创建活动、文明旅游活动、全民科学素质行动、扶贫济困活动、爱国卫生运动、文明办网文明上网活动、公众人物“重品行树形象做榜样”活动、“三严三实”专题教育，将社会主义核心价值观浸润到社会生活各方面，树立好的“家风”“学风”“民风”，创造天清气朗的社会氛围。

培育和践行社会主义核心价值观还得到制度化保障。2016 年 12 月，中共中央办公厅、国务院办公厅印发《关于进一步把社会主义核心价值观融入法治建设的指导意见》，提出把社会主义核心价值观的要求融入法治国家、法治政府、法治社会建设全过程，融入科学立法、严格执法、公正司法、全民守法各个环节，以法治体现道德理念，强化法律对道德建设的促进作用。

根据这一部署，全国人大常委会颁布或修改了《中华人民共和国国歌法》《中华人民共和国国家勋章和国家荣誉称号法》《中华人民共和国英雄烈士保护法》《中华人民共和国老年人权益保障法》《中华人民共和国妇女权益保障法》《中华人民共和国慈善法》等一批法律，将爱国奉献、孝老爱亲等传统美德上升到法治高度。全国人大常委会还将每年的 9 月 3 日确定为中国人民抗日战争胜利纪念日，将每年的 9 月 30 日确定为烈士纪念日，将每年的 12 月 13 日确定为南京大屠杀死难者国家公祭日。国务院将每年的秋分日确定为“中国农民丰收节”。这些纪念活动的制度化，从不同角度弘扬社会主义核心价值观，增强了中国人民的认同感和归属感。

各地区各行业也将社会主义核心价值观融入制度建设，制定市民公约、乡规民约、学生守则、行业规范，并实施各类“道德模范奖励办法”和“违反职业道德处理办法”，惩恶扬善，崇德尚贤，着力培育集个人品德、家庭美德、职业道德和社会公德于一身的时代新人。

中共十八大以来，通过宣传教育、实践养成和制度保障，社会主义核心价值观如春风化雨，被越来越多的中国人深刻认同和自觉践行，讲道德、尊道德、守道德的社会新风日益浓厚，中国特色社会主义的思想道德基础更加坚实。

三、推动中华优秀传统文化创造性转化、创新性发展

以习近平同志为核心的党中央高度重视中华优秀传统文化，将其作为治国理政的重要思想文化资源。2013 年 12 月，中共中央政治局就建设社会主义文化强国、着力提高国家文化软实力进行集体学习。习近平在主持学习时强调，博大精深的中华优秀传统文化是中华民族的突出优势，是我们最深厚的文化软实力。他提出了“实现中华传统美德的创造性转化、创新性发展”的要求，并提出要使中华民族最基本的文化基因与当代文化相适应、与现代社会相协调，以人们喜闻乐见、具有广泛参与性的方式推广开来，把跨越时空、超越国度、富有永恒魅力、具有当代价值的文化精神弘扬起来，把继承传统优秀文化又弘扬时代精神、立足本国又面向世界的当代中国文化创新成果传播出去。

优秀传统文化更深度融入国民教育体系。2014 年 3 月，教育部印发《完善中华优秀传统文化教育指导纲要》，提出把中华优秀传统文化教育系统融入课程和教材体系。到 2015 年，全国 25 个省区市共 500 册省级版中小学传统文化实验教材研发完毕，教材以“青少年完美人格”为传统文化教育的目标，制定了适应不同年级的学习内容；中小学道德与法治、语言、历史等课程教材也完成修订，加强了传统文化与传统美德教育。高校开设中华优秀传统文化必修课程，哲学社会科学及相关学科专业和课程中也增加了优秀传统文化的内容。学校还开展了戏曲、书法、高雅艺术、传统体育等进校园活动，全面提升了优秀传统文化在国民教育中的含量。

文化遗产是优秀传统文化的重要载体，它包括物质文化遗产和非物质文化遗产。

中共十八大以来，物质文化遗产得到更全面的保护。2012 年到 2016 年，第一次全国可移动文物普查工作展开，普查全国可移动文物共计 10815 万件 / 套，其中新发现新认定文物共 708.4 万件 / 套。普查工作全面摸清了国有可移动文物的家底，并建立了文物资源数据库和文物身份证制度，可移动文物数据社会服务和共享机制也初步建成。不可移动文物保护力度同样空前。2013 年，国务院公布了第七批全国重点文物保护单位 1943 处；2019 年，第八批国家保护单位申报遴选工作正在有序进行。元上都遗址、红河哈尼梯田、大运河、“丝绸之路：长安—天山廊道的路网”、土司遗址、广西左红花山岩画、“鼓浪屿：历史国际社区”、良渚古城遗址成功申报世界文化遗产，截至 2019 年 7 月，中国的世界遗产总数达 55 项，位居世界第一。为留住乡愁，从 2012 年到 2019 年，共五批 6799 个村落被列入中国传统村落名录，整体保护利用工作相应展开。为传承革命精神，延安革命旧址群保护提升工程、抗战文物保护修缮和展示利用工程等全面实施，并取得了显著成效。

非物质文化遗产保护向着更高水平发展。2014 年，国务院批准公布了第四批国家级非物质文化遗产名录。为强化对非遗及其孕育发展环境的区域性整体保护，在非遗项目集中、特色鲜明的区域还设立了 20 多个国家级文化生态保护实验区。2015 年，中国非遗传承人群研修研习培训计划启动，为非遗传承提供学术和教学资源支持。2016 年，文化部牵头制定了《中国传统工艺振兴计划》，支持相关企业、院校在新疆哈密、青海果洛、贵州雷山等地设立传统工艺工作站，帮助当地传统工艺企业和从业者弘扬优秀工艺，发展富有民族和地域特色的传统工艺产品和品牌。

随着保护传承工作深入推进，优秀传统文化的创造性转化与创新性发展也取得了积极成效。一大批弘扬优秀传统文化的电视节目、文化产品和服务面世。《中国汉字听写大会》《中国成语大会》《中国谜语大会》《中国诗词大会》等文化益智节目激发起全民学习热情；《记住乡愁》《鉴史问廉》《本草中国》《我在故宫修文物》等纪录片展现出中华文明的博大精深。公共图书馆、博物馆、美术馆、文化遗址公园等公共文化服务场所，成为弘扬优秀传统文化的重要基地，多措并举让传统文化全面复兴。同时，文化产业作为创造性转化优秀传统文化的重要渠道，也获得了经济效益与社会效益双丰收。一批带有中国气派的影视动漫作品、艺术制品、服装服饰、文化服务、网络游戏风靡市场，让消费者在潜移默化中受到优秀传统文化的熏陶。

优秀传统文化发挥了成风化人、润物无声的作用。中共十八大以来，优秀传统文化不仅被引入社会治理，写入市民公约、乡规民约、学生守则和行业规范，而且还走进家庭。各地广泛开展文明家庭创建活动，挖掘和整理家训、家书文化，用优良家风家教培育青少年。2016 年 12 月，第一届全国文明家庭表彰大会在北京举行。习近平在亲切会见全国文明家庭代表时强调，我们要重视家庭文明建设，努力使千千万万个家庭成为国家发展、民族进步、社会和谐的重要基点，成为人们梦想起航的地方。优秀传统文化激起中国人民内心深处的家国情怀，推动形成了爱国爱家、相亲相爱、向上向善、共建共享的社会主义家庭文明新风尚。

2017 年 1 月，中共中央办公厅、国务院办公厅印发《关于实施中华优秀传统文化传承发展工程的意见》，系统总结十八大以来继承和弘扬传统文化的经验，首次以中央文件形式专题阐述中华优秀传统文化传承发展工作，将中华优秀传统文化传承发展上升为建设社会主义文化强国的重大战略任务。中共十九大进一步提出：深入挖掘中华优秀传统文化蕴含的思想观念、人文精神、道德规范，结合时代要求继承创新，让中华文化展现出永久魅力和时代风采。

根据部署，中国在保护传承文化遗产的基础上，正进一步阐发传统文化精髓，将其贯穿国民教育始终、滋养文艺创作、融入生产生活，以优秀传统文化宣传教育增强国民凝聚力，并通过中外文化交流互鉴展现中华文明的独特魅力。

四、建立网络综合治理体系

中国互联网飞速发展，网民数量位居世界第一。互联网在促进经济社会发展的同时，也带来了网络治理的新挑战，其中不仅包括网络基础设施和信息安全风险，更有网络思想舆论的冲击。

以习近平同志为核心的党中央从国家安全的高度看待网络舆论安全问题。2013 年 8 月，习近平在全国宣传思想工作会议上指出：“互联网已经成为舆论斗争的主战场。”[①]2016 年 2 月，习近平在新闻舆论工作座谈会上强调：“过不了互联网这一关，就过不了长期执政这一关。”[②]

为加强对互联网工作的统一领导，中共中央专门成立网络安全和信息化领导小组，由习近平担任组长。2014 年 2 月，中央网络安全和信息化领导小组第一次会议召开，习近平发表重要讲话强调，做好网上舆论工作是一项长期任务，要创新改进网上宣传，运用网络传播规律，弘扬主旋律，激发正能量，大力培育和践行社会主义核心价值观，把握好网上舆论引导的时、度、效，使网络空间清朗起来。

为加强网络舆论引导，中国深入推进媒体融合发展战略，使主流媒体牢牢掌握包括互联网在内的传播主导权。在坚持弘扬社会主义意识形态和社会主义核心价值观的同时，加强对负面言论、错误思想的批判。尤其是针对历史虚无主义、新自由主义等错误思潮借助互联网滋长蔓延的势头，展开旗帜鲜明的斗争。宣传部门和历史研究者，对历史虚无主义所攻击的党史、国史、军史重大问题，提高回应的及时性和反击力度，防止错误思潮被过度热炒，造成不良社会影响。2016 年，最高人民法院发布人民法院依法保护“狼牙山五壮士”等英雄人物人格权益典型案例，用法律手段反对历史虚无主义，倡导依法保护英雄人物包括去世英雄人物在内的所有社会成员的合法权益，维护社会主义核心价值观。

---

① 《习近平关于社会主义文化建设论述摘编》，中央文献出版社 2017 年版，第 28 页。
② 《习近平关于社会主义文化建设论述摘编》，中央文献出版社 2017 年版，第 42 页。

在建立正确舆论导向的基础上，相关部门加强网络舆情监测，进行舆论引导和舆情处置，有效疏导和控制负面舆情，依法依规处理了一批长期传播错误言论的渠道平台和人员，营造出清朗的网络舆论环境。2017 年 10 月，《互联网跟帖评论服务管理规定》落地实施，提供跟帖、评论的互联网服务，包括各种新闻、直播网站、应用、论坛，均按照“后台实名、前台自愿”原则，对注册用户进行真实身份信息认证，网络不再是“键盘侠”“网络水军”肆意妄言的法外之地。网友们反映，网络上“理性的声音更多了”。

网络安全也得到更好保障。中共十八大以来，网络安全被纳入总体国家安全。2016 年 4 月，习近平主持召开全国网络安全和信息化工作座谈会，强调要树立正确的网络安全观，加快构建关键信息基础设施安全保障体系，全天候全方位感知网络安全态势，增强网络安全防御能力和威慑能力。此后，网络立法进度加快，全国人大常委会于 2016 年 11 月颁布《中华人民共和国网络安全法》。围绕该法，网络安全方面的法律法规纷纷出台，如《中华人民共和国电子签名法》《中华人民共和国电子商务法》《中华人民共和国电信条例》《中华人民共和国无线电管理条例》《信息网络传播权保护条例》《计算机软件保护条例》《互联网域名管理办法》《电信设备进网管理办法》等。日益完备的法律法规使“虚拟空间”的运行更加安全有序。

五、构建中国特色哲学社会科学

当代中国正经历着深刻的社会变革，进行着独特的实践创新，这必将给理论创新、学术繁荣提供强大动力和广阔空间。这是一个需要理论而且一定能够产生理论的时代，也是一个需要思想而且一定能够产生思想的时代。

坚持以马克思主义为指导，是当代中国哲学社会科学的根本标志。为巩固马克思主义在哲学社会科学领域的指导地位，在中共中央的高度重视和领导下，中国哲学社会科学继续深入实施马克思主义理论研究和建设工程，深入研究重大理论和现实问题，深入研究总结重大实践经验，推动理论与实践良性互动，建设一批全国重点马克思主义学院，进一步完善马克思主义理论学科体系、教材体系、话语体系，不断推进马克思主义中国化、时代化、大众化。

为发挥社会科学指导实践的功能，中共中央办公厅、国务院办公厅于2015年1月发布了《关于加强中国特色新型智库建设的意见》，对智库建设作出部署。2015年12月，国家高端智库建设试点工作会议在北京召开，首批25家国家级高端智库试点启动，范围涵盖政治、经济、思想、科技、军事、法律、国际等领域，重点围绕国家重大战略需求开展前瞻性、针对性、储备性政策研究。

然而，中国的哲学社会科学发展在一些方面存在滞后于改革开放实践、盲目崇拜国外所谓学术权威和理论范式的现象。2016年5月，习近平主持召开哲学社会科学工作座谈会并发表重要讲话，提出加快构建中国特色哲学社会科学的要求，强调中国的哲学社会科学要善于融通古今中外各种资源，特别是要把握好马克思主义、中华优秀传统文化、国外哲学社会科学三方面资源，按照立足中国、借鉴国外，挖掘历史、把握当代，关怀人类、面向未来的思路，着力构建中国特色哲学社会科学，在指导思想、学科体系、学术体系、话语体系等方面充分体现中国特色、中国风格、中国气派。

习近平的讲话激励和鞭策了广大哲学社会科学工作者，构建中国特色哲学社会科学的步伐加快，相关配套改革深入推进。2017年5月，中共中央印发《关于加快构建中国特色哲学社会科学的意见》，提出要坚持马克思主义在哲学社会科学领域的指导地位，加快构建中国特色哲学社会科学学科体系、学术体系、话语体系，建设种类齐全、梯队衔接的哲学社会科学人才队伍，并加强和改善党对哲学社会科学工作的领导。

中共十九大确立习近平新时代中国特色社会主义思想为党的指导思想，翻开了中国哲学社会科学研究的新篇章。为推动习近平新时代中国特色社会主义思想学习宣传贯彻，中宣部组织推出《习近平谈治国理政》第二卷，组织编写《习近平新时代中国特色社会主义思想三十讲》《习近平新时代中国特色社会思想学习纲要》，为学习马克思主义中国化最新成果提供重要辅助材料。10家习近平新时代中国特色社会主义思想研究中心（院）在中央党校、教育部、中国社会科学院、国防大学、北京市、上海市、广东省、北京大学、清华大学和中国人民大学成立，有力推动了习近平新时代中国特色社会主义思想的研究和宣传。

哲学社会科学学科体系、学术体系、话语体系、人才队伍建设进一步加强。特别是中共十九大以来，智库建设成果尤为丰硕。2019年1月，中国社会科学院中国历史研究院挂牌成立，下设考古研究所、古代史研究所、近代史研究所、世界历史研究所、中国边疆研究所、历史理论研究所，统筹历史研究工作。4月9日，中国非洲研究院成立，成为加强中非学术研究、促进中非交流治国理政经验、为中非合作提供智力支持和人才支撑的新高地。4月24日，由新华社研究院联合15家中外智库共同发起的“一带一路”国际智库合作委员会在北京宣告成立，为中外专家搭建起合作平台，推动“一带一路”学术交流机制化常态化。

中共十八大以来，中国哲学社会科学学科体系更加健全，研究队伍不断壮大，研究水平和创新能力持续提高，马克思主义理论研究和建设工程取得丰硕成果。广大哲学社会科学工作者深入研究和回答中国发展和中国共产党执政面临的重大理论和实践问题，推出一大批重要学术成果，为坚持和发展中国特色社会主义贡献了智慧和力量。

六、繁荣文艺创作，发展文化事业和文化产业

中共十八大以来，文化建设取得历史性成就。2014年2月，中央全面深化改革领导小组第二次会议审议通过《深化文化体制改革实施方案》，提出建立健全现代公共文化服务体系和现代文化市场体系两方面任务。中共十九大进一步提出，完善公共文化服务体系，深入实施文化惠民工程，丰富群众性文化活动；健全现代文化产业体系和市场体系，创新生产经营机制，完善文化经济政策，培育新型文化业态。

2015年，公共文化服务领域顶层设计出台。1月，中共中央办公厅、

国务院办公厅印发《关于加快构建现代公共文化服务体系的意见》和《国家基本公共文化服务指导标准（2015—2020年）》，提出到2020年，基本建成覆盖城乡、便捷高效、保基本、促公平的现代公共文化服务体系，并首次把标准化、均等化作为工作抓手，对读书看报、收听广播等七大项基本服务项目和文化设施、广电设施等五大类设施制定指导标准，明确保障底线。10月，国务院办公厅印发《关于推进基层综合性文化服务中心建设的指导意见》，提出到2020年，全国范围的乡镇（街道）和村（社区）普遍建成基层综合性公共文化设施和场所，形成一套符合实际、运行良好的管理体制和运行机制，建立一支高素质的基层文化队伍。

根据顶层设计，公共文化服务建设工作全面展开。2017年3月，公共文化领域第一部具有“四梁八柱”性质的重要法律《公共文化服务保障法》实施，将公共文化建设纳入法治化、规范化轨道。围绕该法，《公共图书馆法》《文化志愿服务管理办法》《文化馆管理办法》《各级公共图书馆业务规范》《各级文化馆业务规范》等纷纷出台，初步构建起现代公共文化服务体

▲ 1980年2月，乌兰牧骑文艺小分队在内蒙古自治区呼伦贝尔草原演出。

▲ 2018年1月，乌兰牧骑的演员们在内蒙古自治区锡林浩特市凤凰马场演出。

系的制度框架。

中共十八大以来，党和国家着力建立、健全覆盖城乡的公共文化服务体系。截至2017年底，全国共有群众文化机构44521个、博物馆4721个、县级以上公共图书馆3166个，比2012年分别增加645个、1652个、229个。公共文化服务设施全部免费开放，基本实现了“县有公共图书馆、文化馆，乡有综合文化站”的建设目标。2017年11月21日，习近平给内蒙古自治区苏尼特右旗乌兰牧骑队员们回信写道：“人民需要艺术，艺术也需要人民。在新时代，希望你们发扬乌兰牧骑的优良传统，扎根生活沃土，服务牧民群众，推动文艺创新，努力创作更多接地气、传得开、留得下的优秀作品。”[①] 习近平的这封回信，进一步推动了基层公共文化服务体系建

① 《习近平总书记给内蒙古自治区苏尼特右旗乌兰牧骑队员们的回信》，《人民日报》，2017年11月22日。

设。中共十八大以来，针对贫困地区的“百县万村综合性文化服务中心示范工程”“村文化活动室设备购置项目”“流动文化车配备项目”“‘阳光工程’——中西部农村文化志愿服务行动计划”等项目加快实施，推动贫困地区公共文化服务体系建设取得跨越式发展。

文化产业规模持续扩大，文化市场管理日益规范。中共十八大以来，各级各地政府密集出台政策法规，鼓励和引导文化产业发展。文化产业增加值占国内生产总值的比重由 2012 年的 3.48% 提高到 2017 年的 4.29%，对推动国民经济持续健康发展起到日益重要的作用。为规范文化市场，法律法规制定工作加快。2016 年至 2017 年，中共中央办公厅、国务院办公厅印发《关于进一步深化文化市场综合执法改革的意见》，深化相关领域改革；文化部出台《关于推动文化娱乐行业转型升级的意见》，推动建设场所阳光、内容健康、服务规范、业态丰富、受众多样、形象正面的现代文化消费场所；文化部还出台了《关于规范网络游戏运营 加强事中事后监管工作的通知》《网络表演经营活动管理办法》等文件，规范新兴文化市场。

文艺作品的思想性和艺术性显著增强。为引导文化事业健康发展，树立新时期文艺创作的正确导向，2014 年 10 月，习近平主持召开文艺工作座谈会，来自全国各地的 72 位文艺工作者聆听了总书记近两个小时的重要讲话。习近平强调，实现中华民族的伟大复兴需要中华文化繁荣兴盛，因此必须高度重视和充分发挥文艺和文艺工作者的重要作用，文艺应当坚持以人民为中心的创作导向，以中国精神为灵魂，创作无愧于时代的优秀作品。自此，中国文艺翻开了崭新一页。

文艺工作座谈会之后，全国文艺工作者坚持以人民为中心的创作导向，遵循文艺发展规律，牢固树立精品意识，以中国精神为灵魂，着力提高文艺作品的质量。全国文艺工作者陆续奔赴基层，开展“深入生活、扎根人民”的主题实践活动，采风创作、慰问演出，把人民作为文艺表现的主体，践行为人民抒写、为人民抒情、为人民抒怀的要求。在正确导向下，文艺创作精品频出，一批批思想性、艺术性、观赏性相统一的文艺作品获得了口碑和市场双丰收。

七、讲好中国故事，推进国际传播能力建设

2013年12月，中共中央政治局就提高国家文化软实力进行集体学习。习近平在主持学习时强调，要努力夯实国家文化软实力的根基，努力传播当代中国价值观念，努力展示中华文化独特魅力，注重塑造中国的国家形象，努力增强国际话语权。2016年11月，中央全面深化改革领导小组审议通过《关于进一步加强和改进中华文化走出去工作的指导意见》，强调加强和改进中华文化“走出去”工作，要坚定“四个自信”，加强顶层设计和统筹协调，创新内容形式和体制机制，拓展渠道平台，创新方法手段，增强中华文化亲和力、感染力、吸引力、竞争力，向世界阐释推介更多具有中国特色、体现中国精神、蕴藏中国智慧的优秀文化，提高国家文化软实力。

中国价值观念得到国际社会日益广泛的认同。新时代中国特色大国外交，向国际社会持续传递中国发展理念、发展经验、发展方案，习近平等国家领导人在国际交往中带头讲述中国故事，塑造国家形象。2013年，中国在“一带一路”倡议中倡导的“和平合作、开放包容、互学互鉴、互利共赢”的价值理念，成为全球化发展的新方向。在逆全球化抬头、各国普遍陷入迷茫的当今世界，中国顺时应人，登高一呼，成为全球化的最有力倡导者，中国声音对国际话语体系的主导权持续增强。

中国的国际传播能力进一步增强。现代国际传播体系基本建立。2016年12月，央视旗下的中国国际电视台成立，包括6个电视频道、3个海外分台、1个视频通讯社，提供英、西、法、俄、阿、韩6种外语和朝鲜、蒙古、藏、维吾尔、哈萨克5种少数民族语言的服务，是全球唯一使用6种联合国工作语言不间断对外传播的电视媒体，用户覆盖210多个国家和地区。孔子学院迅速发展。截至2018年底，有154个国家和地区建立了548所孔子学院和1193个中小学孔子课堂，学员总数达187万人。文化传播重点工程启动。丝绸之路影视桥工程、影视剧本土化语言译配工程、中国国际出版工程、丝路书香工程、中国当代作品翻译工程，为优秀影视、文学、学术作品的海外传播提供支撑。中国还在Facebook、Youtube、Instagram、Twitter等海外四大

▲ 2017 年当地时间 1 月 21 日，葡萄牙“欢乐春节”庆祝活动在喧天的锣鼓声中拉开帷幕。

主流社交媒体平台开设“中国文化”账号，加强与海外公众互动交流。

文化事业与文化产业齐头并进，推动中国文化精品走向世界。2014 年 3 月，国务院印发《关于加快发展对外文化贸易的意见》，要求统筹国际国内两个市场、两种资源，参与国际文化合作和竞争，把更多具有中国特色的优秀文化产品推向世界。文学作品一马当先，中国作家接连获得诺贝尔文学奖、雨果奖、国际安徒生奖等世界文学奖项，中国的网络文学也开始风靡海外。中国文学以独特魅力跻身世界文学殿堂。京剧《白蛇传》、实验京剧《浮士德》、昆曲《牡丹亭》、豫剧《程婴救孤》、越剧《寇流兰与杜丽娘》等文艺经典唱响世界舞台，展现了中国戏曲的曼妙华美与中国文化的博大精深。中国影片开始在全球各地同步热映，中国电视剧频频在海外热播。2012 年以来，有 1600 多部中国影视剧被译成 36 种语言，登陆 100 多个国家的银幕荧屏，展现了中华优秀传统文化和中国当代主流价值观。以“欢乐春节”“四海同春”等为代表的中国文化活动更是风靡海外。2017 年，“欢乐春节”在全球 140 多个国家和地区的 500 多个城市举办了 2000 余场活动，海外受众突破 2.8 亿人次。

中国也以海纳百川的气度促进文明交流互鉴。中共十八大以来，中外文化交流日益密切，各类文化节、文物展览、博览会、书展、电影节、体育竞技、旅游推介等活动在中国与世界各国之间频繁开展。中外智库深度交流，汉学与当代中国座谈会、青年汉学家研修计划等，搭建起中外思想对话桥梁。尤其是随着“一带一路”建设的进展，中国开创了敦煌国际文化博览会、丝绸之路国际艺术节、海上丝绸之路国际艺术节等品牌活动，促进了沿线国家和地区的民心相通。习近平主席在外交场合多次倡导文明互鉴，他在2019年5月15日开幕的亚洲文明对话大会上发表主旨演讲，呼吁坚持相互尊重、平等相待，美人之美、美美与共，开放包容、互学互鉴，与时俱进、创新发展，共同创造亚洲文明和世界文明的美好未来，激起国际社会强烈共鸣。包容多元、兼收并蓄的中华大地正逐渐成为世界文明交流融合的中心。

第五节　改善民生和创新社会治理

中共十八大以来，以习近平同志为核心的党中央坚持以人民为中心的发展思想，实施一大批惠民举措，人民获得感显著增强：脱贫攻坚战取得决定性进展，教育事业全面发展，就业状况持续改善，城乡居民收入增速超过经济增速，中等收入群体持续扩大，覆盖城乡居民的社会保障体系基本建立，社会治理体系更加完善，社会大局保持稳定，国家安全全面加强。

一、脱贫攻坚战取得决定性进展

中共十八大以来，中国共产党以高度的历史责任感向贫困发起决战。习近平非常重视扶贫开发工作，他在2012年12月考察河北保定阜平县扶贫开发工作时指出：“全面建成小康社会，最艰巨最繁重的任务在农村、特别是在贫困地区。没有农村的小康，特别是没有贫困地区的小康，就没有全面建成小康社会。”[①] 为惠及每一个贫困居民，习近平在2013年11月考察湖南十八洞村时，作出“实事求是、因地制宜、分类指导、精准扶贫”的重要指示，首次提出“精准扶贫”的概念。2015年，习近平在贵州调研时就加大扶贫力度提出了“四个切实”的具体要求：切实落实领导责任，切实做到精准扶贫，切实强化社会合力，切实加强基层组织。同时，他提出了“六个精准”的标准：扶持对象精准、项目安排精准、资金使用精准、措施到户精准、因村派人精准、脱贫成效精准。各地区各部门要在上述精准方面想办法、出实招、见真效。习近平的这些重要指示，完善了精准扶贫的内涵。

2015年11月，中央召开扶贫开发工作会议，分析全面建成小康社会决胜阶段脱贫攻坚面临的形势和任务，对脱贫攻坚作出部署，动员全党全国力量，齐心协力打赢脱贫攻坚战。习近平在会上强调，脱贫攻坚战的冲锋号已经吹响，我们要立下愚公移山志，咬定目标、苦干实干，坚决打赢脱贫攻坚战，确保到2020年所有贫困地区和贫困人口一道迈入小康社会。会后，中共中央、国务院作出《关于打赢脱贫攻坚战的决定》，明确提出脱贫攻坚的目标，即到2020年，稳定实现现行标准下农村贫困人口“两不愁、三保障”（不愁吃、不愁穿，义务教育、基本医疗和住房安全有保障）；贫困地区农民人均可支配收入比2010年翻一番以上，增长幅度高于全国平均水平，基本公共服务主要领域指标接近全国平均水平；确保在现行标准下全国农村贫困人口实现脱贫，贫困县全部摘帽，解决区域性整体贫困。自此，中华大地上展开了一场人类历史上最大规模的脱贫攻坚战。

为打赢这场战役，党和国家动员了规模空前的人力、物力、财力，作出了周密的规划部署：

一是建立脱贫攻坚责任体系。根据“中央统筹、省负总责、市县抓落实”的扶贫管理体制，构建各负其责、合力攻坚的责任体系，中西部22个

① 《习近平关于社会主义经济建设论述摘编》，中央文献出版社2017年版，第209页。

省份党政主要负责同志向中央签署脱贫攻坚责任书、立下军令状。

二是建立脱贫攻坚政策体系。截至2017年10月，中共中央、国务院出台扶贫文件5个，中共中央办公厅、国务院办公厅出台扶贫文件20个，中央和国家机关各部门出台政策文件或实施方案227个，各地也相继出台和完善脱贫攻坚系列文件，在精准扶贫政策中确立了“发展生产脱贫一批，易地搬迁脱贫一批，生态补偿脱贫一批，发展教育脱贫一批，社会保障兜底一批”的“五个一批”工程，政策的合力使很多“老大难”问题有了针对性的解决措施。

三是建立脱贫攻坚投入体系。财政扶贫资金大幅增加，2013年至2017年，中央财政专项扶贫资金累计投入2787亿元，平均每年增长22.7%；省级财政扶贫资金累计投入1825亿元，平均每年增长26.9%；安排地方政府债务1200亿元用于改善贫困地区生产生活条件，安排地方政府债务994亿元和专项建设基金500亿元用于易地扶贫搬迁。

四是建立脱贫攻坚动员体系。截至2017年10月，发达地区和中央单位向贫困地区选派干部12.2万人，支持项目资金超过1万亿元，全国共选派277.8万人驻村帮扶，军队和武警部队，以及工会、共青团、妇联、残联等团体也参与到帮扶工作中去。

五是建立脱贫攻坚监督体系。中央巡视工作把脱贫攻坚作为巡视的重要内容，国务院扶贫办设立12317扶贫监督举报电话，把各方面的监督结果运用到考核评估和督查巡查中。各民主党派也针对脱贫攻坚工作展开调研和监督，确保脱贫攻坚取得实效。

六是建立脱贫攻坚考核体系。中共中央出台省级党委和政府扶贫开发工作成效考核办法，实行最严格的考核评估。

中共中央格外关心深度贫困地区，主要包括西藏、四省藏区、南疆四地州和四川凉山、云南怒江、甘肃临夏等“三区三州”。2017年6月，习近平在太原主持召开深度贫困地区脱贫攻坚座谈会，强调要重点研究解决深度贫困问题，强化自身体系，聚焦精准发力，攻克坚中之坚，并提出8条要求。解决这些“贫中之贫”问题的措施，一是中央统筹，新增资金、

▲ 2018年底，独龙族从整族贫困实现整族脱贫。左上图为原独龙江上钢索吊桥，左下图为独龙江上新建的大桥。右图为独龙江乡群众全部住进新房。

项目、举措来重点支持扶贫工作；二是落实部门责任，加大教育扶贫、就业扶贫、基础设施、土地政策等力度；三是省负总责，落实脱贫攻坚责任、确定本省深度贫困地区、做实做细建档立卡工作、加强驻村帮扶工作、实施贫困村提升工程等，解决区域内深度贫困问题。

这场举全党全国之力的脱贫攻坚战已经取得决定性进展。全国农村贫困人口从2012年末的9899万人减少至2018年末的1660万人，贫困发生率从10.2%降至1.7%。2013年至2018年，贫困地区农村居民人均可支配收入年均名义增长12.1%，扣除价格因素，年均实际增长10%，实际增速比全国农村平均水平高2.3个百分点。2018年贫困地区农村居民人均可支配收入10371元，相当于全国农村平均水平的71%，比2012年提高8.9个百分点，与全国农村平均水平的差距进一步缩小。脱贫攻坚战也改变了农村的村容村风，农村惠民基础设施建设到2020年将基本完成：实现乡村公路修建和硬化，家家户户解决饮用水问题，家家户户完成民房改造，修建厕所、卫生间等设施。

行百里者半九十。2019 年 3 月，习近平参加十三届全国人大二次会议甘肃代表团审议时强调：脱贫攻坚越到紧要关头，越要坚定必胜的信心，越要有一鼓作气的决心，尽锐出战、迎难而上，真抓实干、精准施策，确保脱贫攻坚任务如期完成。这番话在全党全国引起热烈反响，脱贫攻坚吹响了大决战的号角。

2019 年 4 月 16 日，习近平在重庆主持召开解决“两不愁三保障”突出问题座谈会并发表重要讲话，强调脱贫攻坚战进入决胜的关键阶段，各地区各部门务必高度重视，统一思想，抓好落实，一鼓作气，顽强作战，越战越勇，着力解决“两不愁三保障”突出问题，扎实做好今明两年脱贫攻坚工作，为如期全面打赢脱贫攻坚战、如期全面建成小康社会做出新的更大贡献。4 月 19 日，习近平主持召开中央政治局会议，听取了 2018 年脱贫攻坚成效考核等情况汇报，对打好脱贫攻坚战提出了新要求：要继续实行最严格的考核评估，用好考核结果，坚决整改扶贫工作中存在的问题，确保扶贫工作务实，脱贫过程扎实，脱贫结果真实。

二、办好人民满意的教育

中共十九大指出：建设教育强国是中华民族伟大复兴的基础工程，必须把教育事业放在优先位置，深化教育改革，加快教育现代化，办好人民满意的教育。中共十八大以来，教育领域投入持续加大，均衡发展水平不断提高，人民群众的教育获得感显著增强。

教育的财政投入规模空前。2012 年至 2018 年，全国公共财政教育支出稳步增加，由 21165 亿元增至 32222 亿元。自 2012 年起，财政性教育经费支出占当年国内生产总值比例超过 4%，并且连续 6 年保持在 4% 以上。根据国际经验数据，财政性教育经费占国内生产总值比例达到 4% 左右时，其财政收入占国内生产总值比例一般在 30%—40%。中国在财政收入占国内生产总值比例不到 30% 的情况下，达到了财政性教育经费占国内生产总值比例 4%，这有力说明了中国对教育的重视程度。

教育短板得到弥补。2013 年，“全面改善贫困地区义务教育薄弱学校基本办学条件”工程项目启动。至 2018 年下半年，已规划新建、改扩建校舍约 2.2 亿平方米，购置教育仪器设备约 1066 亿元，惠及全国 2600 多个县的近 22 万所义务教育学校，建设资金投入量之大、项目涵盖范围之广、受益学生覆盖面之多，在中国教育史上是空前的。国家还特别注重利用信息技术促进教育资源共享，加快推进以“三通两平台”① 为核心的教育信息化建设，顺利完成“教学点数字教育资源全覆盖”项目。中国教育卫星宽带传输网直接服务近 1 亿名农村中小学师生，全国 6.4 万个教学点实现数字教育资源全覆盖，解决了边远地区教学点开不齐课、开不好课的问题。中共十八大以来，全国中小学互联网接入率从 25% 上升到 94%，多媒体教室比例从不到 40% 增加到 87%。

教育标准化程度大幅提高。2016 年 7 月，国务院印发《关于统筹推进县域内城乡义务教育一体化改革发展的若干意见》，提出：加快推进县域内城乡义务教育学校建设标准统一、教师编制标准统一、生均公用经费基准定额统一、基本装备配置标准统一、“两免一补”② 政策城乡全覆盖，到 2020 年实现县域义务教育均衡发展和基本实现城乡基本公共教育服务均等化。据不完全统计，从 2015 年到 2018 年，338 个县在义务教育阶段累计投入 2544 亿元，新补充教师约 22 万人，其中音乐、体育、美术、科学、信息技术等学科教师约 4 万人；新建学校 1598 所，改扩建学校近 4 万所，新增学位 368 万个，累计建设各类校舍面积 5097 万平方米，新建体育运动场馆 4424 万平方米，新增实验室、功能室 13 万间，新增教学仪器设备价值 1194 亿元，新增图书 2.2 亿册，新增计算机 163 万台。截至 2018 年底，全国 2717 个县通过了义务教育基本均衡发展督导评估认定，占全国总县数的 92.7%；16 个省（自治

① “三通两平台”，指宽带网络校校通，优质资源班班通，网络学习空间人人通，建设教育资源公共服务平台和教育管理公共服务平台。

② “两免一补”，指国家全面免除义务教育阶段（小学和初中）学生的学杂费，对农村义务教育阶段学生免费提供教科书，对农村家庭经济困难寄宿生补助生活费。

▲ 农村义务教育学生营养改善计划使3700万贫困地区学子受益。图为贵州省从江县东朗中学学生在食堂吃营养餐。

区、直辖市）整体通过认定。

教育公平惠及每个贫困学生。覆盖学前教育至研究生教育的学生资助政策体系已经建立，从2013年到2017年累计资助学生达4.25亿人次。例如，贵州实施教育精准脱贫“1+N计划”，累计下发家庭经济困难寄宿生生活费补助资金118.2亿元，资助学生1060万人次。2017年排查出的1.88万名辍学农村留守儿童基本都已复学。贫困地区学生的生活条件明显改善。从2011年开始，中央财政安排资金，从最贫困、最偏远的地区做起，实施营养改善计划。例如，宁夏按每生每天5.6元标准实施营养改善计划，为西海固地区11个县所有26万名农村义务教育阶段学生免费提供营养餐。到2019年，营养改善计划已实现国家扶贫开发县全覆盖，受益农村学生3700多万人。据中国疾病预防控制中心的跟踪监测显示，项目地区学生的营养健康状况逐步改善，身体素质明显提高。

教师队伍的规模壮大，素质提高。2012年至2016年，中央财政累计投入经费 95 亿元，支持实施“国培计划”，共培训中小学幼儿园教师、校长、职业院校教师等 1008 万人次。2015 年，国务院办公厅印发《乡村教师支持计划（2015—2020 年）》，提高乡村教师生活待遇，统一城乡教职工编制标准；同年 8 月，国务院常务会议决定全面推开中小学教师职称制度改革，在中小学设置正高级职称，打破中小学教师职业的“天花板”；2018 年初，《关于全面深化新时代教师队伍建设改革的意见》出台，要求培养造就党和人民满意的高素质专业化创新型教师队伍。例如，新疆维吾尔自治区启动地方特岗计划，改革招聘方式，13 个县 2017 年共补充义务教育阶段教师 1.4 万人；西藏自治区大力实施教师“暖心工程”，为中小学建设教工之家，为偏远学校教师发放补贴补助，购买人身意外保险，协调解决教师夫妻两地分居问题。一支师德高尚、业务精湛、结构合理、充满活力的教师队伍正在壮大。

2019 年 6 月，中共中央、国务院印发《关于深化教育教学改革 全面提高义务教育质量的意见》，提出了构建德智体美劳全面培养的教育体系，健全立德树人落实机制的新的更高要求，推动义务教育质量再上一个新台阶。

三、提升城乡居民收入水平

中共十八大以来，中国在经济下行压力增大的情况下，健全促进就业创业的体制机制，形成合理有序的收入分配格局，提高了居民收入水平。

就业是提高居民收入的前提。中共十八大提出，要贯彻劳动者自主就业、市场调节就业、政府促进就业和鼓励创业的方针，实施就业优先战略和更加积极的就业政策。中共十八届三中全会提出健全促进就业创业体制机制。中共十九大在继续强调要坚持就业优先战略和积极就业政策的同时，把实现更高质量和更充分就业摆到了更突出的位置，把破除妨碍劳动力、人才社会性流动的体制弊端作为重要任务，使劳动力就业之路更广阔、更顺畅。

劳动力市场改革深入推进。针对妨碍劳动力市场功能充分发挥的体制性因素，改革从关键领域加快突破：推动户籍制度改革，引导农业人口有序向城镇转移，有序推进农业转移人口市民化，完善劳动立法，健全工资集体协商制度，发挥工会保护劳动者权益的作用，使人才自由流动、公平竞争的机制更加健全。

政府更好发挥促进就业的作用。2015 年 4 月，国务院印发《关于进一步做好新形势下就业创业工作的意见》，促进就业，鼓励创业。具体措施包括：推进公共就业服务体系建设，实施“互联网 + 公共服务”，整合人力资源市场，加快发展人力资源服务业，提升公共就业服务能力，进一步提高劳动力市场供需匹配效率；实施职业培训行动计划，开展企业新型学徒制培训试点，为劳动者提供职业培训补贴，提高劳动者素质；重点做好高校毕业生等青年群体、农民工、城镇困难人员、退役军人就业工作，尤其针对供给侧结构性改革可能导致的下岗失业问题，国家于 2016 年划拨 1000 亿元“去产能稳就业”专项奖补资金，平稳有序做好过剩产能职工安置工作；同时通过劳务协作试点、技能脱贫、创建就业扶贫车间等多种形式，促进农村贫困劳动力转移就业。

就业优先战略稳定了全社会就业形势。从 2012 年末到 2018 年末，全国就业人员由 76704 万人持续增至 77586 万人，年末城镇登记失业率从 4.1% 稳步降至 3.8%。从 2013 年到 2018 年，每年城镇新增就业人数都在 1300 万人以上。

就业增长为居民收入增长提供了保障。中共十八大以来，城乡居民收入保持增长势头。从 2013 年到 2018 年，全年全国居民人均可支配收入从 18311 元增至 28228 元，年均增长 9.0%。其中城镇居民人均可支配收入由 26467 元增至 39251 元，年均增长 8.2%；农村居民人均可支配收入由 9430 元增至 14617 元，年均增长 9.2%，农村居民收入增速持续高于城镇居民。全国居民初步实现了工资增长与劳动生产率提高基本同步，劳动报酬在初次分配中的比重稳步提高，行业、地区、群体工资差距逐步缩小。

居民收入结构改善。2017 年，城镇居民人均可支配收入中，工资性收入占比下降至 61%，财产净收入提高到 9.9%。随着农村外出务工的增加，农村居民工资性收入增长较快。2017 年，农村居民人均可支配收入中，工资性收入和转移净收入占比分别提高到 40.9% 和 19.4%；财产净收入从无到有、从少到多，占比提高到 2.3%。

收入的提高使城乡居民消费水平整体持续上升。从 2013 年到 2018 年，全年全国居民人均消费支出由 13220 元增至 19853 元，年均增长 8.5%。其中城镇居民人均消费支出由 18488 元增至 26112 元，年均增长 7.1%；农村居民人均消费支出由 7485 元增至 12124 元，年均增长 10.1%。农村居民消费支出增速持续高于城镇居民。

四、基本建立覆盖城乡居民的社会保障体系

中共十八大以来，中国坚持以保基本、兜底线、促公平、可持续为准则，建立更加公平可持续的社会保障制度，不断筑牢民生保障底线。

基本养老保险制度更加公平。首先，打破了基本养老保险城乡分割局面。2014 年之前，基本养老保险由职工基本养老保险、新型农村社会养老保险和城镇居民社会养老保险三项组成。2014 年 2 月，国务院印发《关于建立统一的城乡居民基本养老保险制度的意见》，将新型农村社会养老保险和城镇居民社会养老保险统一为城乡居民基本养老保险制度，由中央统筹安排补助，地方统筹制定缴费、补贴、支付、服务的政策和标准，向城乡社保统筹迈出了一大步。其次，破解了养老保险“双轨制”困局。2014 年底，中共中央决定启动机关事业单位养老保险制度改革，机关事业单位实行与企业同样的社会统筹与个人账户结合的基本制度模式，结束了被批评多年的养老金“双轨制”。最后，建立统筹的养老金管理模式。市场经济要求包括人口在内的生产要素自由流动，这就与养老金分省运营的模式产生了冲突。为此，政府从 2013 年至 2017 年间已经为近千万人办理了职工养老保险跨省转续手续，发行了 10.56 亿张全国统一的社保卡。2018 年 5 月，国务院印发《关于建立企业职工基本养老保险基金中央调剂制度的通知》，对养老金实行全国统筹、中央调剂制度，全国各地的养老金统一管理、统一投资运营、统一发放，从而解决人口流动导致的抚养比差异过大、负担

不均问题，进一步发挥养老保险互助共济的作用。

医疗保险制度更加合理。在2016年之前，医疗保险由城镇职工基本医疗保险、城镇居民基本医疗保险、新型农村合作医疗三部分组成。2012年，各级财政对新型农村合作医疗的补助标准从每人每年200元提高到240元，2013年提高到280元，2014年提高到320元，2015年提高到380元。2016年1月，国务院印发《关于整合城乡居民基本医疗保险制度的意见》，整合城镇居民基本医疗保险和新型农村合作医疗两项制度，建立统一的城乡居民基本医疗保险制度，实现统一覆盖范围、统一筹资政策、统一保障待遇、统一医保目录、统一定点管理、统一基金管理，从而推进了城乡居民公平享有基本医疗保险权益。

其他各项社会保障制度更加完善。失业保险制度方面，制定使用失业保险基金支持产业结构调整、经济转型升级企业稳定职工队伍的政策措施，降低失业保险费率。对工伤保险制度和生育保险制度也同步进行了改革。2014年2月，第一部统筹各项社会救助制度的行政法规《社会救助暂行办法》出台，将最低生活保障、特困人员供养、受灾人员救助、医疗救助、教育救助、住房救助、就业救助和临时救助等八项制度以及社会力量参与作为基本内容，确立了完整清晰的社会救助制度体系。2016年，国务院还印发了《关于进一步健全特困人员救助供养制度的意见》，不断筑牢民生保障底线。

社会保障基金的筹资与投资管理制度更加健全。2016年3月，国务院印发《全国社会保障基金条例》，规范全国社会保障基金的管理运营，加强对全国社会保障基金的监督，在保证安全的前提下实现保值增值。为充实社保基金，国务院于2017年11月印发《划转部分国有资本充实社保基金实施方案》，选择部分中央企业和部分省份进行试点，统一划转企业国有股权的10%充实社保基金，为社保基金长期储备开辟新的筹资渠道，同时启动基本养老保险基金市场化多元化投资运营，促进保值增值。

改革使社会保障体系更加完备，覆盖更加全面。养老保险、医疗保险、失业保险、工伤保险和生育保险的参保人数不断增加，参保覆盖面持续扩大（见表6–1）。

表 6-1　2012 年至 2018 年全国社会保障基本情况　　单位：万人

年份	全国基本养老保险年末参保人数	全国基本医疗保险年末参保人数	全国失业保险年末参保人数	全国工伤保险年末参保人数	全国生育保险年末参保人数
2012	78796	53641	15225	19010	15429
2013	81968	57073	16417	19917	16392
2014	84232	59747	17043	20639	17039
2015	85833	66582	17326	21433	17771
2016	88777	74392	18089	21889	18451
2017	91548	117681	18784	22724	19300
2018	94240	134452	19643	23868	20435

数据来源：2012 年至 2017 年数据来自国家统计局人口和就业统计司、人力资源和社会保障部规划财务司所编《2018 年中国劳动统计年鉴》，中国统计出版社 2019 年版；2018 年数据来自《中华人民共和国 2018 年国民经济和社会发展统计公报》，《人民日报》，2019 年 3 月 1 日。

五、完善社会治理体系

中共十八大第一次提出“构建中国特色社会主义社会管理体系”，将社会管理和民生并列为社会建设的两个重要方面，并要求加快形成“党委领导、政府负责、社会协同、公众参与、法治保障”的社会管理体制。

经过探索和实践，中共十八届三中全会提出“加快形成科学有效的社会治理体制”的任务，将“社会管理”改为“社会治理”。中共十八届四中全会明确提出“提高社会治理法治化水平”的要求，把社会治理纳入法治化轨道。中共十八届五中全会提出“构建全民共建共享的社会治理格局”；中共十九大进一步提出“打造共建共治共享的社会治理格局”，增加了“共治”的表述，并提出到 2035 年基本形成现代社会治理格局的目标。

这些部署的落实，推动社会治理取得了显著成效：

基层治理组织更加完善。2014 年，全国 31 个省区市陆续开展新一轮村（居）委会换届选举工作。2017 年修改后的《中国共产党章程》规定，党的

▲ 浙江省绍兴诸暨市创新“枫桥经验”。图为暨阳街道江新社区“江大姐”调解室成功调解一起邻里纠纷。

基层委员会、总支部委员会、支部委员会每届任期 3 年至 5 年。为贯彻落实党章规定，中共中央办公厅印发《关于党的基层组织任期的意见》，规定村和社区党的委员会、总支部委员会、支部委员会每届任期为 5 年。2018 年 11 月，中共中央印发了《中国共产党支部工作条例（试行）》，对党的基层组织的工作原则、组织设置、基本任务、工作机制、组织生活、支部建设、领导和保障作出系统规范，通过加强党的支部建设，促进基层治理。2018 年 12 月，十三届全国人大常委会第七次会议通过修改后的《中华人民共和国村民委员会组织法》和《中华人民共和国城市居民委员会组织法》，将村、居委会任期由 3 年改为 5 年，与村和社区党的委员会、总支部委员会、支部委员会的任期保持一致，这有利于保持基层群众性自治组织负责人队伍相对稳定，有利于促进村和社区公共事业健康有序发展。

基层治理方式更加完备。各地普遍推行民主化、网络化、网格化、精细化管理，创新城乡居民全面服务管理模式；畅通民主渠道，开展基层协商，推进城乡社会协商制度化、规范化和程序化；推广自治、法治、德治“三治融合”的“枫桥经验”，依托基层组织，发展信息员，完善社会矛盾排查预警机制，努力做到发现在早、防范在先、处置在小；构建调解、仲裁、行政裁决、行政复议、诉讼等有机衔接、相互协调的多元化纠纷解决体系，引导群众更多地选择非诉讼渠道和方式解决纠纷。各地还因地制宜，立足自身资源、条件、人文特色等实际，完善市民公约、乡规民约等行为准则。许多城乡重视传播优秀传统文化，大力开展乡风、家风建设，通过加强古村落保护，编写族谱、家训等，传承向上向善的美德，促进了平安社会、和谐社会建设。

社会治理法治化水平提高。以推进全面依法治国为契机，社会治理领域立法加快，一系列长效机制和基础性制度建立健全，不断推进社会治理法治化与制度化。2014 年，国务院印发《关于进一步推进户籍制度改革的意见》，提出城乡统一的户口登记制度，取消农业户口与非农业户口性质区分，统一登记为居民户口，引导人口合理流动，完善社会治理的基础性制度。同年，国务院还印发了《社会信用体系建设规划纲要（2014—2020 年）》，随后，国家不断完善守信联合激励和失信联合惩戒制度，在全社会深入实施诚信建设。公民身份证号码、组织机构代码、不动产登记、网络实名等制度规定相继出台，“让守信者一路畅通、失信者寸步难行”的信用管理制度逐步形成，中国社会开始步入以社会信用体系建设为核心的社会治理革命的新阶段。

社会治理科学化水平提高。现代科技与社会治理深度融合，信息化平台纷纷建立，社会治理预见性、精准性、高效性大大增强。2016 年，“雪亮工程”启动，它以县乡村三级综合治理中心为指挥平台、以综合治理信息化为支撑、以网格化管理为基础、以公共安全视频监控联网应用为重点，发动广大群众共同监看视频监控，参与治安防范，从而实现治安防控全覆盖、无死角。一些大城市还积极探索运用科技手段完善社会治理，提高城市社会治理网络化、智能化水平。例如，上海研发“人流聚集安全风险监测系统”，广州、天津、长沙、苏州等大中城市设立公安、银行、通信等部门入驻的反电信诈骗中心、金融风险防控预警平台等。

六、全面加强国家安全

中共十八大以来，国际形势风云变幻，国内经济社会深刻变化，改革进入攻坚期和深水区，社会矛盾多发、叠加，国家安全面临许多新的问题。

为了解决国家安全新问题，中共十八届三中全会决定成立中央国家安全委员会，作为统筹国家安全工作的平台。2014年4月，习近平在中央国家安全委员会第一次会议上强调："增强忧患意识，做到居安思危，是我们治党治国必须始终坚持的一个重大原则。我们党要巩固执政地位，要团结带领人民坚持和发展中国特色社会主义，保证国家安全是头等大事。"[①] 这次会议标志着总体国家安全观的形成，国家安全的内涵全面拓展。

总体国家安全观强调以人民安全为宗旨，以政治安全为根本，以经济安全为基础，以军事、文化、社会安全为保障，以促进国际安全为依托的"五大要素"；坚持处理好既重视外部安全，又重视内部安全；既重视国土安全，又重视国民安全；既重视传统安全，又重视非传统安全；既重视发展问题，又重视安全问题；既重视自身安全，又重视共同安全的"五对关系"；要求切实维护政治、国土、军事、经济、文化、社会、科技、网络、生态、资源、核能、海外利益等12个重点领域的国家安全。

为了将总体国家安全观落实于各个领域，2015年1月，中共中央政治局审议通过《国家安全战略纲要》，要求做好各领域国家安全工作，大力推进国家安全各种保障能力建设，把法治贯穿于维护国家安全的全过程。基于这一要求，2016年出台的"十三五"规划纲要，除在不同部分对军事、政治、经济、社会、信息、网络、生态、文化安全等方面的保障能力建设作出具体规划外，还专设"建立国家安全体系"一章，对健全国家安全保障体制机制、保障国家政权主权安全、防范化解经济安全风险、加强国家安全法治建设作出规划。

---

① 《习近平谈治国理政》第一卷，外文出版社2017年版，第200页。

根据上述规划部署，安全立法工作加快推进。2015 年 7 月，全国人大常委会表决通过新的《中华人民共和国国家安全法》，为维护国家安全和人民根本利益提供了综合性、全局性、基础性的法律保障。一系列国家安全配套法律也相继通过，包括《中华人民共和国反间谍法》《中华人民共和国反恐怖主义法》《中华人民共和国境外非政府组织境内活动管理法》《中华人民共和国国防交通法》《中华人民共和国网络安全法》《中华人民共和国国家情报法》《中华人民共和国核安全法》等，国家安全法制体系初步建立。《国家安全法》规定每年 4 月 15 日为全民国家安全教育日，相关宣传教育活动深入开展，切实增强了全民国家安全意识。

2018 年 4 月，习近平主持召开十九届中央国家安全委员会第一次会议。会议审议通过《党委（党组）国家安全责任制规定》，明确各级党委（党组）主体责任，确保中共中央关于国家安全的决策部署落到实处。

中共十八大以来，总体国家安全观中提及的 12 种安全都得到了较好保障。尤其在政治和国土安全领域，中共中央的正确方略确保了新疆和西藏的长治久安。2014 年 5 月，第二次中央新疆工作座谈会召开，对做好新形势下新疆工作作出全面部署。习近平在会上强调，做好新疆工作是全党全国的大事，必须从战略全局高度，谋长远之策，行固本之举，建久安之势，成长治之业。2015 年 8 月，中央第六次西藏工作座谈会召开，习近平在会上系统阐述了中国共产党的治藏方略，对进一步推进西藏及四川、云南、甘肃、青海四省藏区经济社会发展和长治久安工作作出战略部署。

根据中共中央部署，中国坚决反对和依法打击民族分裂活动，严厉打击暴力恐怖活动，遏制宗教极端势力渗透蔓延，切实维护民族团结和祖国统一，同时加快新疆和西藏等少数民族和边疆地区经济发展与民生改善。新疆大力推进就业、教育、医疗、社保等领域惠民工程，2016 年至 2018 年，累计实现城镇新增就业 140.08 万人次，农村富余劳动力转移就业 830.5 万人次；大力普及九年义务教育，实行南疆城乡一体学前三年免费教育；落实全民免费健康体检，大病保险全覆盖，农村贫困人口 15 种大病集中救治和慢性病签约服务全覆盖；完善社会保障体系，城乡困难群众最低生活保障标准持续提高。[1] 西藏不断增强各族群众的发展参与感和获得感，基本实现幼有所育、学有所教、劳有所得、病有所医、老有所养、住有所居、弱有所扶。覆盖城乡的社会保障体系基本建成，全区市地一级均建有孤儿院，区、市（地）、县（区）均建有养老院，率先实现有意愿的五保对象集中供养、孤儿集中收养。国家统计局专项调查结果显示，西藏人民群众对生活现状的满意度超过97%，对全面建成小康社会的信心达97.3%。[2]

在社会安全领域，中共中央、国务院于2018年1月发出《关于开展扫黑除恶专项斗争的通知》，按照"有黑扫黑、无黑除恶、无恶治乱"的原则，开展为期3年的专项斗争。专项斗争把打击黑恶势力犯罪和反腐败、基层"拍蝇"结合起来，把扫黑除恶和加强基层组织建设结合起来，对涉黑涉恶案件一律深挖其背后腐败问题，对黑恶势力"保护伞"一律一查到底、绝不姑息，并倒查党委、政府的主体责任和部门的监督管理责任，彻底铲除黑恶势力滋生的土壤。

截至2019年1月底，全国公安机关共打掉涉黑组织1292个、恶势力犯罪集团5593个，破获各类刑事案件79270起，缴获各种枪支851支，查封、扣押、冻结涉案资产621亿元，全国刑事案件同比下降7.7%，八类严重暴力案件同比下降13.8%。[3] 这场专项斗争保障了人民安居乐业、社会安定有序和国家长治久安，进一步巩固了党的执政基础。

第六节　打好污染防治攻坚战和建设美丽中国

以习近平同志为核心的党中央根据中国社会主要矛盾的变化以及广大

---

① 国务院新闻办公室：《新疆的反恐、去极端化斗争与人权保障》白皮书，2019年3月。
② 国务院新闻办公室：《伟大的跨越：西藏民主改革60年》白皮书，2019年3月。
③ 《公安机关开展扫黑除恶专项斗争取得重大进展》，《经济日报》，2019年1月29日。

人民群众日益增长的优美生态环境需要，对新时代中国为什么要大力推进生态文明建设、生态文明建设的理论意涵与未来愿景、生态文明建设实践的重大战略及任务总要求等一系列问题作出科学回答，形成了习近平生态文明思想。中共十八大以来，中国把生态文明建设作为“五位一体”总体布局的一位，把坚持人与自然和谐共生作为新时代坚持和发展中国特色社会主义基本方略的一条，把绿色作为新发展理念的一大理念，把污染防治作为三大攻坚战的一大攻坚战。这“四个一”体现了中国共产党对生态文明建设规律的正确把握，确立了生态文明建设在新时代党和国家事业发展中的地位，明确了党对生态文明建设的部署和要求。由此，美丽中国建设扎实推进，生态文明建设取得显著成效，促进了经济高质量发展，进一步满足了人民日益增长的美好生活需要。

一、贯彻绿水青山就是金山银山理念

在工业化的实践进程中，在生态环境和经济发展的关系上，无论是发展中国家，还是发达国家，一般都是先破坏后治理，即便是治理生态环境，生态环境保护与经济发展也难以有机统一起来。改变这种状态，需要从理念上进行突破。

提出绿水青山就是金山银山，是发展理念的重大突破。2005 年 8 月 15 日，时任中共浙江省委书记的习近平到安吉天荒坪镇余村考察时提出：“我们过去讲，既要绿水青山，又要金山银山。其实，绿水青山就是金山银山。”9 天后，习近平在《浙江日报》的《之江新语》专栏发表《绿水青山也是金山银山》的评论。2013 年 9 月 7 日，习近平在哈萨克斯坦纳扎尔巴耶夫大学演讲后回答学生们关于环境保护的问题时强调，我们既要绿水青山，也要金山银山。宁要绿水青山，不要金山银山，而且绿水青山就是金山银山。①2014 年 3 月 7 日，习近平在参加十二届全国人大二次会议贵州代表

① 《弘扬人民友谊 共同建设“丝绸之路经济带”》，《人民日报》，2013 年 9 月 8 日。

团审议时指出，绿水青山和金山银山决不是对立的，关键在人，关键在思路。保护生态环境就是保护生产力，改善生态环境就是发展生产力。让绿水青山充分发挥经济社会效益，不是要把它破坏了，而是要把它保护得更好。2015年4月，“绿水青山就是金山银山”理念写进中共中央、国务院《关于加快推进生态文明建设的意见》等重要文件。2016年9月3日，习近平在二十国集团工商峰会开幕式上的主旨演讲中指出，在新的起点上，我们将坚定不移推动绿色发展，谋求更佳质量效益。2019年4月28日，习近平在2019年中国北京世界园艺博览会开幕式上的讲话中指出：“我们应该追求绿色发展繁荣。绿色是大自然的底色。我一直讲，绿水青山就是金山银山，改善生态环境就是发展生产力。良好生态本身蕴含着无穷的经济价值，能够源源不断创造综合效益，实现经济社会可持续发展。”[①] 中共十八大以来，绿水青山就是金山银山理念深入人心，深刻影响着经济社会的发展理念、发展思路、发展方式，引领中国迈向生态文明新时代，一幅美丽中国新画卷徐徐展开。

把生态文明建设纳入“五位一体”总体布局。中共十八大报告提出，要坚持以经济建设为中心，以科学发展为主题，全面推进经济建设、政治建设、文化建设、社会建设、生态文明建设，实现以人为本、全面协调可持续的科学发展。2013年5月24日，中共中央政治局以大力推进生态文明建设为题进行集体学习。习近平在主持学习时提出了努力走向社会主义生态文明新时代的命题。2015年的《关于加快推进生态文明建设的意见》，是党和国家就生态文明建设作出全面部署的第一个文件。文件强调，加强坚持以人为本、依法推进，坚持节约资源和保护环境的基本国策，把生态文明建设放在突出的战略位置，融入经济建设、政治建设、文化建设、社会建设各方面和全过程，协同推进新型工业化、信息化、城镇化、农业现代化和绿色化，以健全生态文明制度体系为重点，优化国土空间开发格局，全面促进资源节约利用，加大自然生态系统和环境保护力度，大力推进绿色发展、

① 习近平：《共谋绿色生活，共建美丽家园》，《人民日报》，2019年4月29日。

循环发展、低碳发展，弘扬生态文化，倡导绿色生活，加快建设美丽中国，使蓝天常在、青山常在、绿水常在，实现中华民族永续发展。

把绿色作为新发展理念的一大理念。中共十八届五中全会提出创新、协调、绿色、开放、共享的发展理念。中共中央关于“十三五”规划建议进一步提高绿色指标在“十三五”规划全部指标中的权重，把保障人民健康和改善环境质量作为更具约束性的硬指标。其中的第五部分明确坚持绿色发展、着力改善生态环境，对促进人与自然和谐共生、加快建设主体功能区、推动低碳循环发展、全面节约和高效利用资源、加大环境治理力度、筑牢生态安全屏障六个方面作出规划。

实施美丽中国建设行动。中共十九大报告首次把“美丽中国”作为建设社会主义现代化强国的重要目标，将建设生态文明提升为“千年大计”。报告将“坚持人与自然和谐共生”作为新时代中国特色社会主义基本方略之一。报告第九部分“加快生态文明体制改革，建设美丽中国”，对推进绿色发展、着力解决突出环境问题、加大生态系统保护力度、改革生态环境监管体制进行了部署；强调要牢固树立社会主义生态文明观，推动形成人与自然和谐发展的现代化建设新格局，为保护生态环境作出我们这代人的努力。十三届全国人大一次会议第三次全体会议通过的《中华人民共和国宪法修正案》，第一次写入“生态文明建设”。十三届全国人大一次会议决定组建生态环境部，以整合分散的生态环境保护职责，统一行使生态和城乡各类污染排放监管与行政执法职责，加强环境污染治理，保障国家生态安全，建设美丽中国。2018 年 5 月 18 日至 19 日，全国生态环境保护大会召开。习近平在会上强调，要自觉把经济社会发展同生态文明建设统筹起来，充分发挥党的领导和我国社会主义制度能够集中力量办大事的政治优势，充分利用改革开放 40 年来积累的坚实物质基础，加大力度推进生态文明建设、解决生态环境问题，坚决打好污染防治攻坚战，推动我国生态文明建设迈上新台阶。这次大会正式确立了习近平生态文明思想，为推进美丽中国建设、实现人与自然和谐共生的现代化提供了方向指引和根本遵循。

中共十八大以来，全党全国贯彻绿色发展理念的自觉性和主动性显著增强，忽视生态环境保护的状况明显改变。随着生态文明理念的深化，公民环保意识增强，全民行动更加自觉。依托“环境日”“世界地球日”等纪念活动，加强生态环境保护宣传；开展主题宣传活动，组织中国生态文明奖等表彰与评选，增强全社会绿色环保意识，引导和激励更多单位和个人主动参与绿色实践；2015 年环境保护部出台《环境保护公众参与办法》，拓宽群众参与渠道和参与范围。全国生态状况总体呈改善趋势，2013 年至 2018 年，全国完成造林面积 3966 万公顷，森林覆盖率和草原综合植被盖度稳中有升。2018 年完成的全国生态状况评价显示，生态环境状况优良县域 1561 个，同比增加 103 个。

二、建设生态文明制度体系

明确以健全生态文明制度体系为重点推进生态文明建设的指导思想。2013 年 5 月 24 日，习近平主持十八届中共中央政治局第六次集体学习时指出：保护生态环境必须依靠制度、依靠法治。只有实行最严格的制度、最严密的法治，才能为生态文明建设提供可靠保障。在这方面，最重要的是要完善经济社会发展考核评价体系，把资源消耗、环境损害、生态效益等体现生态文明建设状况的指标纳入经济社会发展评价体系，建立体现生态文明要求的目标体系、考核办法、奖惩机制，使之成为推进生态文明建设的重要导向和约束。我们一定要彻底转变观念，就是再也不能以国内生产总值增长率来论英雄了，一定要把生态环境放在经济社会发展评价体系的突出位置。如果生态环境指标很差，一个地方一个部门的表面成绩再好看也不行，不说一票否决，但这一票一定要占很大的权重。要建立对领导干部的责任追究制度。对那些不顾生态环境盲目决策、造成严重后果的人，必须追究其责任，而且应该终身追究。不能把一个地方环境搞得一塌糊涂，然后拍拍屁股走人，官还照当，不负任何责任。组织部门、综合经济部门、统计部门、监察部门等都要把这个事情落实好。从制度上来说，我们要建立健全资源生态环境管理制度，加快建立国土空间开发保护制度，强化水、大气、土壤等污染防治制度，建立反映市场供求和资源稀缺程度、体现生态价值、代际补偿的资源有偿使用制度和生态补偿制度，健全生态环境保护责任追究制度和环境损害赔偿制度，强化制度约束作用。2013 年 11 月，中共十八届三中全会审议通过的《中共中央关于全面深化改革若干重大问题的决定》提出，要紧紧围绕建设美丽中国深化生态文明体制改革，加快建立生态文明制度，健全国土空间开发、资源节约利用、生态环境保护的体制机制，推动形成人与自然和谐发展的现代化建设新格局。2017 年 5 月 26 日，习近平在主持十八届中共中央政治局第四十一次集体学习时指出：生态环境保护能否落到实处，关键在领导干部。要落实领导干部任期生态文明建设责任制，实行自然资源资产离任审计，认真贯彻依法依规、客观公正、科学认定、权责一致、终身追究的原则，明确各级领导干部责任追究情形。对造成生态环境损害负有责任的领导干部，必须严肃追责。

生态文明制度体系的构建。2014 年 1 月 22 日，中央全面深化改革领导小组召开第一次会议，决定将经济体制和生态文明体制改革专项小组作为中央全面深化改革领导小组下设 6 个专项小组之一。2015 年中共中央政治局审议通过的《关于加快推进生态文明建设的意见》，对健全生态文明制度体系作出明确规定，包括健全法律法规、完善标准体系、健全自然资源资产产权制度和用途管制制度、完善生态环境监管制度、严守资源环境生态红线、完善经济政策、推行市场化机制、健全生态保护补偿机制、健全政绩考核制度、完善责任追究制度 10 个方面。2015 年 9 月，中共中央、国务院印发的《生态文明体制改革总体方案》，启动自然资源资产产权制度、国土空间开发保护制度、空间规划体系、资源总量管理和全面节约制度、资源有偿使用和生态补偿制度、环境治理体系、环境治理和生态保护市场体系、生态文明绩效评价考核和责任追究制度 8 个方面的改革。之后中央全面深化改革领导小组通过了《环境保护督察方案（试行）》《生态环境损害赔偿制度改革方案》，中共中央办公厅、国务院办公厅印发了《开展领导干部自然资源资产离任审计试点方案》，国务院办公厅印发了《生态环境监测网络建设方案》《党政领导干部生态环境损害责任追究办法（试行）》《编制自然资源资产负债表试点方案》《关于健全生态保护补偿机制的意见》等系列配套方案。中共十九大报告提出加快生态文明体制改革，实行最严格的生态环境保护制度。

从适应新时代的要求出发，完善环境保护法。2014 年 4 月 24 日，十二届全国人大常委会第八次会议通过《中华人民共和国环境保护法（修订）》。该法增加规定保护环境是国家的基本国策；明确环境保护坚持保护优先、预防为主、综合治理、公众参与、污染者担责的原则；突出强调政府监督管理责任；规定每年 6 月 5 日为环境日；设信息公开和公众参与专章；突出人大常委会监督落实政府环境保护的责任，规定县级以上人民政府应当每年向本级人大或者人大常委会报告环境状况和环境保护目标的完成情况，对发生重大环境事件的，还应当专项报告；科学确定符合中国国情的环境基准；完善跨行政区污染防治制度；规定国家建立、健全环境监测制度；规定国家对重点污染物实行排放总量控制制度；加强对农业污染源监测预警；明确没有进行环保评价的项目不得开工；明确规定环境公益诉讼制度；明确对逃避监管排污者适用行政拘留。中共十八届四中全会审议通过的《中共中央关于全面推进依法治国若干重大问题的决定》提出：建立健全自然资源产权法律制度，完善国土空间开发保护方面的法律制度，制定完善生态补偿和土壤、水、大气污染防治及海洋生态环境保护等法律法规，促进生态文明建设。2015 年 8 月 29 日，十二届全国人大常委会第十六次会议通过了新修订的《中华人民共和国大气污染防治法》。从 2018 年 1 月 1 日起《中华人民共和国环境保护税法》施行，在全国范围对大气污染物、水污染物、固体废物和噪声四大类污染物、共计 117 种主要污染因子进行征税，标志着中国有了首个以环境保护为目标的税种。2018 年 10 月 26 日，十三届全国人大常委会第六次会议再次通过对《中华人民共和国大气污染防治法》的修订，加大了对大气保护的力度。与此同时，国家不断加强环境保护行政执法工作。2017 年 1 月，环境保护部、公安部和最高人民检察院联合印发《环境保护行政执法与刑事司法衔接工作办法》。持续开展环保法实施年活动，实现所有区、县均有适用配套办法处理环保案件的目标。

中共十八大以来，生态文明制度体系加快形成，主体功能区制度逐步健全，国家公园体制试点积极推进，环境财政、环境价格、生态补偿、环境权益交易、绿色税收、绿色金融、环境市场、环境与贸易、环境资源价值核算、行业政策等方面的环境经济政策框架体系已基本建立。

三、着力解决突出环境问题

改革开放以来，中国在取得令人自豪和骄傲的经济社会发展历史性成就的同时，也在快速发展中积累了大量生态环境问题，成为制约发展的明显短板，也是人民群众反映强烈的突出问题。工业废水的排放量巨大，仅 2011 年就达到 230.9 亿吨，对自然环境和人类生存发展造成严重影响。2013 年，雾霾成为年度关键词，全国雾霾天数达 52 年来之最，平均雾霾天数达 29.9 天，人人谈“霾”色变。

中共十八大以来，中共中央和国务院不断深化对保护生态环境重要性的认识。2013 年 4 月 25 日，习近平在中共中央政治局常委会会议上关于第一季度经济形势的讲话中强调：生态环境是关系党的使命宗旨的重大政治问题。4 月 10 日，习近平在海南考察工作时指出，保护生态环境就是保护生产力，改善生态环境就是发展生产力。良好生态环境是最公平的公共产品，是最普惠的民生福祉。5 月 24 日，习近平在十八届中共中央政治局第六次集体学习时指出：生态环境保护是功在当代、利在千秋的事业。在这个问题上，我们没有别的选择。2015 年 1 月，习近平在云南考察工作时指出，要把生态环境保护放在更加突出位置，像保护眼睛一样保护生态环境，像对待生命一样对待生态环境，在生态环境保护上一定要算大账、算长远账、算整体账、算综合账，不能因小失大、顾此失彼、寅吃卯粮、急功近利。2017 年 5 月 26 日，习近平在十八届中共中央政治局第四十一次集体学习时强调：生态环境问题，归根到底是资源过度开发、粗放利用、奢侈消费造成的。资源开发利用既要支撑当代人过上幸福生活，也要为子孙后代留下生存根基。

2019年3月5日，习近平在参加全国人民代表大会内蒙古自治区代表团审议时强调：要保持加强生态文明建设的战略定力。保护生态环境和发展经济从根本上讲是有机统一、相辅相成的。不能因为经济发展遇到一点困难，就开始动铺摊子上项目、以牺牲环境换取经济增长的念头，甚至想方设法突破生态保护红线。在我国经济由高速增长阶段转向高质量发展阶段过程中，污染防治和环境治理是需要跨越的一道重要关口。我们必须咬紧牙关，爬过这个坡，迈过这道坎。要保持加强生态环境保护建设的定力，不动摇、不松劲、不开口子。

在环保新理念引导下，生态环境保护工作全面推进。2016年11月24日，国务院印发《“十三五”生态环境保护规划》，提出到2020年的主要目标是生态环境质量总体改善。规划明确了为达到这一目标应采取的“强化源头防控，夯实绿色发展基础”“深化质量管理，大力实施三大行动计划”“实施专项治理，全面推进达标排放与污染减排”“实行全程管控，有效防范和降低环境风险”“加大保护力度，强化生态修复”“加快制度创新，积极推进治理体系和治理能力现代化”“实施一批国家生态环境保护重大工程”“健全规划实施保障措施”八个方面措施。中共十九大报告把污染防治作为决胜全面建成小康社会的三大攻坚战之一，要求着力解决突出环境问题，确保实现全面建成小康社会的环境目标，使全面建成小康社会得到人民认可、经得起历史检验。2018年6月16日，中共中央、国务院印发《关于全面加强生态环境保护 坚决打好污染防治攻坚战的意见》。

紧盯环境保护重点领域、关键问题和薄弱环节，以治理工业、燃煤、机动车污染源为重点，蓝天、碧水、净土保卫战全面展开。

一是加强大气污染防治，全面推进蓝天保卫战。2013年9月10日，国务院印发《大气污染防治行动计划》，明确了10项措施。2018年6月27日，国务院印发《打赢蓝天保卫战三年行动计划》。大气污染防治行动计划实施以来，全国大气环境质量得到改善。2018年，全国338个地级及以上城市中有121个城市的空气质量达标，占35.8%，比2015年提高14.2个百分点；全年优良天数比率79.3%，好于年度目标0.3个百分点，重度及以上污染天数比率 2.2%；PM2.5 年均浓度 39 微克 / 立方米，超标 11.4%，未达标地级及以上城市浓度下降 10.4%，好于年度目标 8.4 个百分点；可吸入颗粒物（PM10）年均浓度 71 微克 / 立方米，超标 1.4%；二氧化硫（SO_2）、二氧化氮（NO_2）、臭氧（O_3）、一氧化碳（CO）年均值达标。

二是加强水污染防治，着力推进碧水保卫战。2015 年 4 月，国务院印发《水污染防治行动计划》。这项计划注重发挥市场机制的决定性作用、科技的支撑作用和法规标准的引领作用，加快推进水环境质量改善。2018 年 5 月 7 日，生态环境部联合住房城乡建设部启动 2018 年城市黑臭水体整治环境保护专项行动。水污染防治行动计划实施以来，全国水环境质量改善。2018 年，全国地表水Ⅰ—Ⅲ类水体比例为 71%，好于年度目标 2.6 个百分点；劣Ⅴ类水体比例为 6.7%，好于年度目标 0.6 个百分点；二氧化硫、氮氧化物排放量同比下降 6.7%、4.9%，均超过下降 3% 的年度目标；化学需氧量、氨氮排放量同比下降 3.1%、2.7%，均超过下降 2% 的年度目标；单位国内生产总值二氧化碳排放量下降 4%，好于年度目标 0.1 个百分点。海洋环境改善，近岸海域海水水质监测点中，2018 年达到国家一、二类海水水质标准的监测点占 74.6%，比 2012 年提高 5.2 个百分点。

三是强化土壤污染管控和修复，稳步推进净土保卫战。2016 年 5 月 28 日，国务院印发《土壤污染防治行动计划》，明确到 21 世纪中叶，土壤环境质量全面改善，生态系统实现良性循环。2018 年 12 月 29 日，国务院办公厅印发《“无废城市”建设试点工作方案》。土壤污染防治行动计划实施以来，全国土壤环境风险管控强化，部分地区耕地土壤污染加重趋势得到初步遏制。2013 年至 2018 年，水土流失治理稳步推进，全国累计新增水土流失治理面积 32.9 万平方公里。

四是开展农村人居环境整治行动。2018 年 1 月，中共中央、国务院印发《关于实施乡村振兴战略的意见》，提出实施农村人居环境整治三年行动计划，以农村垃圾、污水治理和村容村貌提升为主攻方向，稳步推进农村人居环境突出问题治理。2018 年 2 月 5 日，中共中央办公厅、国务院办公厅印发《农村人居环境整治三年行动方案》。2019 年 1 月，中共中央、国

▲ 纽约时间 2018 年 9 月 26 日，联合国最高环境荣誉——“地球卫士”颁奖典礼在美国纽约联合国总部举行。中国浙江省“千村示范、万村整治”工程被联合国授予“地球卫士奖”中的“激励与行动奖”。

务院印发《关于坚持农业农村优先发展做好“三农”工作的若干意见》，提出深入学习推广浙江“千村示范、万村整治”工程经验，全面推进以农村垃圾污水治理、厕所革命和村容村貌提升为重点的农村人居环境整治，确保到 2020 年实现农村人居环境阶段性明显改善，村庄环境基本干净整洁有序，村民环境与健康意识普遍增强。2018 年，全国完成 2.5 万个建制村环境综合整治。

持续深化中央环保督察。截至 2018 年，环保督察已经历时 3 年多。督察过程中发现，各行各业都存在着突出问题。环保督察虽然已经趋于常态化，但仍属于短期的阶段性工作。2018 年中央环保督察组分两批共对 20 个省份实施督察“回头看”，公开通报 103 个典型案例，推动解决 7 万多个群众身边的生态环境问题。针对一些地区和企业存在的突出问题，开展机动式、点穴式专项督察。严格生态环境监管执法，全国实施行政处罚案件18.6万件，罚款数额152.8亿元，同比增长32%。严厉打击各类环境犯罪活动，各地侦破环境犯罪刑事案件8000余起。落实生态环境保护行政执法与刑事司法衔接制度，联合挂牌督办、现场督导大案要案。协同推进生态环境公益诉讼，各级人民法院共受理社会组织和检察机关提起的环境公益诉讼案件1800多件。

为统筹对环保督察工作的领导，2019年6月，中共中央办公厅、国务院办公厅印发《中央生态环境保护督察工作规定》，提出：中央实行生态环境保护督察制度，设立专职督察机构，对各省、自治区、直辖市党委和政府、国务院有关部门以及有关中央企业等组织开展生态环境保护督察。这个规定，是中国加强环境保护的重大举措。

四、统筹山水林田湖草系统治理

提出统筹山水林田湖草系统治理。2013年11月9日，习近平在《关于〈中共中央关于全面深化改革若干重大问题的决定〉的说明》中提出："我们要认识到，山水林田湖是一个生命共同体，人的命脉在田，田的命脉在水，水的命脉在山，山的命脉在土，土的命脉在树。用途管制和生态修复必须遵循自然规律，如果种树的只管种树、治水的只管治水、护田的单纯护田，很容易顾此失彼，最终造成生态的系统性破坏。由一个部门负责领土范围内所有国土空间用途管制职责，对山水林田湖进行统一保护、统一修复是十分必要的。"2017年10月，"统筹山水林田湖草系统治理"写入中共十九大报告。"山水林田湖草生命共同体"理念，科学界定了人与自然的内在联系和内生关系，为处理人与生态环境关系提供了重要理论指引。

在"山水林田湖是一个生命共同体"的认识基础上，按照国家统一部署，2016年10月，财政部、国土资源部、环境保护部联合印发《关于推进山水林田湖生态保护修复工作的通知》，对各地开展山水林田湖生态保护修复提出明确要求。2017 年 7 月，中央全面深化改革领导小组第三十七次会议审议通过了《建立国家公园体制总体方案》。会议指出，建立国家公园体制，要坚持生态保护第一、国家代表性、全民公益性的国家公园理念，坚持山水林田湖草是一个生命共同体，对相关自然保护地进行功能重组，理顺管理体制，创新运营机制，健全法律保障，强化监督管理，构建以国家公园为代表的自然保护地体系。由此，“山水林田湖”的提法改变为“山水林田湖草”的提法。2017 年，习近平对河北塞罕坝林场建设者的感人事迹作出批示，号召要持之以恒推进生态文明建设，努力形成人与自然和谐发展新格局。2019 年 1 月 23 日，中央全面深化改革委员会第六次会议审议通过了《关于建立以国家公园为主体的自然保护地体系指导意见》。会议强调，要把具有国家代表性的重要自然生态系统纳入国家公园体系，实行严格保护，形成以国家公园为主体、自然保护区为基础、各类自然公园为补充的自然保护地管理体系。

统筹推进山水林田湖草系统治理，推动农业农村绿色发展。2019 年 1 月，中共中央、国务院印发《关于坚持农业农村优先发展做好“三农”工作的若干意见》，强调加大农业面源污染治理力度，开展农业节肥节药行动，实现化肥农药使用量负增长。发展生态循环农业，推进畜禽粪污、秸秆、农膜等农业废弃物资源化利用，实现畜牧养殖大县粪污资源化利用整县治理全覆盖，下大力气治理白色污染。扩大轮作休耕制度试点。创建农业绿色发展先行区。实施乡村绿化美化行动，建设一批森林乡村，保护古树名木，开展湿地生态效益补偿和退耕还湿。全面保护天然林。加强“三北”地区退化防护林修复。扩大退耕还林还草，稳步实施退牧还草。实施新一轮草原生态保护补助奖励政策。落实河长制、湖长制，推进农村水环境治理，严格乡村河湖水域岸线等水生态空间管理。

五、推动形成绿色发展方式和生活方式

把推动形成绿色发展方式和生活方式提高到是发展观的一场深刻革命的

高度。2013 年 4 月 25 日，习近平在中共中央政治局常委会会议上关于第一季度经济形势的讲话中强调：经济上去了，老百姓的幸福感大打折扣，甚至强烈的不满情绪上来了，那是什么形势？所以，我们不能把加强生态文明建设、加强生态环境保护、提倡绿色低碳生活方式等仅仅作为经济问题。这里面有很大的政治。11 月 9 日，习近平在中共十八届三中全会第一次全体会议上的讲话中指出：要牢固树立保护生态环境就是保护生产力、改善生态环境就是发展生产力的理念，更加自觉地推进绿色发展、循环发展、低碳发展，决不以牺牲环境为代价去换取一时的经济增长。2016 年 1 月 18 日，习近平在省部级主要领导干部学习贯彻党的十八届五中全会精神专题研讨班上强调：要坚定推进绿色发展，推动自然资本大量增值，让良好生态环境成为人民生活的增长点，成为展现我国良好形象的发力点，让老百姓呼吸上新鲜的空气、喝上干净的水、吃上放心的食物、生活在宜居的环境中、切实感受到经济发展带来的实实在在的环境效益，让中华大地天更蓝、山更绿、水更清、环境更优美，走向生态文明新时代。2017 年 5 月 26 日，中共中央政治局就推动形成绿色发展方式和生活方式进行集体学习，习近平在主持学习时指出：推动形成绿色发展方式和生活方式，是发展观的一场深刻革命。2019 年 4 月 28 日，习近平在 2019 年中国北京世界园艺博览会开幕式上的讲话中指出：我们应该追求热爱自然情怀。“取之有度，用之有节”，是生态文明的真谛。我们要倡导简约适度、绿色低碳的生活方式，拒绝奢华和浪费，形成文明健康的生活风尚。要倡导环保意识、生态意识，构建全社会共同参与的环境治理体系，让生态环保思想成为社会生活中的主流文化。要倡导尊重自然、爱护自然的绿色价值观念，让天蓝地绿水清深入人心，形成深刻的人文情怀。①

明确了推动形成绿色发展方式和生活方式的路径和措施。2013 年 5 月 24 日，中共中央政治局以大力推进生态文明为题进行集体学习，习近平在主持学习时强调：推进生态文明建设，必须形成节约资源和保护环境的空间格局、产业结构、生产方式、生活方式。2015 年中共中央政治局审议通过

① 习近平：《共谋绿色生活，共建美丽家园》，《人民日报》，2019 年 4 月 29 日。

的《关于加快推进生态文明建设的意见》在生态文明建设的基本原则部分中提出：坚持把绿色发展、循环发展、低碳发展作为基本途径。经济社会发展必须建立在资源得到高效循环利用、生态环境受到严格保护的基础上，与生态文明建设相协调，形成节约资源和保护环境的空间格局、产业结构、生产方式。2018年6月21日，国家发展和改革委员会印发《关于创新和完善促进绿色发展价格机制的意见》。2019年1月，中共中央、国务院印发《关于坚持农业农村优先发展做好“三农”工作的若干意见》，提出大力发展紧缺和绿色优质农产品生产，推进农业由增产导向转向提质导向。1月23日，中央全面深化改革委员会第六次会议审议通过了《关于构建市场导向的绿色技术创新体系的指导意见》。会议强调，要以解决资源环境生态突出问题为目标，坚持市场导向，强化绿色引领，加快构建企业为主体、产学研深度融合、基础设施和服务体系完备、资源配置高效、成果转化顺畅的绿色技术创新体系，推动研究开发、应用推广、产业发展贯通融合。

构建绿色发展方式和生活方式的“四个体系”“三大红线”。2017年5月26日，中共中央政治局就推动形成绿色发展方式和生活方式进行集体学习。习近平在主持学习时提出，要充分认识形成绿色发展方式和生活方式的重要性、紧迫性、艰巨性，把推动形成绿色发展方式和生活方式摆在更加突出的位置，加快构建科学适度有序的国土空间布局体系、绿色循环低碳发展的产业体系、约束和激励并举的生态文明制度体系、政府企业公众共治的绿色行动体系，加快构建生态功能保障基线、环境质量安全底线、自然资源利用上线三大红线，全方位、全地域、全过程开展生态环境保护建设。

中共十九大报告提出，要推进绿色发展，加快建立绿色生产和消费的法律制度和政策导向，建立健全绿色低碳循环发展的经济体系。构建市场导向的绿色技术创新体系，发展绿色金融，壮大节能环保产业、清洁生产产业、清洁能源产业。推进能源生产和消费革命，构建清洁低碳、安全高效的能源体系。推进资源全面节约和循环利用，实施国家节水行动，降低能耗、物耗，实现生产系统和生活系统循环链接。倡导简约适度、绿色低碳的生活方式，反对奢侈浪费和不合理消费，开展创建节约型机关、绿色家庭、绿色学校、绿色社区和绿色出行等行动。群众自发治沙行动受到国家鼓励和支持。甘肃省古浪县八步沙林场“六老汉”三代人治沙造林的事迹，经中央电视台传播后，在全国引起很大反响。

中共十八大以来，绿色发展成效显著。主体功能区制度逐步落实，国土空间布局得到优化。初步划定京津冀等15个省份生态保护红线，山西等16个省份基本形成划定方案。大力推动供给侧结构性改革，结构性去产能、系统性优产能持续推进，一大批“散乱污”企业出清，工业产能利用率处在较高水平。2018年，全国压减粗钢3500万吨以上，退出煤炭落后产能2.7亿吨，提前完成“十三五”目标任务。资源循环利用基地建设有序推进。2018年，全国单位国内生产总值能耗、用水量分别比2012年下降23.3%和27.5%。

六、深度参与全球气候治理

倡导共谋全球生态文明建设之路。2013年7月18日，习近平在致生态文明贵阳国际论坛2013年年会的贺信中强调：共谋全球生态文明建设，深度参与全球环境治理。2015年9月，习近平在第70届联合国大会讲话中提出：“国际社会应该携手同行，共谋全球生态文明建设之路。”2016年9月6日，中国作为2016年二十国集团主席国，推动二十国集团制定《二十国集团落实2030年可持续发展议程行动计划》，得到国际社会高度评价。2019年4月29日至10月7日，“2019年中国北京世界园艺博览会”在北京延庆举行。博览会以“绿色生活，美丽家园”为主题，旨在倡导人们尊重自然、融入自然、追求美好生活。共有约110个国家和国际组织参展。这片园区所阐释的绿色发展理念传导至世界各地。习近平在开幕式上的讲话中指出：“我们应该追求携手合作应对。建设美丽家园是人类的共同梦想。面对生态环境挑战，人类是一荣俱荣、一损俱损的命运共同体，没有哪个国家能独善其身。唯有携手合作，我们才能有效应对气候变化、海洋污染、生物保护等全球性环境问题，实现联合国2030年可持续发展目标。只有并肩同行，才能让绿色发展理念深入人心、全球生态文明之路行稳致远。”“中国愿同各国一道，共同建设美丽地球家园，共同构建人类命运共同体。”[①]

中国向全世界发出建设生态文明的庄严承诺。2015年11月16日，习近平在澳大利亚布里斯班举行的二十国集团领导人第九次峰会上发表的讲话中宣布，根据二十国集团在数据透明度方面的共识，中方将定期发布石油库存数据。中国将设立气候变化南南合作基金，帮助其他发展中国家应对气候变化。2015年11月30日，习近平在气候变化巴黎大会开幕式发表的重要讲话中庄严承诺：“中国在‘国家自主贡献’中提出将于2030年左右使二氧化碳排放达到峰值并争取尽早实现，2030年单位国内生产总值二氧化碳排放比2005年下降60%—65%，非化石能源占一次能源消费比重达到20%左右，森林蓄积量比2005年增加45亿立方米左右。”2016年4月19日，中国发布《落实2030年可持续发展议程中方立场文件》。该文件亦作为第70届联合国大会文件向各会员国散发。9月3日，中国向联合国交存气候变化《巴黎协定》批准文书。9月19日，李克强在纽约联合国总部主持召开“可持续发展目标：共同努力改造我们的世界——中国主张”座谈会，并率先公布了《中国落实2030年可持续发展议程国别方案》。2017年10月，中共十九大报告提出要积极参与全球环境治理，落实减排承诺，为全球生态安全做出贡献。中国已批准加入30多项与生态环境有关的多边公约或议定书，在全球环境治理中的引领作用日益凸显。2018年，中国积极参加《巴黎协定》实施细则谈判，推动联合国卡托维兹气候变化大会达成一揽子全面、平衡、有力度的成果。

统筹国内国际两个大局，以全球视野加快推进生态文明建设。2015年3月，国家发展和改革委员会、外交部、商务部联合发布《推动共建丝绸之路经济带和21世纪海上丝绸之路的愿景与行动》，强调在投资贸易中突出生态文明理念，加强生态环境、生物多样性和应对气候变化合作，共建绿色丝绸之路。

---

① 习近平：《共谋绿色生活，共建美丽家园》，《人民日报》，2019年4月29日。

中央有关部门建立了工作领导机制，出台落实“一带一路”规划的实施意见，生态环保等一批专项规划编制工作已经启动。2015 年中共中央、国务院《关于加快推进生态文明建设的意见》指出，统筹国内国际两个大局，以全球视野加快推进生态文明建设，树立负责任大国形象，把绿色发展转化为新的综合国力、综合影响力和国际竞争新优势。中国发扬包容互鉴、合作共赢的精神，加强与世界各国在生态文明领域的对话交流和务实合作。引进先进技术装备和管理经验，促进全球生态安全。加强南南合作，开展绿色援助，对其他发展中国家提供支持和帮助。中国建成了发展中国家最大的空气质量监测网。

中国坚持《巴黎协定》，积极倡导并推动将绿色生态理念贯穿于共建“一带一路”。中国与联合国环境规划署签署了关于建设绿色“一带一路”的谅解备忘录，与 30 多个沿线国家签署了生态环境保护的合作协议。建设绿色丝绸之路已成为落实联合国 2030 年可持续发展议程的重要路径，100 多个来自相关国家和地区的合作伙伴共同成立“一带一路”绿色发展国际联盟。中国在 2016 年担任二十国集团主席国期间，首次把绿色金融议题引入二十国集团议程，成立绿色金融研究小组，提交了《二十国集团绿色金融综合报告》。中国积极实施“绿色丝路使者计划”，已培训沿线国家 2000 人次。中国发布《关于推进绿色“一带一路”建设的指导意见》《“一带一路”生态环境保护合作规划》等文件，推动落实共建“一带一路”的绿色责任和绿色标准。①

中共十八大以来，作为负责任的发展中大国，中国在履行《生物多样性公约》和《蒙特利尔议定书》等国际环境公约的同时，共谋全球生态文明建设，深度参与全球环境治理，为世界可持续发展提供了中国理念、中国方案，做出了中国贡献。

① 《共建“一带一路”倡议：进展、贡献与展望》，《人民日报》，2019 年 4 月 23 日。

第七章
中国特色社会主义进入新时代（二）

以习近平同志为核心的党中央推动党和国家事业发生历史性变革。以政治建军、改革强军、科技兴军、依法治军开创强军兴军新局面，人民军队在中国特色强军之路上迈出坚定步伐。港澳台工作取得新进展，促进港澳繁荣稳定和推进祖国统一进程。推动共建“一带一路”，全方位外交布局深入展开。推动建设相互尊重、公平正义、合作共赢的新型国际关系，倡导构建人类命运共同体。全面从严治党成效卓著，党的创造力、凝聚力、战斗力显著增强，党在革命性锻造中更加坚强，为党和国家事业发展提供了坚强政治保证。中国综合国力显著提升，党的面貌、国家的面貌、人民的面貌、军队的面貌、中华民族的面貌发生了前所未有的变化，中国日益走近世界舞台的中央。

第一节　深化国防和军队改革，建设强大人民军队

以习近平同志为核心的党中央着眼实现中华民族伟大复兴的中国梦，围绕新时代建设一支什么样的强大人民军队、怎样建设强大人民军队，作出

一系列新的重大判断、新的理论概括、新的战略安排，在波澜壮阔的强军实践中，带领全军深入进行理论探索和实践创新，形成了习近平强军思想。中共十八大以来，人民解放军深入贯彻习近平强军思想，深入贯彻新时代军事战略方针，坚持政治建军、改革强军、科技兴军、依法治军，提出了以推动国防和军队建设科学发展为主题、以加快转变战斗力生成模式为主线的“五个更加注重”[①]的要求，聚力备战打仗，全力推进国防和军队现代化，人民军队在中国特色强军之路上迈出坚定步伐，开创了中国强军兴军新局面。

一、全面贯彻党领导人民军队的一系列根本原则和制度

铸牢听党指挥这个强军之魂。2012年11月16日，习近平在中央军委扩大会议上的讲话中指出：必须毫不动摇坚持党对军队的绝对领导。保证党对军队的绝对领导，关系我军性质和宗旨、关系社会主义前途命运、关系党和国家长治久安，是我军的立军之本和建军之魂。[②]中共十九大把坚持党对人民军队的绝对领导作为新时代坚持和发展中国特色社会主义基本方略的一条，提出建设一支听党指挥、能打胜仗、作风优良的人民军队，是实现“两个一百年”奋斗目标、实现中华民族伟大复兴的战略支撑。必须全面贯彻党领导人民军队的一系列根本原则和制度，确立新时代党的强军思想在国防和军队建设中的指导地位。

全面贯彻党领导人民军队的一系列根本原则和制度。2013年3月11日，习近平在十二届全国人大一次会议解放军代表团全体会议上指出，建设一支听党指挥、能打胜仗、作风优良的人民军队，是党在新形势下的强军目标。要坚持党对军队绝对领导的根本原则和人民军队的根本宗旨不动摇，确保部队绝对忠诚、绝对纯洁、绝对可靠，一切行动听党中央和中央

---

① “五个更加注重”，有更加注重聚焦实战，更加注重创新驱动，更加注重体系建设，更加注重集约高效等内容。

② 《习近平谈治国理政》第一卷，外文出版社2017年版，第215—216页。

军委指挥。[1]2014 年 4 月 10 日，中央军委印发《关于贯彻落实军委主席负责制 建立和完善相关工作机制的意见》，建立了请示报告、督促检查、信息服务三项工作机制，进一步明确了军委主席负责制的地位作用和运行方式。2015 年底启动的深化国防和军队改革，进一步健全完善了军委主席负责制。

政治建军开创新境界。政治建军是立军之本。2014 年 10 月 30 日至 11 月 2 日，全军政治工作会议在福建古田举行。这是 21 世纪举行的第一次全军政治工作会议。习近平在会上指出，军队政治工作的时代主题是，紧紧围绕实现中华民族伟大复兴的中国梦，为实现党在新形势下的强军目标提供坚强政治保证。他强调：当前最紧要的是把理想信念、党性原则、战斗力标准、政治工作威信四个带根本性的东西在全军牢固立起来。会议对新时代政治建军作出了部署，引领全军重整行装再出发。之后，中共中央转发《关于新形势下军队政治工作若干问题的决定》。《决定》强调了军队政治工作的时代主题，要求全军必须自觉坚持党对军队绝对领导的根本原则和制度，把铸牢军魂作为核心任务，系统抓好军魂培育，打牢听党指挥的思想根基。

在军队中深化党的科学理论武装。2018 年中央军委印发的《关于加强新时代军队党的建设的决定》强调，坚持用习近平新时代中国特色社会主义思想凝心聚魂，铸牢听党话、跟党走的思想根基。中共十八大以来，中共中央、中央军委坚持用习近平新时代中国特色社会主义思想和习近平强军思想武装全军，扎实开展“两学一做”学习教育和系列主题教育活动，强化官兵政治意识、大局意识、核心意识、看齐意识，培养有灵魂、有本事、有血性、有品德的新时代革命军人，锻造具有铁一般信仰、铁一般信念、铁一般纪律、铁一般担当的过硬部队。

贯彻军队好干部标准。匡正选人用人风气，坚持德才兼备、以德为先、任人唯贤，突出政治标准和打仗能力，深入解决选人用人的突出问题，着

---

① 《习近平谈治国理政》第一卷，外文出版社 2017 年版，第 220 页。

力锻造忠诚、干净、担当的高素质干部队伍。

贯彻全面从严治党、全面从严治军要求。严明党的政治纪律和政治规矩，严肃党内政治生活，加强领导干部教育管理监督，推动管党治党从“宽松软”走向“严紧硬”。2018 年 8 月，中央军委党的建设会议召开后，中央军委印发《关于加强新时代军队党的建设的决定》，对新时代全面加强党对人民军队的领导和军队党的建设工作作出战略部署。

强力推进军队正风肃纪反腐。习近平坚持把改进作风作为推进军队各项工作的突破口，从军委自身抓起，从高级干部严起，踏石留印、抓铁有痕，严格落实中央八项规定、军委十项规定及其实施细则，下大气力整治“四风”、整肃纲纪。坚持有腐必反、有贪必肃，坚持无禁区、全覆盖、零容忍，拿出刮骨疗毒、壮士断腕的决心勇气，坚定不移推进反腐败斗争，一批腐败分子被绳之以法。积极构建权力运行制约和监督体系，强化纪检、巡视、审计监督。几年如一日地抓下来，有效解决了不正之风和腐败现象滋生蔓延的突出问题，人民军队的好传统好作风逐步回归，党心民心极大振奋，军心士气极大提振，集聚起强军兴军的强大正能量。

中共十八大以来，在以习近平同志为核心的党中央领导下，解放军恢复和发扬人民军队光荣传统和优良作风，重振政治纲纪，重塑作风形象，坚定不移地从思想、用人、组织、纪律入手推进政治整训，有效解决了弱化党对军队绝对领导的突出问题，人民军队政治生态得到有效治理，人民军队面貌焕然一新，为强军事业取得历史性成就、发生历史性变革提供了坚强保障。

二、国防和军队改革取得历史性突破

中共十八大以来，中国全面实施改革强军战略，开启了改革强军的新征程。中共十八届三中全会将国防和军队改革纳入全面深化改革部署中。2014 年 3 月 15 日，中央军委深化国防和军队改革领导小组召开第一次全体会议，宣布中央军委深化国防和军队改革领导小组人员组成和机构设置，审议通过有关工作规则和改革重要举措分工方案。习近平任领导小组组长。2015 年

7月，习近平主持召开中央军委深化国防和军队改革领导小组第三次全体会议，审议并原则通过《深化国防和军队改革总体方案建议》。随后，习近平分别主持召开中央军委常务会议和中央政治局常委会议，审议并审定《深化国防和军队改革总体方案》。10月16日，习近平主持召开中央军委常务会议，审议通过《领导指挥体制改革实施方案》。11月23日，中央军委印发该方案。11月24日至26日，中央军委改革工作会议举行。习近平发出打赢深化国防和军队改革攻坚战的动员令：全面实施改革强军战略，坚定不移走中国特色强军之路。这次会议标志着新一轮国防和军队改革进入实施阶段。

国防和军队改革全面推进。2015年11月28日，中央军委印发《关于深化国防和军队改革的意见》。12月31日，中国人民解放军陆军领导机构、中国人民解放军火箭军、中国人民解放军战略支援部队成立大会举行。习近平向陆军、火箭军、战略支援部队授军旗并致训词，强调要努力建设一支强大的现代化新型陆军、一支强大的现代化火箭军、一支强大的现代化战略支援部队。2016年1月11日，习近平接见调整组建后的军委机关各部门负责同志，强调要讲政治、谋打赢、搞服务、作表率，努力建设“四铁”①军委机关。这次军委机关调整，优化军委机关职能配置和机构设置，把总部制改为多部门制，由原来的总参谋部、总政治部、总后勤部、总装备部4个总部，改为7个部（厅）、3个委员会、5个直属机构共15个职能部门，使军委机关成为参谋机关、执行机关、服务机关，确保指挥、建设、管理、监督等路径更加清晰，决策、规划、执行、评估等职能配置更加合理，形成了决策权、执行权、监督权既相互制约又相互协调的运行体系。2月1日，中国人民解放军战区成立大会举行。习近平向东部战区、南部战区、西部战区、北部战区、中部战区授予军旗并发布训令，命令各战区要毫不动摇听党指挥，聚精会神钻研打仗，高效指挥联合作战，随时准备领兵打仗。2月29日，全军按新的领导指挥体制运行。4月20日，习近平视察军委联合作战指挥中心，强

① “四铁”，即铁一般信仰、铁一般信念、铁一般纪律、铁一般担当。

调要努力建设绝对忠诚、善谋打仗、指挥高效、敢打必胜的联合作战指挥机构，构建平战一体、常态运行、专司主营、精干高效的战略战役指挥体系，为实现中国梦强军梦提供坚强支撑。9月13日，中央军委联勤保障部队成立大会在北京八一大楼举行，习近平向武汉联勤保障基地和无锡、桂林、西宁、沈阳、郑州联勤保障中心授予军旗并致训词，强调要按照联合作战、联合训练、联合保障的要求加快部队建设，努力建设一支强大的现代化联勤保障部队。2017年7月19日，新调整组建的军事科学院、国防大学、国防科技大学成立大会暨军队院校、科研机构、训练机构主要领导座谈会举行，习近平向军事科学院、国防大学、国防科技大学授军旗并致训词，强调要建设世界一流的军事科研机构、综合性联合指挥大学、高等教育院校。2018年1月10日，中央军委向武警部队授旗仪式举行，习近平向武警部队授旗并致训词，强调要努力建设一支强大的现代化武装警察部队。

人民军队领导指挥体制实现历史性变革。中共十八大后，以习近平同志为核心的党中央大刀阔斧地全面深化国防和军队改革，面对制约国防和军队建设的体制性障碍、结构性矛盾、政策性问题，大开大合、大破大立、蹄疾步稳，取得了历史性突破。领导指挥体制改革率先展开，规模结构和力量编成改革压茬推进，政策制度改革成熟一项推进一项。打破了长期实行的总部体制、大军区体制、大陆军体制，形成了军委管总、战区主战、军种主建的领导指挥体制新格局，强化了中央军委的战略指挥、战略管理功能。建立健全军兵种领导管理体制，把联合作战指挥的重心放在战区，把部队建设管理的重心放在军兵种，使作战指挥职能和建设管理职能相对分离，让战区和军兵种在军委统一领导下各司其职、各负其责。根据国家安全威胁和军队担负的使命任务，把七大军区调整划设为五大战区，建立健全军委、战区两级联合作战指挥机构，构建平战一体、常态运行、专司主营、精干高效的战略战役指挥体系。组建陆军领导机构，成立火箭军、战略支援部队、联勤保障部队，构建起军委—战区—部队的作战指挥体系和军委—军种—部队的领导管理体系。按照军是军、警是警、民是民的原则，深化武警部队改革，实行中央军委—武警部队—部队的领导指挥体制，强化党对全国武装力量的集中统一领导。按照调整优化结构、发展新型力量、理顺重大比例关系、压减数量规模的要求，优化规模结构和力量编成，裁减军队员额 30 万，调整组建 84 个军级单位和 13 个集团军，调整省军区系统，改革军队文艺团体，组建新的军事科学院、国防大学、国防科技大学，推动人民军队由数量规模型向质量效能型、由人力密集型向科技密集型转变，部队编成向充实、合成、多能、灵活方向发展，改变了长期以来陆战型、国土防御型的力量结构和兵力布势，实现了人民军队组织架构和力量体系的整体性、革命性重塑。研究推进军队政策制度调整改革，探索建立军衔为主导的军官职业化制度，建立文职人员制度，设立退役军人事务部，改革兵役制度、士官制度，加强军人荣誉体系建设，深化军人医疗、保险、住房保障、工资福利等制度改革，让军人成为受全社会尊崇的职业。

三、提高国防和军队建设法治化水平

中共十八届四中全会把依法治军、从严治军写入《中共中央关于全面推进依法治国若干重大问题的决定》。《决定》提出，党对军队绝对领导是依法治军的核心和根本要求。要坚持在法治轨道上积极稳妥推进国防和军队改革，深化军队领导指挥体制、力量结构、政策制度等方面改革，加快完善和发展中国特色社会主义军事制度。健全适应现代军队建设和作战要求的军事法规制度体系，严格规范军事法规制度的制定权限和程序，将所有军事规范性文件纳入审查范围，完善审查制度，增强军事法规制度的科学性、针对性、适用性。要坚持从严治军铁律，加大军事法规执行力度，明确执法责任，完善执法制度，健全执法监督机制，严格责任追究，推动依法治军落到实处。2015 年 11 月 24 日，习近平在中央军委改革工作会议上指出，要着眼于深入推进依法治军、从严治军，抓住治权这个关键，构建严密的权力运行制约和监督体系。中共十九大报告提出，要全面从严治军，推动治军方式根本性转变，提高国防和军队建设法治化水平。

中共十八大以来，中国特色军事法治建设按下了“快进键”、驶入“快车道”，依法治军取得了历史性伟大成就，开启了法治军队建设的新航程。

人民军队健全了与新的领导指挥体制相适应的军事立法体制机制，中国特色军事法规制度体系不断完善。2017 年 5 月 8 日，习近平签署命令发布《军事立法工作条例》。中共十八大以来，全军不断改革完善军事立法体制机制，一批改革急需、备战急用的法律法规陆续制定颁布或修订实施，特别是在军事人力资源方面，整合了军官、士兵和文职人员等管理职能，组织修订了军官法、出台了文职人员条例，聚焦打仗、激励创新的军事力量建设政策制度逐步推出，精准高效、全面规范、刚性约束的军事管理制度正在完善，为推动军队正规化建设提供了坚强的制度保证。

深入推进依法治军从严治军，国防和军队建设法治化水平迈上新台阶。2015 年 2 月，中央军委印发《关于新形势下深入推进依法治军从严治军的决定》，要求全军用强军目标引领军事法治建设，强化法治信仰和法治思维，按照法治要求转变治军方式，形成党委依法决策、机关依法指导、部队依法行动、官兵依法履职的良好局面，提高国防和军队建设法治化水平。中共十八大以来，全军加快实现治军方式三个根本性转变，即从单纯依靠行政命令的做法向依法行政的根本性转变，从单纯靠习惯和经验开展工作的方式向依靠法规和制度开展工作的根本性转变，从突击式、运动式抓工作的方式向按条令条例办事的根本性转变。官兵法治信仰、法治观念不断强化，军队中尊法学法守法用法的法治环境逐渐形成。军营风清了，官兵气顺了，真正谋打赢、干事业的人有奔头了，军心凝聚、干劲十足。

四、建设创新型人民军队

中共十八大以来，以习近平同志为核心的党中央明确要求把军队创新纳入国家创新体系。2015 年 11 月 24 日，习近平在中央军委改革工作会议上的讲话中指出：要着眼于抢占未来军事竞争战略制高点，充分发挥创新驱动发展作用，培育战斗力新的增长点。必须选准突破口，超前布局，加强前瞻性、先导性、探索性的重大技术研究和新概念研究，积极谋取军事技术竞争优势，提高创新对战斗力增长的贡献率。2016年3月13日，习近平出席十二届全国人大四次会议解放军代表团全体会议时强调：要把创新摆在我军建设发展全局的重要位置，靠改革创新推动国防和军队建设实现新跨越，是决定我军前途命运的一个关键。2017年8月1日，习近平在庆祝中国人民解放军建军90周年大会上的讲话中指出：要全面实施科技兴军战略，坚持自主创新的战略基点，瞄准世界军事科技前沿，加强前瞻谋划设计，加快战略性、前沿性、颠覆性技术发展，不断提高科技创新对人民军队建设和战斗力发展的贡献率。中共十九大报告提出，树立科技是核心战斗力的思想，推进重大技术创新、自主创新，加强军事人才培养体系建设，建设创新型人民军队。

建设创新型人民军队，是以习近平同志为核心的党中央洞悉时代大势、创新战略指导作出的重大决策部署，旨在对人民军队建设发展模式进行以创新为核心引擎的时代重塑，为实现中国共产党在新时代的强军目标、建成世界一流军队注入更大活力和强劲动力。

中共十八大以来，建设创新型人民军队取得显著成效。

构建起新型军事人才培养体系和新型军事科研体系。2017年7月19日，在新调整组建的军事科学院、国防大学、国防科技大学成立大会暨军

▲ 中国海军航母编队赴西太平洋海域训练

队院校、科研机构、训练机构主要领导座谈会上，习近平强调，要建设世界一流的军事科研机构、综合性联合指挥大学、高等教育院校。

构建新型军事人才体系。2015 年 11 月 24 日，习近平在中央军委改革工作会议上指出，要着眼于开发管理用好军事人力资源，推动人才发展体制改革和政策创新，形成人才辈出、人尽其才的生动局面。中共十八大以来，大力实施人才战略工程，加强军队院校教育、部队训练实践、军事职业教育“三位一体”的新型军事人才培养体系建设，推动人才建设水平整体跃升。

中共十八大以来，中国科技兴军步伐加快，加强了国防科技基础性、前沿性、战略性研究，突破并掌握了一批核心技术，国产航母、歼-20、运-20 等一批高新技术武器装备建设取得重要进展，“天河二号”超级计算机等一批关键技术实现重大突破。武器装备更新换代步伐加快，一批先进武器装备列装部队，人民军队现代化水平不断提升。

五、开展实战化军事训练和做好军事斗争准备

做好军事斗争准备工作，开创强军事业新局面。2012 年 11 月 16 日，习近平在中央军委扩大会议上指出，必须坚决完成各项军事斗争任务。2013 年 3 月 11 日，习近平在十二届全国人大一次会议解放军代表团全体会议上指出，要扭住能打仗、打胜仗这个强军之要，强化官兵当兵打仗、带兵打仗、练兵打仗思想，牢固树立战斗力这个唯一的根本的标准，按照打仗的要求搞建设、抓准备，确保部队召之即来、来之能战、战之必胜。中共十九大报告指出，军队是要准备打仗的，一切工作都必须坚持战斗力标准，向能打仗、打胜仗聚焦。扎实做好各战略方向军事斗争准备，统筹推进传统安全领域和新型安全领域军事斗争准备，发展新型作战力量和保障力量，开展实战化军事训练，加强军事力量运用，加快军事智能化发展，提高基于网络信息体系的联合作战能力、全域作战能力，有效塑造态势、管控危机、遏制战争、打赢战争。2019 年 1 月 4 日，习近平在中央军委军

事工作会议上强调，全军要深入贯彻新时代军事战略方针，在新的起点上做好军事斗争准备工作，开创强军事业新局面。

人民军队旗帜鲜明树立起备战打仗导向，牢固树立战斗力这个唯一的根本标准。狠抓实战化军事训练，召开年度中央军委开训动员大会和全军实战化军事训练座谈会，大力开展针对性对抗性训练，把能打胜仗作为根本指向，把打牢基础、形成体系能力作为基本要求，把人与装备结合、系统与体系融合作为重要前提，把全系统全要素体系训练作为关键环节，积极吸纳军兵种品牌演习、重大军事行动、中外联演联训联赛等先进理念和经验做法，打破传统训练观念，树立以理论创新为先导、以研究透彻对手环境装备战法为基础、以院校教学为支撑、以部队训练为关键、以战争检验为归宿的“大训练”观，紧紧围绕打什么仗、怎么打仗，形成什么能力、怎么形成能力，如何衡量评估能力等问题，进行全面升级改造，为战而练的导向更加鲜明。加大军事训练监察力度，定期通报军事训练不严不实、弄虚作假等情况，着力解决军事训练中与实战要求不符的突出问题。一些军官因军事素质不过关在晋升中被“一票否决”，一些军师职领导干部因抓练兵备战不力被诫勉谈话，一些官兵因在训练考核中作风不实被问责。这些举措有力推动了练兵备战落实见效。2017 年 7 月 30 日，庆祝中国人民解放军建军 90 周年阅兵在朱日和联合训练基地举行。这是人民军队整体性、革命性变革后的全新亮相。2018 年初，在中央军委开训动员大会召开后不久，一场针对部队开训情况的专项监察工作在全军展开，释放开训即严、全面从严、一严到底的强烈信号，全军各级部队广泛开展“和平积弊大扫除”活动，重拳出击、靶向发力，推进战斗力标准落地生根，人民军队风气焕然一新。2019 年 1 月 4 日，习近平签署中央军委命令，向全军发布开训动员令。从林海雪原到天涯海角，从西北大漠到东南沿海，全军上下以饱满的政治热情、高昂的战斗意志，迅速掀起实战化军事训练热潮。全面重塑的人民军队，展现出新时代的强军风貌，全面提高了新时代军队备战打仗的能力。

根据国际局势发生的新的复杂深刻变化，中国在拓展积极防御战略纵

2015 年 3 月 29 日中午，中国海军第 19 批护航编队临沂舰抵达也门亚丁港。中国同胞看到祖国的军舰激动不已。

深、加快军事力量走出去、经略新型安全领域等方面积极作为。将军事斗争准备基点放在打赢信息化局部战争上，突出海上军事斗争和军事斗争准备，组织一系列重大军事行动，坚决开展东海、南海维权斗争，划设东海防空识别区，海空力量出岛链常态巡航，有力应对和遏止了一些国家在南海的挑衅闹事活动，维护了中国领土主权和海洋权益。推动南海岛礁和驻吉布提保障基地建设，组织纪念中国人民抗日战争胜利 70 周年阅兵和庆祝中国人民解放军建军 90 周年阅兵，圆满完成抢险救灾、反恐维稳、国际维和、远洋护航、撤侨护侨、重大活动安保等任务，把塑造态势、管控危机、遏制战争、打赢战争统一起来，有力维护了国家主权、安全和发展利益。2015 年 3 月 29 日，正在亚丁湾索马里海域执行护航任务的中国海军护航编队临沂舰搭载首批 124 名中国公民，从也门亚丁港安全撤离。至 4 月 7 日，中国共派出 3 艘军舰，从也门撤出中国公民 621 人，并协助来自 15 个国家的 279 名外国公民安全撤离。

人民军队有效应对各战略方向的突发情况，加强了战略策略运用，保持了战略全局稳定。

第二节　保持港澳繁荣稳定和推进祖国和平统一进程

中共十八大以来，以习近平同志为核心的党中央全面准确贯彻“一国两制”方针，牢牢掌握宪法和基本法赋予中央对香港、澳门的全面管治权，深化内地与港澳地区交流合作，坚决反对“港独”，反对某些外国势力干涉中国内政，保持香港、澳门繁荣稳定；坚持一个中国原则和“九二共识”，推动两岸关系和平发展，加强两岸文化交流合作，实现两岸领导人历史性会晤；妥善应对台湾局势变化，坚决反对和遏制“台独”分裂势力，有力维护台海和平稳定，推进祖国和平统一进程。

一、牢牢掌握中央对香港、澳门特别行政区的全面管治权

坚持“一国两制”方针，深入推进“一国两制”实践，符合港澳居民利益，符合香港、澳门繁荣稳定的实际需要，符合国家根本利益和全国人民的共同意愿。“一国两制”是一个完整的概念，“一国”是实行“两制”的前提和基础，“两制”从属和派生于“一国”，并统一于“一国”之内。中国是单一制国家，中央对包括香港、澳门特别行政区在内的所有地方行政区域拥有全面管治权。香港、澳门两个特别行政区的高度自治权不是固有的，而是来源于中央授权。高度自治不是完全自治，中央对高度自治权具有监督的权力，绝不允许以“高度自治”为名对抗中央的权力。

2012年12月20日，习近平在听取来北京述职的香港特别行政区行政长官梁振英汇报时，重申了中央对香港、澳门政策的“三个不变”，即中央贯彻落实“一国两制”、严格按照基本法办事的方针不会变；支持行政长官和特别行政区政府依法施政、履行职责的决心不会变；支持香港、澳门两个特别行政区发展经济、改善民生、推进民主、促进和谐的政策也不会变。习近平强调：关键是要全面准确理解和贯彻“一国两制”方针，切实尊重

和维护基本法权威。

2014 年 6 月，针对香港社会在讨论 2017 年行政长官普选办法时出现的某些模糊观点和错误言论，国务院新闻办以《“一国两制”在香港特别行政区的实践》为题发表关于香港事务的白皮书，系统阐述中央对香港的方针政策，突出强调中央对香港拥有全面管治权等重要观点，从而起到了正本清源的作用。2014 年 8 月，《全国人民代表大会常务委员会关于香港特别行政区行政长官普选问题和 2016 年立法会产生办法的决定》通过，确定了香港特别行政区行政长官普选制度的核心要素和制度框架。出于对全国人大常委会上述决定的抗拒，香港一部分人于 9 月 28 日悍然发动策划已久的非法“占领中环”行动，意图瘫痪中环等香港经济中心。

针对香港特别行政区第六届立法会议员宣誓过程中极少数候任议员宣扬“港独”等违法言行，全国人大常委会通过《关于〈中华人民共和国香港特别行政区基本法〉第一百零四条的解释》，为依法取消有关人员的立法会议员资格提供了法律依据，彰显了基本法的权威，从根本上维护了“一国两制”原则，有力打击了“港独”势力的嚣张气焰，为香港社会明辨是非树立了正确标杆。香港特别行政区政府有关机构和司法机关依法对有关议员作出检控和判决，取消其议员资格。澳门特别行政区依据全国人大常委会有关解释精神，主动在立法会选举法中增加了“防独”条款。

在中央政府的支持与香港特别行政区政府及各界爱国人士的共同努力下，香港社会很快恢复稳定。2017 年 3 月，林郑月娥当选香港特别行政区第五任行政长官。7 月 1 日，习近平出席庆祝香港回归祖国 20 周年大会暨香港特别行政区第五届政府就职典礼并发表讲话指出，中央贯彻“一国两制”方针坚持两点：一是坚定不移，不会变、不动摇；二是全面准确，确保“一国两制”在香港的实践不走样、不变形，始终沿着正确方向前进。

2019 年 6 月以来，境外势力与“港独”分子以“反修例”为名误导并煽动社会情绪，在香港制造了一系列暴力事件，不仅破坏了香港繁荣稳定的大局，也触及了“一国两制”的原则底线，遭到香港爱国爱港市民的强烈抵制。针对香港局势，中央重申“一国两制”底线不容挑战，坚决支持香港警方严正执法、止暴制乱，坚定支持香港特区行政长官带领香港特区政府依法施政，揭露外部势力祸乱香港图谋，强调稳定繁荣是香港市民之福，并继续支持香港发展经济、改善民生。

中共十九大报告强调指出：必须把维护中央对香港、澳门特别行政区全面管治权和保障特别行政区高度自治权有机结合起来，确保“一国两制”方针不会变、不动摇，确保“一国两制”实践不变形、不走样。报告还强调：我们支持爱国者为主体的“港人治港”“澳人治澳”，发展壮大爱国爱港爱澳力量，增强香港、澳门同胞的国家意识和爱国精神，让香港、澳门同胞同祖国人民共担民族复兴的历史责任、共享祖国繁荣富强的伟大荣光。

二、支持港澳融入国家发展大局

党和国家从整体发展战略的高度着眼，从保持香港、澳门长期繁荣稳定的要求出发，支持香港、澳门的发展。

不断深化内地和港澳特区的经贸交流。2015 年，“十三五”规划纲要提出拓展内地与港澳的合作空间，升级内地与香港、澳门《关于建立更紧密经贸关系的安排》（简称 CEPA）。2015 年 11 月，内地与香港、澳门分别签署《CEPA 服务贸易协议》，这是首个内地全境以准入前国民待遇加负面清单方式全面开放服务贸易领域的自由贸易协议，标志着内地全境与港澳基本实现服务贸易自由化。2017 年 6 月，内地与香港、澳门分别签署《CEPA 投资协议》和《CEPA 经济技术合作协议》。2018 年 12 月，内地与香港、澳门分别签署《CEPA 货物贸易协议》，标志着推动 CEPA 升级的目标提前完成，内地与港澳进入高水平贸易自由化便利化的新时期。这有利于维护香港国际贸易中心和航运中心地位，促进内地与港澳经贸交流与合作发展，实现内地与港澳互利共赢。

促进内地与港澳特区的人员流动。中央陆续出台一系列便利港澳台同胞在内地学习、就业、生活的政策措施。2017 年 6 月，教育部印发通知，要求各高校积极为港澳台应届毕业生提供就业信息服务，为有到内地就业意愿且符合条件的港澳台毕业生发放就业协议书和签发就业报到证，为港澳台学生在内地就业提供更多便利。2017年，《关于在内地（大陆）就业的港澳台同胞享有住房公积金待遇有关问题的意见》出台，明确在内地（大陆）就业的港澳台同胞，均可按照内地《住房公积金管理条例》和相关政策的规定缴存住房公积金，相关规定均与内地（大陆）缴存职工一致；与用人单位解除或终止劳动（聘用）关系并返回港澳台的，可按相关规定提取个人住房公积金账户余额。国家旅游局还印发了为港澳同胞提供更加便利旅游住宿服务的通知。这些政策都极大增加了港澳同胞在内地发展的自由，巩固了内地与港澳优势互补、共同发展的格局。

将港澳纳入国家整体发展战略规划。从支持港澳发展考虑，国家“十三五”规划纲要提出，支持香港巩固和提升国际金融、航运、贸易三大中心地位，强化全球离岸人民币业务枢纽地位和国际资产管理中心功能，支持香港发展创新和科技事业，建设亚太区国际法律及解决争议服务中心；支持澳门建设世界旅游休闲中心、中国与葡语国家商贸合作服务平台，积极发展会展、商贸等产业。同时，从国家发展全局考虑，国家“十三五”规划纲要还提出，共建大珠三角优质生活圈，加快前海、南沙、横琴等粤港澳合作平台建设，推动粤港澳大湾区建设。2017年7月1日，习近平出席

▲ 2018年7月11日无人机拍摄的港珠澳大桥

《深化粤港澳合作 推进大湾区建设框架协议》签署仪式。2018年9月23日，广深港高铁通车运营。10月23日，历经5年规划、9年建设，总长约55公里，东接香港、西接珠海和澳门的港珠澳大桥举行开通仪式，习近平出席仪式并宣布大桥正式开通，粤港澳大湾区最主要的交通枢纽贯通。2019年2月，中共中央、国务院印发《粤港澳大湾区发展规划纲要》。按照规划，粤港澳大湾区将建成充满活力的世界级城市群、具有全球影响力的国际科技创新中心、"一带一路"建设的重要支撑、内地与港澳深度合作示范区、宜居宜业宜游的优质生活圈。港澳融入国家发展大局的新时代已经到来。

三、两岸领导人历史性会晤

中共十八大以来，以习近平同志为核心的党中央站在国家发展和民族复兴的高度，敏锐洞察国内外形势和台海局势变化，提出一系列对台工作的重要论述和政策主张，推动两岸关系取得了历史性突破。

中共中央台湾工作办公室、国务院台湾事务办公室贯彻中央指示精神，不断增进同国民党和马英九当局的政治互信。2014年2月，国务院台湾事务办公室与台湾方面大陆事务委员会在确认"九二共识"政治基础上建立常态化联系沟通机制，两部门负责人实现互访、开通热线，及时就两岸关系形势和推进两岸各领域交流合作政策措施交换意见，特别是为两岸领导人会面进行沟通和准备。这一机制强化了"九二共识"在两岸关系中的基础性地位，为双方及时管控分歧，妥处复杂敏感问题，推进两岸关系发展发挥了重要作用。

随着政治互信加强和交往水平提升，两岸领导人实现了历史性会面。2015年11月7日，中共中央总书记、国家主席习近平在新加坡同台湾地区领导人马英九会面，双方围绕推进和平发展、致力民族复兴的主题，就两岸关系坦诚交换意见，并就坚持"九二共识"、进一步推进两岸关系和平发展达成积极共识。这是1949年以来两岸领导人首次会面，开创了两岸领导人直接对话、沟通的先河，巩固深化了两岸关系和平发展的共同政治基础，翻开了两岸关系历史性的一页，将两岸关系和平发展和政治互动推到了新高度，为两岸关系未来发展开辟了新的空间，具有里程碑意义。

两岸关系的持续改善推动了两岸经贸往来迈上新台阶。2013 年至 2017 年上半年，两岸累计贸易额达到 8512.3 亿美元，其中 2014 年达到 1983 亿美元，创历史新高，大陆成为台湾第一大进口地区，上海、福建自由贸易试验区将促进两岸经贸合作作为重点发展项目，累计新批准台资项目 12502 个，实际利用台资 87.97 亿美元，台湾石化、精密机械、半导体等一批优势产业相继到大陆投资设厂。大陆方面也设立了一批台商创业园和示范基地，鼓励台资企业在大陆上市。大陆核准赴台投资项目 327 个，总金额 20.72 亿美元，给台湾经济带来了新的活力。两岸金融合作迈出新步伐，两岸货币清算机制建立，台湾银行人民币业务快速发展，人民币存款达到 3000 多亿元，更加便利了两岸产业交流与合作。两岸经济合作机制进一步发展完善，两岸企业家峰会成立，共同发布了 45 项共通产业标准，有力促进了两岸产业深度对接与融合。大陆方面还注重进一步改善法治环境，全国人大常委会修改《中华人民共和国台湾同胞投资保护法》，为台湾同胞投资兴业创造更加便利、公平的法治环境。各地各部门积极支持台资企业转型升级、参与“一带一路”建设、开拓市场，坚定了台商台企在大陆扎根发展的信心。

两岸社会联系也更加密切。2013 年至 2017 年上半年，两岸人员往来达到 4096.7 万人次，其中 2015 年达到 985.6 万人次，创历史新高，比 2012 年增加 188.8 万人次。各种两岸交流机制相继建立并不断完善，两岸两会沟通商谈、两岸经贸文化论坛、两岸企业家紫金山峰会、海峡论坛功能日益突出，成为促进两岸社会融合发展的主要对话与交流平台，其中海峡论坛在 2013 年至 2017 年共吸引台湾基层民众 5 万人次前来参会，极大促进了台湾普通百姓对大陆的了解。两岸教育交流合作取得新进展，文化交流合作形式更加丰富，增强了两岸同胞中华文化情感纽带。两岸工会、青年、妇女、体育、卫生、新闻、宗教、宗亲和民间信仰等各领域、各界别交流持续热络。国务院修改《中国公民往来台湾地区管理办法》，对台湾居民往来大陆免签注手续并实行卡式台胞证。有关部门出台 20 多项政策措施，为台湾同胞在大陆学习、工作、生活提供了更多便利，使越来越多的台湾同胞长期稳定居住在大陆，并进一步融入大陆社会。

深化两岸经济社会融合发展的实践，使两岸同胞越来越深切地感受到，两岸同胞是打断骨头连着筋的一家人，是割舍不断的命运共同体。两岸同胞只有携手同心致力于实现中华民族伟大复兴，才能迎来共同的美好未来。

四、坚决反对和遏制“台独”分裂活动

同胞团结，民心所向；祖国统一，大势所趋。然而，“台独”分裂分子却逆潮流而动。2016 年 5 月，民进党再度上台执政，蔡英文当局拒不承认体现一个中国原则的“九二共识”，煽动“台独”分裂情绪，破坏两岸关系和平发展局面。

面对变化了的形势，中共中央从容应对，采取一系列有力的政策措施，维护一个中国原则，保持了台海局势总体稳定。在台湾政局生变前，习近平多次发表重要讲话，指出两岸关系发展面临方向和道路的抉择，强调走和平发展之路，谋互利双赢之道，利在两岸当下，功在民族千秋。“台独”势力煽动两岸敌意和对立，损害国家主权和领土完整，破坏台海和平稳定，阻挠两岸关系发展，只会给两岸同胞带来深重祸患。对此，两岸同胞要团结一致、坚决反对。台湾政局发生变化之后，习近平指出，我们对台大政方针是明确的、一贯的，不会因台湾政局变化而改变。我们将坚持“九二共识”政治基础，继续推进两岸关系和平发展；坚决遏制任何形式的“台独”分裂行径，维护国家主权和领土完整，绝不让国家分裂的历史悲剧重演。习近平的重要讲话，为新形势下对台工作定下了基调，指明了努力方向，同时向民进党当局和“台独”势力表明了“我主张什么、反对什么、绝不容忍什么”的鲜明态度，划出清晰底线，形成强大震慑力量。

针对民进党上台后拒不接受“九二共识”的行径，大陆方面果断采取一系列措施，充分展现了坚决反对和遏制“台独”的决心、意志和能力。一是坚决停摆了以“九二共识”为基础的两岸沟通和商谈机制；二是加强

▲ 2017年5月18日，第十九届海峡两岸经贸交易会在福州海峡国际会展中心开幕。这届交易会共吸引境内外2000多家企业参展参会。图为人们在第十九届海峡两岸经贸交易会台湾馆参观选购。

同岛内相关政党、团体和社会各界人士的交流互动，壮大反对“台独”、维护两岸关系和平发展的力量和声势；三是积极开展舆论斗争，揭批蔡英文当局和“台独”势力破坏两岸关系政治基础和现状的行径；四是继续推进两岸各领域交流合作与经济社会融合发展，秉持“两岸一家亲”观念，率先与台湾同胞分享大陆发展机遇，连续出台《关于促进两岸经济文化交流合作的若干措施》、颁发台湾居民居住证、实现福建向金门供水等惠台利民措施，为台湾同胞来大陆学习、工作、生活、创业提供同等待遇和便利条件，为台湾同胞谋福祉、办实事。

同时，在中国特色大国外交总体布局下，大陆方面坚持以一个中国原则处理台湾问题，广泛做国际社会工作，敦促有关国家妥善处理涉台问题，纠正在台湾问题上的错误言行，向国际社会宣示捍卫中国国家核心利益的坚定立场。由于拒不承认“九二共识”，蔡英文当局参与相关国际组织活动接连碰壁，越来越多台湾的所谓“邦交国”对一个中国原则有了清醒认识，放弃与台湾的“邦交”关系。中华人民共和国先后与冈比亚、圣多美和普林西比、巴拿马、多米尼加、布基纳法索、萨尔瓦多、所罗门群岛、基里巴斯等国实现建交、复交。这充分表明，坚持一个中国原则已成为国际社会的普遍共识，是人心所向、大势所趋。

“台独”势力的倒行逆施，使台湾同胞深切感受到台湾政局变化给两岸关系和他们的切身利益带来的伤害，更清楚地认识到两岸关系恶化的责任在蔡英文当局，强烈要求其调整两岸政策，回到“九二共识”政治基础上。蔡英文当局的社会支持度不断下跌，执政困境加剧。2018 年 11 月，民进党在台湾地区“九合一”选举中遭到惨败，体现了台湾民众要求发展经济、改善民生、改善与发展两岸关系的强烈愿望。“两岸关系好，台湾才会好”的认识更加深入人心。

2019 年 1 月 2 日，习近平在《告台湾同胞书》发表 40 周年纪念会上发表重要讲话指出：“两岸关系发展历程证明：台湾是中国一部分、两岸同属一个中国的历史和法理事实，是任何人任何势力都无法改变的！两岸同胞都是中国人，血浓于水、守望相助的天然情感和民族认同，是任何人任何势力都无法改变的！台海形势走向和平稳定、两岸关系向前发展的时代潮流，是任何人任何势力都无法阻挡的！国家强大、民族复兴、两岸统一的历史大势，更是任何人任何势力都无法阻挡的！”“祖国必须统一，也必然统一。这是70 载两岸关系发展历程的历史定论，也是新时代中华民族伟大复兴的必然要求。两岸中国人、海内外中华儿女理应共担民族大义、顺应历史大势，共同推动两岸关系和平发展、推进祖国和平统一进程。”[①] 这篇铿锵有力的讲话，全面阐述了立足新时代，在民族复兴伟大征程中推进祖国和平统一的重大政策主张，提出了携手推动民族复兴，实现和平统一目标；探索“两制”台湾方案，丰富了和平统一实践经验；坚持一个中国原则，维护和平统一前景；深化两岸融合发展，夯实和平统一基础；实现同胞心灵契合，增进和平统一

---

① 习近平：《为实现民族伟大复兴　推进祖国和平统一而共同奋斗——在〈告台湾同胞书〉发表 40 周年纪念会上的讲话》，《人民日报》，2019 年 1 月 3 日。

认同。这篇讲话丰富了新时代坚持“一国两制”和推进祖国和平统一基本方略的重要内涵，道出了海内外中华儿女的心声，也发出了中华民族实现统一、走向复兴的最强音！

在新时代，全党全国人民将继续坚决维护一个中国原则，坚决反对“台独”，继续团结台湾各党派团体和各界同胞共同维护和推进两岸关系和平发展，持续促进和深化两岸经济社会融合，努力维护台海和平稳定，坚定推进祖国和平统一进程。

第三节　构建人类命运共同体和推动共建“一带一路”

以习近平同志为核心的党中央深刻把握新时代中国和世界发展的大势，在波澜壮阔的伟大斗争中，进行对外工作一系列重大理论和实践创新，形成了习近平新时代中国特色社会主义外交思想。中共十八大以来，中国全面推进中国特色大国外交，形成全方位、多层次、立体化的外交布局，对外工作呈现鲜明的中国特色、中国风格、中国气派。中国提出共建“一带一路”倡议，推进构建新型国际关系，倡导构建人类命运共同体，促进全球治理体系变革，在国际上的影响力、感召力、塑造力显著提高。中国与世界的互动关系发生了历史性演变，为中国的发展营造了良好外部条件，为世界和平与发展做出了新的重大贡献。

一、构建人类命运共同体

当今世界处在大发展大变革大调整时期，人类面临挑战层出不穷、风险日益增长的严峻问题。国际社会应该何去何从成为事关人类社会生存与发展的重大时代命题。为解答这个重大时代命题，中国提出了新的方案：高举和平、发展、合作、共赢的旗帜，打造人类命运共同体，构建以合作共赢为核心的新型国际关系。

倡导构建新型国际关系、构建人类命运共同体。2013年3月23日，习近平在俄罗斯莫斯科国际关系学院发表演讲指出：这个世界，各国相互联系、相互依存的程度空前加深，人类生活在同一个地球村里，生活在历史和现实交汇的同一个时空里，越来越成为你中有我、我中有你的命运共同体。2014年5月，习近平在亚洲相互协作与信任措施会议第四次峰会上提出，要倡导共同、综合、合作、可持续的亚洲安全观。11月，习近平在中央外事工作会议上强调：要推动建立以合作共赢为核心的新型国际关系，坚持互利共赢的开放战略，把合作共赢理念体现到政治、经济、安全、文化等对外合作的方方面面，推动建立以合作共赢为核心的新型国际关系。2015年3月26日至29日，习近平在主题为“亚洲新未来：迈向命运共同体”的博鳌亚洲论坛2015年年会上提出：面对风云变幻的国际和地区形势，要把握好世界大势，跟上时代潮流，共同营造对亚洲、对世界都更为有利的地区秩序，通过迈向亚洲命运共同体，推动建设人类命运共同体。10月12日，中共中央政治局就全球治理格局和全球治理体制进行集体学习。习近平在主持学习时指出，经济全球化深入发展，把世界各国利益和命运更加紧密地联系在一起，形成了你中有我、我中有你的利益共同体。①

提出构建新型国际关系、构建人类命运共同体的中国方案。2015年9月28日，习近平在联合国总部出席第70届联合国大会一般性辩论时，发表题为《携手构建合作共赢新伙伴 同心打造人类命运共同体》的演讲。习近平全面阐述了以合作共赢为核心的新型国际关系理念，提出了打造人类命运共同体“五位一体”的总路径和总布局：倡导建立平等相待、互商互谅的伙伴关系；营造公道正义、共建共享的安全格局；谋求开放创新、包容互惠的发展前景；促进和而不同、兼收并蓄的文明交流；构筑尊崇自然、绿色发展的生态体系。2017年1月18日，习近平在日内瓦出席“共

① 习近平：《推动全球治理体制更加公正合理》，《人民日报》，2015年10月14日。

商共筑人类命运共同体”高级别会议并发表主旨演讲，主张共同推进构建人类命运共同体伟大进程，坚持对话协商、共建共享、合作共赢、交流互鉴、绿色低碳，建设一个持久和平、普遍安全、共同繁荣、开放包容、清洁美丽的世界。

中共十九大报告提出：我们呼吁，各国人民同心协力，构建人类命运共同体，建设持久和平、普遍安全、共同繁荣、开放包容、清洁美丽的世界。要相互尊重、平等协商，坚决摒弃冷战思维和强权政治，走对话而不对抗、结伴而不结盟的国与国交往新路。要坚持以对话解决争端、以协商化解分歧，统筹应对传统和非传统安全威胁，反对一切形式的恐怖主义。要同舟共济，促进贸易和投资自由化便利化，推动经济全球化朝着更加开放、包容、普惠、平衡、共赢的方向发展。要尊重世界文明多样性，以文明交流超越文明隔阂、文明互鉴超越文明冲突、文明共存超越文明优越。要坚持环境友好，合作应对气候变化，保护好人类赖以生存的地球家园。

在各国联系日益紧密、各种矛盾日趋复杂的国际形势下，中国所倡导的人类命运共同体理念，是对国际秩序观的创新和发展，提出了国际关系新愿景，被越来越多的国家所接受。国际社会普遍认同构建人类命运共同体、摒弃丛林法则、不搞强权独霸、超越零和博弈，开辟一条合作共赢、共建共享的文明发展新道路的理念。2017 年 2 月 10 日，构建人类命运共同体理念首次载入联合国决议，3 月 17 日首次载入联合国安理会决议，3 月 23 日首次载入联合国人权理事会决议。

二、推动共建“一带一路”

共建“一带一路”，促进全方位开放格局的形成。2013 年 9 月 7 日，习近平在哈萨克斯坦纳扎尔巴耶夫大学发表演讲，提出了共同建设“丝绸之路经济带”的合作倡议；10 月 3 日，习近平在印度尼西亚国会发表演讲，提出共同建设 21 世纪“海上丝绸之路”的合作倡议。11 月，中共十八届三中全会提出：推进丝绸之路经济带、海上丝绸之路建设，形成全方位开放新格局。12 月 10 日，习近平在中央经济工作会议上强调：建设丝绸之路经济带、21 世纪“海上丝绸之路”，“是党中央统揽政治、外交、经济社会发展全局作出的重大战略决策，是实施新一轮扩大开放的重要举措，也是营造有利周边环境的重要举措”①。共建“一带一路”倡议及其核心理念已写入联合国、二十国集团、亚太经合组织以及其他区域组织等有关文件中。2015 年 7 月，上海合作组织发表了《上海合作组织成员国元首乌法宣言》，支持关于建设“丝绸之路经济带”的倡议。2016 年 9 月，《二十国集团领导人杭州峰会公报》明确提出当年启动“全球基础设施互联互通联盟倡议”。2016 年 11 月，联合国 193 个会员国协商一致通过决议，欢迎共建“一带一路”等经济合作倡议，呼吁国际社会为“一带一路”建设提供安全保障环境。2017 年 3 月，联合国安理会一致通过了第 2344 号决议，呼吁国际社会通过“一带一路”建设加强区域经济合作。2018 年，中拉论坛第二届部长级会议、中国—阿拉伯国家合作论坛第八届部长级会议、中非合作论坛峰会先后召开，分别形成了中拉《关于“一带一路”倡议的特别声明》《中国和阿拉伯国家合作共建“一带一路”行动宣言》《关于构建更加紧密的中非命运共同体的北京宣言》等重要成果文件。②

为推进共建“一带一路”倡议的实施，经国务院授权，国家发展和改革委员会、外交部、商务部于 2015 年 3 月 28 日联合发布《推动共建丝绸之路经济带和 21 世纪海上丝绸之路的愿景与行动》。这个文件提出：“一带一路”建设是一项系统工程，要坚持共商、共建、共享原则，积极推进沿线国家发展战略的相互对接；明确以政策沟通、设施联通、贸易畅通、资金融通、民心相通为主要内容，以及加强合作的重点。

构建推动全球发展合作的机制化新平台。2017 年 5 月 14 日至 15 日，首届“一带一路”国际合作高峰论坛在北京成功召开。习近平出席开幕式并发表主旨演讲，强调要将“一带一路”建成和平之路、繁荣之路、开放

① 《习近平关于社会主义经济建设论述摘编》，中央文献出版社 2017 年版，第 247 页。
② 《共建“一带一路”倡议：进展、贡献与展望》，《人民日报》，2019 年 4 月 23 日。

之路、创新之路、文明之路。15 日，高峰论坛举行领导人圆桌峰会，习近平全程主持会议。29 位外国元首和政府首脑出席论坛，130 多个国家和 70 多个国际组织的约 1500 名代表参会。这是“一带一路”框架下最高规格的国际活动，也是新中国成立以来由中国首倡、主办的层级最高、规模最大的多边外交活动。中国成功举办高峰论坛标志着中国国际地位和国际影响力显著提升，也是“一带一路”建设得到国际社会广泛认同和广受欢迎的重要体现。会议决定“一带一路”国际合作高峰论坛将定期举办，并成立论坛咨询委员会、论坛联络办公室等。“一带一路”国际合作高峰论坛成为推动全球发展合作的机制化新平台；中国国家发展和改革委员会成立“一带一路”建设促进中心，正式开通“一带一路”官方网站，发布海上丝路贸易指数。2019 年 4 月 26 日，习近平在第二届“一带一路”国际合作高峰论坛开幕式上发表题为《齐心开创共建“一带一路”美好未来》的主旨演讲中提出：面向未来，我们要聚焦重点、深耕细作，共同绘制精谨细腻的“工笔画”，推动共建“一带一路”沿着高质量发展方向不断前进。推动共建“一带一路”实现高质量发展是习近平面向世界提出的重要理念，反映了参与共建“一带一路”国家的普遍愿望，树立起大家共同努力的目标。领导人圆桌峰会发表的联合公报，展示了各国领导人共建“一带一路”的政治共识。中方牵头汇总了论坛期间各方达成的具体成果，共六大类 283 项，论坛期间举办企业家大会，签署总额 640 多亿美元的项目合作协议；中国发表了《共建“一带一路”倡议：进展、贡献与展望》报告。论坛聚焦务实合作，首次举办企业家大会，为各国工商界对接合作搭建平台。

共建“一带一路”倡议成为中国参与全球开放合作、促进全球共同发展繁荣、推动构建人类命运共同体的中国方案。“一带一路”倡议提出 6 年来，成绩斐然、硕果累累，已成为当今世界广泛参与的国际合作平台和普受欢迎的国际公共产品。共建“一带一路”倡议的实施，在促进政策沟通、设施联通、贸易畅通、资金融通、民心相通方面取得显著进展。先后成立“丝路基金”、发起设立“亚投行”，为“一带一路”项目推进和亚洲基础设施建

2018年，中欧班列开行创新高，当年就达到6363列，其中回程班列达到2690列。截至2019年3月底，中欧班列累计开行达到14000列。图为2016年中国首列由零售企业订制的中欧班列。

设提供资金支持。秉持和平合作、开放包容、互学互鉴、互利共赢的丝路精神，坚持共商、共享、共建原则，全方位推进同沿线国家间务实合作。2019年3月21日至26日，习近平对意大利、摩纳哥、法国进行国事访问，推动共建“一带一路”在亚欧大陆开辟新的空间。中欧努力将“一带一路”建设同欧洲的发展战略相对接、中国国际产能合作同欧洲“容克投资计划”相对接、“16+1合作”同中欧整体合作相对接。截至2019年5月底，中国政府已与131个国家和30个国际组织签署“一带一路”合作文件。共建“一带一路”国家从地域上已由亚欧延伸至非洲、拉美、南太平洋等区域。“一带一路”贸易规模持续扩大，2013年至2018年，中国与沿线国家货物贸易进出口总额超过6万亿美元，年均增长率高于同期中国对外贸易增速，占中国货物贸易总额的比重达到27.4%；中国企业对沿线国家直接投资超过900亿美元，在沿线国家完成对外承包工程营业额超过4000亿美元。中国设立丝绸之路中国政府奖学金项目，与24个沿线国家签署高等教育学历、学位互认协议。2017年，“一带一路”沿线国家中有3.87万人接受中国政府奖学金来华留学，占奖学金生总数的66.0%。[①]

在各方共同努力下，“六廊六路多国多港”的互联互通架构基本形成，一大批合作项目落地生根，首届高峰论坛的各项成果顺利落实。共建“一带一路”倡议同联合国、东盟、非盟、欧盟、欧亚经济联盟等国际和地区组织的发展和合作规划对接，同各国发展战略对接。从亚欧大陆到非洲、美洲、大洋洲，共建“一带一路”为世界经济增长开辟了新空间，为国际贸易和投资搭建了新平台，为完善全球经济治理拓展了新实践，为增进各国民生福祉做出了新贡献，成为共同的机遇之路、繁荣之路。事实证明，共建“一带一路”不仅为世界各国发展提供了新机遇，也为中国开放发展开辟了新天地。[②]

中国以共建“一带一路”为统领，步入了深度开放、积极参与、主动引领的开放时代。共建“一带一路”开创了中国特色社会主义开放发展新实践，丰富和发展了中国共产党新时代治国理政的新理念。

三、积极发展全球伙伴关系

中共十八大以来，中国致力于推动建设新型国际关系，积极打造全方位、多层次、立体化的全球伙伴关系网络。中共十九大报告提出，中国积极发展全球伙伴关系，扩大同各国的利益交汇点，推进大国协调和合作，构建总体稳定、均衡发展的大国关系框架，按照亲诚惠容理念和与邻为善、以邻为伴周边外交方针深化同周边国家关系，秉持正确义利观和真实亲诚理念加强同发展中国家团结合作。中国加强同各国政党和政治组织的交流合作，推进人大、政协、军队、地方、人民团体等的对外交往。2018年6月22日，习近平在中央外事工作会议上的讲话中提出，要打造更加完善的全球伙伴关系网络。

无论是同周边国家共商合作大计，还是在多边场合与各国共谋发展之

① 《共建“一带一路”倡议：进展、贡献与展望》，《人民日报》，2019年4月23日。
② 习近平：《齐心开创共建“一带一路”美好未来——在第二届“一带一路”国际合作高峰论坛开幕式上的主旨演讲》，《人民日报》，2019年4月27日。

道，中国都积极打造合作共赢的全球伙伴关系网，将中国的“朋友圈”越做越大，中国特色大国外交向全方位、多层次、立体化方向推进。

推进大国协调和合作，构建总体稳定、均衡发展的大国关系框架。习近平倡导构建不冲突、不对抗、相互尊重、合作共赢的中美新型大国关系理念。针对美国总统特朗普执政后中美两国在战略、经贸上分歧增多的问题，两国元首就两国及双方共同关心的问题进行沟通，并开展政府代表团谈判。针对美国在贸易科技方面损人不利己的霸凌手段和对台军售等原则问题，中国采取了有理有力有度的斗争和反制措施。中俄全面战略协作伙伴关系在高水平上不断深化，习近平主席与普京总统每年都保持数次的会晤，保持中俄两国之间的密切交往与磋商，两国各领域务实合作逐步推进，成为和平共处、合作共赢的典范。2014 年 3 月 31 日，习近平访问欧盟总部，这也是中国国家元首首次访问欧盟总部，中欧关系取得突破性发展。中欧从战略全局的视角给予双方关系以新的定位。双方发表的《关于深化互利共赢的中欧全面战略伙伴关系的联合声明》，强调共同打造和平、增长、改革、文明四大伙伴关系，全面落实《中欧合作 2020 战略规划》。2019 年 3 月 21 日至 26 日，习近平对意大利、摩纳哥、法国进行国事访问，为中欧全面战略伙伴关系注入新的动力。由于日方在钓鱼岛、历史等问题上频繁采取挑衅行动，中日关系一度面临严重困难局面。中国政府重视中日关系，一贯主张在中日四个政治文件的基础上，本着以史为鉴、面向未来的精神发展中日关系。在双方努力下，两国关系走上逐步改善的轨道。

按照亲诚惠容理念和与邻为善、以邻为伴周边外交方针，开创周边睦邻外交和互利合作的新局面。2013 年 10 月，在新中国成立以来首次召开的周边外交工作座谈会上，中国提出了亲诚惠容理念，确立与邻为善、以邻为伴周边外交方针。中共十八大以来，中国通过推动上海合作组织、亚洲相互协作与信任措施会议、澜沧江—湄公河合作等促进合作走深走实，通过实施“一带一路”建设加强与亚洲周边国家发展战略对接。2017 年夏，中国与东盟在落实《南海各方行为宣言》基础上，达成《南海行为准则》框架，朝着将南海建成和平之海、友谊之海、合作之海的方向迈出了一大步。2018 年至 2019

年，朝鲜劳动党委员长、国务委员会委员长金正恩应邀多次访问中国。2019年6月，习近平访问朝鲜，进一步巩固了中朝传统友谊，对于推动半岛问题政治解决进程、维护半岛和平稳定发挥了重要作用。

始终秉持真实亲诚理念和正确的义利观，加强同发展中国家团结合作，同非洲、拉美和加勒比地区国家的友好合作不断提质升级。2013年3月，习近平访非期间提出，中国外交要树立正确的义利观。10月，习近平主席在周边外交工作座谈上强调，要找到利益的共同点和交汇点，坚持正确义利观，有原则、讲情谊、讲道义，多向发展中国家提供力所能及的帮助。2015年12月，习近平在中非合作论坛约翰内斯堡峰会上宣布中方愿在未来3年同非方重点实施以下“十大合作计划”：中非工业化合作计划、中非农业现代化合作计划、中非基础设施合作计划、中非金融合作计划、中非绿色发展合作计划、中非贸易和投资便利化合作计划、中非减贫惠民合作计划、中非公共卫生合作计划、中非人文合作计划、中非和平与安全合作计划。2018年9月3日至4日，2018年中非合作论坛北京峰会举行，来自53个非洲国家和非洲联盟的代表齐聚北京。联合国秘书长古特雷斯以及26个国际和非洲地区组织代表也应邀参会。习近平在开幕式上发表题为《携手共命运 同心促发展》的主旨讲话，提出中国将同非洲国家密切配合，未来三年和此后一段时间重点实施产业促进、设施联通、贸易便利、绿色发展、能力建设、健康卫生、人文交流、和平安全“八大行动”。2014年7月17日，习近平出席在巴西利亚举行的中国—拉美和加勒比国家领导人首次会晤。会晤通过《中国—拉美和加勒比国家领导人巴西利亚会晤联合声明》，宣布建立中国—拉共体论坛（中拉论坛）。2015年1月8日至9日，中拉论坛首届部长级会议在北京举行，标志着论坛正式启动，习近平为论坛发表题为《共同谱写中拉全面合作伙伴关系新篇章》的致辞。会议通过《中国—拉共体论坛首届部长级会议北京宣言》《中国与拉美和加勒比国家合作规划（2015—2019）》《中拉论坛机制设置和运行规则》三个成果文件。2018年1月，中国—拉共体论坛第二届部长级会议在智利圣地亚哥举行，通过《圣地亚哥宣言》《中国与拉美和加勒比国家合作（优先领域）共同行动计划

（2019—2021）》《“一带一路”特别声明》三个成果文件。

深化金砖国家伙伴关系。2016年10月16日，金砖国家领导人在印度果阿举行第八次会晤，习近平在会晤时发表题为《坚定信心 共谋发展》的讲话，提出要共同深化伙伴关系，并强调：我们要以落实《金砖国家经济伙伴战略》为契机，深化拓展各领域经济合作，建设好、维护好、发展好金砖国家新开发银行和应急储备安排这两个机制，加强人文交流，继续扩大和巩固金砖国家“朋友圈”，保持开放、包容，谋求共同发展。2017年9月，习近平主持在厦门举行的金砖国家领导人第九次会晤。在大范围会议上，习近平发表题为《深化金砖伙伴关系 开辟更加光明未来》的重要讲话。

2019年6月，习近平应邀对吉尔吉斯斯坦、塔吉克斯坦进行国事访问，并出席在比什凯克举行的上海合作组织成员国元首理事会第十九次会议和在杜尚别举行的亚洲相互协作与信任措施会议第五次峰会。其间，他出席30多场双边多边活动。出席20多场活动，高举多边主义旗帜，倡导伙伴合作精神，践行互利共赢理念，阐释共同发展主张，为峰会成功作出重要贡献，为世界和平发展增添稳定预期。

到2019年3月，联合国193个会员国中，中国与178个国家建立了正式外交关系。中国已经与100个国家、地区和地区组织建立了不同层次的伙伴关系，实现了对大国、周边和发展中国家伙伴关系的全覆盖。中国积极发展全球伙伴关系，为世界各国创造了和平稳定的国际环境，为人类共同发展创造了新的机遇，也为世界带来了前所未有的互动和联动发展机会。

四、积极参与引领全球治理体系改革和建设

中共十八大以来，以习近平同志为核心的党中央从历史和现实、理论和实践、国内和国际等多角度深入思考“世界怎么了，我们怎么办”这一根本问题，积极探索完善全球治理的理念和方案。2015年10月12日，中共中央政治局就全球治理格局和全球治理体制进行集体学习。习近平在主持学习时指出，全球治理体制变革正处在历史转折点上。数百年来，列强通

过战争、殖民、划分势力范围等方式争夺利益和霸权逐步向各国以制度规则协调关系和利益的方式演进。加强全球治理、推进全球治理体制变革已是大势所趋。这不仅事关应对各种全球性挑战，而且事关给国际秩序和国际体系定规则、定方向；不仅事关对发展制高点的争夺，而且事关各国在国际秩序和国际体系长远制度性安排中的地位和作用。①2016 年 9 月 27 日，中共中央政治局就二十国集团领导人峰会和全球治理体系变革进行集体学习。习近平在主持学习时强调，我们要抓住机遇、顺势而为，推动国际秩序朝着更加公正合理的方向发展，更好维护我国和广大发展中国家共同利益，为实现“两个一百年”奋斗目标、实现中华民族伟大复兴的中国梦营造更加有利的外部条件，为促进人类和平与发展的崇高事业做出更大贡献。

中共十九大报告提出，中国秉持共商共建共享的全球治理观，倡导国际关系民主化，坚持国家不分大小、强弱、贫富一律平等，支持联合国发挥积极作用，支持扩大发展中国家在国际事务中的代表性和发言权。中国将继续发挥负责任大国作用，积极参与全球治理体系改革和建设，不断贡献中国智慧和力量。

中共十八大以来，中国理念、中国智慧、中国方案、中国机遇等日益受到全球关注，中国成为全球治理的引领者。

通过主场外交活动，推进全球治理体系改革和建设。中国举办北京 APEC 领导人非正式会议（2014 年）、G20 杭州峰会（2016 年）、“一带一路”国际合作高峰论坛（2017 年和 2019 年）、金砖国家领导人厦门会晤（2017 年）、青岛上合组织峰会（2018 年）、中非合作论坛北京峰会（2018 年）、亚洲文明大会（2019 年）等大型主场外交，取得了历史性成果，令全球瞩目。2014 年 11 月，习近平在北京成功主持亚太经济合作组织（APEC）第二十二次领导人非正式会议。作为东道主，中国发挥引领作用，秉持战略视野和创新精神，主动推进议题议程，广泛凝集各方共识，推动会议取得丰硕成果，留下深刻历史印记。会议发表《北京纲领：构建融合、创新、互联的亚太》《共建面向未来的亚太

① 习近平:《推动全球治理体制更加公正合理》,《人民日报》, 2015 年 10 月 14 日。

伙伴关系——亚太经合组织成立25周年声明》，强调本着互信、包容、合作、共赢精神，构建面向未来的亚太伙伴关系，着力打造开放型亚太经济格局，推动实现共同发展、繁荣和进步，为亚太合作勾画新愿景，为未来发展注入强大动力。2015年12月16日，习近平在主题为“互联互通·共享共治——共建网络空间命运共同体”的第二届世界互联网大会开幕式上发表主旨演讲，提出推动互联网全球治理体系变革。2016年9月，习近平成功主持二十国集团领导人杭州峰会。这次峰会是至此中国主办的级别最高、规模最大、影响最深的国际峰会。会议期间，中国运用议题和议程设置主动权，打造亮点，使会议突出特色，开出气势，形成声势，引导峰会形成了一系列具有开创性、引领性、机制性的成果，实现了为世界经济指明方向、为全球增长提供动力、为国际合作筑牢根基的总体目标。在这次峰会上，中国首次全面阐释中国的全球经济治理观，首次把创新作为会议的核心成果，首次把发展议题置于全球宏观政策协调的突出位置，首次形成全球多边投资规则框架，首次发布气候变化问题主席声明，首次把绿色金融列入二十国集团议程，在二十国集团发展史上留下了深刻的中国印记。2017年9月，金砖国家领导人第九次会晤在福建厦门举行。与会领导人一致决定加强金砖战略伙伴关系，建立经贸合作、政治安全、人文交流“三轮驱动”发展的合作架构，完善全球治理，实现共同发展，携手打造金砖合作第二个“金色十年”。会议发表了《金砖国家领导人厦门宣言》。会晤期间，中方还首创“金砖+”模式，首次举办新兴市场国家与发展中国家对话会，从全球范围邀请部分新兴市场国家和发展中国家领导人与会，同金砖国家领导人共商国际发展合作大计，构建了具有全球影响力的“南南合作”新平台。2018年6月9日至10日，上海合作组织举行青岛峰会。10日，习近平主持会议并发表讲话，强调要提倡创新、协调、绿色、开放、共享的发展观，践行共同、综合、合作、可持续的安全观，秉持开放、融通、互利、共赢的合作观，树立平等、互鉴、对话、包容的文明观，坚持共商共建共享的全球治理观，不断改革完善全球治理体系，推动各国携手建设人类命运共同体。

无论是在联合国框架下的全球性活动或会议上，还是在区域与跨区域组织和论坛领导人峰会上，中国领导人都明确阐释中国关于全球治理的理念和主张。2019 年 3 月 26 日，习近平在巴黎出席中法全球治理论坛闭幕式时致辞，阐明中国对全球治理的看法和主张。习近平指出，国际社会正面临治理赤字、信任赤字、和平赤字、发展赤字四大挑战，提出破解这“四大赤字”需要秉持公正合理、互商互谅、同舟共济、互利共赢四大理念；提出要打造富有活力的增长模式、开放共赢的合作模式、平衡普惠的发展模式，让各国人民共享经济全球化发展成果。欧方领导人赞赏中国在全球治理改革方面的引领作用，表示愿同中方进一步加强团结协作。6 月 28 日，习近平出席在日本大阪举行的二十国集团领导人峰会，并在会上明确提出为世界经济和全球治理把准航向的三条原则和四点建议。三条原则是：尊重客观规律、把握发展大势、胸怀共同未来。四点建议是：坚持改革创新，挖掘增长动力；坚持与时俱进，完善全球治理；坚持迎难而上，破解发展瓶颈；坚持伙伴精神，妥善处理分歧。这四点建议，为世界经济和全球治理指明了方向，为把握世界经济大方向贡献了中国智慧。

中国主动发挥负责任大国的作用，为全球治理贡献中国智慧和力量。中国推进共建“一带一路”倡议的实施，开辟了国际合作新模式。中国推动成立亚洲基础设施投资银行、丝路基金、金砖国家新开发银行，以开放姿态“欢迎各国搭乘中国发展‘顺风车’”。中国通过宣布建立 10 亿美元的“中国—联合国和平与发展基金”、200 亿元人民币的“中国气候变化南南合作基金”“南南合作援助基金”等，主动实施国际发展援助。

中国积极推进世贸组织改革。在单边主义、贸易保护主义抬头，经济全球化遭遇波折，多边贸易体制的权威性和有效性受到严重挑战的背景下，中国支持对世贸组织进行必要改革，帮助世贸组织解决当前危机、回应时代发展需要，维护多边贸易体制，推动建设开放型世界经济。2018 年 11 月，中国发布了《中国关于世贸组织改革的立场文件》，阐述了中国对世贸组织改革的基本原则和具体主张。这一文件发布后不久，二十国集团领导人峰会就支持对世贸组织进行必要改革达成重要共识。之后，中国在参与世贸组织改革方面进一步做出了积极努力和重要贡献。比如，中国与多个世贸组织成员共同向世贸组织提交了“关于争端解决上诉程序改革”的联合提案，为推动打破上诉机构成员遴选僵局贡献力量。中国与其他75个世贸组织成员发表了《关于电子商务的联合声明》，确认有意在世贸组织现有协定和框架基础上，启动与贸易有关的电子商务议题谈判。2019年5月13日，以《中国关于世贸组织改革的立场文件》为基础，中国向世贸组织正式提交了《中国关于世贸组织改革的建议文件》。

面对此起彼伏的国际地区热点问题和层出不穷的各种全球性挑战，中国发挥维护世界和平与稳定的建设性作用，国际话语权和影响力不断提高，负责任大国的作用日益突出。中国积极劝和促谈，维护朝鲜半岛和平稳定，引导促成伊朗核问题六方协定，推动南苏丹、叙利亚、乌克兰等热点难点问题政治解决进程。中国积极参与国际反恐合作，派军舰在亚丁湾、索马里海域执行护航任务。中国编织全球治理体系中的发展中国家合作网，积极参与网络、极地、深海、外空、核安全、气候变化等新兴领域规则制定；发起并主办首届世界互联网大会，推动建立多边、民主、透明的全球互联网治理体系；积极开展国际反腐败合作，推动构建国际反腐败合作新秩序。

五、推动形成全面开放新格局

中共十八大提出，适应经济全球化新形势，必须实行更加积极主动的开放战略，完善互利共赢、多元平衡、安全高效的开放型经济体系，全面提高开放型经济水平。中共十八届三中全会审议通过的《中共中央关于全面深化改革若干重大问题的决定》的第七部分提出要构建开放型经济新体制。2015年5月5日，中共中央、国务院发出《关于构建开放型经济新体制的若干意见》，提出使对内对外开放相互促进，引进来与走出去更好结合，以对外开放的主动赢得经济发展和国际竞争的主动，以开放促改革、促发展、促创新，建设开放型经济强国。

中共十九大报告提出，要推动形成全面开放新格局。开放带来进步，封闭必然落后。中国开放的大门不会关闭，只会越开越大。要以“一带一路”建设为重点，坚持引进来和走出去并重，遵循共商共建共享原则，加强创新能力开放合作，形成陆海内外联动、东西双向互济的开放格局。拓展对外贸易，培育贸易新业态新模式，推进贸易强国建设。实行高水平的贸易和投资自由化便利化政策，全面实行准入前国民待遇加负面清单管理制度，大幅度放宽市场准入，扩大服务业对外开放，保护外商投资合法权益。凡是在我国境内注册的企业，都要一视同仁、平等对待。优化区域开放布局，加大西部开放力度。赋予自由贸易试验区更大改革自主权，探索建设自由贸易港。创新对外投资方式，促进国际产能合作，形成面向全球的贸易、投融资、生产、服务网络，加快培育国际经济合作和竞争新优势。中共十九大从统筹国内国际两个大局的高度、从理论和实践两个维度，系统回答了新时代要不要开放、要什么样的开放、如何更好推动开放等重大命题。2019 年 4 月 26 日，习近平在第二届“一带一路”国际合作高峰论坛开幕式上提出，中国将采取一系列重大改革开放举措，包括在更广领域扩大外资市场准入、更大力度加强知识产权保护国际合作、更大规模增加商品和服务进口、更加有效实施国际宏观经济政策协调、更加重视对外开放政策贯彻落实。这些开放举措，是中国根据改革发展客观需要作出的自主选择，同时也将为共建“一带一路”和各国共同繁荣提供更多、更大的机遇。6 月 28 日，习近平在二十国集团领导人峰会上，郑重宣布中国对外开放的五项重大举措：进一步开放市场、主动扩大进口、持续改善营商环境、全面实施平等待遇、大力推动经贸谈判。这五项重大举措，既是中国加快形成对外开放新局面、努力实现高质量发展的务实举措，也是中国致力推动构建开放型世界经济、共建人类命运共同体的坚定行动。

加快实施自由贸易区战略。这是中国实施更加主动开放战略的重要内容。中共十八大提出了加快实施自由贸易区战略。2013 年 9 月，中国（上海）自由贸易试验区正式挂牌成立。中共十八届三中全会提出要加快自由贸易区建设。2014 年 12 月，习近平在主持中共中央政治局第十九次集体学习时指出，多边贸易体制和区域贸易安排一直是驱动经济全球化向前发展的两个轮子。加快实施自由贸易区战略，是中国积极参与国际经贸规则制定、争取全球经济治理制度性权力的重要平台，中国不能当旁观者、跟随者，而是要做参与者、引领者，善于通过自由贸易区建设增强中国的国际竞争力，在国际规则制定中发出更多中国声音，注入更多中国元素，维护和拓展中国发展利益。12月，国务院决定设立广东、天津、福建3个自由贸易试验区。中共十八届五中全会提出，加快实施自由贸易区战略，推进区域全面经济伙伴关系协定谈判，推进亚太自由贸易区建设，致力于形成面向全球的高标准自由贸易区网络；提高自由贸易试验区建设质量，在更大范围推广复制。2015年12月，国务院发出《关于加快实施自由贸易区战略的若干意见》，明确了实施自由贸易区的总体要求、进一步优化自由贸易区建设布局、加快建设高水平自由贸易区、健全保障体系、完善支持机制、加强组织实施等方针政策。2016年，国务院决定新设立辽宁省、浙江省、河南省、湖北省、重庆市、四川省、陕西省7个自由贸易试验区。2017年10月，中共十九大提出赋予自由贸易试验区更大改革自主权，探索建设自由贸易港。2018年9月，国务院印发《中国（海南）自由贸易试验区总体方案》。10月，习近平对自由贸易试验区建设作出重要指示，强调要不断提高自由贸易试验区发展水平，形成更多可复制、可推广的制度创新成果，把自由贸易试验区建设成为新时代改革开放的新高地。[①]11月，国务院印发《关于支持自由贸易试验区深化改革创新若干措施的通知》。中国自由贸易试验区覆盖了中国从南到北、从沿海到内陆的广大区域。自由贸易试验区建设坚持大胆试、大胆闯、

▲ 自2013年起，中国陆续在上海、广东、辽宁、海南等一些省市设立了自由贸易试验区。图为货运车辆进出上海自贸区内的洋山港港区。

① 参见《继续解放思想积极探索 加强统筹谋划改革创新 把自由贸易试验区建设成为新时代改革开放新高地》，《人民日报》，2018年10月25日。

自主改，形成了一大批可复制的制度创新成果，发挥了全面深化改革的试验田作用。截至 2018 年 5 月，自由贸易试验区已形成 153 项可复制、可推广的改革创新成果，在全国形成了示范带动效应。

继续积极推进自由贸易区谈判。2013 年 4 月 15 日，中国与冰岛签订自由贸易协定。7 月 6 日，中国与瑞士签订自由贸易协定。2015 年 6 月 1 日，中国与韩国签订自由贸易协定。6 月 17 日，中国与澳大利亚签订自由贸易协定。2017 年 5 月 13 日，中国与格鲁吉亚签订自由贸易协定。12 月 7 日，中国与马尔代夫签订自由贸易协定。至此，中国已经签署并实施了 16 个自贸协定，涉及 24 个国家或地区。

外商投资项目负面清单管理制度从试点到全面实施。2013 年，上海自贸试验区实施负面清单试点。中共十八届五中全会提出，全面实行准入前国民待遇加负面清单管理制度，促进内外资企业一视同仁、公平竞争。2015 年 10 月 2 日，国务院印发《关于实行市场准入负面清单制度的意见》。2016 年 9 月 3 日，十二届全国人大常委会第二十二次会议通过《中华人民共和国外资企业法（修订）》等法律，对外商投资企业的相关行政审批条款进行了修改。中共十九大提出，要实行高水平的贸易和投资自由化便利化政策，全面实行准入前国民待遇加负面清单管理制度，大幅度放宽市场准入，扩大服务业对外开放，保护外商投资合法权益。2018 年 6 月，国务院发出《关于积极有效利用外资推动经济高质量发展若干措施的通知》，提出全面落实准入前国民待遇加负面清单管理制度。2015 年、2017 年、2018 年，中国修订《外商投资产业指导目录》，2018 年版负面清单保留 48 条特别管理措施。

中国首创以进口为主题的国家级展会的经贸制度。2018 年 11 月，首届中国国际进口博览会在上海举行，吸引了 172 个国家、地区和国际组织参会，3600 多家境外企业参展，成交额近 600 亿美元，4500 多名政商学研各界嘉宾在虹桥国际经济论坛上对话交流，发出了“虹桥声音”。[①] 这次博览会

---

① 《首届中国国际进口博览会成果丰硕》，《人民日报》，2018 年 11 月 19 日。《共建“一带一路”倡议：进展、贡献与展望》，《人民日报》，2019 年 4 月 23 日。

是迄今为止世界上第一个以进口为主题的国家级展会，是中国首创的经贸制度，也是国际贸易发展史上的一大创举。此次博览会的成功举办表明了中国主动向世界开放市场、让各方分享发展机遇的诚意，体现了中国推动构建人类命运共同体的担当。

中共十八大以来，以习近平同志为核心的党中央总揽战略全局，以开放促改革、促发展、促创新，推进对外开放理论和实践创新，中国开放的大门越开越大，新的比较优势加快形成，高水平“引进来”和大规模“走出去”齐头并进，陆海内外联动、东西双向互济的开放格局逐步形成。在全球经济贸易低迷的情况下，中国进口需求迅速扩大，货物和服务贸易年进口值均占全球一成左右，2018 年货物贸易进口 14.1 万亿元人民币，同比增长 12.9%，对外贸易显著好于世界其他主要经济体。中国跃居全球货物贸易第一大国，对外贸易由量的扩张转向质的提升，对国际贸易繁荣的贡献越来越大。中国“走出去”实现跨越式发展，2018 年，中国对外直接投资 1298 亿美元，居世界第二位。对外直接投资已涵盖全部国民经济行业门类，对外直接投资存量分布于全球 190 个国家（地区），成为全球第三大对外投资国。中国区域开放布局逐步优化，东部开发进一步扩大，中西部地区开放程度显著提高。中国倡导发展开放型世界经济，积极参与全球经济治理，对外开放取得新的重大成就，为推动构建人类命运共同体贡献正能量。①

第四节　加强党的全面领导和全面从严治党

中共十八大以来，以习近平同志为核心的党中央坚持和加强党的全面领导，坚持党要管党、全面从严治党，全面推进党的政治建设、思想建设、

① 汪洋：《推动形成全面开放新格局》，《党的十九大报告辅导读本》，人民出版社 2017 年版，第 55—56 页。

组织建设、作风建设、纪律建设，把制度建设贯穿其中，深入推进反腐败斗争，极大增强了中国共产党自我净化、自我完善、自我革新、自我提高的能力，不断加强中国共产党对中国特色社会主义事业的领导。

一、坚持和加强党的全面领导

中国共产党的集中统一领导，是中国特色社会主义最本质的特征，也是中国特色社会主义制度的最大优势。随着改革进入深水区，打破利益固化藩篱，应对国内外复杂挑战，都需要加强中国共产党的领导。中共十八大提出以改革创新精神全面推进党的建设新的伟大工程，确保党始终成为中国特色社会主义事业的坚强领导核心。中共十八届三中全会更明确提出，全面深化改革必须加强和改善党的领导，充分发挥党总揽全局、协调各方的领导核心作用。

为提高决策效率与执行力度，针对重大事项，中共中央成立专门领导小组，由总书记或其他政治局常委担任组长，以协调各部门和单位。中共十八大期间，中央成立了 20 多个领导小组，其中，中央国家安全委员会、中央全面深化改革领导小组、中央网络安全和信息化领导小组、中央军委深化国防和军队改革领导小组、中央党的群众路线教育实践活动领导小组、中央海洋权益工作领导小组、中央统战工作领导小组均为中共十八大后新建的。中央全面深化改革领导小组、中央网络安全和信息化领导小组、中央军委深化国防和军队改革领导小组、中央财经领导小组由习近平担任组长。中央领导小组的设立，有利于从最高层统一配置资源，冲破原有利益格局，实现改革快速推进。截至中共十九大召开前，中央全面深化改革领导小组共召开 38 次会议，审议通过了一大批重要改革文件，中央和国家机关有关部门推出了 1500 多项改革举措，为主要领域改革基本确立起四梁八柱性质的主体框架。

东西南北中，党领导一切的制度在各领域得到强化。2014 年 10 月，习近平在古田主持召开全军政治工作会议，重温政治建军的光辉历程，把坚持党对人民军队的绝对领导作为强军之魂。从 2015 年开始，中共中央政治局常委会每年都召开会议，专门听取全国人大常委会、国务院、全国政协、最高人民法院、最高人民检察院等党组工作汇报。各级党委也都建立了听取各级人大、政协、政府、法院、检察院党组工作汇报的制度。2015 年 6 月，中共中央印发《中国共产党党组工作条例（试行）》，成为规范党组设立和运行，确保中国共产党全面领导的总遵循。7 月和 9 月，中共中央先后印发《关于加强和改进党的群团工作的意见》《关于在深化国有企业改革中坚持党的领导加强党的建设的若干意见》；10 月，习近平在全国国有企业党的建设工作会议上强调："国家治理体系是由众多子系统构成的复杂系统，这个系统的核心是中国共产党，人大、政府、政协、法院、检察院、军队，各民主党派和无党派人士，各企事业单位，工会、共青团、妇联等群团组织，都要坚持中国共产党领导。"①

2016 年 10 月，中共十八届六中全会研究了全面从严治党这一重大问题。全会确立了习近平总书记的核心地位，这对维护党中央权威、维护党的团结和集中统一领导，对全党全军全国各族人民凝心聚力，具有十分重大的意义。全会审议通过了《关于新形势下党内政治生活的若干准则》《中国共产党党内监督条例》。全会号召：全党同志要紧密团结在以习近平同志为核心的党中央周围，全面深入贯彻本次全会精神，牢固树立政治意识、大局意识、核心意识、看齐意识，坚定不移维护党中央权威和党中央集中统一领导，继续推进全面从严治党，共同营造风清气正的政治生态，确保党团结带领人民不断开创中国特色社会主义事业新局面。

2017 年 10 月 27 日，十九届中共中央政治局审议通过了《中共中央政治局关于加强和维护党中央集中统一领导的若干规定》，要求从中央领导层做起，把加强和维护党中央集中统一领导作为全党共同的政治责任。各级党组织和党员干部自觉在思想上、政治上、行动上维护习近平总书记核心地位、维护党中央权威和集中统一领导，形成了团结统一的强大合力。

从 2018 年起，新一轮党和国家机构改革进一步确立了中国共产党对各

① 《习近平关于社会主义政治建设论述摘编》，中央文献出版社 2017 年版，第 34 页。

项事业的领导体制。根据 2018 年《中共中央关于深化党和国家机构改革的决定》，中央全面深化改革领导小组、中央网络安全和信息化领导小组、中央财经领导小组、中央外事工作领导小组分别改为中央全面深化改革委员会、中央网络安全和信息化委员会、中央财经委员会、中央外事工作委员会；同时，新组建了中央全面依法治国委员会、中央审计委员会、中央教育工作领导小组，作为中央决策议事协调机构。从“领导小组”升级为“委员会”，实现了由任务型组织向常规型组织的转型，强化了统筹力度、决策权威与执行效率。人大、政府、政协、监察机关、审判机关、检察机关、人民团体、企事业单位、社会组织也分别进行改革，形成了在中国共产党统一领导下协调行动的新体系。

为加强新时代党的全面领导，中共中央于 2019 年 2 月印发《关于加强党的政治建设的意见》，对政治建设作出部署，要求全党以政治建设为统领，把政治标准和政治要求贯穿党的各项建设和反腐败斗争始终，不断提高党的执政能力和领导水平，确保全党统一意志、统一行动、步调一致向前进。

2019 年 3 月，中共中央印发《关于加强和改进中央和国家机关党的建设的意见》，集中解决党和国家最高领导机关加强党的建设问题，使党和国家最高领导机关党的建设走在前，作表率，发挥以上率下的作用。

人心齐，泰山移。中国共产党的全面领导确保了中国各项事业坚定有序推进，展现出中国特色社会主义制度的强大优势。

二、改变管党治党宽松软状况，净化党内政治生态

中国共产党的作风建设关系民心向背、事业成败。以习近平同志为核心的党中央以清醒冷静的态度正视党内存在的作风问题。习近平在十八届中共中央政治局常委同中外记者见面时的讲话中指出：“新形势下，我们党面临着许多严峻挑战，党内存在着许多亟待解决的问题。尤其是一些党员干部中发生的贪污腐败、脱离群众、形式主义、官僚主义等问题，必须下

大气力解决。全党必须警醒起来。”①

2012 年 12 月 4 日，十八届中共中央政治局审议通过《关于改进工作作风、密切联系群众的八项规定》，这是中共十八大后为改进党的作风采取的一项重大举措。这个规定自发布之日起，就充满纪律刚性。中共中央率先垂范，领导干部以身作则，各级各部门党组织认真落实主体责任，形成了层层落实责任、层层传导压力、深入贯彻落实八项规定精神的良好氛围。一批庸懒散奢、顶风违纪的干部受到惩处。截至 2017 年 10 月底，全国累计查处违反八项规定精神案件超过 19 万起，处理 26 万余人，给予党政纪处分超过 14.5 万人。强大的警示作用促使干部队伍整体作风加速转变。

在取得良好开局之后，作风建设向“四风”开刀。2013 年下半年，全

▲ 全党贯彻执行中共中央八项规定精神、加强作风建设取得重大成效，赢得了全国各族人民的衷心拥护和高度评价。

资料来源：2018 年 11 月由中共中央宣传部等部门共同举办的《伟大的变革——庆祝改革开放 40 周年大型展览》。

① 《十八大以来重要文献选编》上，中央文献出版社 2014 年版，第 70 页。

党开展以“为民务实清廉”为主要内容的党的群众路线教育实践活动，聚焦到作风建设，集中解决群众深恶痛绝、反映最强烈的形式主义、官僚主义、享乐主义和奢靡之风这“四风”问题，对作风之弊、行为之垢进行一次大排查、大检修、大扫除。

从2013年6月开始，这项活动自上而下分两批开展。第一批活动于2013年6月启动，围绕保持和发展党的先进性和纯洁性，以“为民务实清廉”为主要内容，按照“照镜子、正衣冠、洗洗澡、治治病”的总要求，以县处级以上领导机关、领导班子和领导干部为重点，以贯彻落实中央八项规定精神为切入点，自上而下深入开展。第二批活动于2014年1月开始进行，这次活动更加贴近基层，主要任务是抓住反对“四风”这个重点不放，集中解决市、县领导机关、领导班子和领导干部在“四风”方面存在的突出问题，重点解决群众身边的不正之风，真正让群众受益。

在第二批党的群众路线教育实践活动中，中共中央政治局常委分别联系一个县。习近平联系兰考县。在这个焦裕禄工作过的地方，习近平号召全党学习弘扬焦裕禄精神，将其作为一面镜子，从里到外、从上到下反复照一照自己，努力向焦裕禄同志看齐。通过这次活动，广大党员、干部贯彻党的群众路线的自觉性和坚定性明显增强，“四风”得到有力整治，群众反映强烈的突出问题得到有效解决，党的执政基础更加稳固。

2014年10月8日，习近平在党的群众路线教育实践活动总结大会上的讲话中首次提出“全面推进从严治党”。2014年12月，习近平总书记在江苏调研时提出：“协调推进全面建成小康社会、全面深化改革、全面依法治国、全面从严治党，推动改革开放和社会主义现代化建设迈上新台阶。”[①] 将全面从严治党纳入党中央全面协调推进工作的重要内容，形成了“四个全面”的战略布局，将从严治党提升到一个全新的战略高度，展现了中共中央坚定不移推进党的建设的决心和信心。

在作风建设深入推进的同时，党的纪律建设也同步进行，不断为改进

① 《习近平关于协调推进“四个全面”战略布局论述摘编》，中央文献出版社2015年版，第12页。

作风提供保障。这是中共十八大后党的建设的鲜明特点。2015年1月，习近平在十八届中共中央纪律检查委员会第五次全会上明确指出：纪律是刚性的规矩，规矩是自我约束的纪律。首次系统阐明了规矩的内涵以及纪律与规矩的关系。2015年10月，中共中央印发《中国共产党廉洁自律准则》《中国共产党纪律处分条例》，为深化和坚持落实中央八项规定精神、纠正“四风”，提供了坚强的纪律保障。从中共十八大起的5年，80多部党内法规相继制定或修订，彰显了中共中央把纪律规矩立起来、让管党治党严起来的坚定决心和鲜明态度。

纪严于法、纪在法前、纪法分开的观念也被树立起来。十八届中共中央在制定、修订党内法规时，凡是法律中已经有的规定，党规党纪中不再出现。如在《中国共产党纪律处分条例》中删除了与刑法等法律重复的条款。但这不意味着降低要求。中共十八届四中全会明确提出“党规党纪严于国家法律”。纪法分开，意味着在严格执行国家法律的基础上，党的纪律更有针对性，更聚焦管党治党。

纪律执行不折不扣。各级纪检监察机关把违反政治纪律、政治规矩和组织纪律问题作为纪律审查的重要内容，带动其他纪律严起来。一批违反政治纪律的“老虎”受到严惩，“公开妄议”“阳奉阴违”“对抗组织审查”等违反政治纪律的表现被严肃指出和处理。监督执纪方式更加完善。2016年10月，中共十八届六中全会审议通过的《中国共产党党内监督条例》第七条提出：党内监督必须把纪律挺在前面，运用监督执纪“四种形态”，经常开展批评和自我批评、约谈函询，让“红红脸、出出汗”成为常态；党纪轻处分、组织调整成为违纪处理的大多数；党纪重处分、重大职务调整的成为少数；严重违纪涉嫌违法立案审查的成为极少数。“四种形态”明确了纪委定位，使之回归挺纪在前的本职工作，从查违法转向盯违纪，加强了对党员的日常管理监督，发现苗头及时提醒，触犯纪律立即处理，使党员远离违法底线，以“严管”落实“厚爱”。

作风和纪律建设的加强使管党治党由过去的“宽松软”走向“严紧硬”，全党精神面貌焕然一新，极大增强了党的先进性、凝聚力、战斗力。

中共十九大进一步提出必须毫不动摇坚持和完善党的领导，毫不动摇把党建设得更加坚强有力，推动全面从严治党向纵深发展。根据中共十九大部署，党的纪律建设进一步加强，作风建设更加聚焦突出问题。2018年，中央纪委办公厅印发《关于贯彻落实习近平总书记重要指示精神 集中整治形式主义、官僚主义的工作意见》，各级纪检监察机关将反对形式主义、官僚主义作为落实中央八项规定精神的重要内容，查处曝光了一批典型问题，向全党释放出强烈信号，将作风建设引向深入，以实际行动证明全面从严治党永远在路上。

三、加强思想建设和高素质专业化干部队伍建设

中共十八大以来，以习近平同志为核心的党中央加强党的思想与组织建设，使全党理想信念更加巩固，形成高素质干部人才竞相涌现的生动局面。

习近平对党的思想建设和干部选拔提出了更高标准和要求。2012年11月，习近平在十八届中共中央政治局第一次集体学习时强调："对马克思主义的信仰，对社会主义和共产主义的信念，是共产党人的政治灵魂，是共产党人经受住任何考验的精神支柱。形象地说，理想信念就是共产党人精神上的'钙'，没有理想信念，理想信念不坚定，精神上就会'缺钙'，就会得'软骨病'。"[①]2013年6月，习近平在全国组织工作会议上提出"信念坚定、为民服务、勤政务实、敢于担当、清正廉洁"的新时期好干部标准，并在之后多个场合细化了这一标准，为加强干部队伍建设树立了时代标尺。

基于新时期干部任用标准，中共中央于2014年1月印发修订后的《党政领导干部选拔任用工作条例》，为做好党政领导干部选拔任用工作提供基本遵循，力求从源头上预防和治理选人用人不正之风。2014年3月，习近平在全国两会上的讲话中提出了"既严以修身、严以用权、严以律己，又谋事要实、创业要实、做人要实"的重要论述，对好干部提出了"三严三实"的新要求。2015年4月，中共中央办公厅印发《关于在县处级以上领导干部中

① 《十八大以来重要文献选编》上，中央文献出版社2014年版，第80页。

开展“三严三实”专题教育方案》，对“三严三实”专题教育作出安排。

培养选拔年轻干部关系党和国家的未来，中共中央对此格外重视，采取了一系列重要举措。2014年，中共中央办公厅印发《关于加强和改进优秀年轻干部培养选拔工作的意见》。2018年6月，中共中央政治局召开会议，审议《关于适应新时代要求大力发现培养选拔优秀年轻干部的意见》，各级党委（党组）深入贯彻实施，努力建设一支忠实贯彻习近平新时代中国特色社会主义思想、全心全意为人民服务，适应新使命新任务新要求、经得起风浪考验，数量充足、充满活力的高素质专业化年轻干部队伍。

在干部队伍中，习近平特别关心县委书记这一群体。2015年1月，习近平在中央党校县委书记研修班学员座谈会上强调：做县委书记就要做焦裕禄式的县委书记，始终做到心中有党、心中有民、心中有责、心中有戒。6月，习近平在会见全国优秀县委书记时，给广大县委书记明确提出四点要求：做政治的明白人，做发展的开路人，做群众的贴心人，做班子的带头人。

中共中央坚持培养选拔与严格管理并重。2014年10月至2016年6月，干部人事档案专项审核工作在全国开展，对公务员和参照《公务员法》管理的机关（单位）工作人员、中央企事业单位中层以上管理人员和地方各级国有企事业单位领导班子成员的档案进行全面审核，共查核64.5万人的信息，补充完善2549万份材料，严肃查处审核中发现的干部档案造假问题。同时，完善领导干部报告个人有关事项制度，要求领导干部报告与权力行为关联紧密的家事、家产情况。专项整治持续开展，清理党政领导干部在企业、社团等的兼职，净化干部队伍。

为防止“带病提拔”，中共中央办公厅于2016年8月印发《关于防止干部“带病提拔”的意见》，明确实行党委书记、纪委书记在拟提任干部廉洁自律情况结论性意见上签字制度，明确提出“凡提四必”要求，即干部档案凡提必审，领导干部个人有关事项报告凡提必核，纪检监察机关意见凡提必听，反映违规违纪问题线索具体、有可查性的信访举报凡提必查，确保人选忠诚、干净、担当。

在培养选拔管理干部的同时，中共中央不断加强全党思想教育。2016

▲ 2019 年 6 月 27 日，新华社青海分社机关党委与青海省西宁市城中区委组织部、宣传部以及总寨镇莫家沟村的党员干部群众共同开展了以“不忘初心、牢记使命”为主题的党日活动。

年 2 月，中共中央办公厅印发《关于在全体党员中开展“学党章党规、学系列讲话，做合格党员”学习教育方案》，“两学一做”成为推动党内教育从“关键少数”向广大党员拓展、从集中性教育向经常性教育延伸的重要举措。

在思想建设中，“不忘初心”成为中共十八大以来全党上下的共识。2016 年 7 月 1 日，习近平在庆祝中国共产党成立 95 周年大会上首提“初心”，并就“不忘初心、继续前进”提出八个方面要求。在中共十九大上习近平提出：“中国共产党人的初心和使命，就是为中国人民谋幸福，为中华民族谋复兴。”

2017 年 10 月 31 日，中共十九大闭幕仅一周，十九届中央政治局常委专程前往上海和浙江嘉兴，瞻仰上海中共一大会址和浙江嘉兴南湖红船，回顾建党历史，重温入党誓词，宣示新一届中央领导集体的坚定政治信念。习近平号召全党：牢记共产主义远大理想，坚定中国特色社会主义共同理想，一步一个脚印向着美好未来和最高理想前进；始终保持谦虚谨慎、不骄不躁的作风，不畏艰难、不怕牺牲，为实现“两个一百年”奋斗目标、实现中华民族伟大复兴的中国梦而不懈奋斗。

按照中共十九大的部署，党的组织建设与思想建设再出发。2018年7月，全国组织工作会议召开，确立了新时代党的组织路线，即全面贯彻习近平新时代中国特色社会主义思想，以组织体系建设为重点，着力培养忠诚、干净、担当的高素质干部，着力集聚爱国奉献的各方面优秀人才，坚持德才兼备、以德为先、任人唯贤，为坚持和加强党的全面领导、坚持和发展中国特色社会主义提供坚强组织保证。为贯彻新时代党的组织路线，干部工作进一步完善了素质培养、知事识人、选拔任用、从严管理、正向激励等五大体系。2019年，中共中央印发再次修订的《党政领导干部选拔任用工作条例》，把政治纪律和政治规矩作为选任干部的底线，保证干部队伍的政治团结性，坚定干部的政治信仰；让德才兼备、有担当的干部能得到提升，解决用人腐败和“带病提拔”问题。同时，积极探索容错纠错机制，让敢于担当、踏实干事、不谋私利的干部放下顾虑、大胆工作。

从2019年6月开始，全党自上而下分两批开展“不忘初心、牢记使命”主题教育，深入学习贯彻习近平新时代中国特色社会主义思想，锤炼忠诚、干净、担当的政治品格，团结带领全国各族人民为实现伟大梦想共同奋斗。主题教育要求贯彻“守初心、担使命，找差距、抓落实”的总要求，将力戒形式主义、官僚主义作为重要内容，把学习教育、调查研究、检视问题、整改落实贯穿全过程，实现理论学习有收获、思想政治受洗礼、干事创业敢担当、为民服务解难题、清正廉洁作表率的目标。

四、加强纪检体制机制建设，反腐败斗争取得压倒性胜利

中共十八大以来，以习近平同志为核心的党中央从关系党和国家生死存亡的战略高度，以刮骨疗毒的决心和勇气，铁腕惩治腐败，推动反腐斗争取得压倒性胜利。

2012 年 11 月，习近平在十八届中共中央政治局第一次集体学习时强调："大量事实告诉我们，腐败问题越演越烈，最终必然会亡党亡国！我们要警醒啊！"① 2012 年 12 月 6 日，四川省委原副书记李春城涉嫌严重违纪接受组织调查，成为中共十八大后反腐斗争的新开端。

2013 年 1 月，习近平在十八届中共中央纪律检查委员会第二次全会上强调："要坚持'老虎'、'苍蝇'一起打，既坚决查处领导干部违纪违法案件，又切实解决发生在群众身边的不正之风和腐败问题。要坚持党纪国法面前没有例外，不管涉及到谁，都要一查到底，决不姑息。"② 习近平强调，要更加科学有效地防治腐败，坚定不移把党风廉政建设和反腐败斗争引向深入，形成不敢腐的惩戒机制、不能腐的防范机制、不易腐的保障机制。

根据这一指示，反腐斗争全面布局，撒下一张由派驻纪检组、巡视工作组、举报窗口等共同组成的天罗地网。2013 年 4 月，王岐山等中央纪委监察部领导班子成员一对一约谈 53 位派驻中央和国家机关各部委纪检组组长、纪委书记，督促他们担负起管党治党责任、推进中央八项规定精神落实。此后，各省级纪委也相继建立了约谈制度。5 月，中央巡视工作动员暨培训会议举行，王岐山出席会议并讲话。9 月，中央纪委监察部网站正式开通，并开设全国纪检监察机关 12388 举报窗口。

2014 年到 2015 年，反腐斗争以高压态势持续推进，接连取得关键性突破和制度性成果。2014 年 10 月，中纪委、最高法、最高检等八部门共同成立"中央反腐败协调小组国际追逃追赃工作办公室"，部署开展针对外逃腐败分子的"天网"行动。12 月，中共中央办公厅印发《关于加强中央纪委派驻机构建设的意见》。2015 年 3 月，中央纪委首次向中央办公厅、中央组织部、中央宣传部、中央统战部、全国人大机关、国务院办公厅、全国政协机关派驻纪检组。8 月，中共中央印发《中国共产党巡视工作条例》。10 月，中共中央印发《中国共产党廉洁自律准则》和《中国共产党纪律处分条

① 《十八大以来重要文献选编》上，中央文献出版社 2014 年版，第 81 页。
② 《十八大以来重要文献选编》上，中央文献出版社 2014 年版，第 135 页。

▲ 2013年12月28日，习近平总书记在北京市考察民生工作，中午来到月坛北街的庆丰包子铺内就餐，自己排队付款取餐。图为习近平当时在庆丰包子铺所点的一份套餐。

例》，把从严治党实践成果转化为纪律约束和道德要求，划出党组织和党员不可触碰的底线。之后，中共中央办公厅印发《关于全面落实中央纪委向中央一级党和国家机关派驻纪检机构的方案》，共设置47家派驻机构，实现对139家中央一级党和国家机关派驻纪检机构全覆盖。

2016年1月，习近平在十八届中共中央纪律检查委员会第六次全会上强调：反腐败斗争压倒性态势正在形成，要坚持全面从严治党、依规治党，创新体制机制，强化党内监督。中共十八届六中全会首次将监察机关与人大、政府并列，提出各级党委应当支持和保证同级人大、政府、监察机关、司法机关等对国家机关及公职人员依法进行监督。随后，北京市、山西省、浙江省开展国家监察体制改革试点工作，先行探索，积累经验。到中共十九大召开前，已按中央要求完成改革试点任务，达到了预期效果。

2017年1月，习近平在十八届中共中央纪律检查委员会第七次全会上强调：腐败蔓延势头得到有效遏制，反腐败斗争压倒性态势已经形成，不敢腐的目标初步实现，要继续在常和长、严和实、深和细上下功夫，不断增强全面从严治党的系统性、创造性、实效性。这次会议审议通过了《中国共产党纪律检查机关监督执纪工作规则（试行）》。这一年，反腐制度化建设成果显著。7月，中共中央印发修改后的《中国共产党巡视工作条例》。10月，中共十九大决定正式把监察体制改革试点工作向全国推开，中共中央办公厅随即印发《关于在全国各地推开国家监察体制改革试点方案》，方案明确提出，在2017年底2018年初召开的省、市、县人民代表大会上产生三级监察委员会。

2018年3月，十三届全国人大一次会议表决通过《中华人民共和国监察法》，选举产生国家监察委员会主任。3月23日，国家监察委员会挂牌成立，标志着国家监察体制改革试点工作圆满完成，监察体制改革转入全面深化阶段。

中共十八大以来，在以习近平同志为核心的党中央坚强领导下，反腐败斗争向人民交出了一份优异答卷。从中共十八大起的5年，共立案审查省军级以上党员干部和其他中管干部440人，其中，中共十八届中央委员、候补委员43人，中央纪委委员9人，厅局级干部8900余人，县处级干部6.3万人，处分基层党员干部27.8万人。周永康、郭伯雄、徐才厚、孙政才、令计划、苏荣等腐败分子纷纷落马。中国还和71个国家签署了50项引渡条约和61项刑事司法协助条约。截至2018年底，已从120多个国家和地区追回外逃人员4833人，其中国家工作人员995人，包括头号嫌犯在内的“百名红通人员”54人，此举向全世界表明了中国共产党和中国政府凡逃必追、一追到底的鲜明立场和坚定信心。2017年10月，中共十九大作出“反腐败斗争压倒性态势已经形成并巩固发展”的判断。

中共十九大之后，反腐高压态势不减。2018年，中央纪委国家监委立案审查调查中管干部68人，涉嫌犯罪移送司法机关15人；全国纪检监察机关共对52.6万名党员作出党纪处分，对13.5万名公职人员作出政务处分；中共十九大以来共有5000余名党员干部主动投案。中共十九大后，党和国家坚决惩治基层腐败问题，全国共查处发生在群众身边的腐败和作风问题23.5万件，处理30.9万人。中共中央还深入开展扶贫领域专项治理，全国共查处扶贫领域腐败和作风问题13.1万件，处理17.7万人，中央纪委国家监委通报21起典型案例。严惩黑恶势力“保护伞”，全国共查结涉黑涉恶腐败问题1.4万起，给予党纪政务处分1万余人，移送司法机关1899人。[①]

2019年，习近平在十九届中共中央纪律检查委员会第三次全会上向全党提出“取得全面从严治党更大战略性成果，巩固发展反腐败斗争压倒性胜利”的新要求。全党将深化标本兼治，用好治标利器，夯实治本基础，一体推进不敢腐、不能腐、不想腐的机制构建，通过不懈努力换来海晏河清、朗朗乾坤。

① 《忠实履行党章和宪法赋予的职责 努力实现新时代纪检监察工作高质量发展——在中国共产党第十九届中央纪律检查委员会第三次全体会议上的工作报告（2019年1月11日）》，《人民日报》，2019年2月21日。

结束语

开启全面建设社会主义现代化国家新征程

新中国70年的历史，是中华民族在中国共产党领导下奋发图强走向现代化并进入中国特色社会主义新时代的伟大历程。从历史长河来看这段很短的历史，却是中华民族5000多年历史的一个重大转折点，它已经并将继续对世界历史的进程产生深刻影响。

回首往事，心潮澎湃；展望未来，豪情满怀。2017年10月召开的中共十九大，审时度势，高屋建瓴，为中国未来发展所规划的宏伟蓝图、阶段性目标和达到目标的战略布局，激励着全体中华儿女不断奋进，凝聚起同心共筑中国梦的磅礴力量，满怀信心地去实现中华民族伟大复兴的目标。

一、到2020年，决胜全面建成小康社会、实现第一个百年奋斗目标，并乘势而上开启全面建设社会主义现代化国家新征程

到2020年，全面建成小康社会，是中国社会主义现代化进程中一个重要的里程碑。中共十九大以来，全面建成小康社会进入最后三年的攻坚期。全面建成小康社会面临的短板弱项，主要是发展不平衡不充分的一些突出问

题尚未解决，发展质量和效益还不高，创新能力不够强，实体经济水平有待提高，金融风险有所积聚，民生领域还有不少短板。中共中央和国务院坚持以问题为导向，对照全面建成小康社会目标要求，以整体脱贫、污染防治、防范金融风险“三大攻坚战”为重点，集中解决突出矛盾和问题。

从2019年到2020年，是全面建成小康社会的决胜期，只有一年的时间了。行百里者半九十，这一年的任务繁重艰巨。一要统筹推进经济建设、政治建设、文化建设、社会建设、生态文明建设。把“五位一体”建设统一于全面建成小康社会进程，推进各项建设相互促进、相得益彰。二要实施好科教兴国战略、人才强国战略、创新驱动发展战略、乡村振兴战略、区域协调发展战略、可持续发展战略，为全面建成小康社会提供重要战略支撑。三要推动经济持续健康发展。坚持稳中求进工作总基调，深化供给侧结构性改革，加快转变发展方式、优化经济结构、转换增长动力。四要坚决打好防范化解重大风险攻坚战。五要坚决打赢脱贫攻坚战。六要坚决打好污染防治攻坚战。

二、从2020年到2035年，在全面建成小康社会的基础上，再奋斗15年，基本实现社会主义现代化

中共十九大明确提出，从2020年到21世纪中叶的30年，全面建设社会主义现代化国家分两个阶段来安排，每个阶段15年。第一个阶段，从2020年到2035年，在全面建成小康社会的基础上，再奋斗15年，基本实现社会主义现代化。这是考虑到，改革开放40年来，中国经济持续较快发展，工业化城镇化快速推进，各项事业全面进步，国家面貌发生了前所未有的巨大变化。以目前的良好基础和发展势头，到2035年基本实现社会主义现代化是有把握的。

基本实现社会主义现代化的主要目标要求是：

在经济建设方面，中国经济实力、科技实力将大幅跃升，跻身创新型国家前列。中国经济将保持中高速增长，产业迈向中高端水平，经济发展

实现由数量和规模扩张向质量和效益提升的根本转变。社会主义市场经济体制将更加完善，全面开放新格局加快构建，经济活力明显增强；形成若干世界级先进制造业集群，全要素生产率明显提升，基本建成现代化经济体系。中国在 2020 年建成创新型国家之后，到 2035 年可以跃升至创新型国家前列。

在政治建设方面，人民平等参与、平等发展权利得到充分保障，法治国家、法治政府、法治社会基本建成，各方面制度更加完善，中国的国家治理体系和治理能力现代化基本实现。中国共产党的领导、人民当家作主、依法治国达到高度有机统一。

在文化建设方面，社会文明程度达到新的高度，国家文化软实力显著增强，中华文化影响更加广泛深入。

在民生和社会建设方面，人民生活更为宽裕，中等收入群体比例明显提高，城乡区域发展差距和居民生活水平差距显著缩小，基本公共服务均等化基本实现，全体人民朝着共同富裕的目标迈出坚实步伐。中国进入高收入国家行列，人口预期寿命和国民受教育程度达到世界先进水平。

在生态文明建设方面，生态环境根本好转，美丽中国目标基本实现。

三、从 2035 年到 21 世纪中叶，在基本实现现代化的基础上，再奋斗 15 年，把我国建成富强民主文明和谐美丽的社会主义现代化强国

展望那时的中国，通过坚持不懈推进“五位一体”建设，将全面提升社会主义物质文明、政治文明、精神文明、社会文明、生态文明水平。

一是中国将拥有高度的物质文明。社会生产力水平大幅提高，核心竞争力名列世界前茅，经济总量和市场规模超越其他国家，建成富强的社会主义现代化强国。

二是中国将拥有高度的政治文明。形成又有集中又有民主、又有纪律又有自由、又有统一意志又有个人心情舒畅、生动活泼的政治局面，依法

治国和以德治国有机结合，建成民主的社会主义现代化强国。

三是中国将拥有高度的精神文明。践行社会主义核心价值观成为全社会的自觉行动，国民素质显著提高，中国精神、中国价值、中国力量成为中国发展的重要影响力和推动力，建成文明的社会主义现代化强国。

四是中国将拥有高度的社会文明。城乡居民将普遍拥有较高的收入、富裕的生活、健全的基本公共服务，享有更加幸福安康的生活，全体人民共同富裕基本实现，公平正义普遍彰显，社会充满活力而又规范有序，建成和谐的社会主义现代化强国。

五是中国将拥有高度的生态文明。天蓝、地绿、水清的优美生态环境成为普遍常态，开创人与自然和谐共生新境界，建成美丽的社会主义现代化强国。

到那时，中国作为具有5000多年文明历史的古国，将焕发出前所未有的生机活力，实现国家治理体系和治理能力现代化，成为综合国力和国际影响力领先的国家，对构建人类命运共同体、推动世界和平与发展做出更大贡献，中华民族将以更加昂扬的姿态屹立于世界民族之林，实现中华民族伟大复兴的中国梦。

四、锲而不舍、继续奋斗，迎接更加辉煌的明天

从全面建成小康社会到基本实现现代化，再到全面建成富强民主文明和谐美丽的社会主义现代化强国，是中国共产党关于全面建设社会主义现代化国家的战略安排，得到全国人民的赞同。蓝图固然宏伟，但是需要脚踏实地去实施。目前和今后的30年，要把蓝图和目标变为现实，就必须按照中共十九大的决策部署，以钉钉子精神抓好贯彻落实。一是要学习好贯彻好习近平新时代中国特色社会主义思想，更好引领党和人民事业发展。二是要切实加强中国共产党的建设和全面领导，为全面建设社会主义现代化国家提供根本保证。三是要紧扣我国社会主要矛盾的变化，抓好发展这个党执政兴国的第一要务。

“九万里风鹏正举。”蓝图已经绘就，前景无比光明。

2019 年 10 月 1 日，庆祝中华人民共和国成立 70 周年大会在北京隆重举行，中共中央总书记、国家主席、中央军委主席习近平在天安门城楼上向世界庄严宣告：今天，社会主义中国巍然屹立在世界东方，没有任何力量能够撼动我们伟大祖国的地位，没有任何力量能够阻挡中国人民和中华民族的前进步伐。中国的昨天已经写在人类的史册上，中国的今天正在亿万人民手中创造，中国的明天必将更加美好。

这是自信与自豪的昭告，这是出征与奋进的号角。

战略已经部署，工作正在落实。我们要紧密团结在以习近平同志为核心的党中央周围，高举中国特色社会主义伟大旗帜，不忘初心，牢记使命，牢固树立“四个意识”，增强“四个自信”，做到“两个维护”，解放思想，改革创新，锐意进取，埋头苦干，全面贯彻党的基本理论、基本路线、基本方略，为 2020 年全面建成小康社会、2035 年基本实现社会主义现代化、到中华人民共和国成立 100 周年时建成社会主义现代化强国，从而实现中华民族伟大复兴的中国梦、实现人民对美好生活的向往而不懈奋斗。

后记

本书是庆祝新中国成立70周年重点出版项目，在中央宣传部指导下，由中国社会科学院当代中国研究所承担具体编写任务。

项目启动以后，编写组充分听取中央党史和文献研究院、中央党校（国家行政学院）、中国社会科学院等单位专家意见，他们包括陈晋、谢春涛、张占斌、姜淑萍、沙健孙、黄如军、龚云等一批权威专家学者，制定编写大纲、开始编写工作。

本书初稿完成后，编写组分送有关专家征求意见。审稿专家有：中国社会科学院谢伏瞻、王京清、高翔、杨笑山、董志凯、王灵桂、辛向阳、冯颜利、龚云等同志，中央党史和文献研究院张启华、章百家、黄如军、王均伟、李颖、姜淑萍等同志，中央党校（国家行政学院）谢春涛、罗平汉、张占斌等同志，中央政策研究室邱敦红同志，国家安全部邱进同志，中国人民大学杨凤城同志，国防大学颜晓峰同志，当代中国研究所张星星、罗燕明、欧阳雪梅、李文、宋月红、张金才、王巧荣、钟瑛等同志。他们为本书修改完善提出了很好的意见和建议。

本书编写出版工作得到中央办公厅的指导和帮助。在本书征求意见过程中，中央组织部、中央宣传部、中央统一战线工作部、中央政策研究室、中央党校（国家行政学院）、中央党史和文献研究院、外交部、国务院港澳事务办公室、国务院台湾事务办公室、国务院发展研究中心、中央军委政治工作部等单位提供了宝贵的支持和帮助。新华社向本书提供了所需的图片。谨向上述单位致以诚挚的感谢。

本书编写组由姜辉、武力、李正华、刘国新、陈东林、王爱云、吴超、郑有贵、李扬、于俊霄、狄飞等同志组成，姜辉同志牵头，武力同志具体负责。编写组在集体讨论的基础上，具体分工如下：姜辉负责审定书稿，武力负责撰写结束语和统稿，邱敦红撰写绪论，刘国新撰写第一章，陈东林撰写第二章，王爱云撰写第三章，李正华撰写第四章，吴超撰写第五章，郑有贵、李扬撰写第六章和第七章，于俊霄负责图片收集编辑，狄飞负责编务。

本书在编写出版过程中，得到了当代中国出版社的大力支持和密切配合，社长李正华、总编辑曹宏举组织精干团队，包括陈立旭、聂文聪、王敏、姜楷杰、郭晓亮、康莹、陈莎、周显亮、焦晓萍、刘健煊等，按时保质完成了编辑出版任务。

作为庆祝新中国成立 70 周年的献礼成果，我们在编写过程中精心组织，力求推出高质量作品。实践发展无止境，研究无止境，认识也无止境。中国作为蓬勃发展的社会主义大国，正行进在实现中华民族伟大复兴的征途上，我们的研究和认识也随着实践发展不断深化拓展。由于研究水平所限，本书难免存在不足之处，诚恳欢迎广大读者批评，以便我们在适当时机再版时能够订正、充实和完善。

《新中国 70 年》编写组

2019 年 10 月 4 日